I0644411

Kohlhammer

Kohlhammer Studienbücher Theologie

Herausgegeben von:

Gottfried Bitter
Christian Frevel
Hans-Josef Klauck
Dorothea Sattler

Band 24

Ulrich Rhode

Kirchenrecht

Verlag W. Kohlhammer

1. Auflage 2015

Gesamtherstellung: W. Kohlhammer GmbH, Stuttgart

Print:
ISBN 978-3-17-026226-3

E-Book-Formate:
pdf: ISBN 978-3-17-026227-0
epub: ISBN 978-3-17-026228-7
mobi: ISBN 978-3-17-026229-4

Inhalt

I. Vorwort

Seit dem Erscheinen der beiden Halbbände, in denen Prof. Peter Krämer in dieser Reihe in den Jahren 1992 und 1993 das Recht der katholischen Kirche behandelt hatte, sind über 20 Jahre vergangen, seit der Promulgation des Codex des kanonischen Rechts sogar über 30 Jahre. Zwar ist der Wortlaut des Codex seitdem nur an wenigen Stellen verändert worden. Sobald man den Blick aber über den Codex hinaus auf das katholische Kirchenrecht insgesamt und die wissenschaftliche Beschäftigung damit weitet, weicht der Eindruck einer scheinbaren Stabilität dem einer ständigen Weiterentwicklung. Die Neukonzeption des Studienbuchs Kirchenrecht will dafür die Augen öffnen. Weniger als ein Achtel der etwa 200 außerhalb des Codex erlassenen geltenden gesamtkirchlichen Gesetze, Ausführungsverordnungen, Instruktionen und ähnlichen Dokumente stammt noch aus der Zeit vor Inkrafttreten des Codex. Ebenso muss ein auf Aktualität bedachtes Studienbuch die Entwicklung der partikularrechtlichen Umsetzung im Blick behalten. Dabei richtet sich die Aufmerksamkeit eines deutschsprachigen Lehrbuchs naturgemäß auf die im deutschsprachigen Raum erlassenen Normen, vor allem auf das Partikularrecht in Deutschland und Österreich. Das Studienbuch konzentriert sich auf diejenigen Bereiche des Kirchenrechts, die nach den geltenden kirchlichen Rahmenordnungen Gegenstand des Vollstudiums der katholischen Theologie sind. Dazu gehören die rechtlichen und theologischen Grundlagen der kirchlichen Rechtsordnung, das kirchliche Verfassungs- und Vereinigungsrecht sowie der kirchliche Verkündigungs- und Heiligungsdienst. Für diese Rechtsgebiete ist es um eine – aufgrund des vorgesehenen Umfangs zwangsläufig nur knapp zusammenfassende – Vollständigkeit der behandelten Rechtsgebiete bemüht. Über die im theologischen Vollstudium in der Regel nicht näher behandelten Rechtsgebiete (Vermögens-, Straf- und Verfahrensrecht) wird ein kurzer Überblick gegeben.

Ein paar Hinweise zur Benutzung: Die Canones, auf die Bezug genommen wird, werden vor allem in den Überschriften genannt. Es wird also in der Regel darauf verzichtet, bei allen einzelnen Aussagen den jeweils zugrundeliegenden Canon anzugeben. Was die Literaturhinweise angeht, sind vor allem die in § 1 D genannten Lehrbücher, Kommentare und Lexika zu beachten; sie enthalten zu den meisten in diesem Studienbuch behandelten Themen jeweils entsprechende Abschnitte. Die bei den einzelnen Paragraphen des Studienbuchs angegebene Literatur ist nicht anstelle dieser Grundlagenwerke angegeben, sondern jeweils vertiefend dazu. In der Regel wird nur deutschsprachige Literatur genannt. Weitere Literatur zu den einzelnen Themen lässt sich leicht mit den am Ende von § 1 genannten Datenbanken ermitteln. Die außerhalb des Codex erlassenen Quellen des gesamtkirchlichen Rechts werden in der Regel nur nach erlassender Autorität, Anfangsworten und Datum zitiert; unter www.kirchenrecht-online.de ist eine Auflistung der Quellen mit den genauen Fundstellen zugänglich.

Der Text des Studienbuchs ist aus den Vorlesungen hervorgegangen, die ich in den Jahren 2000 bis 2014 an der Philosophisch-Theologischen Hochschule Sankt Georgen in Frankfurt am Main gehalten habe. Allen Hörerinnen und Hörern, die durch ihre Mitarbeit und ihre kritischen Fragen zur Verbesserung der Vorlesungen beigetragen haben, gilt mein herzlicher Dank. Auch danke ich allen, die mir bei der Abfassung des Studienbuchs hilfreiche Hinweise gegeben haben; dieser Dank gilt ganz besonders Prof. Dr. Peter Platen, Prof. Dr. Reinhold Sebott SJ und Frau Josa Merkel.

Rom, im Dezember 2014
Ulrich Rhode SJ

II. Einführung

§ 1 *Kirchenrecht oder kanonisches Recht*

A. Terminologie

Auf das Recht der katholischen Kirche bezogen, sind die beiden Ausdrücke »Kirchenrecht« und »kanonisches Recht« gleichbedeutend. Zwar denkt man bei dem Ausdruck »kanonisches Recht« *(ius canonicum)* zunächst an den »Codex des kanonischen Rechts« *(Codex iuris canonici,* abgekürzt CIC*)*, der erstmals 1917 und in der geltenden Fassung im Jahre 1983 erlassen wurde. Doch fallen auch alle anderen von der Kirche geschaffenen Rechtsnormen unter den Begriff »kanonisches Recht«.

Indem die katholische Kirche – ebenso wie die meisten anderen Kirchen und kirchlichen Gemeinschaften – für ihre Normen den Ausdruck »Recht« verwendet, bringt sie die Überzeugung zum Ausdruck, dass es grundlegende Gemeinsamkeiten gibt zwischen den Normen, die sie sich selbst gibt, und den Normen, die die Staaten und anderen menschlichen Gemeinschaften für ihren jeweiligen Bereich erlassen. In allen diesen Gemeinschaften bezeichnet der Ausdruck »Recht« ein System von Normen, die mit dem Anspruch auf Befolgung erlassen werden und für deren Durchsetzung die jeweilige Gemeinschaft bestimmte Sanktionen vorsieht.

Die Bezeichnung »kanonisch« geht auf das griechische Wort κανών (Richtschnur, Lineal, Regel, Norm) zurück, mit dem schon die Konzilien der Alten Kirche die von ihnen erlassenen Rechtsnormen benannt haben. Offenbar wollte man damals das griechische Wort νόμος (Gesetz) vermeiden, um die Verschiedenheit der kirchlichen Normen von denen des Staates zum Ausdruck zu bringen. Verglichen mit den staatlichen Rechtsnormen gelten die kirchlichen Normen in einem anderen Bereich (nämlich in der Kirche), sie sind von anderen (nämlich kirchlichen) Autoritäten geschaffen, sie sind auf andere – nicht rein innerweltliche – Ziele ausgerichtet, und ihre Einhaltung wird mit anderen Arten von Sanktionen geschützt, als sie das staatliche Recht vorsieht.

Die von den einzelnen Staaten erlassenen Rechtsnormen, die auf Religion, Kirchen und Religionsgemeinschaften Bezug nehmen, werden nach heutiger Terminologie meist nicht mehr als »Kirchenrecht«, sondern als »Staatskirchenrecht«, »Religionsrecht« oder »Religionsverfassungsrecht« bezeichnet. Dieses Rechtsgebiet bildet einen Teil des staatlichen (und ggf. internationalen) Rechts; es gehört also nicht zum Kirchenrecht im Sinne des eigenen Rechts der katholischen Kirche. Etwas anderes gilt für die zwischen der katholischen Kirche und den Staaten abgeschlossenen Verträge, d. h. für das »Staatskirchenvertragsrecht«. Zwar verpflichten diese Verträge an erster Stelle die jeweiligen Vertragspartner. Was die katholische Kirche angeht, verpflichten solche Verträge vom Zeitpunkt ihres Inkrafttretens an jedoch auch im innerkirchlichen Bereich, ohne dazu irgendeiner Art von Transformation zu bedürfen. Angesichts dessen stellen diese Verträge – unbeschadet ihrer Zugehörigkeit zu anderen Rechtsgebieten – auch einen Teil des Kirchenrechts dar.

B. Unterteilung und Erkennbarkeit

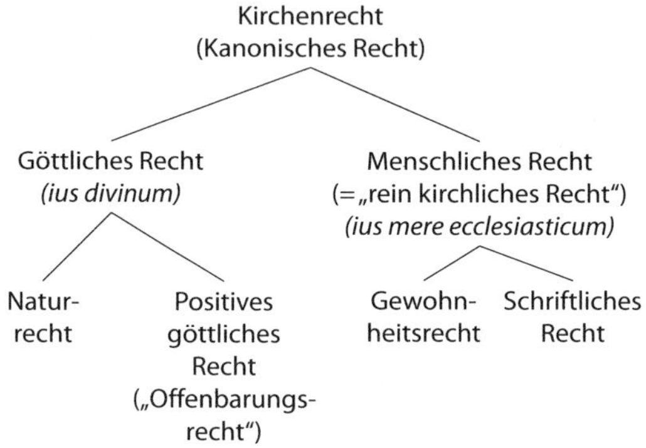

Im Laufe ihrer Geschichte ist sich die Kirche zunehmend bewusst geworden, dass es innerhalb ihrer Rechtsnormen eine Stufung gibt: Einerseits gibt es Normen, die der Kirche unverfügbar vorgegeben und daher in ihrem Kern unwandelbar sind; andererseits gibt es Normen, die die Kirche entsprechend den jeweiligen Bedürfnissen unterschiedlich gestalten kann. Diese beiden Stufen hat man unter den Begriffen »göttliches Recht« *(ius divinum)* und »menschliches« oder »rein kirchliches Recht« *(ius mere ecclesiasticum)* zusammengefasst. Daraus ergibt sich eine Hierarchie der Rechtsnormen: Das menschliche Recht hat seinen Existenzgrund im göttlichen Recht, darf ihm nicht widersprechen (andernfalls wäre es ohne Geltung) und muss sich in seinen Inhalten daran ausrichten.

Entsprechend den verschiedenen Weisen, wie sich die Normen des göttlichen Rechts erkennen lassen, unterscheidet man zwischen dem »Naturrecht« *(ius naturale)*, das mit der Schöpfung des Menschen gegeben ist und nach kirchlicher Überzeugung mit den Mitteln der Vernunft erkannt werden kann, und dem »positiven göttlichen Recht« *(ius divinum positivum)*, das seinen Ursprung in der Offenbarung in Jesus Christus hat, das deswegen auch als »Offenbarungsrecht« bezeichnet wird und das nur im Glauben erkennbar ist. Die Normen des Naturrechts stellen zugleich auch moralische Normen dar, bilden also einen Teil der moralischen Ordnung. Die Begriffe »moralische Ordnung« und »Naturrecht« sind aber nicht identisch. Denn unter dem Begriff »Recht« fasst man nur solche Normen zusammen, die sich auf die Ordnung des menschlichen Zusammenlebens beziehen. Zur moralischen Ordnung gehören jedoch auch andere Normen, etwa Normen für das Verhalten des Menschen sich selbst gegenüber. Die Normen des Naturrechts gelten, da sie mit der Schöpfung des Menschen gegeben sind, für alle Menschen, nicht nur für die Kirche. Sie gelten zwar auch in der Kirche, stellen aber nicht einen für die Kirche spezifischen Normenbestand dar. Demgegenüber können die Normen des positiven göttlichen Rechts, da sie nur im Glauben erkennbar sind, auf Menschen, die den christlichen Glauben nicht angenommen haben, keine Verpflichtungskraft ausüben. Die Normen des rein kirchlichen Rechts stellen, soweit sie (noch) nicht in schriftlicher Form erlassen wurden, »Gewohnheitsrecht« *(consuetudo)* dar; die übrigen werden als »schriftliches« oder »gesatztes Recht« bezeichnet. Während die Normen des schriftlichen Rechts vergleichsweise einfach den betreffenden Publikationsorganen entnommen werden können, besteht bei den drei anderen Rechtsbereichen (dem Naturrecht, dem Offenbarungsrecht und dem Gewohnheitsrecht) die Schwierigkeit ihrer Erkennbarkeit:

- Die Normen des Naturrechts zu untersuchen, ist Aufgabe der Philosophie, näherhin der philosophischen Ethik.
- Die Normen des Offenbarungsrechts stellen einen Teil des christlichen Glaubens dar; ihre Untersuchung kommt der Kanonistik zusammen mit der dogmatischen Theologie zu.
- Normen des göttlichen Rechts in verbindlicher Weise vorzulegen, fällt bei beiden Arten von Normen des göttlichen Rechts in die Zuständigkeit des Lehramts der Kirche. Wenn der CIC oder andere kirchliche Gesetze bestimmte Normen als dem *ius divinum* zugehörig kennzeichnen, handelt es sich bei dieser Zuordnung – da die kirchlichen Gesetzgeber zugleich Inhaber des kirchlichen Lehramts sind – um eine verbindlich vorgelegte Lehre. Unfehlbares Lehren geschieht auf diese Weise allerdings nicht.
- Ob eine Norm zum kirchlichen Gewohnheitsrecht gehört oder nicht, kann im Zweifelsfall der zuständige Gesetzgeber entscheiden, da ihm die Vollmacht zukommt, Gewohnheitsrecht zu genehmigen oder zu verwerfen (c. 23).

C. Das Recht anderer Kirchen und kirchlicher Gemeinschaften

Auch die nichtkatholischen Kirchen und kirchlichen Gemeinschaften besitzen ihre jeweils eigenen Rechtsordnungen; im Einzelnen zeigen sich dabei jedoch erhebliche Unterschiede. In den *nichtkatholischen Kirchen des Ostens* genießen die von den sieben Ökumenischen Konzilien des 1. Jahrtausends erlassenen Canones eine hohe Wertschätzung. Sie gelten als »heilige Canones« und können nach einer weit verbreiteten Auffassung nur von einem neuen Konzil geändert werden. Im Laufe der Zeit sind unterschiedliche Rechtssammlungen entstanden, die auch einige von Partikularsynoden oder einzelnen Kirchenvätern formulierte Rechtsnormen enthalten; ggf. wurden darin auch einige Rechtsnormen aufgenommen, die vom Kaiser und später von anderen staatlichen Autoritäten erlassen worden waren. Die Anpassung der alten Rechtsnormen an die veränderten Umstände der Gegenwart geschieht in den einzelnen nichtkatholischen Kirchen des Ostens unterschiedlich; ein Teil von ihnen hat sich inzwischen ein grundlegendes Rechtsdokument nach Art einer Verfassung gegeben.

Die *Kirche von England* hat an dem zur Zeit ihrer Entstehung geltenden mittelalterlichen kanonischen Recht zunächst weitgehend festgehalten. Hinzugetreten sind im

Laufe der Zeit neue, unter Beteiligung des Parlaments geschaffene Rechtsnormen, die zur Unterscheidung von dem herkömmlichen *Canon Law* als *Ecclesiastical Law* bezeichnet wurden. Mit Ausnahme der Kirche von England werden die Rechtsnormen in den Mitgliedsgemeinschaften der *Anglican Communion* ohne die Beteiligung staatlicher Organe geschaffen. Den höchsten Rang nimmt dabei in den einzelnen Staaten in der Regel ein als *Constitution* bezeichnetes Dokument ein.

In den *aus der Reformation hervorgegangenen kirchlichen Gemeinschaften* kam es zusammen mit der Ablehnung des päpstlichen Primats zu einem Bruch mit dem mittelalterlichen kanonischen Recht. Sie verwenden – anders als Orthodoxe und Anglikaner – den Ausdruck »kanonisches Recht« nicht mehr. Zu Zeiten des landesherrlichen Kirchenregiments lag es in der Zuständigkeit des jeweiligen Landesherrn, die kirchlichen Rechtsnormen zu erlassen. Ähnliches gilt heute nur noch für die wenigen Staaten, in denen es eine aus der Reformation hervorgegangene Staatskirche gibt (Dänemark, Island, Norwegen). Von diesen Ausnahmen abgesehen, wird das Recht heute von der jeweiligen Synode als dem obersten innerkirchlichen Leitungsorgan erlassen. Das Recht der einzelnen aus der Reformation hervorgegangenen Konfessionen ist nicht weltweit einheitlich, sondern von Land zu Land – bzw., in Deutschland, von einer Gliedkirche der Evangelischen Kirche in Deutschland (EKD) zur anderen – unterschiedlich. Den obersten Rang nimmt typischerweise eine (unterschiedlich bezeichnete) Verfassung ein, die den einfachen Gesetzen übergeordnet ist. In Deutschland bemüht man sich in den konfessionellen Zusammenschlüssen – Vereinigte Evangelisch-Lutherische Kirche Deutschlands (VELKD) und Union Evangelischer Kirchen (UEK) – und auch auf der Ebene der gesamten EKD zunehmend um eine Vereinheitlichung der Rechtsnormen. Auch die verschiedenen »Freikirchen« kommen nicht ohne ihre jeweils eigene Rechtsordnung aus; ihr rechtsetzendes Leitungsorgan bezeichnen sie in der Regel nicht als »Synode«, sondern mit anderen Ausdrücken.

D. Literatur und Internetressourcen

Weiterführende Literatur, auch mit weiteren Literaturangaben:
für das katholische Kirchenrecht:

- Handbuch des katholischen Kirchenrechts, 3. Aufl., hrsg. von Stephan Haering u. a., Regensburg 2015.
- Aymans/Mörsdorf, Kanonisches Recht, 4 Bde., Paderborn 1991–2013.
- Lexikon des Kirchenrechts, hrsg. von Stephan Haering u. a., Freiburg im Breisgau 2004.
- Diccionario general de derecho canónico, hrsg. von J. Otaduy, 7 Bde., Pamplona 2012.

für das Recht der Gliedkirchen der Evangelischen Kirche in Deutschland:

- Heinrich de Wall, Evangelisches Kirchenrecht, in: ders./S. Muckel, Kirchenrecht, München ^{3}2012, 233–386.

sowohl für das katholische als auch das evangelische Kirchenrecht:

- Lexikon für Kirchen- und Staatskirchenrecht, hrsg. von A. von Campenhausen u. a., 3 Bde., Paderborn 2000–2004.

für das Recht der orthodoxen Kirchen:

- Richard Potz/Eva Synek, Orthodoxes Kirchenrecht, Freistadt 2007.

Es gibt zwei deutschsprachige Datenbanken für die Literatursuche zu kirchenrechtlichen Themen:

- die »Datenbank Kanonisches Recht (DaKaR)«, angeboten vom Institut für Kanonisches Recht der Universität Münster in Kooperation mit anderen Einrichtungen: www.uni-muenster.de/FB2/ikr/datenbank
- die »Kanonistische Literaturdokumentation Innsbruck (KALDI)«, angeboten von der Katholisch-Theologischen Fakultät der Universität Innsbruck: www.uibk.ac.at/praktheol/kirchenrecht/kaldi

§ 2 Kanonistik

Literatur: Erdő, Péter, Geschichte der Wissenschaft vom kanonischen Recht: eine Einführung, Münster 2006; May, Georg/Egler, Anna, Einführung in die kirchenrechtliche Methode, Regensburg 1986.

Als »Kanonistik« bezeichnet man die Wissenschaft vom kanonischen Recht; wer diese Wissenschaft betreibt, heißt »Kanonist«. Die Entstehung der Kanonistik als eigenständiger Wissenschaft wird gewöhnlich mit dem *Decretum Gratiani* (um 1140) angesetzt (siehe dazu § 3 C). Zwar wurden auch schon vor Gratian kanonistische Fragen behandelt; das geschah vor ihm aber noch nicht in einer vergleichbar systematischen Weise. Zu den Aufgaben der Kanonistik gehört die Beschäftigung mit den Grundlagenfragen des Kirchenrechts, d. h. den Fragen nach Wesen und theologischer Begründung des Kirchenrechts, die Sammlung und Ordnung des Rechtsstoffes, die historische und systematische Deutung der kirchenrechtlichen Normen, die Reflexion über ihre Anwendung, die Behebung von Mängeln in diesen Normen (z. B. Widersprüche, Rechtslücken) sowie die Reflexion über ihre Weiterentwicklung. Die Kanonistik ist eine theologische Disziplin. Im Hochschulwesen hat sie ihren Ort zum einen an speziellen kanonistischen Fakultäten und Instituten; zum anderen gehört zu jeder theologischen Fakultät ein Lehrstuhl für Kanonistik. Das schließt nicht aus, dass man sich auch an juristischen Fakultäten mit Kanonistik beschäftigt.

Im Hochschulrecht der katholischen Kirche (siehe dazu § 37) stellt die Kanonistik ein eigenes Fach dar (so wie Philosophie und Theologie), mit eigenen akademischen Graden, dem eines »Lizentiaten im kanonischen Recht (Lic. iur. can.)« und eines »Doktors im kanonischen Recht (Dr. iur. can.)«. Außerhalb des deutschsprachigen

Raums werden diese akademischen Grade häufig als *Juris Canonici Licentiatus* (JCL) und *Juris Canonici Doctor* (JCD) bezeichnet. Das Lizentiat im kanonischen Recht verleiht die Befähigung zum kirchlichen Richteramt (c. 1421 § 3). Voraussetzung für die Zulassung zum Lizentiatsstudium ist entweder das abgeschlossene Vollstudium der katholischen Theologie oder zumindest ein zweijähriger kanonistischer Grundkurs. Das Lizentiatsstudium dauert nach den Vorgaben des gesamtkirchlichen Rechts drei Jahre. Die Zulassung zu einem Studium zum Erwerb des Doktorats im kanonischen Recht setzt das Lizentiat im kanonischen Recht voraus. Akademische Grade im kanonischen Recht können nur erworben werden an einer kanonistischen Fakultät oder einem kanonistischen Institut. Weltweit gibt es etwa 40 solche Einrichtungen, davon acht in Rom. Im deutschsprachigen Raum gibt es zwei Einrichtungen, an denen akademische Grade im kanonischen Recht erworben werden können: An der Ludwig-Maximilians-Universität München besteht das Klaus-Mörsdorf-Studium für Kanonistik, an dem sowohl das Lizentiat als auch das Doktorat erworben werden kann. Das Institut für Kanonisches Recht an der Universität Münster verleiht das Lizentiat im kanonischen Recht.

Dem mittelalterlichen kanonischen Recht widmet sich das *Stephan Kuttner Institute of Medieval Canon Law*, das der Juristischen Fakultät der Ludwig-Maximilians-Universität München angegliedert ist. Der Titel »Doctor iuris utriusque (Dr. iur. utr.)«, also »Doktor beider Rechte«, d. h. des kirchlichen und des staatlichen Rechts, wird in Deutschland von einigen Juristischen Fakultäten verliehen (Köln, Potsdam und Würzburg). Er wird erworben durch ein Jurastudium, zu dem einige kanonistische Bestandteile hinzukommen. Im Unterschied zu den von Kanonistischen Fakultäten und Instituten verliehenen akademischen Graden (Dr. iur. can., Lic. iur. can.), die zur Übernahme bestimmter Ämter in der Kirche befähigen, handelt es sich bei dem Titel »Dr. iur. utr.« um einen staatlichen akademischen Grad ohne Wirkungen im kirchlichen Rechtsbereich.

Das Ausmaß der kanonistischen Forschungstätigkeit wird unter anderem deutlich an weltweit etwa 40 laufenden Fachzeitschriften. Einige davon erscheinen in deutscher Sprache:

- Das *Archiv für katholisches Kirchenrecht* ist die weltweit älteste kanonistische Fachzeitschrift (seit 1857). Zusätzlich zu den wissenschaftlichen Abhandlungen und Besprechungen enthält sie auch Abdrucke und Fundstellen von neuen Erlassen und Entscheidungen, eine kirchenrechtliche Chronik sowie ein Verzeichnis der jeweils neu erschienenen kanonistischen Literatur.
- Die Zeitschrift *De processibus matrimonialibus* (seit 1994) widmet sich vor allem dem Ehe- und Prozessrecht. Unter anderem dokumentiert sie die Referate der gleichnamigen jährlich veranstalteten Tagung.
- Die Zeitschrift *Kirche und Recht* (seit 1995) enthält nicht nur Abhandlungen zum kanonischen Recht, sondern auch zum Recht anderer Kirchen und Religionsgemeinschaften sowie zum Staatskirchenrecht.
- Das *Österreichische Archiv für Recht und Religion* entstand 1999 durch Umbenennung des *Österreichischen Archivs für Kirchenrecht.* Seit der Umbenennung sind Beiträge zum Recht der katholischen Kirche in den Hintergrund getreten gegenüber Beiträgen zum staatlichen Religionsrecht und zum Recht anderer Religionsgemeinschaften.

- Die *Zeitschrift der Savigny-Stiftung für Rechtsgeschichte, Kanonistische Abteilung* enthält vorwiegend rechtsgeschichtliche Abhandlungen zum kanonischen Recht.

§ 3 Geschichte des Kirchenrechts

Literatur: Erdő, Péter, Die Quellen des Kirchenrechts: eine geschichtliche Einführung, Frankfurt u. a. 2002; Link, Christoph, Kirchliche Rechtsgeschichte, München ^{2}2010: Mühlsteiger, Johannes, Kirchenordnungen, Berlin 2006; May, Georg, Art. Kirchenrechtsquellen, I. Katholische, in: Theologische Realenzyklopädie XIX, 1–44.

A. Die Geschichtlichkeit des Kirchenrechts

Seit die Kirche besteht, gibt es auch Kirchenrecht. Für jene kirchenrechtlichen Normen, die dem *ius divinum* zuzuordnen sind, ergibt sich diese Aussage bereits aus der Unwandelbarkeit, die solchen Normen von ihrem Wesen her eigen ist. Allerdings bleibt in der Frage, ob eine bestimmte Norm zum *ius divinum* gehört, immer ein gewisses Maß an Unsicherheit, solange das kirchliche Lehramt diese Frage nicht in unfehlbarer Weise entschieden hat. So erklärt sich, dass die Unwandelbarkeit, die den Normen des *ius divinum* als solchen eigen ist, mit geschichtlichen Veränderungen der kirchlichen Lehre über das *ius divinum* einhergeht. Zudem ist die sprachliche Gestalt, in der die Kirche den Inhalt dieser Normen zu fassen versucht, Veränderungen unterworfen. Da die Normen des *ius divinum* als solche dem Menschen nicht in einer sprachlich fixierten Gestalt zugänglich sind, entsteht immer wieder neu die Aufgabe, nach einer passenden Formulierung dieser Normen zu suchen; das gilt sogar dann noch, wenn solche Normen einmal in unfehlbarer Weise vorgelegt worden sind.

Auch das *ius mere ecclesiasticum* ist so alt wie die Kirche selbst. In diesem Bereich tritt jedoch die geschichtliche Veränderbarkeit des Kirchenrechts deutlicher vor Augen als im Bereich des *ius divinum*. Für eine Periodisierung der Geschichte des Kirchenrechts gibt es unterschiedliche Ansätze; z. B. lassen sich die folgenden vier Epochen unterscheiden: (1) das Kirchenrecht in der Zeit vor Gratian *(»ius vetus«)*; (2) das Kirchenrecht in der Zeit seit Gratian bis zum Konzil von Trient *(»ius novum«)*; (3) das Kirchenrecht in der Zeit vom Konzil zu Trient bis zum *Codex Iuris Canonici* von 1917; (4) das kodikarische Recht (seit 1917). Der nachstehende Überblick beschränkt sich bei der Darstellung dieser vier Epochen im Wesentlichen auf die Geschichte der Rechtsquellen.

B. Vor Gratian

Das Nebeneinander von naturrechtlichen Normen, Normen des positiven göttlichen Rechts und Normen des rein kirchlichen Rechts kennzeichnet das kirchliche Recht von Anfang an. In den Schriften des Alten und Neuen Testaments spiegeln sich diese verschiedenen Schichten des Kirchenrechts wider. Das bedeutet nicht, dass die von der frühen Christenheit als verpflichtend angesehenen Normen erst durch die Erwähnung in der Heiligen Schrift zu Rechtsnormen geworden wären, so dass die Schriften des Alten und Neuen Testaments im formellen Sinn als Rechtsquellen anzusehen wären. Diese Schriften lassen aber einige Rechtsnormen erkennen, die in der frühen Kirche in Geltung standen. Für die Normen des Naturrechts ergibt sich bereits von ihrem Wesen her, dass ihre Verpflichtungskraft nicht von einer Verschriftlichung abhängig ist. In diesem Sinne lässt sich deuten, dass Paulus im Brief an die Römer schreibt, den Menschen sei »die Forderung des Gesetzes ins Herz geschrieben; ihr Gewissen legt Zeugnis davon ab« (Röm 2,14). Aber auch die Normen des positiven göttlichen Rechts, etwa die Aufforderung Jesu, sein Gedächtnis zu feiern (vgl. 1 Kor 11,24 f.), entfalteten ihre Verpflichtungskraft aus sich selbst heraus und nicht erst durch ihre Erwähnung im Neuen Testament. Dasselbe gilt weithin für die Normen des *ius mere ecclesiasticum*, die sich im Neuen Testament widerspiegeln, etwa für die auf das Zusammenleben von Juden- und Heidenchristen bezogenen Beschlüsse des »Apostelkonzils« (Apg 15,20.29). Demgegenüber kann man die Paulusbriefe an einigen Stellen, an denen Paulus die Adressaten zu einem bestimmten Verhalten auffordert, etwa was die Frage der Kopfbedeckung beim Gottesdienst betrifft (1 Kor 11,4–10), auch im formellen Sinn als Rechtsquellen auffassen. Den Charakter formeller Rechtsquellen hatten solche Stellen in den Paulusbriefen dann allerdings an sich nur für die jeweiligen Adressaten der Briefe, nicht notwendigerweise für die Kirche als Ganze.

Ebenso wie sich in vielen menschlichen Gesellschaften Rechtsordnungen zunächst ohne schriftliche Fixierung herausgebildet haben, wird auch in der frühen Christenheit ein großer Teil der als verbindlich angesehenen Verhaltensnormen nicht schriftlich niedergelegt gewesen sein. Nach heutiger Terminologie hatte das von der frühen Christenheit als verbindlich angesehene Recht dann weitgehend den Charakter von Gewohnheitsrecht. In den frühesten rechtlich geprägten Dokumenten der Kirche, den »Kirchenordnungen« der alten Kirche, sind Normen gesammelt, die vermutlich größtenteils schon, bevor sie in diesen Dokumenten schriftlich zusammengestellt wurden, als verbindlich angesehen worden waren. Zwar gaben die – uns in der Regel nicht bekannten – Verfasser diesen Dokumenten den Anschein von Rechtsquellen im formellen Sinn, indem sie als Autoren die Namen von Aposteln nannten (daher die spätere Bezeichnung als »pseudo-apostolische Schriften«). Die tatsächliche Verbindlichkeit der Kirchenordnungen wäre nach heutiger Terminologie aber so zu beschreiben, dass sie überwiegend bereits geltendes Gewohnheitsrecht dokumentierten. Zu diesen »Kirchenordnungen« gehören vor allem die *Didache* (Ende 1. Jh.), die *Traditio Apostolica* (Anfang 3. Jh.), die *Didaskalie* (Mitte 3. Jh.) und die Apostolischen Konstitutionen (Ende 3. Jh.). Was ihren Inhalt angeht, kennzeichnet diese Dokumente eine Mischung von moralischen Normen und Normen mit rechtlichem, insbesondere liturgisch-rechtlichem Charakter.

Die ältesten formell von kirchlichen Autoritäten erlassenen Rechtsnormen sind die Beschlüsse der seit dem 2. Jahrhundert abgehaltenen Bischofsversammlungen (gleichbedeutend als »Synoden« oder »Konzilien« bezeichnet). Dazu gehören zunächst die regionalen Synoden und seit dem Konzil von Nikaia (325) auch die Ökumenischen Konzilien. Es waren die regionalen Synoden der ersten Jahrhunderte, die für die kirchlichen Rechtsnormen als erste den Ausdruck »Canones« wählten. Die Bedeutung dieser konziliaren Canones ging nach und nach, vor allem seit dem 5. Jh., zurück zugunsten der päpstlichen Dekretalen *(litterae* oder *epistolae decretales)*, d. h. der päpstlichen Antwortschreiben auf rechtliche Anfragen. Diese Dekretalen waren zwar meist an Einzelpersonen gerichtet und verpflichteten formell nur die jeweiligen Adressaten oder bestimmte Gebiete; faktisch wurden sie aber auch zu Normen für ähnlich gelagerte Fälle. Überragende Bedeutung erhielten die päpstlichen Dekretalen mit dem gestiegenen Einfluss des Papsttums seit dem 12. Jh. Seitdem das Christentum im 4. Jh. im Römischen Reich zur Staatsreligion geworden war, kamen zu den Canones der Konzilien und den päpstlichen Dekretalen als ein dritter Typ von Rechtsquellen formeller Art die auf kirchliche Angelegenheiten bezogenen Gesetze (νόμοι) der Kaiser hinzu. Ein eigenes literarisches Genus bilden die zwischen dem 6. und 10. Jh. im Westen, zunächst im britisch-irischen Raum, verwendeten »Bußbücher« *(libri poenitentiales)*, die auflisteten, welche Bußen für die verschiedenen Arten von Sünden auferlegt werden sollten. Da die Bußbücher sich nicht auf eine erlassende Autorität stützten, können sie allenfalls im Sinne einer Dokumentation von Gewohnheitsrecht als Rechtsquellen bezeichnet werden.

Seit dem 5. Jahrhundert entstanden regionale Sammlungen von Kirchenrechtsquellen, im Osten zunächst Sammlungen von Canones der Konzilien, im Westen bald auch Sammlungen, die sowohl Konzilsbeschlüsse als auch päpstliche Dekretalen vereinigten; zu den bedeutendsten frühen Sammlungen gehört diejenige des Dionysius Exiguus (*Collectio Dionysiana*, um 500). Während die älteren Sammlungen chronologisch aufgebaut waren, entstanden seit dem 9. Jahrhundert auch Sammlungen mit einer systematischen (d. h. nach Sachthemen geordneten) Struktur. Im frühen Mittelalter kam es auch zu Sammlungen, die sowohl kirchliche als auch weltliche Rechtsnormen miteinander vereinigten, im oströmischen Reich als »Nomokanones«, im Frankenreich als »Kapitularien« bezeichnet. In der Mitte des 9. Jh. entstanden die pseudo-isidorischen Fälschungen, die unter anderem die (falsche) Urkunde über die »Konstantinische Schenkung« aufnahmen. In der Zeit zwischen dem 6. und dem 12. Jh. ist die Entstehung neuer Sammlungen weithin dadurch gekennzeichnet, dass eine bereits vorhandene ältere Sammlung zugrunde gelegt, dann aber um einen gewissen Bestand an neueren oder zusätzlichen Rechtsnormen erweitert wurde.

C. Von Gratian bis zum Konzil von Trient

Zwischen 1139 und 1150 veröffentlichte in Bologna ein Kirchenrechtler namens Gratian in mehreren Stufen eine systematische, mit Kommentaren versehene Rechtssammlung unter dem Titel *Concordia discordantium canonum*, die später als *Decretum Gratiani* bezeichnet wurde. Vergleichbar dem, was einige Jahre später Petrus Lombardus auf dem Gebiet der scholastischen Theologie unternehmen würde, stellte das *Decretum Gratiani* den Versuch dar, nach scholastischer Methode zu einer Harmonisierung der im Laufe der Geschichte erlassenen kirchlichen Rechtsnormen zu gelangen. Das *Decretum Gratiani* wurde zwar nicht offiziell von einer kirchlichen Autorität erlassen; aufgrund seiner hohen wissenschaftlichen Qualität setzte es sich aber schnell als Standard durch und verdrängte so die bisherigen Rechtsquellensammlungen. Durch das *Decretum Gratiani* wurde die Kanonistik als eigenständige wissenschaftliche Disziplin etabliert; Gratian selbst wurde später als »Vater der Kanonistik« bezeichnet. In der Folgezeit konzentrierte sich die Tätigkeit der Kanonisten auf die

Kommentierung des *Decretum Gratiani.* Die Erläuterungen dieser »Dekretisten« hatten zunächst die Form von zwischen den Zeilen *(glossae interlineares)* oder am Rand *(glossae marginales)* angebrachten Glossenapparaten und nahmen später die Gestalt eigenständiger Veröffentlichungen *(summae)* an.

Die nach Veröffentlichung des *Decretum Gratiani* erlassenen päpstlichen Dekretalen wurden nicht in dieses aufgenommen, sondern separat gesammelt; auf diese Weise entstanden nach und nach fünf das *Decretum Gratiani* ergänzende Sammlungen *(quinque compilationes).* Auf Geheiß Papst Gregors IX. wurden deren Inhalte im Jahre 1234 – in erheblich überarbeiteter Form – durch Raimund von Peñafort unter dem Titel »Dekretalen Gregors IX.« veröffentlicht. Diese Sammlung wurde später, weil sie die »außerhalb« des *Decretum Gratiani* gesammelten Dekretalen enthielt, als *Liber Extra* bezeichnet. Dieser *Liber Extra* ist das erste offizielle von einem Papst für die gesamte Kirche erlassene Rechtsbuch. Raimund, der 1601 heiliggesprochen wurde, wird als Patron der Kanonisten verehrt. Die in der Folgezeit veröffentlichten päpstlichen Dekretalen wurden auf Geheiß Papst Bonifaz' VIII. in einer weiteren Sammlung veröffentlicht, die – im Sinne einer Fortsetzung der fünf Teile des *Liber Extra* – als *Liber Sextus* bezeichnet wurde. Eine auf Geheiß Papst Clemens V. entstandene und von Papst Johannes XXII. im Jahre 1314 promulgierte Sammlung wird als »Klementinen« bezeichnet; sie enthielt die Beschlüsse des Konzils von Vienne (1311–1312) und Dekretalen aus der Zeit nach 1298. Die päpstlichen Dekretalen der Folgezeit wurden in zwei nicht offiziellen Sammlungen zusammengefasst, die mit dem Ausdruck »Extravaganten« bezeichnet wurden, also als Dekretalen, die sich »außerhalb (der bisherigen Sammlungen) aufhielten«. Für die Kanonisten, die im 13. und 14. Jahrhundert die päpstlichen Dekretalen kommentierten, wird – im Unterschied zu den oben erwähnten »Dekretisten« – die Bezeichnung »Dekretalisten« verwendet. Das *Decretum Gratiani*, der *Liber Extra*, der *Liber Sextus*, die Klementinen sowie die Extravaganten wurden nach und nach als eine zusammengehörige Rechtssammlung wahrgenommen, für die sich seit dem 17. Jahrhundert die Bezeichnung *Corpus Iuris Canonici* verbreitete, eine Bezeichnung, die offenbar in Analogie zum *Corpus Iuris Civilis* gewählt wurde, das der oströmische Kaiser Justinian (527–565) veröffentlicht hatte. Im Jahre 1580 empfahl der Papst das *Corpus Iuris Canonici* als approbierte Sammlung für die kirchliche Rechtslehre und Praxis und veranlasste eine offizielle Ausgabe. Bei einigen seiner Bestandteile handelte es sich um offiziell von Päpsten erlassene Sammlungen (*Liber Extra*, *Liber Sextus*, *Klementinen*), andere hatten keinen solchen offiziellen Charakter (*Decretum Gratiani*, *Extravaganten*). Im 15. und 16. Jahrhundert kam es zu über 200 gedruckten Ausgaben des *Corpus Iuris Canonici.* Als umfassende Sammlung des geltenden kanonischen Rechts blieb es letztlich bis zum Inkrafttreten des *Codex Iuris Canonici* von 1917 in Gebrauch. Die heute gebräuchliche Ausgabe wurde 1879/1881 in Leipzig von Emil Friedberg herausgegeben (Neudruck Graz 1955). Sie genügt nicht mehr den heutigen Ansprüchen an eine kritische Ausgabe; eine kritische Neuausgabe des *Decretum Gratiani* ist seit langem in Vorbereitung.[1] Das gesamte *Corpus Iuris Canonici* ist auch online zugänglich.[2]

---

1 https://sites.google.com/a/yale.edu/decretumgratiani/

2 http://digital.library.ucla.edu/canonlaw/

D. Vom Konzil zu Trient bis zum Codex Iuris Canonici von 1917

Die wichtigsten zu Beginn der Neuzeit erlassenen Rechtsnormen waren die vom Konzil zu Trient erlassenen Reformdekrete, nach alter konziliarer Gewohnheit in *Canones* gegliedert. Die päpstlichen Erlasse aus der Zeit seit dem 13. Jahrhundert hatten von ihrer äußeren Form her entweder die Form der »Bulle«, benannt nach dem für ihre Siegelung verwendeten (Blei-)siegel *(bulla)*, oder auch, seit dem Ende des 14. Jahrhunderts, die weniger feierliche Form des »Breve«. Die wichtigeren Bullen und Breven wurden in »Bullarien« gesammelt; bei diesen Bullarien, von denen etwa 40 Bände erschienen, handelte es sich ganz überwiegend um private Arbeiten. Vor allem in der Zeit seit dem Konzil von Trient nahm die Bedeutung der dem Papst untergeordneten Behörden der Römischen Kurie zu, allen voran die der »Konzilskongregation«, der nach dem Konzil die Aufgabe übertragen wurde, das tridentinische Recht zu interpretieren und damit weiterzuentwickeln. Die Sammlung ihrer Erlasse *(Thesaurus resolutionum Sacrae Congregationis Concilii)* füllt 167 Bände. Unter den übrigen Kurienkongregationen verdienen vor allem die Propaganda-Kongregation und die Ritenkongregation Erwähnung. Gesammelt wurden auch die Beschlüsse der Partikularkonzilien und Diözesansynoden, vor allem in der 59bändigen Sammlung von Mansi, *Sacrorum conciliorum nova et amplissima collectio*. Der Zugang zu den Erlassen des Apostolischen Stuhls wurde im Jahre 1865 durch die Schaffung eines Amtsblatts erleichtert. Es trug zunächst den Namen *Acta Sanctae Sedis*, seit 1909 geändert in *Acta Apostolicae Sedis* (AAS). Unter diesem Namen erscheint es bis heute; es ist auch online zugänglich.[3]

Die Vielzahl der nicht systematisch geordneten verschiedenen Arten von Rechtsquellen brachte eine zunehmende Unübersichtlichkeit des kanonischen Rechts mit sich. Die Situation vor der Promulgation des CIC/1917 beschreibt die Vorrede *(Praefatio)* zum CIC/1983 mit dem Bild eines »ungeheuren Berges aufeinandergetürmter Gesetze«.

E. Das kodikarische Recht

Je unübersichtlicher das kanonische Recht im Laufe der Zeit wurde, desto lauter wurde der Wunsch nach seiner Kodifizierung. Seit dem 19. Jahrhundert konnte sich dieser Wunsch auf Vorbilder aus dem Bereich des staatlichen Rechts stützen, angefangen bei dem französischen *Code civile* von 1804. Einhundert Jahre später (1904) erteilte Papst Pius X. den Auftrag, nun endlich auch das kanonische Recht in einem einzigen Buch zusammenzufassen; die Hauptverantwortung dafür wurde dem späteren Kardinal Pietro Gasparri übertragen. Als Ergebnis dieser Arbeiten konnte Papst Benedikt XV. im Jahre 1917 den *Codex Iuris Canonici* (CIC/1917) promulgieren; an Pfingsten 1918 trat er in Kraft. Das Hauptanliegen der Kodifizierung galt der Samm-

3 www.vatican.va/archive/atti-ufficiali-santa-sede/index_ge.htm

lung und Systematisierung des kanonischen Rechts, nicht seiner inhaltlichen Reform. Dementsprechend erklärte can. 6 CIC/1917: »Der Codex hält an der bisher geltenden Disziplin in den meisten Fällen fest, wenn er auch zweckdienliche Veränderungen einführt.« Manche Teile des Codex waren bereits zum Zeitpunkt seines Erscheinens inhaltlich veraltet. Andererseits ist festzustellen, dass sich von den 2414 Canones des CIC/1917 immerhin 854 nicht auf ältere Quellen stützen konnten, sondern ganz neu geschaffen waren. Es war verboten, die lateinische Originalfassung des Codex in andere Sprachen zu übersetzen. Immerhin kam es zu einer Paraphrasierung ins Deutsche.[4] Übersetzungen des CIC/1917 wurden erst veröffentlicht, nachdem er außer Kraft getreten war, d. h. nach 1983.[5] Gasparri veröffentliche auch eine mit Quellenangaben versehene Ausgabe des CIC/1917 sowie, in 9 Bänden, den Wortlaut dieser Quellen, soweit sie nicht dem *Corpus Iuris Canonici* entnommen waren.[6] Gegenüber der Masse der zugrunde liegenden Quellen führte der CIC/1917 zu einer extremen Reduzierung der Textmenge. Während nämlich die früheren Rechtsnormen (päpstliche Bullen, Verfügungen der Kurienbehörden usw.) in der Regel nicht nur die eigentliche Rechtsnorm enthalten hatten, sondern auch viele Details über die Entstehungsgeschichte und Motivation der Normen formulierten, beschränkte sich der CIC/1917 auf die rechtliche Kernaussage. Was die kanonistische Wissenschaft angeht, führte die Promulgation des CIC/1917 zu einer weitgehenden Trennung zwischen der wissenschaftlichen Beschäftigung mit dem nun geltenden kanonischen Recht und der wissenschaftlichen Erforschung der Geschichte des kanonischen Rechts. Die an kirchlichen Institutionen tätigen Kanonisten konzentrierten sich von nun an ganz auf die Kommentierung und Anwendung des CIC/1917. Die wissenschaftliche Erforschung der Geschichte des kanonischen Rechts wurde hingegen vorwiegend anderswo durchgeführt, vor allem von Mediävisten an staatlichen Universitäten.

Abgesehen von zwei kleinen Streichungen[7] wurde während der Geltungszeit des CIC/1917 nicht in dessen Wortlaut eingegriffen. Es kam aber zur Promulgation etlicher anderer Gesetze und von Rechtsnormen untergeordneter Art, die zum CIC/1917 hinzutraten. Die meisten von ihnen wurden in den *Acta Apostolicae Sedis* veröffentlicht. Eine umfassende private Sammlung der Rechtsnormen des Apostolischen Stuhls, die auch weiterhin fortgesetzt wird, ist die inzwischen zehnbändige Reihe *Leges Ecclesiae post Codicem iuris canonici editae*, zunächst herausgegeben von Javier Ochoa, seit Band 7 von Domingo Andrés Gutiérrez.

Der CIC/1917 hatte seine Geltung auf die Lateinische Kirche beschränkt. Für die katholischen Ostkirchen (siehe dazu § 18) war ein eigener Codex geplant. Zunächst wurden dazu die alten Quellen des kanonischen Rechts der Ostkirchen gesammelt; daraus entstand eine umfangreiche Buchreihe.[8] Auf dieser Grundlage wurde unter

---

4 Heribert Jone, Gesetzbuch der lateinischen Kirche, 3 Bde., Paderborn ²1950–1953.

5 Z. B. The 1917 or Pio-Benedictine Code of Canon Law. In English translation with extensive scholarly apparatus, hrsg. v. Edward N. Peters, San Francisco 2001.

6 Codicis Iuris Canonici fontes, hrsg. von Pietro Gasparri u. a., 9 Bde., Romae 1923–1939.

7 Die Streichungen betrafen die cann. 1099 § 2 und 2319 § 1 n. 1 CIC/1917; an beiden Stellen ging es um eherechtliche Fragen.

8 Codificazione canonica orientale. Fonti, Città del Vaticano 1930–1934; Serie II: 1935–1951.

dem Arbeitstitel *Codex Iuris Canonici Orientalis* der Entwurf eines Codex für die katholischen Ostkirchen erstellt. Pius XII. entschied sich, dessen Text nicht als ganzes, sondern schrittweise zu erlassen. So kam es zwischen 1949 und 1957 zu vier einzelnen Erlassen (jeweils in der Form eines *Motu Proprio*), die zusammen etwa 60 Prozent des geplanten Rechtsstoffes ausmachten. Die Ankündigung des Zweiten Vatikanischen Konzils hatte zur Folge, dass das Projekt unvollendet blieb.

Am 25. 1. 1959 kündigte Papst Johannes XXIII. zusammen mit dem Zweiten Vatikanischen Konzil auch die Schaffung eines neuen *Codex Iuris Canonici* an. Seine Erarbeitung wurde im Wesentlichen auf die Zeit nach dem Abschluss des Konzils vertagt. Die Entstehungsgeschichte des Codex ist vor allem in der Zeitschrift *Communicationes* dokumentiert, die seit 1969 erscheint, herausgegeben zunächst von der Codexreformkommission, heute vom Päpstlichen Rat für Gesetzestexte. Die einzelnen Schritte der Entstehungsgeschichte des Codex werden an anderer Stelle beschrieben (siehe § 6). Das Konzil selbst hatte nur wenige unmittelbar in Kraft tretende rechtliche Entscheidungen gefällt; die rechtliche Umsetzung der meisten Konzilsentscheidungen geschah stattdessen durch die Gesetzgebung Papst Pauls VI. und die ausführenden Erlasse der Kurienbehörden. Zusammen mit einer deutschen Übersetzung sind diese Rechtsquellen in der Reihe *Nachkonziliare Dokumentation* (1967–1977, insgesamt 58 Hefte) zugänglich. Am 24. Jahrestag seiner Ankündigung, d. h. am 25. 1. 1983 wurde der neue *Codex Iuris Canonici* promulgiert; am ersten Adventssonntag des darauf folgenden Kirchenjahres, d. h. am 27. 11. 1983, trat er in Kraft. Viele der Normen, in denen er sich von seinem Vorgänger aus dem Jahre 1917 unterscheidet, waren zu diesem Zeitpunkt der Sache nach bereits im Zuge der nachkonziliaren Gesetzgebung in Kraft getreten; das Ausmaß der Änderungen, die der CIC/1983 mit sich brachte, war also geringer, als man auf den ersten Blick meinen könnte.

Wie schon der CIC/1917 beschränkte auch der CIC/1983 seinen Geltungsanspruch auf die Lateinische Kirche (c. 1). Für die Kodifizierung des Rechts der katholischen Ostkirchen war 1972 eine eigene Reformkommission gegründet worden. Ihre Arbeit führte im Jahre 1990 zur Promulgation eines Codex für die katholischen Ostkirchen, unter dem Titel *Codex Canonum Ecclesiarum Orientalium (CCEO)*. Eine zusammenfassende Dokumentation der Reformarbeit erfolgte bereits während der Entstehungszeit des CCEO in einer Zeitschrift mit dem Titel *Nuntia* (erschienen 1975–1990). Die detaillierten Sitzungsprotokolle werden seit dem Jahre 2008 in der Zeitschrift *Communicationes* veröffentlicht.

§ 4 Theologische Begründung des Kirchenrechts

Literatur: Erdő, Péter, Theologie des kanonischen Rechts: ein systematisch-historischer Versuch, Münster 1999; Corecco, Eugenio, Theologie des Kirchenrechts, Trier 1980; Krämer, Peter, Theologische Grundlegung des kirchlichen Rechts, Trier 1977; Kuhn, Christian, Die theologische Begründung des Kirchenrechts in der Münchner Schule, Budapest 1991; Listl, Joseph, Kirche und Staat in der neueren katholischen Kirchenrechtswissenschaft, Berlin 1978.

A. Infragestellung des Kirchenrechts

Bei den Versuchen, das Kirchenrecht theologisch zu begründen, handelt es sich um Antworten auf die verschiedenen Infragestellungen des Kirchenrechts, zu denen es vor allem seit der Reformationszeit immer wieder gekommen ist. Als Martin Luther am 10. Dezember 1520 vor dem Elstertor zu Wittenberg die Bulle verbrannte, mit der der Papst ihm die Exkommunikation androhte, übergab er zusammen damit auch das *Corpus Iuris Canonici* dem Feuer, also das gesamte mittelalterliche kanonische Recht, auf das der Papst seine Vollmacht stützte. In dieser Bücherverbrennung drückte sich zwar eine Ablehnung des damals existierenden Kirchenrechts aus, nicht aber eine radikale Ablehnung der Existenz von Kirchenrecht überhaupt. Wie sich Luther das Kirchenrecht vorstellte, ist allerdings nicht leicht zu sagen; systematische Überlegungen dazu hat er nicht vorgelegt. Grundlegend ist Luthers Unterscheidung zwischen der verborgenen Kirche *(ecclesia abscondita)* und der sichtbaren Kirche *(ecclesia visibilis)*. In der *ecclesia abscondita*, zu der die wahrhaft Gläubigen gehören, braucht es kein Recht. In der *ecclesia visibilis* ist hingegen Recht notwendig; es stammt aber nicht von Gott, sondern von den Menschen und ist veränderbar. Die faktische Entwicklung in den aus der Reformation hervorgegangenen Gemeinschaften hat sich mit der Einführung des landesherrlichen Kirchenregiments schon zu Luthers Lebzeiten von dessen ursprünglichen Absichten entfernt.

Zu einer Infragestellung ganz anderer Art kam es in der Zeit von Absolutismus und Aufklärung, als europäische Staaten versuchten, die Kirche wie irgendeinen Verein zu behandeln. Man erklärte, die Kirche habe Rechtsetzungsbefugnis nicht aus sich selbst heraus, sondern allenfalls aufgrund staatlicher Verleihung. In der äußersten Zuspitzung dieser Tendenz wurde die Kirche einfach als eine Staatsanstalt aufgefasst. Infrage gestellt wurde in dieser Sicht also nicht die Existenz von Kirchenrecht im materiellen Sinn, wohl aber der Anspruch der kirchlichen Autoritäten, aufgrund der ihnen eigenen Autorität alle Bereiche des kirchlichen Lebens rechtlich ordnen zu können. Musterbeispiel dieser Art der Infragestellung ist der nach dem österreichischen Kaiser Joseph II. (1765–1790) benannte »Josephinismus«, der die absolute Staatsautorität auf den gesamten Bereich kirchlichen Lebens auszudehnen versuchte mit der alleinigen Ausnahme von Fragen der Glaubensinhalte.

Die radikalste theologisch begründete Infragestellung der Existenz von Kirchenrecht ist mit dem Namen des evangelischen Juristen Rudolph Sohm (1841–1917) verbunden. Er berief sich auf Luther und ging von den Grundannahmen aus, dass die Kirche Christi unsichtbar ist und dass es in der Urkirche kein Kirchenrecht gab. Über dessen Entstehung schrieb er: »Menschlicher Kleinglaube hat gemeint, die Erhaltung der Kirche Christi durch menschliche Mittel, durch die Aufrichtung der hölzernen Säulen und Balken menschlicher Rechtsordnung sichern zu müssen … Überall hat das Kirchenrecht sich als einen Angriff auf das geistliche Wesen der Kirche erwiesen … Das Wesen der Kirche ist geistlich, das Wesen des Rechts ist weltlich. Das Wesen des Kirchenrechtes steht mit dem Wesen der Kirche im Widerspruch.«[9] Sohms

9 Rudolph Sohm, Kirchenrecht, Bd. I: 1892, Bd. II: 1923; Neudruck 1970; hier: Bd. I, 700.

Thesen richteten sich in erster Linie gegen das Recht seiner eigenen, der evangelischen Kirche. Doch hat sich auch die katholische Theologie vielfach mit seinen Thesen auseinandergesetzt.

In der katholischen Kirche zeigten sich kirchenrechtskritische Tendenzen vor allem in den ersten Jahren nach dem Zweiten Vatikanischen Konzil. Bereits auf dem Konzil selbst war die Meinung verbreitet, dass das Recht in der Kirche zu viel Gewicht bekommen hatte. Dass es sich bei diesen Tendenzen nicht um eine radikale Ablehnung des Kirchenrechts handelte, zeigte sich allerdings daran, dass gerade die ersten Jahrzehnte nach dem Konzil durch eine vorher in diesem Umfang nie erlebte Produktion neuer Rechtsnormen gekennzeichnet waren.

B. Begründungsansätze

Eine systematische Auseinandersetzung mit der Problematik der Begründung des Kirchenrechts begann etwa in der Mitte des 18. Jh. Das Ziel der Überlegungen bestand zunächst darin, der Unterwerfung der Kirche durch den absolutistischen Staat entgegenzutreten. Man versuchte, aus der sozialen Gestalt der Kirche abzuleiten, dass die Kirche von sich aus ein eigenes Recht besitzen muss. Solche Überlegungen kamen als erstes in Deutschland in der »Würzburger Schule« auf und wurden Anfang des 19. Jh. in der römischen Schule des *Ius Publicum Ecclesiasticum* weiterentwickelt. Den Ausgangspunkt der Überlegungen bildete das Axiom *ubi societas ibi ius* (»Wo es eine Gesellschaft gibt, dort auch Recht«). Davon ausgehend wurde die Kirche als eine *societas* beschrieben, und zwar näherhin als eine *societas perfecta.* Gemeint ist eine *societas iuridice perfecta*, d. h. eine in rechtlicher Hinsicht vollständige Gesellschaft, also eine Gesellschaft, die alle notwendigen und angemessenen Mittel besitzt, um ihr Ziel zu erreichen. Vorausgesetzt wird dabei, dass auch der Staat eine solche *societas perfecta* darstellt. Die Kirche tritt damit dem Staat gleichberechtigt gegenüber; das Kirchenrecht ist nicht etwa aus der Autorität des Staates abgeleitet.

Die Lehre von der Kirche als *societas perfecta* kann man nicht angemessen beurteilen, wenn man nicht ihre ursprüngliche Zielsetzung im Blick behält: Es ging um die Verteidigung gegenüber dem staatlichen Allmachtsanspruch. Dann ist ohne weiteres verständlich, dass nicht eine theologische, sondern eine philosophische Argumentation vorgelegt wurde. Staatlichen Ansprüchen konnte man nicht mit Argumenten entgegentreten, die den Glauben voraussetzen. Es bestand aber die Gefahr, die dargestellte philosophische Begründung des Kirchenrechts schon als ausreichend anzusehen und nach einer theologischen Begründung nicht mehr zu fragen. Um das Kirchenrecht aus innerkirchlicher Sicht zu begründen, ist die Argumentation mit dem Axiom *ubi societas ibi ius* aber nicht ausreichend.

Auf die Frage, warum die Kirche eigentlich eine *societas perfecta* sei, lautete die klassische Antwort des *Ius Publicum Ecclesiasticum*: weil Christus sie so gewollt hat. Diese Antwort lässt aber keinen inhaltlichen Grund erkennen; sie wirkt voluntaristisch. Außerdem kann diese Argumentation auf die Kirche genauso wie auf den Staat angewandt werden; dann wird aber nicht deutlich, dass es sich beim Kirchenrecht – wenn es auch wirkliches Recht ist – um ein Recht eigener Art handelt. Um die soziale

Gestalt der Kirche inhaltlich zu begründen, hat man eine Analogie zwischen der zweifachen Natur Jesu Christi (als wahrer Gott und wahrer Mensch) und der Kirche hergestellt. Die Kirche sei gewissermaßen eine Weiterführung der Inkarnation Jesu Christi. Gemäß einem »inkarnatorischen Prinzip« (John Henry Newman, 1801–1890) könne die Kirche ihr inneres Wesen nur in einer äußeren gesellschaftlichen Form verwirklichen. Dadurch entstehe auch die Notwendigkeit von Recht. Diese Analogie zwischen der Inkarnation und der Sichtbarkeit der Kirche betont das Zweite Vatikanische Konzil, wenn es in *Lumen Gentium*, Nr. 8, formuliert:

> »Die mit hierarchischen Organen ausgestattete Gesellschaft und der geheimnisvolle Leib Christi, die sichtbare Versammlung und die geistliche Gemeinschaft, die irdische Kirche und die mit himmlischen Gaben beschenkte Kirche sind nicht als zwei verschiedene Größen zu betrachten, sondern bilden eine einzige komplexe Wirklichkeit, die aus menschlichem und göttlichem Element zusammenwächst. Deshalb ist sie in einer nicht unbedeutenden Analogie dem Mysterium des fleischgewordenen Wortes ähnlich. Wie nämlich die angenommene Natur dem göttlichen Wort als lebendiges, ihm unlöslich geeintes Heilsorgan dient, so dient auf eine ganz ähnliche Weise das gesellschaftliche Gefüge *(socialis compago)* der Kirche dem Geist Christi, der es belebt, zum Wachstum seines Leibes (vgl. Eph 4,16).«

Das Verdienst dieser Ansätze besteht darin, dass die soziale Natur der Kirche nicht einfach aus dem Willen Christi abgeleitet, sondern theologisch begründet wird. Solange die Notwendigkeit von Kirchenrecht aber aus der sozialen Natur der Kirche abgeleitet wird, bleibt die Begründung des Kirchenrechts im Kern weiterhin sozialphilosophisch, nicht theologisch.

Vertreter einer theologischen Begründung des Kirchenrechts gehen von der Feststellung aus, dass die rechtliche Dimension der Kirche nicht etwas nachträglich zum Wesen der Kirche Hinzugefügtes ist, sondern dass die Sendung Jesu Christi, die sich in der Kirche fortsetzt, von Anfang an eine rechtliche Dimension hat. Bei der Frage, wie sich das Kirchenrecht begründen lässt, handelt es sich so gesehen um eine dogmatische Frage, die in den Bereich der Ekklesiologie gehört. Zu den ersten Vertretern einer theologischen Begründung des Kirchenrechts gehörte Klaus Mörsdorf (1909–1989). Er argumentiert mit der rechtlichen Dimension von Wort und Sakrament. Die Verkündigung Jesu habe von ihrem Wesen her eine rechtliche Dimension gehabt, weil sie mit dem Anspruch auf Verbindlichkeit auftrat. Ebenso wohne den von Jesus Christus eingesetzten Sakramenten von Anfang an eine rechtliche Dimension inne, und die Sakramente brächten von ihrem Wesen her rechtliche Folgen hervor. Der von Jesus Christus grundgelegte rechtliche Anspruch von Wort und Sakrament habe dann im Laufe der Geschichte der Kirche eine Art Konkretisierung durch das von der Kirche formulierte Recht erfordert.

C. Begründung des göttlichen Rechts

Der Versuch, zu beschreiben, was Kirchenrecht ist, führt mit Notwendigkeit zu der Unterscheidung zwischen göttlichem und menschlichem (»rein kirchlichem«) Recht (vgl. oben § 1 B). Angesichts dessen muss auch der Versuch einer Begründung des Kirchenrechts diese Unterscheidung beachten. Von den beiden Bereichen des göttlichen Rechts (Naturrecht und Offenbarungsrecht) bedarf innerhalb des Kirchenrechts nur das positive göttliche Recht einer spezifischen Begründung. Das bereits mit der Schöpfung des Menschen gegebene Naturrecht (z. B. die Unzulässigkeit, einen Menschen zu ermorden), gilt innerhalb wie außerhalb der Kirche gleichermaßen. Die Existenz von Naturrecht zu begründen, ist also keine spezifisch kirchenrechtliche, sondern eine rechtsphilosophische Fragestellung. Sie betrifft nicht nur die Kirche, sondern alle Menschen, auch wenn außerhalb der Kirche in diesem Zusammenhang heute meist nicht der Ausdruck »Naturrecht« begegnet, sondern andere Bezeichnungen, vor allem der Ausdruck »Menschenrechte«.

Die Frage, warum es in der Kirche ein positives göttliches Recht gibt, führt mit Notwendigkeit zu Jesus Christus, auf den nach katholischer Überzeugung diese Art von Recht zurückgeht. Die erste Antwort auf diese Frage muss also lauten: Es gibt diese Art von Recht in der Kirche, weil zu der aus der Sendung Jesu Christi hervorgegangenen Kirche von Anfang an diese Dimension hinzugehörte. Christus hat seinen Jüngern nicht völlige Freiheit gelassen, wie sie das von ihm Begonnene weiterführen würden, sondern aus seiner Verkündigung und seinem Tun ergeben sich Vorgaben, denen über die Zeit seines irdischen Lebens hinaus eine bleibende Verbindlichkeit innewohnte. Zumindest haben seine Jünger ihn von Anfang an in diesem Sinne verstanden, und die katholische Kirche versteht ihn nach wie vor so. Als ein Beispiel dafür lässt sich anführen, wie Paulus die Einsetzung der Eucharistie beschreibt (1 Kor 11,23–25):

> »Denn ich habe vom Herrn empfangen, was ich euch dann überliefert habe: Jesus, der Herr, nahm in der Nacht, in der er ausgeliefert wurde, Brot, sprach das Dankgebet, brach das Brot und sagte: Das ist mein Leib für euch. Tut dies zu meinem Gedächtnis! Ebenso nahm er nach dem Mahl den Kelch und sprach: Dieser Kelch ist der Neue Bund in meinem Blut. Tut dies, sooft ihr daraus trinkt, zu meinem Gedächtnis!«

Offensichtlich fühlt Paulus sich nicht frei, allein nach eigenem Ermessen Anweisungen über die Feier der Eucharistie zu geben, sondern er fühlt sich verpflichtet, das weiterzugeben, was er selbst empfangen hat. Ähnliches lässt sich, wenn auch mit manchen Unterschieden, für die übrigen Sakramente feststellen. Doch ist das positive göttliche Recht nicht auf die Sakramente beschränkt. Es gibt auch andere Aspekte, die die Kirche als ihr unverfügbar vorgegeben betrachtet, da sie ihr von Jesus Christus bleibend vorgegeben sind. Dazu gehören insbesondere die wichtigsten Ämter, die es in der Kirche gibt, d. h. das Amt des Papstes als des Nachfolgers des hl. Petrus und das Amt der Bischöfe als Nachfolger der Apostel, sowohl als Einzelne wie auch als Bischofskollegium. Die Kirche fühlt sich nicht berechtigt, diese Ämter abzuschaffen. Die Behauptung, dass bestimmte Strukturen und Handlungen der Kirche unverfügbar vorgegeben sind, setzt nicht voraus, dass sich die Kirche dessen jeweils von Anfang an bewusst war. Es ist nicht zu bestreiten, dass das Bewusstsein der Kirche über die ihr unverfügbar vorgegebenen Strukturen und Aspekte erst nach und nach im Laufe der Jahrhunderte gewachsen ist.

In einem zweiten Schritt lässt sich fragen, warum die Kirche aus der Sendung Jesu Christi so und nicht anders hervorgegangen ist. Eine naheliegende Antwort lautet: Es wäre unmöglich, den göttlichen Ursprung der Kirche als einer über die Jahrhunderte hin sichtbaren Institution nachzuweisen, wenn es nicht sichtbare Elemente gibt, die die Kontinuität zwischen dem von Jesus Christus Begonnenen und der Kirche, wie sie sich zu einem bestimmten Zeitpunkt darstellt, belegen und dadurch garantieren. Tatsächlich hat die Erfahrung gezeigt, dass es ohne diejenigen sichtbaren Elemente, die die katholische Kirche als unverfügbar ansieht, nicht möglich ist, die sichtbare Einheit der Kirche zu bewahren. Wenn es solche sichtbaren Elemente nicht gibt, fehlen klare Kriterien, um angeben zu können, ob man noch zu derselben Kirche gehört oder nicht. Die wahre Kirche Jesu Christi, zu der dem Glauben nach alle Christen gehören, wird dann etwas nicht mehr Verifizierbares, sondern etwas gänzlich Unsichtbares. Wenn die Einheit der Gläubigen, um die Christus vor seinem Tod gebetet hat (Joh 17,22), nur in den Herzen der Gläubigen bestünde, wäre es dem Menschen letztlich nicht möglich, diese unsichtbare Einheit von einer nicht existierenden Einheit zu unterscheiden. Wirkliche Einheit erfordert aus Sicht der katholischen Kirche sichtbare Elemente dieser Einheit. Und solche sichtbaren Elemente der Einheit lassen sich nicht ohne verbindliche Normen bewahren. Daraus ergibt sich, dass das positive göttliche Recht ein notwendiges Merkmal der einen, heiligen, katholischen und apostolischen Kirche ist. In diesem Sinne ist das Kirchenrecht nicht etwas nachträglich zur Kirche Hinzugetretenes, sondern ohne Kirchenrecht würde es die katholische Kirche nicht geben.

Für das voranstehend Gesagte ist es letztlich nicht ausschlaggebend, ob man die von Jesus Christus der Kirche unverfügbar vorgegebenen Strukturen und Aspekte mit dem Ausdruck »Recht« bezeichnet oder einen anderen Ausdruck wählt. Faktisch lehnt die evangelische Theologie den Ausdruck »göttliches Recht« *(ius divinum)* zwar weithin ab. Das müsste im ökumenischen Dialog aber an sich noch keine größeren Schwierigkeiten bereiten. Denn insbesondere nach den Erfahrungen einer Umbildung des evangelischen Kirchenrechts nach nationalsozialistischen Maßstäben (Einführung des Arierparagraphen in das evangelische Kirchenrecht) ist sich die evangelische Theologie zunehmend bewusst geworden, dass die Kirche verbindlichen, von Jesus Christus herkommenden Vorgaben unterliegt. Dementsprechend hatte im Jahre 1934 die Barmer Theologische Erklärung in ihrer 3. These formuliert:

> Wir verwerfen die falsche Lehre, als dürfe die Kirche die Gestalt ihrer Botschaft und ihrer Ordnung ihrem Belieben oder dem Wechsel der jeweils herrschenden weltanschaulichen und politischen Überzeugungen überlassen.

Angesichts dessen betreffen die lehrmäßigen Probleme zwischen der katholischen und evangelischen Sichtweise nicht so sehr die Grundsatzfrage, ob es überhaupt der Kirche vorgegebene rechtliche Normen gibt, sondern mehr die Frage, welches genau diese unverfügbaren, von Jesus Christus her kommenden Vorgaben sind (Ist ein Bischofsamt, in apostolischer Sukzession, nötig? Muss es ein Papstamt geben? usw.).

D. Konkretisierung des göttlichen Rechts durch menschliche Rechtsnormen

Das von Jesus Christus der Kirche unverfügbar Vorgegebene ist nicht immer klar genug abgrenzbar, um im Leben der Kirche umsetzbar zu sein, solange es nicht von einer menschlichen Autorität gedeutet wird. Die Normen des positiven göttlichen Rechts verlangen daher nach einer Auslegung und Abgrenzung durch das rein kirchliche Recht. Die ersten Beispiele dafür finden sich bereits im Neuen Testament, z. B. im Hinblick auf die Frage der Unauflöslichkeit der Ehe. Paulus schreibt (1 Kor 7,10–15):

> Den Verheirateten gebiete nicht ich, sondern der Herr: Die Frau soll sich vom Mann nicht trennen – wenn sie sich aber trennt, so bleibe sie unverheiratet oder versöhne sich wieder mit dem Mann – und der Mann darf die Frau nicht verstoßen. Den Übrigen sage ich, nicht der Herr: Wenn ein Bruder eine ungläubige Frau hat und sie willigt ein, weiter mit ihm zusammenzuleben, soll er sie nicht verstoßen. Auch eine Frau soll ihren ungläubigen Mann nicht verstoßen, wenn er einwilligt, weiter mit ihr zusammenzuleben … Wenn aber der Ungläubige sich trennen will, soll er es tun. Der Bruder oder die Schwester ist in solchen Fällen nicht wie ein Sklave gebunden; zu einem Leben in Frieden hat Gott euch berufen.

Zunächst gibt Paulus also einfach eine Lehre Christi wieder (»Den Verheirateten gebiete nicht ich, sondern der Herr …«), nämlich die Unmöglichkeit der Wiederheirat nach Trennung. Dann geht er auf den Zweifelsfall ein, ob diese Lehre auch für eine Ehe zwischen einem christlichen und einem nichtchristlichen Partner gilt. Bei seiner Antwort beruft er sich nicht auf eine Weisung des Herrn, sondern formuliert: »Den Übrigen sage ich, nicht der Herr«. Die Frage nach der Auslegung oder Reichweite der Norm des *ius divinum* verlangte also nach einer Abgrenzung durch das *ius humanum.* Ähnliche Abgrenzungen sind auch in anderen Fragen nötig, z. B.: Durch welche Handlungen wird das Weihesakrament gespendet? Wie müssen Brot und Wein beschaffen sein, um für die Feier der Eucharistie in Frage zu kommen? Muss das Brot aus Weizen sein? Muss der Wein Alkohol enthalten? Wie wird das Amt des Papstes übertragen?

Eine der wichtigsten rechtlichen Entscheidungen der Kirche ist die Festlegung des Kanons der Heiligen Schrift. Nicht zufällig wird für das verbindliche Verzeichnis der Bücher der Heiligen Schrift dasselbe Wort verwendet wie für die kirchlichen Rechtsnormen, das Wort »Kanon«. Denn die Entscheidung darüber, welche der Schriften der frühen Christenheit als »Heilige Schrift« anzusehen sind, hat eine rechtliche Dimension. Primär handelt es sich um eine Entscheidung des kirchlichen Lehramts *(munus docendi)*; die Entscheidung hat aber auch rechtliche Folgen *(munus regendi)*, etwa dafür, welche Schriften bei der Feier der Liturgie verwendet werden können. Deswegen führt jeder Versuch, mit Hilfe der Heiligen Schrift gegen die Existenz von Kirchenrecht zu argumentieren, zu einem Selbstwiderspruch. Wenn es in der Kirche kein Recht gäbe, könnte es auch keine Heilige Schrift geben. Es gäbe nur verschiedene Schriften aus der Ursprungszeit des Christentums, unter denen sich jeder Gläubige bei seiner Argumentation nach eigenem Ermessen bedienen könnte.

E. Begründung der Existenz weiterer Normen des rein kirchlichen Rechts

Die Notwendigkeit, die Normen des göttlichen Rechts auszulegen und zu deuten, kann zwar einen Teil der Normen des rein kirchlichen Rechts begründen, aber längst nicht alle. Zwar dürfen Normen des rein kirchlichen Rechts nicht zum göttlichen Recht in Widerspruch treten; das bedeutet aber nicht, dass es möglich sein muss, alle Normen des rein kirchlichen Rechts aus den Normen des göttlichen Rechts abzuleiten. Es braucht deswegen über das bislang Gesagte hinaus weitere Begründungen dafür, dass es in der Kirche Recht gibt. In dieser Hinsicht behält das Axiom *ubi societas, ibi ius* seine Berechtigung. Dazu schrieb Papst Johannes Paul II. in der AK *Sacrae disciplinae leges*, mit der er den CIC/1983 promulgierte:

> »... der Kodex des kanonischen Rechts wird in der Tat von der Kirche dringend benötigt. Denn weil auch sie nach Art eines sozialen und sichtbaren Gefüges gestaltet ist, braucht sie Normen, Gesetze, damit ihre hierarchische und organische Struktur sichtbar wird; damit die Ausübung der ihr von Gott übertragenen Ämter und Aufgaben, insbesondere die der kirchlichen Gewalt und der Verwaltung der Sakramente, ordnungsgemäß wahrgenommen wird; damit die gegenseitigen Beziehungen der Gläubigen in einer auf Liebe fußenden Gerechtigkeit gestaltet werden, wobei die Rechte der einzelnen gewährleistet und festgesetzt sind; damit schließlich die gemeinsamen Initiativen, die unternommen werden, um das christliche Leben immer vollkommener zu führen, durch die kanonischen Bestimmungen unterstützt, gestärkt und gefördert werden.«

Wie auch diesem Zitat zu entnehmen ist, lassen sich verschiedene Funktionen des Rechts unterscheiden:

- Das Kirchenrecht soll der Kirche helfen, besser die Ziele zu erreichen, die ihr von Christus aufgegeben sind. In dieser Hinsicht heißt es in derselben Apostolischen Konstitution:

  > »Unter diesen Umständen scheint es hinreichend klar, dass es keinesfalls das Ziel des Kodex ist, im Leben der Kirche den Glauben, die Gnade, die Charismen und vor allem die Liebe zu ersetzen. Im Gegenteil, Ziel des Kodex ist es vielmehr, der kirchlichen Gesellschaft eine Ordnung zu geben, die der Liebe, der Gnade und dem Charisma den Vorrang einräumt und zugleich ihren geordneten Fortschritt im Leben der kirchlichen Gesellschaft wie der einzelnen Menschen, die ihr angehören, erleichtert.«

  Zu den Weisen, wie das Kirchenrecht der Kirche helfen soll, ihre Sendung besser zu erreichen, gehört also unter anderem die Herstellung von Ordnung. Die Sendung der Kirche, z. B. die Bestellung von Amtsträgern, die Feier des Gottesdienstes, die Verkündigung des Wortes Gottes, die Verwaltung des Kirchenvermögens, würde erschwert, wenn es dafür keine verbindliche Ordnung gäbe. Angesichts dessen kann es nicht überraschen, dass auch die nichtkatholischen Kirchen und Gemeinschaften – unter welchen Bezeichnungen auch immer – nicht ohne ein Kirchenrecht auskommen.
- Zu den Aufgaben des Kirchenrechts gehört es, die Rechte der Einzelnen zu schützen, Beschwerdeverfahren vorzusehen und Verfahrensweisen für die Lösung von Konflikten zu etablieren. Das gilt in der Kirche ebenso wie in anderen menschlichen Gemeinschaften. Die Erfahrung zeigt, dass der Gegenbegriff zu »Recht« in diesem Sinne nicht »Liebe« ist, sondern eher »Macht« und »Willkür«. Wo es kein Recht gibt, ist es auch nicht möglich »Unrecht« als solches anzuklagen. Wo es kein Recht gibt, setzt sich in der Regel nicht derjenige durch, der die größere Liebe hat, sondern der Stärkere. Die Aufgabe des Kirchenrechts, die Rechte der einzelnen

Gläubigen zu schützen, ist in der katholischen Kirche vor allem seit dem Zweiten Vatikanischen Konzil verstärkt ins Bewusstsein getreten.

- Das Kirchenrecht hat auch eine erzieherische Aufgabe. Die Mehrzahl der Ge- und Verbote des Kirchenrechts sind nicht mit Sanktionen verbunden. Sie wollen das Gewissen der Gläubigen ansprechen und zielen auf ihre Einsicht, dass das Gebot der Gottes- und Nächstenliebe besser erfüllt werden kann, wenn man sich an die Rechtsnormen der Kirche hält, als wenn man sie verletzt. Das schließt nicht aus, dass es besondere Situationen geben kann, in den es moralisch zulässig oder sogar geboten sein kann, zur Verwirklichung der Gottes- und Nächstenliebe eine rechtliche Norm zu verletzen (vgl. unten § 7 D).

Ein Versuch, die Zielsetzung des Kirchenrechts in zusammenfassender Weise zu beschreiben, findet sich in c. 1752 CIC/1983, wo gesagt wird, dass das Heil der Seelen *(salus animarum)* in der Kirche stets das oberste Gesetz sein müsse. Bisweilen wird dieser Formulierung entgegengehalten, sie wirke zu individualistisch. Seit dem Zweiten Vatikanischen Konzil nennen einige Autoren als Zielsetzung des Kirchenrechts die Förderung der kirchlichen *communio*; dabei wird der Begriff *communio* in einem Sinn verstanden, der sowohl das Wohl des Einzelnen als auch das Wohl der Kirche als ganzer umfasst.

§ 5 *Die Quellen des geltenden kanonischen Rechts*

A. Arten von schriftlichen Rechtsquellen

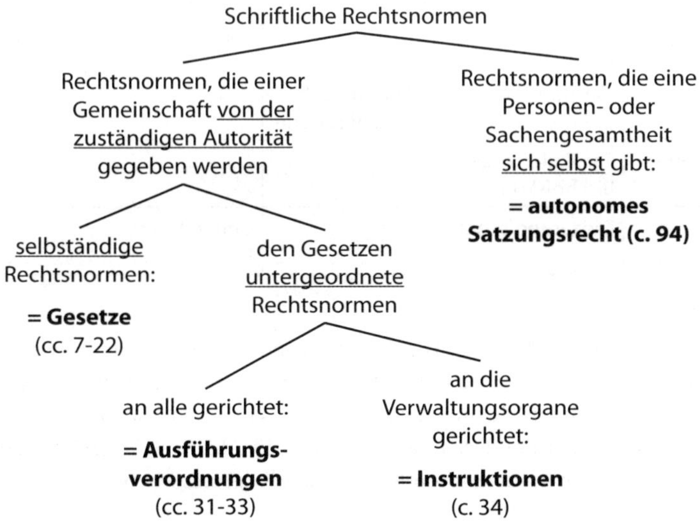

Unter den schriftlichen Quellen des Kirchenrechts – zu den anderen drei Teilen des Kirchenrechts (Naturrecht, positives göttliches Recht, Gewohnheitsrecht) siehe oben § 1 – lassen sich vier Arten unterscheiden:

- Unter ihnen nehmen die Gesetze (cc. 7–22) den obersten Rang ein. Im Unterschied zu Ausführungsverordnungen und Instruktionen sind sie von ihrem Inhalt her nicht anderen schriftlichen Rechtsnormen untergeordnet, sondern selbständig. Um Gesetze zu erlassen, ist gesetzgebende Gewalt erforderlich.
- Demgegenüber sind Ausführungsverordnungen (*decreta generalia exsecutiva*; cc. 31–33) und Instruktionen (c. 34 § 1) den Gesetzen untergeordnet und enthalten nähere Bestimmungen über die Anwendung der Gesetze. Sie können nicht nur von Inhabern gesetzgebender Gewalt, sondern auch von Inhabern ausführender Gewalt erlassen werden. Eine Ausführungsverordnung richtet sich an dieselben Adressaten wie das Gesetz, zu dessen Ausführung sie erlassen wurde. Demgegenüber richtet sich eine Instruktion nur an diejenigen, die in der kirchlichen Verwaltung tätig sind.
- Einen vierten Typ von schriftlichen Rechtsnormen stellen die autonom erlassene Statuten (c. 94) dar. Im Unterschied zu den drei voranstehend genannten Arten von Rechtsnormen, die einer Gemeinschaft von der zuständigen Autorität gegeben werden, kommen autonom erlassene Statuten dadurch zustande, dass eine Gemeinschaft (z. B. ein Ordensinstitut, ein Domkapitel) sich selbst Rechtsnormen gibt.

B. Zuständigkeit für das Erlassen von Rechtsnormen

	Inhaber gesetzgebender und ausführender Gewalt (alle Arten von Rechtsnormen)	**Inhaber ausführender Gewalt (nur Ausführungsverordnungen und Instruktionen)**
Gesamtkirche	Papst Bischofskollegium mit päpstlicher Beteiligung auch die Behörden der Römischen Kurie	Behörden der Römischen Kurie
überdiözesane Ebene	Partikularkonzil Bischofskonferenz	
Diözese	Diözesanbischof	Generalvikar Bischofsvikar

Die Zuständigkeit für das Erlassen von Rechtsnormen bestimmt sich – wie der Tabelle zu entnehmen ist – zum einen danach, für welche Ebene innerhalb des Aufbaus der Kirche die Rechtsnormen Geltung haben sollen (Gesamtkirche bzw. überdiözesane Ebene bzw. Diözese), zum anderen nach der oben in Abschnitt A erläuterten Art von Rechtsnormen und der dafür erforderlichen Gewalt (gesetzgebende bzw. ausführende Gewalt).

C. Rechtsnormen für die Gesamtkirche

Gesetzgebende Autorität für die Gesamtkirche besitzen der Papst und das Bischofskollegium. Formelle Handlungen des Bischofskollegiums erfolgen typischerweise auf dem Ökumenischen Konzil. So hatten auch einige Beschlüsse des Zweiten Vatikanischen Konzils den Charakter von unmittelbar wirksamen Rechtsnormen. Diese Rechtsnormen wurden allerdings auch in die päpstliche Gesetzgebung der folgenden Jahre übernommen.

Genau genommen muss bei gesamtkirchlichen Rechtsnormen näher unterschieden werden, ob sie nur für die Lateinische Kirche oder für die gesamte katholische Kirche unter Einschluss der katholischen Ostkirchen (siehe dazu § 18) erlassen sind. Auch die allein für die Lateinische Kirche erlassenen Gesetze werden als »gesamtkirchliche Gesetze« *(leges universales)* bezeichnet (c. 12). Für die Beantwortung der Frage, ob ein Gesetz, dass seinen Adressatenkreis nicht klar zu erkennen gibt, auch für die katholischen Ostkirchen gilt, enthält c. 1292 CCEO die nötigen Kriterien.

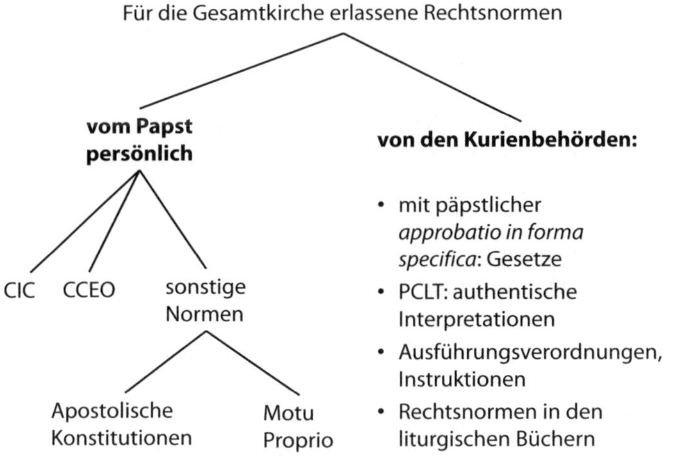

Zu den vom Papst erlassenen Gesetzen gehören vor allem die beiden von ihm erlassenen Gesetzbücher (Codices), d. h. der CIC/1983 und der im Jahre 1990 erlassene CCEO. Ihr jeweiliger Geltungsbereich wird in c. 1 CIC und c. 1 CCEO abgegrenzt: Der CIC gilt für die Lateinische Kirche, der CCEO für die katholischen Ostkirchen (zu diesen Begriffen siehe § 18). Rechtlich verbindlich ist jeweils nur die lateinische Originalfassung der beiden Codices. Vom CIC wurde im Auftrag der Bischofskonferenzen bzw. Bischöfe des deutschsprachigen Raums eine deutsche Übersetzung herausgegeben[10]; eine deutsche Übersetzung des CCEO wurde von einer privaten Übersetzergruppe besorgt. Durch das Motu Proprio (MP) *Ad tuendam fidem* von 1998

10 Diese Übersetzung ist gemeint, wenn im Folgenden einfach von »der deutschen Übersetzung des CIC« gesprochen wird.

wurden in beiden Codices einige Stellen geändert; durch das MP *Omnium in mentem* von 2010 wurden im CIC einige weitere Änderungen vorgenommen (zu diesen Änderungen siehe unten § 6 F).

Wenn ein Papst zusätzlich zu den Codices weitere Gesetze erlassen möchte, wählt er dafür in der Regel die Form der Apostolischen Konstitution (AK, *Constitutio Apostolica)* oder des *Motu Proprio* (MP). Formalrechtlich gesehen gibt es zwischen diesen beiden Formen keinen Unterschied; die Wahl der Rechtsform »Apostolische Konstitution« deutet aber daraufhin, dass es sich um eine Angelegenheit von besonderer Bedeutung handelt. Aus den Bezeichnungen *Constitutio Apostolica* und *Motu Proprio* lässt sich nicht ableiten, dass es sich um päpstliche Gesetze handelt; vielmehr werden auch andere päpstliche Dokumente, bei denen es nicht um Rechtsetzung geht, mit denselben Ausdrücken bezeichnet. Einige Beispiele für päpstliche Gesetze sind die AK *Pastor Bonus* von 1988 (mit späteren Änderungen) über die Römische Kurie, die AK *Universi dominici gregis* von 1996 über die Sedisvakanz des päpstlichen Stuhls und das Konklave, die AK *Sapientia christiana* von 1979 (mit späteren Änderungen) über die Kirchlichen Fakultäten, das MP *Apostolos Suos* von 1998 über die Lehrautorität der Bischofskonferenzen.

Um in Fällen von Zweifeln bei der Auslegung der gesamtkirchlichen Normen verbindliche Entscheidungen (vgl. c. 16 §§ 1 und 2) vorzulegen, besteht in der Römischen Kurie der »Päpstliche Rat für Gesetzestexte« (so der aktuelle Name dieses Rates, der zuvor mehrfach umbenannt worden war). In der Zeit zwischen 1983 und 1998 hat der Päpstliche Rat für Gesetzestexte 28 authentische Interpretationen veröffentlicht. Sie sind in den AAS veröffentlicht; es gibt davon auch eine deutsche Übersetzung.[11] Die Canones, zu denen eine authentische Interpretation erging, sind in der lateinisch-deutschen Ausgabe des CIC mit einem Sternchen gekennzeichnet; am Ende dieser Ausgabe findet sich eine Auflistung dieser Interpretationen mit ihren Fundstellen.

Der Papst kann zu den von ihm erlassenen Gesetzen auch Ausführungsverordnungen und Instruktionen erlassen; faktisch überlässt er diese Aufgabe aber den Behörden der Römischen Kurie. Normen, die gesetzgebende Gewalt erfordern, können die Kurienbehörden nur mit besonderer päpstlicher Beteiligung erlassen. Diese Beteiligung wird im geltenden Recht als »Bestätigung in besonderer Form« *(approbatio in forma specifica)* oder einfach »besondere Bestätigung« *(approbatio specifica)* bezeichnet (vgl. AK *Pastor Bonus,* Art. 18). Beispiele für Normen, die von den Kurienbehörden erlassen wurden, sind die Normen der Glaubenskongregation von 1989 über Glaubensbekenntnis und Treueid, die Normen der Glaubenskongregation von 2001 über die Auflösung von Ehen zugunsten des Glaubens oder die von der Kleruskongregation zusammen mit sieben weiteren Kurienbehörden veröffentlichte Instruktion von 1997 zu einigen Fragen über die Mitarbeit der Laien am Dienst der Priester. In einem weiteren Sinn gehören zu den vom Apostolischen Stuhl veröffentlichten Rechtsnormen auch die lateinischen Originalfassungen der liturgischen Bücher (vgl. cc. 2, 838 § 2).

---

11 Franz Kalde, Authentische Interpretationen zum CIC: Bd. I (1984–1994) (Subsidia ad ius canonicum vigens applicandum, Bd. 1); Bd. II (1995–2005) (Subsidia ad ius canonicum vigens applicandum, Bd. 9).

Die Gesamtzahl der gegenwärtig geltenden, vom Apostolischen Stuhl erlassenen Gesetze, Ausführungsverordnungen und Instruktionen dürfte bei etwa 200 liegen[12], die besonderen Dokumente für den Vatikanstaat (siehe dazu § 55 F) und für das Arbeitsrecht innerhalb der Römischen Kurie nicht mitgerechnet. Mit Ausnahme der liturgischen Bücher werden die voranstehend genannten vom Papst oder vom Apostolischen Stuhl erlassenen Rechtsnormen in der Regel in den *Acta Apostolicae Sedis* (AAS) promulgiert. Die AAS enthalten aber nicht nur Rechtsnormen, sondern auch viele andere Arten von Dokumenten. Vor allem für Dokumente von untergeordneter Bedeutung (z. B. Ausführungsverordnungen und Instruktionen) werden manchmal andere Promulgationsorte gewählt, z. B. die vatikanische Zeitung *L'Osservatore Romano.* Auf der Website des Heiligen Stuhls (www.vatican.va) sind nahezu alle neueren Dokumente (seit etwa 1995) und auch viele ältere Dokumente des Apostolischen Stuhls zu finden; meist gibt es dort neben dem lateinischen Original auch eine deutsche Übersetzung. Eine umfangreiche Sammlung von Rechtsnormen, die vom Apostolischen Stuhl erlassen wurden, ist die Buchreihe *Leges Ecclesiae* (vgl. oben § 3 E). Deutsche Übersetzungen der wichtigeren Dokumente erscheinen in der Regel in der vom Sekretariat der Deutschen Bischofskonferenz herausgegebenen Reihe »Verlautbarungen des Apostolischen Stuhls«.

D. Rechtsnormen auf überdiözesanen Ebenen

Auf den Ebenen zwischen der Gesamtkirche und dem einzelnen Bistum können nicht nur die dafür zuständigen regionalen Autoritäten rechtsetzend tätig werden, sondern auch der Apostolische Stuhl. Das wichtigste Beispiel dafür sind die vom Papst oder von Behörden des Apostolischen Stuhls abgeschlossenen Konkordate und vergleichbaren Staatskirchenverträge (siehe dazu § 55 E). Diese Verträge zwischen Kirche und Staat wirken sich sowohl im kirchlichen als auch im staatlichen Rechtsbereich aus. Für den inneren Rechtsbereich der katholischen Kirche ist dabei keine »Transformation« erforderlich; vielmehr stellt ein Vertrag, sobald er zwischen den Vertragspartnern in Kraft getreten ist, sogleich auch innerkirchliches Recht dar. Die Verträge haben Vorrang vor den Codices, d. h. ihre Geltung wird von inhaltlich entgegenstehenden Bestimmungen der Codices nicht berührt (vgl. c. 3). Die offizielle Veröffentlichung der Konkordate und Verträge mit dem Heiligen Stuhl erfolgt in den AAS und den jeweiligen staatlichen Amtsblättern; leichter zugänglich sind diese Verträge in einschlägigen Sammlungen.[13]

Dass der Papst bzw. der Apostolische Stuhl abgesehen von Konkordaten und vergleichbaren Verträgen auch andere Arten von Rechtsnormen für einzelne Gebiete erlässt, kommt nur selten vor. Beispiele dafür sind etwa die für Deutschland und Österreich im Jahre 1983 erlassenen »Akkommodationsdekrete« der Kongregation für das Katholische Bildungswesen, die das gesamtkirchliche Hochschulrecht an die

---

12 Eine Übersicht ist unter www.kirchenrecht-online.de/kanon/fundstellen_gesamtkirche.html zugänglich.

13 Z. B.: José T. Martin De Agar (Hrsg.), Raccolta di concordati, Città del Vaticano 2000 (für die Zeit von 1950 bis 1999); I Concordati dal 2000 al 2009, Città del Vaticano 2010. Eine Datenbank der Verträge ist unter www.kirchenrecht-online.de/vertraege zugänglich.

besondere Situation der Katholisch-Theologischen Fakultäten an den staatlichen Universitäten in Deutschland und Österreich anpassen (vgl. § 37 C).

Unter den zwischen Gesamtkirche und Bistum angesiedelten Organen mit der Vollmacht zur Rechtsetzung ist vor allem die Bischofskonferenz zu nennen. Sie kann nicht für beliebige Sachbereiche rechtsetzend tätig werden, sondern gemäß c. 455 § 1 nur für solche Sachbereiche, in denen das allgemeine Recht es vorsieht[14] oder in denen der Apostolische Stuhl ihr im Einzelfall eine entsprechende Vollmacht *(mandatum)* erteilt. Bei einigen der betreffenden Angelegenheiten ist die Bischofskonferenz verpflichtet, rechtsetzend tätig zu werden, bei anderen ist es ihr freigestellt. Die von der Bischofskonferenz erlassenen Rechtsnormen werden im CIC als »Allgemeine Dekrete« *(decreta generalia)* bezeichnet (c. 455); dabei kann es sich sowohl um Gesetze handeln (c. 29) als auch um Ausführungsverordnungen (cc. 31–33). Die Rechtsnormen, die die Bischofskonferenz aufgrund einer vom allgemeinen Recht vorgesehenen Kompetenzzuweisung erlässt, werden im Deutschen für gewöhnlich als »Partikularnormen« bezeichnet. Ein wichtiges Beispiel für solche Partikularnormen ist die gemäß c. 242 § 1 erlassene Ordnung für die Priesterausbildung. Ein anderes Beispiel sind die gemäß c. 1067 erlassenen Bestimmungen über die Ehevorbereitung, zu denen ggf. auch das dafür vorgesehene Formular gehört (in Deutschland als »Ehevorbereitungsprotokoll« bezeichnet). Ein Beispiel für Normen, die aufgrund einer außerhalb des CIC vorgenommenen Bevollmächtigung[15] erlassen wurden, sind die von den einzelnen Bischofskonferenzen erlassenen Dekrete über die Aufnahme ins Seminar (Konvikt) von Priesterkandidaten, die zuvor in anderen Seminaren (Konvikten), Ordensinstituten oder sonstigen kirchlichen Gemeinschaften waren. Ein Beispiel für Normen, die aufgrund eines Mandats erlassen wurden, das der Apostolische Stuhl einer einzelnen Bischofskonferenz erteilt hat, ist die von der Deutschen Bischofskonferenz erlassene »Kirchliche Arbeitsgerichtsordnung (KAGO)«.[16] Die Weise der Promulgation der von der Bischofskonferenz erlassenen Normen sollte im Statut der jeweiligen Bischofskonferenz festgelegt werden. Die Österreichische[17] Bischofskonferenz veröffentlicht ihre Allgemeinen Dekrete in ihrem Amtsblatt. Die Schweizer Bischofskonferenz promulgiert ihre Allgemeinen Dekrete in den drei amtlichen Organen der Schweizer Diözesen. Die Deutsche Bischofskonferenz, die kein Amtsblatt führt, hat in ihrem Statut bestimmt, die Promulgation erfolge »dadurch, dass der Vorsitzende das Dekret den einzelnen Diözesanbischöfen zustellt«.[18] Dieser Promulgationsmodus ist misslungen, da er es den einzelnen Gläubigen als Normadressaten unzumutbar schwierig macht, zu überprüfen, ob diese Art von »Promulgation« erfolgt ist. Faktisch werden die Allgemeinen Dekrete der Deutschen Bischofskonferenz in

---

14 Eine Auflistung der betreffenden Angelegenheiten findet sich z. B. im MK CIC, Anhang zu c. 455.

15 Congr. InstCath, Instruktion vom 8. 3. 1996 i. d. F. des Schreibens vom 14. 9. 1996.

16 DBK, Kirchliche Arbeitsgerichtsordnung – KAGO –, i. d. F. vom 25. 2. 2010: ABl Rottenburg-Stuttgart 2010, 202–213.

17 Das Amtsblatt der Österreichischen Bischofskonferenz ist auch unter www.bischofskonferenz.at zugänglich.

18 Statut der Deutschen Bischofskonferenz i. d. F. vom 15. 3. 2011, Art. 16 Abs. 2.

der Regel dadurch bekannt, dass sie in den Amtsblättern der einzelnen Bistümer veröffentlicht werden. Die lateinisch-deutsche Ausgabe des CIC enthält seit der 5. Auflage im Anhang eine Übersicht der von den Bischofskonferenzen des deutschsprachigen Raums sowie vom Bischof von Luxemburg erlassenen Allgemeinen Dekrete.[19] Es gibt auch eine Sammlung von Allgemeinen Dekreten fast aller Bischofskonferenzen der Welt.[20] Eine besondere Art von Rechtsnormen, die die Bischofskonferenz erlassen kann, sind schließlich die von ihr besorgten Übersetzungen der liturgischen Bücher (c. 838 § 3), insoweit diese nicht nur Übersetzungen der lateinischen Originalfassungen darstellen, sondern ggf. auch Anpassungen an die Verhältnisse des jeweiligen Gebietes enthalten können. Im deutschen Sprachraum liegt die Zuständigkeit dafür nicht bei den einzelnen Bischofskonferenzen, sondern gemeinsam bei den betreffenden Bischofskonferenzen und Bischöfen.

Wenn die zu einer Bischofskonferenz gehörenden Diözesanbischöfe für ihr Gebiet einheitlich rechtsetzend tätig werden wollen, ohne für die betreffende Angelegenheit über Gesetzgebungsbefugnis zu verfügen, können sie, anstatt ein besonderes Mandat des Apostolischen Stuhls gemäß c. 455 § 1 zu beantragen, diesem Anliegen auch dadurch nachkommen, dass jeder von ihnen gleichlautend für sein jeweiliges Bistum die gemeinsam abgestimmten Normen als Diözesangesetz erlässt. Wenn eine Bischofskonferenz Rechtsnormen beschließt, die in dieser Weise erlassen werden sollen, handelt es sich dabei nicht um einen Beschluss, der auf die einzelnen Diözesanbischöfe Verpflichtungskraft ausüben würde, sondern um eine an sie gerichtete nicht verbindliche Gesetzgebungsempfehlung. Faktisch ist dieses Vorgehen weit verbreitet.[21] Ein wichtiges Beispiel dafür ist die von den deutschen Bischöfen erlassene »Grundordnung des kirchlichen Dienstes im Rahmen kirchlicher Arbeitsverhältnisse«. Im Deutschen wird für die auf diese Weise zustande gekommenen Gesetzgebungsempfehlungen häufig der Ausdruck »Rahmenordnung« verwendet (z. B. die von den deutschen Bischöfen beschlossene »Rahmenordnung für eine Mitarbeitervertretung). Der Ausdruck »Rahmenordnung« ist aber in dieser Hinsicht nicht eindeutig; er kann vielmehr auch ein unmittelbar verbindliches Allgemeines Dekret bezeichnen (z. B. die von der Deutschen Bischofskonferenz erlassene »Rahmenordnung für die Priesterbildung«).

Über Gesetzgebungsbefugnis verfügt auch das Partikularkonzil (siehe dazu § 21), sowohl das Plenarkonzil (für den gesamten Bereich einer Bischofskonferenz) als auch das Provinzialkonzil (für eine Kirchenprovinz). Während die Gesetzgebungskompetenz der Bischofskonferenz, wie voranstehend erläutert, auf bestimmte Sachgebiete beschränkt ist, unterliegt das Partikularkonzil keiner solchen Einschränkung. Faktisch finden Partikularkonzilien aber nur selten statt. Eine gewisse Ähnlichkeit mit dem Partikularkonzil hatten die Synoden, die in den 70er Jahren zur Förderung der Umsetzung des Zweiten Vatikanischen Konzils in Westdeutschland (»Würzburger Sy-

19 Die Allgemeinen Dekrete der DBK sind auch unter www.kirchenrecht-online.de/kanon/partikularnormen.html zugänglich.

20 Legislazione delle conferenze episcopali complementare al C.I.C., ^{2}2009, hrsg. von José Martin de Agar u. a., Roma 2009.

21 Eine Übersicht über solche Beschlüsse der deutschen Bischöfe ist unter www.kirchenrecht-online.de/kanon/fundstellen_ddb.html zugänglich.

node«), der damaligen DDR (»Dresdener Synode«), Österreich und einigen anderen Ländern stattgefunden hatten. Soweit diese Synoden – mit Approbation des Apostolischen Stuhls – rechtlich verbindliche Beschlüsse gefasst hatten, waren diese in der Folgezeit weitgehend in die Gesetzgebung der jeweiligen Bischofskonferenzen bzw. Bistümer übernommen worden.

Über eine sehr beschränkte Gesetzgebungskompetenz, nämlich für die Festsetzung der Höhe von Gebühren und Stipendien, verfügt der Konvent der Bischöfe der Kirchenprovinz (cc. 952 § 1, 1264).

E. Rechtsnormen für das einzelne Bistum

Die einzige gesetzgebende Autorität im Bistum ist der Diözesanbischof. Er kann seine Gesetzgebungsgewalt nicht delegieren (c. 135 § 2). Manchmal werden Bistumsgesetze im Zusammenhang mit einer Diözesansynode erlassen; auch in diesem Fall ist aber der Bischof der einzige Gesetzgeber (c. 466). Während die Gesetzgebungsgewalt der Bischofskonferenz auf bestimmte Angelegenheiten beschränkt ist, kann der Diözesanbischof auf allen möglichen Gebieten gesetzgebend tätig werden, vorausgesetzt, dass seine Gesetzgebung sich dabei nicht übergeordnetem Recht entgegensetzt (c. 135 § 2). Der Generalvikar und, soweit vorhanden, die Bischofsvikare verfügen nur über ausführende Gewalt (c. 479). Sie können daher keine Gesetze, sondern nur Ausführungsverordnungen und Instruktionen erlassen. Angelegenheiten, für die ggf. Diözesangesetze bestehen, sind z. B. die Besoldung der Priester, der Dienst der Pastoral- und Gemeindereferenten/innen, das kirchliche Arbeitsrecht, der Pastoral- und der Vermögensverwaltungsrat der Pfarrei, Dechant und Dekanat, der Diözesanpastoralrat, der Kirchensteuerrat, die Vermögensverwaltung in der Diözese und den Pfarreien, die kirchlichen Archive usw. Hinzu kommen ggf. staatskirchenrechtliche Verträge zwischen einem oder mehreren Bistümern und den zuständigen staatlichen Stellen. Die Bistümer führen – unter unterschiedlichen Bezeichnungen – ein Amtsblatt, in dem die Rechtsnormen sowie andere offizielle Dokumente und Informationen veröffentlicht werden. Die Amtsblätter werden zunehmend auch im Internet veröffentlicht.[22] Was Rechtssammlungen und Fundstellenverzeichnisse angeht, ist die Situation in den einzelnen deutschsprachigen Bistümern sehr unterschiedlich.[23] Herauszufinden, welche Rechtsnormen in einem bestimmten Bistum für ein bestimmtes Sachgebiet bestehen, kann daher aufwändig sein.

F. Autonomes Satzungsrecht

Der Ausdruck »Satzung«, »Statut« oder »Statuten« *(statuta)* bezeichnet gemäß c. 94 § 1 die Rechtsnormen, die für eine bestimmte Personen- oder Sachengesamtheit erlas-

22 Eine Übersicht ist unter de.wikipedia.org/wiki/Kirchliches_Amtsblatt zugänglich.

23 Eine Übersicht über im Internet verfügbare Rechtsquellensammlungen der deutschen Bistümer ist unter www.kirchenrecht-online.de/kanon/dioezesanrecht.html zugänglich.

sen wurden und ihre Zielsetzung, Verfassung, Leitung und Vorgehensweise bestimmen. Sofern eine kirchliche Autorität solche Rechtsnormen »von außen« für eine Personen- oder Sachengesamtheit erlässt, handelt es sich dabei um Gesetze oder Ausführungsverordnungen. In diesem Sinne lässt sich formulieren, dass etwa die wesentlichen Statuten des Bistums oder der Pfarrei bereits im CIC enthalten sind. Ähnlich kann z. B. der Diözesanbischof die Statuten für den Diözesanpastoralrat und für den Pastoral- und Vermögensverwaltungsrat der Pfarreien seines Bistums als Diözesangesetz erlassen.

Um eine andere Art von Rechtsnormen handelt es sich, wenn eine Personen- oder Sachengesamtheit berechtigt ist, sich ihre Statuten selbst zu geben. Zwar bedürfen solche Statuten, um im innerkirchlichen Rechtsbereich wirksam zu sein, einer Genehmigung der zuständigen kirchlichen Autorität; das gilt auch für spätere Änderungen der Statuten. Dessen ungeachtet bleibt in solchen Fällen aber die Personen- bzw. Sachengesamtheit selbst der Statutengeber. Man sagt in solchen Fällen, die Personen- oder Sachengesamtheit verfüge über »Satzungsautonomie«; die betreffenden Statuten werden als »autonomes Satzungsrecht« bezeichnet. Personengesamtheiten, die nach dem CIC über Satzungsautonomie verfügen, gibt es sowohl im Bereich des Verfassungsrechts (z. B. die Bischofskonferenz, der Priesterrat, das Domkapitel) als auch im Bereich des Vereinigungsrechts (z. B. die Ordensinstitute u. ä. und die kanonischen Vereine). Auch eine Sachengesamtheit, d. h. eine Stiftung, kann über Satzungsautonomie verfügen. Die Statuten von Personen- und Sachengesamtheiten aus dem Bereich des Verfassungsrechts werden in der Regel in dem jeweiligen Amtsblatt veröffentlicht; demgegenüber sind Statuten aus dem Bereich des Vereinigungsrechts häufig nicht veröffentlicht, sondern nur in internen Dokumenten zugänglich.

§ 6 Der Codex Iuris Canonici von 1983

Literatur: Aymans, Winfried, Erwägungen zu Geist und Gestalt des neuen Gesetzbuches der lateinischen Kirche, in: Ministerium Iustitiae (FS Heinemann), hg. v. A. Gabriels u. a., Essen 1985, 35–50; Althaus, Rüdiger, Die Rezeption des Codex Iuris Canonici von 1983 in der Bundesrepublik Deutschland, Paderborn 2000.

A. Entstehung und Quellen des CIC

Die Entstehungsgeschichte des CIC/1983 erstreckt sich über 24 Jahre.[24] Sie begann am 25. Januar 1959, als Papst Johannes XXIII. zusammen mit der Einberufung des Zweiten Vatikanischen Konzils auch die Überarbeitung des Codex des kanonischen Rechts ankündigte. Beide Vorhaben wurden also von Anfang an in einem Zusammenhang gesehen; die Durchführung der Codexreform wurde aber im Wesentlichen auf

24 Eine Zusammenfassung der Entstehungsgeschichte ist auch in der »Vorrede« *(Praefatio)* enthalten, die zusammen mit dem CIC/1983 veröffentlicht wurde.

die Zeit nach Abschluss des Konzils vertagt. Die Ausarbeitung des CIC/1983 lässt sich in vier Phasen einteilen:

- Die 1. Phase (1963 bis 1977) reicht von der Einrichtung der Reformkommission bis zur Fertigstellung von Entwürfen für die einzelnen Teile des Codex. Mitglieder der Codexreformkommission waren Kardinäle und Bischöfe; ihnen zugeordnet waren Experten und Berater. Insgesamt waren als Kommissionsmitglieder, Konsultoren und andere Mitarbeiter 105 Kardinäle, 77 Erzbischöfe und Bischöfe, 73 Diözesanpriester, 47 Ordenspriester, 3 Ordensfrauen und 12 Laien aus fünf Kontinenten und 31 Nationen beteiligt. Als ein erster Schritt der Erarbeitung wurden die Bischöfe weltweit eingeladen, Vorschläge für die Reform des Codex zu machen. Eine Bischofssynode im Jahre 1967 approbierte zehn Leitprinzipien für die Reform; eine Zusammenfassung dieser Prinzipien wurde in die Vorrede *(Praefatio)* des CIC/1983 aufgenommen.[25] Für die einzelnen Teile des neuen Codex wurden Arbeitsgruppen mit jeweils 8 bis 14 Konsultoren als Mitgliedern ernannt. Sie legten ihre Entwürfe in den Jahren zwischen 1972 und 1977 vor.
- In der 2. Phase (1972 bis 1980) wurden die Teilentwürfe weltweit den Bischofskonferenzen, den Hochschuleinrichtungen, Ordensgemeinschaften sowie den Behörden der Römischen Kurie zugesandt, um deren Stellungnahmen einzuholen. Diese Phase überschneidet sich zeitlich mit der 1. Phase, weil die ersten Teilentwürfe schon weltweit versandt wurden, während andere Teilentwürfe noch erarbeitet wurden. Auf der Grundlage der Reaktionen aus der Weltkirche wurde im Jahre 1980 ein Gesamtentwurf des künftigen Codex zusammengestellt (SchemaCIC/1980).
- Während die Arbeit in der 1. und 2. Phase vor allem von den Konsultoren geleistet wurde, bezog die 3. Phase (1980 bis 1982) die Mitglieder der Reformkommission ein. Die Kommission wurde dazu um 74 zusätzliche Mitglieder ergänzt. Die Mitglieder wurden zunächst aufgefordert, zum SchemaCIC/1980 schriftliche Verbesserungsvorschläge vorzulegen. Eine Zusammenfassung ihrer Vorschläge und der vom Sekretariat der Kommission darauf gegebenen Antworten wurde ihnen im August 1981 mitgeteilt.[26] Vom 20. bis 28. Oktober 1981 fand eine Vollversammlung der Kommission statt. Sie behandelte eine Reihe von größeren oder kleineren Fragen, die noch offen geblieben waren, beschloss die entsprechenden Änderungen des vorgelegten Gesamtentwurfs und entschied schließlich einstimmig, dass er zur Veröffentlichung geeignet sei.[27] Nach einer sprachlichen Überarbeitung wurde der

---

25 Siehe auch: Comm 1 (1969) 77–85.

26 Das Dokument trägt den Titel: Relatio complectens synthesim animadversionum ab Em.mis atque Exc.mis Patribus Commissionis ad novissimum schema Codicis Iuris Canonici exhibitarum, cum responsionibus a Secretaria et Consultoribus datis. Es ist abgedruckt in: Comm 14 (1982) 116 bis Comm 16 (1984) 99.

27 Die Akten der Vollversammlung sind veröffentlicht: Congregatio plenaria diebus 20–29 octobris 1981 habita (Acta et documenta Pontificiae Commissionis Codici Iuris Canonici recognoscendo). Hrsg. vom Pontificium consilium de legum textibus interpretandis, Città del Vaticano 1991.

Entwurf – als SchemaCIC/1982 oder *Schema Novissimum* bezeichnet – dem Papst übergeben.

- In der 4. Phase (1982 bis 1983) hat Papst Johannes Paul II. diesen Entwurf persönlich zusammen mit einer kleinen Expertengruppe noch einmal durchgesehen und letzte Veränderungen angebracht. Am 25. Januar 1983, also am 24. Jahrestag der Ankündigung des neuen Codex durch Papst Johannes XXIII., promulgierte er ihn durch die AK *Sacrae disciplinae leges.* Als Tag seines Inkrafttretens wählte er den 1. Adventssonntag desselben Jahres, also den 27. November 1983.

Ein Großteil der Sitzungsprotokolle und zugehörigen Dokumente aus der Zeit der Reformarbeit wurde nach und nach in der Zeitschrift *Communicationes* veröffentlicht; die Veröffentlichung ist aber noch nicht vollständig.[28] Im Jahre 1989 wurde eine offizielle mit Quellenangaben versehene Ausgabe des Codex veröffentlicht.[29] Im Wesentlichen lassen sich drei Arten von Quellen unterscheiden: (1) Canones aus dem CIC/1917, die in unveränderter oder – meistens – veränderter Form übernommen wurden; (2) Dokumente des Zweiten Vatikanischen Konzils; (3) sonstige Quellen, vor allem aus der nachkonziliaren Gesetzgebung.

B. Lex Ecclesiae Fundamentalis

Gleich zu Beginn ihrer Arbeit hatte die Codexreformkommission beschlossen, dass es ein den beiden Codices (für die Lateinische Kirche und für die katholischen Ostkirchen) übergeordnetes Dokument geben sollte, das also für die gesamte katholische Kirche Geltung haben würde. Für dieses mit staatlichen Verfassungen vergleichbare Dokument wurde der Titel *Lex Ecclesiae Fundamentalis (LEF)* (also etwa: »Grundgesetz der Kirche«) vorgesehen. Ein Entwurf der LEF wurde 1971 weltweit zur Stellungnahme versandt und in den folgenden Jahren mehrfach überarbeitet. Das Projekt fand große Aufmerksamkeit in der Wissenschaft; es gab aber auch von verschiedenen Seiten grundsätzliche Kritik daran. Im Jahre 1980 wurde ein Entwurf, der 86 Canones umfasste, dem Papst übergeben. Dieser traf ohne Angabe von Gründen die Entscheidung, das Projekt aufzugeben. 38 der enthaltenen 86 Canones wurden in den CIC verpflanzt; ähnlich gingen sie später auch in den CCEO ein. Ihren den übrigen Bestimmungen der Codices übergeordneten Rang (vergleichbar dem Vorrang einer staatlichen Verfassung vor den einfachen Gesetzen) haben die in die Codices aufgenommenen Canones des Entwurfs der LEF dadurch verloren.

---

28 Siehe dazu die Übersicht in: Comm 36 (2004) 183–235; vgl. auch die folgende Konkordanz der einzelnen Entwicklungsschritte des CIC: Peters, Edward, Incrementa in progressu 1983 Codicis iuris canonici, Montréal 2005.

29 Codex iuris canonici fontium annotatione et indice analytico-alphabetico auctus, hrsg. von der Pontificia Commissio Codici Iuris Canonici Authentice Interpretando, Città del Vaticano 1989.

C. Aufbau des CIC

Der CIC ist in sieben Bücher gegliedert:

- Buch I enthält unter der Überschrift »Allgemeine Normen« Bestimmungen mit eher formalem Charakter, die sich nicht nur auf einzelne, sondern auf verschiedene Rechtsgebiete beziehen
- Buch II behandelt unter der Überschrift »Volk Gottes« die Kirche und ihre Glieder, näherhin das kirchliche Verfassungsrecht, also die hierarchische Struktur der Kirche, und das kirchliche Vereinigungsrecht, also die auf dem freien Vereinigungswillen von Gläubigen beruhenden Vereine und Lebensgemeinschaften der evangelischen Räte.
- Buch III handelt unter der Überschrift »Verkündigungsdienst der Kirche« über die Lehrautorität der Kirche, Predigt, Katechese, Mission, Erziehung und Bildung, Bücher und Medien.
- Buch IV behandelt unter der Überschrift »Heiligungsdienst der Kirche« vor allem die Sakramente, außerdem andere gottesdienstliche Handlungen sowie die heiligen Orte und Zeiten.
- Buch V enthält das kirchliche Vermögensrecht.
- Buch VI enthält das kirchliche Strafrecht.
- Buch VII behandelt unter der Überschrift »Prozesse« vor allem das Gerichtswesen, daneben auch einige besondere Verwaltungsverfahren.

Die Überschriften von Buch III und IV nehmen Bezug auf die dreifache Sendung der Kirche, zu der der Leitungsdienst *(munus regendi)*, der Verkündigungsdienst *(munus docendi)* und der Heiligungsdienst *(munus sanctificandi)* der Kirche gehört (vgl. unten § 8 A). Der Vorschlag, die drei *munera* innerhalb der Sendung der Kirche konsequent in drei Büchern des CIC zu behandeln, wurde also nur teilweise verwirklicht, da kein einheitliches Buch über das *munus regendi* geschaffen wurde. Vorschriften für die Ausübung des *munus regendi* finden sich vor allem in Buch II, aber auch in den Büchern I und V bis VII.

Die einzelnen Bücher *(libri)* sind in unterschiedlicher Weise weiter unterteilt in Teile *(partes)*, Sektionen *(sectiones)*, Titel *(tituli)*, Kapitel *(capita)* und Artikel *(articula)*. Die durchgehende Zählung der Vorschriften bezieht sich auf die 1752 Canones des CIC, abgekürzt mit »c.« (Plural »cc.«) oder »can.« (Plural »cann.«). In einem Teil der deutschsprachigen kanonistischen Literatur ist es üblich, die Abkürzungen »c.« bzw. »cc.« nur für das geltende Recht zu verwenden, die Abkürzungen »can.« bzw. »cann.« nur für früheres Recht (z. B. den CIC/1917). Die einzelnen Canones sind zum Teil weiter unterteilt in Paragraphen, Nummern oder beides: Wenn ein Canon mehrere vollständige Sätze enthält, wurde er in Paragraphen unterteilt; die Unterteilung mit Nummern wurde für Aufzählungen oder Satzteile verwendet. In den Ausgaben des Codex sind die Nummern durch eine Zahl mit einem hochgestellten ° gekennzeichnet; in der Literatur findet man stattdessen auch ein kleines »n.«.

D. Geltungsbereich des CIC und Verhältnis zum früheren Recht (cc. 1–6)

Der Geltungsanspruch des CIC beschränkt sich auf die Lateinische Kirche (siehe dazu § 18). Eine weitere wichtige Aussage über seinen Geltungsbereich ergibt sich aus c. 11. Demnach gelten rein kirchliche Gesetze – also auch die rein kirchlichen Gesetze des CIC – nur für diejenigen, die in der katholischen Kirche getauft oder zur katholischen Kirche konvertiert sind, hinreichenden Vernunftgebrauch besitzen sowie, falls nicht ausdrücklich etwas anderes vorgesehen ist, das 7. Lebensjahr vollendet haben.

Cc. 2 bis 5 beschreiben das Verhältnis des CIC zum vorausgehenden Recht. In Geltung bleiben demnach die rechtlich bindenden Bestimmungen der liturgischen Bücher, soweit der CIC daran nichts geändert hat (c. 2), die Verträge zwischen Kirche und Staat (c. 3), die wohlerworbenen Rechte und Privilegien (c. 4) sowie unter bestimmten Bedingungen auch Gewohnheitsrecht (c. 5). Aufgehoben wurden mit Inkrafttreten des CIC der CIC/1917, diejenigen Gesetze, deren Materie vom Codex umfassend neu geordnet wurde, alle vom Apostolischen Stuhl erlassenen und im CIC nicht wiederaufgenommenen Strafgesetze sowie – falls nicht für partikulare Gesetze ausdrücklich etwas anderes angeordnet wurde – diejenigen älteren Gesetze, die den Vorschriften des CIC zuwiderlaufen (c. 6 § 1).

E. Inhaltliche Merkmale des CIC

Während das Ziel des CIC/1917 nicht primär die Reform, sondern die Systematisierung des kanonischen Rechts gewesen war, stand die Erarbeitung des CIC/1983 ganz im Dienst seiner Reform. Nicht nur von seiner Entstehungsgeschichte, sondern auch von seinem Inhalt her hängt der CIC auf das engste mit dem Zweiten Vatikanischen Konzil zusammen. Es war die erklärte Absicht seines Gesetzgebers, die konziliare Ekklesiologie in die Sprache des Kirchenrechts zu übersetzen. Die wesentlichen Elemente, die die Lehre des Konzils über die Kirche kennzeichnen, prägen dementsprechend – wenngleich sich im Einzelnen immer die Frage stellen lässt, ob das Konzil tatsächlich in jeder Hinsicht treu umgesetzt wurde – auch den Codex: die Kirche als Volk Gottes, die hierarchische Autorität als Dienst, die Kirche als *communio* zwischen Teilkirchen und Gesamtkirche, Kollegialität der Bischöfe und Primat des Papstes, die Teilhabe aller Gläubigen an dem dreifachen (priesterlichen, prophetischen und königlichen) Amt Christi, die Hinwendung zum Ökumenismus. Dass der CIC kürzer ist als sein Vorgänger (1752 statt 2414 Canones), liegt unter anderem an der Berücksichtigung des Subsidiaritätsprinzips, die eine Tendenz zur Dezentralisierung mit sich brachte, so dass manche Zuständigkeiten, die zuvor bei der Gesamtkirche gelegen hatten, nun den Bischofskonferenzen oder den einzelnen Bischöfen übertragen wurden. Während der CIC/1917 die hierarchische Verfassung der Kirche ganz aus der Perspektive der Kleriker beschrieb, nimmt der CIC verstärkt alle Gläubigen in den Blick und befasst sich ausführlicher mit ihrem Rechtsstatus. Durch eine klarere Unterscheidung der Gewalten versucht er den Rechtsschutz in der Kirche zu verbessern. Das kirchliche Strafrecht hat er verglichen mit seinem Vorgänger deutlich vereinfacht und reduziert.

F. Änderungen am Wortlaut und Inhalt des CIC

Da es sich beim CIC um vom Papst erlassene Gesetze handelt, können auch Änderungen daran nur vom Papst oder aufgrund päpstlicher Bevollmächtigung erfolgen. Der Wortlaut des CIC wurde seit 1983 zweimal geändert. Die ersten Änderungen erfolgten im Jahre 1998 durch das MP *Ad tuendam fidem*. Sie betreffen c. 750 und c. 1371, 1°. Gegenstand der Neuordnung waren die verschiedenen Stufen des authentischen (d. h. verbindlichen) Lehrens in der Kirche. Die ursprüngliche Fassung des CIC hatte nur zwischen zwei Stufen unterschieden, nämlich den vom kirchlichen Lehramt unfehlbar vorgelegten Inhalten der göttlichen Offenbarung (c. 750 alt) und dem »authentischen Lehramt«, das Lehren verbindlich vorträgt, ohne sie als definitiv verpflichtend zu verkünden (c. 752). Durch die Änderung wurde eine mittlere Stufe hinzugefügt: Lehren, die als endgültig anzunehmen sind, ohne dass sie als Gegenstand der göttlichen Offenbarung gekennzeichnet wurden. Entsprechende Ergänzungen wurden auch in den CCEO eingefügt.

Weitere Änderungen erfolgten im Jahre 2009 durch das MP *Omnium in mentem*. In den einleitenden Canones über das Weihesakrament (cc. 1008 und 1009) wurden Änderungen vorgenommen, um die Formel »in der Person Christi des Hauptes handeln« *(in persona Christi Capitis agere)* auf die Bischöfe und Priester zu beschränken, also unter Ausschluss der Diakone. Zuvor war diese Formel ohne Unterscheidung nach Weihestufe auf alle Kleriker angewandt worden. Bei der Änderung handelt es sich um eine Anpassung an die traditionelle Lehre der Kirche und insbesondere an den zuvor in derselben Weise geänderten Katechismus der Katholischen Kirche. Andere Änderungen betreffen das Eherecht: Die ursprüngliche Fassung des CIC enthielt drei eherechtliche Bestimmungen, die diejenigen aus ihrem Adressatenkreis ausnahmen, die durch formalen Akt von der katholischen Kirche abgefallen waren (cc. 1086 § 1, 1117 und 1124). Diese sogenannten »Defektionsklauseln« wurden durch das MP *Omnium in mentem* gestrichen (Näheres dazu unter § 48 D).

Geplant ist außerdem eine vollständige Überarbeitung von Buch VI des Codex, d. h. eine Überarbeitung des Strafrechts. Im Jahre 2011 wurde dafür ein Entwurf an die Bischofskonferenzen und an die Kanonistischen Fakultäten verschickt. Ob und wann es tatsächlich zu dieser Reform kommen wird, ist derzeit (Stand: 2015) nicht absehbar.

Abgesehen von den voranstehend genannten Änderungen am Wortlaut des CIC gibt es auch einige Beispiele dafür, dass Bestimmungen des CIC der Sache nach geändert wurden, ohne in den Wortlaut des Codex einzugreifen:

- Cc. 360 und 361 sprechen über die Römische Kurie und zählen dabei einzelne Kurienbehörden auf. Die Struktur der Römischen Kurie hat sich seitdem geändert, denn der in diesen Canones erwähnte »Rat für die öffentlichen Angelegenheiten der Kirche« wurde im Jahre 1988 durch die AK *Pastor Bonus* in die Zweite Sektion des Staatssekretariats umgewandelt. Unter dieser Rücksicht sind die beiden Canones veraltet.
- 874 § 1, 3° verlangt, dass Taufpaten katholisch sein müssen. Demgegenüber ist nach dem vom Päpstlichen Rat für die Förderung der Einheit der Christen erlasse-

nen Ökumenischen Direktorium von 1993 (Nr. 98 b) auch ein orthodoxer Taufpate zulässig, wenn zugleich ein katholischer Taufpate vorhanden ist.

- 948 verbietet dem Priester, für eine Messe mehrere Intentionen anzunehmen. Durch das Dekret *Mos iugiter* der Kleruskongregation aus dem Jahre 1991 wurden davon Ausnahmen zugelassen (sog. »pluriintentionale Messen«).[30]
- Die Bestimmungen in c. 1037 über das Zölibatsversprechen vor der Diakonenweihe wurden im Jahre 1989 im päpstlichen Auftrag durch ein Dekret der Gottesdienstkongregation geändert.[31] Nach diesem Dekret muss das Zölibatsversprechen entgegen c. 1037 auch von Ordensleuten abgelegt werden. Im Hintergrund steht, dass Ordenskleriker auch nach einem Austritt bzw. einer Entlassung aus ihrer Gemeinschaft zum Zölibat verpflichtet bleiben.
- In Abweichung von dem in c. 1342 § 2 formulierten Grundsatz, wonach die Verhängung von Strafen für immer nur auf dem Gerichtsweg möglich ist, wurde der Kleruskongregation im Jahre 2009 die Vollmacht erteilt, straffällig gewordene Kleriker unter bestimmten Umständen auf dem Verwaltungsweg aus dem Klerikerstand zu entlassen.[32]
- Während c. 1395 § 2 Sexualdelikte von Klerikern an Minderjährigen nur unterhalb einer Altersgrenze von 16 Jahren unter Strafe gestellt hatte, wurde diese Altersgrenze durch das MP *Sacramentorum sanctitatis tutela* aus dem Jahre 2001 in Verbindung mit den dadurch in Kraft gesetzten *Normae substantiales*[33] auf 18 Jahre angehoben.

G. Hilfsmittel für die Auslegung des CIC

Die in den ersten Jahren nach der Promulgation des CIC veröffentlichten Konkordanzen haben, seitdem der CIC digital verfügbar ist, deutlich an Bedeutung verloren:

- Ochoa, Javier, Index verborum ac locutionum Codicis Iuris Canonici, Roma ^{2}1984.
- Zapp, Hartmut, Codex iuris canonici: Lemmata. Freiburg 1986.

Um den Vergleich zwischen dem CIC und dem CCEO zu erleichtern, sind mehrere Synopsen erschienen:

- Fürst, Carl Gerold, Canones-Synopse zum Codex Iuris Canonici und Codex Canonum Ecclesiarum Orientalium, Freiburg 1992.
- Joachim Budin/Gerd Ludwig, Synopsis Corporis Iuris Canonici, Regensburg 2001. Diese Synopse vergleicht nicht nur den CIC/1983 und den CCEO, sondern auch

---

30 Siehe dazu unten § 44 J.

31 Congr. Cult, Dekret zur Approbation des Pontifikale Romanum, vom 29. 6. 1989; auch abgedruckt: AAS 82 (1990) 826 f., Nr. 5).

32 Congr. Cler, Rundschreiben vom 18. 4. 2009: AfkKR 178 (2009) 181–190.

33 Johannes Paul II., MP *Sacramentorum sanctitatis tutela*, vom 30. 4. 2001, Normae substantiales, Art. 4 § 1: AfkKR 171 (2002) 458–466.

den CIC/1917 und die vier zwischen 1949 und 1957 promulgierten Teile des vorgesehenen Codex für die katholischen Ostkirchen.

Unter den zahlreichen größeren und kleineren Kommentaren zum CIC verdienen vor allem zwei Erwähnung:

- Münsterischer Kommentar zum Codex Iuris Canonici (MK CIC), hrsg. von K. Lüdicke. Der Münsterische Kommentar erscheint seit 1984 als Loseblattsammlung. Seit der 34. Ergänzungslieferung (November 2000) ist der Kommentar vollständig; er wird aber durch jährliche Ergänzungslieferungen weiter überarbeitet. Er umfasst sechs Ordner. Wegen der fortlaufenden Überarbeitung ist es erforderlich, bei Bezugnahmen jeweils anzugeben, auf welche Ergänzungslieferung Bezug genommen wird.
- Comentario exegético al Código de Derecho Canónico, 5 Bände, drei davon in jeweils zwei Teilbände unterteilt, Pamplona, ^{3}2002. Vom »Comentario exegético« gibt es auch eine englische Übersetzung.

§ 7 Rechtsnormen

Literatur: Wächter, Lothar, Gesetz im kanonischen Recht, St. Ottilien 1989; Gerosa, Libero, Gesetzesauslegung im Kirchenrecht. Münster 1999; Müller, Ludger, Der Rechtsbegriff im Kirchenrecht. Zur Abgrenzung von Recht und Moral in der deutschsprachigen Kirchenrechtswissenschaft des 19. und 20. Jahrhunderts, St. Ottilien 1999.

A. Gesetze und andere schriftliche Rechtsnormen (cc. 7–22, 29–34, 94–95)

Die wichtigsten schriftlichen Rechtsquellen sind die Gesetze (cc. 7–22). Im Unterschied zum Verwaltungshandeln, das vorwiegend einzelfallbezogen ist, beziehen sich Gesetze auf eine Gesamtheit von Angelegenheiten. Typischerweise richten sie sich an eine Gesamtheit von (physischen oder juristischen) Personen. Von ihrem Inhalt her sind sie – im Unterschied zu Ausführungsverordnungen und Instruktionen – selbständig, d. h. nicht anderen schriftlichen Rechtsnormen untergeordnet. Ob es sich bei einem kirchlichen Dokument um ein Gesetz handelt, hängt nicht davon ab, ob der Gesetzgeber das Dokument ausdrücklich als »Gesetz« *(lex)* bezeichnet (vgl. dazu auch cc. 29–30). In der Praxis begegnet eine Vielfalt von Bezeichnungen, insbesondere in der Diözesangesetzgebung (z. B. »Ordnung«, »Verordnung«, »Statut«, »Richtlinien«, »Dekret«, »Anordnung«, »Anweisung« usw.). Zum Erlassen von Gesetzen ist gesetzgebende Gewalt *(potestas legislativa)* erforderlich (siehe dazu oben § 5 B).

Für das Gesetzgebungsverfahren macht der CIC nur wenige Vorgaben. In der Regel wird der Gesetzgeber für die Ausarbeitung des Gesetzesinhalts die Hilfe von Sachverständigen in Anspruch nehmen und häufig auch die Normadressaten in die Ausarbeitung einbeziehen. Für Gesetze der Bischofskonferenz ist eine Zweidrittelmehrheit erforderlich (c. 455 § 2). Gesetzgebungsbeschlüsse der Bischofskonferenz und des Partikularkonzils machen eine *recognitio* (Rekognoszierung, Überprüfung) durch den

Apostolischen Stuhl erforderlich (cc. 446, 455 § 2), um sicherzustellen, dass das beschlossene Gesetz nicht gesamtkirchlichem Recht widerspricht. Wenn der Inhalt des zu erlassenden Gesetzes feststeht, unterzeichnet der Gesetzgeber – bzw., bei Personenmehrheiten, das vertretungsberechtigte Organ, z. B. der Vorsitzende der Bischofskonferenz – die Gesetzesurkunde. Die offizielle Veröffentlichung des Gesetzes wird als »Promulgation« bezeichnet (c. 7); ohne Promulgation kann ein Gesetz keine Verpflichtungskraft ausüben. Typischerweise treten Gesetze nicht schon mit der Promulgation in Kraft, sondern erst nach Ablauf einer Frist. Der Zeitraum zwischen Promulgation und Inkrafttreten wird als »Gesetzesschwebe« (*vacatio legis*) bezeichnet; er dient dazu, dass sich die Normadressaten mit dem Inhalt des Gesetzes vertraut machen und auf das Inkrafttreten vorbereiten können. Wenn der Gesetzgeber den Zeitpunkt des Inkrafttretens nicht ausdrücklich festlegt, bestimmt er sich nach den Vorgaben in c. 8. Gegen Rechtsnormen, die von einer Autorität unterhalb des Apostolischen Stuhls erlassen wurden, wurde eine Art Normenkontrollverfahren eingeführt: Es besteht die Möglichkeit, den Päpstlichen Rat für Gesetzestexte anzurufen, um ihre Übereinstimmung mit dem gesamtkirchlichen Recht überprüfen zu lassen (AK *Pastor bonus*, Art. 158). Gegen Rechtsnormen des Papstes und des Apostolischen Stuhls gibt es keine Rechtsmittel. Zwar kann man sich auch gegen solche Rechtsnormen bei der erlassenden Autorität – oder gegen Rechtsnormen der Römischen Kurie beim Papst – beschweren; man hat in einem solchen Fall aber keinen Rechtsanspruch auf Behandlung der Beschwerde.

Durch rein kirchliche Gesetze werden gemäß c. 11 nur diejenigen verpflichtet, die durch Taufe oder Konversion in die katholische Kirche aufgenommen wurden, hinreichenden Vernunftgebrauch besitzen und, falls nicht ausdrücklich etwas anderes vorgesehen ist, das 7. Lebensjahr vollendet haben. Dass c. 11 nur über »rein kirchliche Gesetze« *(leges mere ecclesiasticae)* spricht, hat seinen Grund darin, dass das *ius divinum* für alle Menschen bzw. für alle Christen Geltung hat. Der Geltungsanspruch der rein kirchlichen Gesetze für Katholiken bleibt auch dann bestehen, wenn diese sich von der katholischen Kirche trennen. In dieser Hinsicht beinhaltet c. 11 das Prinzip *semel catholicus semper catholicus* (»wer einmal katholisch wird, bleibt immer katholisch«).

Im Hinblick auf den territorialen Geltungsanspruch unterscheidet man gemäß cc. 12–13 zwischen *leges universales* (»allgemeinen Gesetzen« oder »gesamtkirchlichen Gesetzen«), die für die gesamte katholische Kirche oder zumindest die gesamte Lateinische Kirche gelten und *leges particulares* (»partikularen Gesetzen«), die nur für einen Teil der Kirche (z. B. ein Bistum oder das Gebiet einer Bischofskonferenz) gelten. Wer sich in der Fremde, d. h. außerhalb seines Wohnsitzgebietes aufhält, ist – von den in c. 13 genannten Ausnahmen abgesehen – weder an die Gesetze seines Wohnsitzgebiets noch an die Gesetze seines Aufenthaltsgebiets gebunden.

Im Falle eines Rechtszweifels, d. h. in dem Fall, dass unklar ist, ob ein Gesetz für einen konkreten Fall gilt oder nicht, verpflichtet das Gesetz gemäß c. 14 nicht. Demgegenüber befreit der Umstand, dass jemand ein Gesetz nicht kennt *(ignorantia)* oder sich darüber irrt *(error)*, nicht von der Pflicht zu Einhaltung. Die Strafbarkeit der Übertretung ist aber unter Umständen eingeschränkt (cc. 1323, 2°, 1324 § 1, 9°), vorausgesetzt, dass es sich nicht um grob fahrlässige oder absichtlich herbeigeführte Unwissenheit handelt (c. 1325).

Nur der Gesetzgeber oder ein vom ihm bevollmächtigtes Organ hat die Möglichkeit, eine allgemein verbindliche Auslegung des Gesetzes vorzunehmen. Eine solche »authentische Interpretation« bedarf wie das Gesetz selbst der Promulgation (c. 16 §§ 1–2). Der Papst hat den Päpstlichen Rat für die Gesetzestexte ermächtigt, authentische Interpretationen vorzulegen (siehe oben § 5 C). Die Auslegung von Gesetzen durch Verwaltungsorgane oder Gerichte verpflichtet nur für den jeweiligen Einzelfall (c. 16 § 3). Der Codex enthält in cc. 6 § 2, 17–18 und 27 eine Reihe von Auslegungsregeln. Das beste Kriterium für die Auslegung von Gesetzen ist demnach die Gewohnheit (c. 27; vgl. c. 6 § 2). Bestimmte Gesetze sind eng auszulegen: Gesetze, die eine Strafe androhen, die freie Ausübung von Rechten einschränken oder eine Ausnahme von einem anderen Gesetz enthalten, sind so auszulegen, dass sie in unklaren Fällen nicht angewandt werden (c. 18). Im Übrigen nennt c. 17 als Auslegungskriterien die Wortbedeutung gemäß Text und Zusammenhang, etwa vorhandene Parallelstellen, Zweck und Umstände des Gesetzes sowie die Absicht des Gesetzgebers *(mens legislatoris)*. Angesichts der Absicht des Gesetzgebers des CIC, die Beschlüsse des Zweiten Vatikanischen Konzils rechtlich umzusetzen (vgl. oben § 6 A), stellen daher die Konzilsdokumente eine wichtige Grundlage für die Auslegung des CIC dar.

Wenn die Beantwortung einer rechtlichen Frage unumgänglich ist, für die es kein Gesetz (und auch kein Gewohnheitsrecht) gibt, spricht man von einer »Gesetzeslücke« *(lacuna legis)*. Als Kriterien zu ihrer Füllung nennt c. 19 Gesetze für ähnlich gelagerte Fälle, allgemeine Rechtsprinzipien, die »kanonische Billigkeit« *(aequitas canonica)*, die Rechtsauffassung und Rechtspraxis der Römischen Kurie sowie die ständige Ansicht der Fachgelehrten.

Im Falle des Aufeinandertreffens mehrerer für dieselbe kirchliche Ebene erlassener Gesetze gilt gemäß c. 20, sofern nicht im Einzelfall etwas anderes verfügt wurde: Das spätere Gesetz *(lex posterior)* hebt das frühere (ganz oder teilweise) auf und das besondere Gesetz *(lex specialis)* das allgemeine. Der untergeordnete Gesetzgeber kann nicht ein Gesetz erlassen, das einem übergeordneten Gesetz widerspricht (c. 135 § 2). Jedoch wird ein früher erlassenes partikulares Gesetz durch ein späteres entgegenstehendes allgemeines Gesetz nicht aufgehoben, es sei denn, das allgemeine Gesetz verfügt das ausdrücklich so (c. 20).

In dem Fall, dass ein Bischof der Auffassung ist, ein gesamtkirchliches Gesetz sei für das ihm anvertraute Bistum unpassend oder schädlich, steht ihm das Recht zu, gegen dieses Gesetz Einspruch zu erheben, so dass die Verpflichtungskraft des Gesetzes bis zu einer Entscheidung über den Einspruch in seinem Bistum suspendiert wird. Dieses »Remonstrationsrecht«, dessen Anfänge auf das 12. Jh. zurückgehen, wird zwar im CIC nicht erwähnt; es wird aber allgemein angenommen, dass es nach wie vor besteht. Es wird jedoch kaum ausgeübt. Als ein Beispiel aus jüngerer Zeit lassen sich wohl die Bedenken anführen, die die deutschen Bischöfe gegen die Einführung der Vorschriften von 1989 über Glaubensbekenntnis und Treueid vorgebracht hatten. Etwa seit dem Jahr 2000 ist es dem Apostolischen Stuhl allerdings gelungen, die deutschen Bischöfe von ihrem Widerstand abzubringen, so dass die genannten Vorschriften spätestens seit diesem Zeitpunkt auch in Deutschland Verpflichtungskraft haben.

Dass ein formal einwandfrei erlassenes Gesetz keine Verpflichtungskraft entfaltet, kann auch darin begründet sein, dass es von der Gemeinschaft, an die es sich richtet, von Anfang an nicht angewandt wird. Einem solchem Gesetz fehlt die »Rezeption«. Auf die Frage der Rezeption eines Gesetzes geht der CIC nicht ausdrücklich ein; die Notwendigkeit der Rezeption für das Wirksam-Werden eines Gesetzes ist aber in der Kanonistik allgemein anerkannt. Formal gesehen würde ein nicht rezipiertes Gesetz nach den Vorschriften über die Entstehung von Gewohnheitsrecht erst nach Ablauf von 30 Jahren nicht mehr verpflichten (c. 26). Im Allgemeinen geht man aber davon aus, dass ein Gesetz, das von Anfang an nicht rezipiert wird, auch von Anfang an keine Verpflichtungskraft ausübt. Ein Beispiel für die Nicht-Rezeption eines Gesetzes ist die von Papst Johannes XXIII. im Jahre 1962 erlassene AK *Veterum sapientia*, die anordnete, dass die theologische Ausbildung in lateinischer Sprache zu geschehen hat.[34] Diese Bestimmung wurde von Anfang an nicht (oder fast nicht) umgesetzt.

Zu den schriftlichen Rechtsnormen, die sich auf eine Gesamtheit von Angelegenheiten beziehen, gehören neben den Gesetzen auch die Ausführungsverordnungen (oder »Allgemeinen Ausführungsdekrete«, *decreta generalia exsecutoria)* und Instruktionen (cc. 31–34). Im Unterschied zu den Gesetzen handelt es sich dabei nicht um selbständige Rechtsnormen, sondern um Normen, die den Gesetzen untergeordnet sind und nähere Bestimmungen über ihre Ausführung enthalten. Für das Erlassen von Ausführungsverordnungen und Instruktionen ist nicht gesetzgebende Gewalt erforderlich, sondern es genügt ausführende Gewalt. Der Unterschied zwischen den beiden Arten von allgemeinen Verwaltungserlassen liegt in ihrem Adressatenkreis: »Ausführungsverordnungen« richten sich an dieselben Personen, an die sich das zugrunde liegende Gesetz richtet; »Instruktionen« richten sich nur an diejenigen, »die dafür sorgen müssen, dass die Gesetze zur Ausführung gelangen« (c. 34), d. h. an die Verwaltungsorgane. Ausführungsverordnungen bedürfen wie Gesetze der Promulgation; für Instruktionen gilt das nicht. Ein Beispiel für eine Ausführungsverordnung sind die zur Ausführung der AK *Sapientia christiana* (vom 15. April 1979, über die kirchlichen Fakultäten) erlassenen *Ordinationes* (Verordnungen) der Bildungskongregation (vom 29. April 1979). Ein Beispiel für eine Instruktion ist die im Jahre 1997 von acht Behörden der Römischen Kurie gemeinsam veröffentlichte Instruktion *Ecclesiae de mysterio* über die Mitarbeit der Laien am Dienst der Priester.

B. Gewohnheitsrecht (cc. 5, 23–28)

Wenn die Kirche als ganze oder eine Gemeinschaft in ihr über längere Zeit eine Gewohnheit praktiziert und damit die Absicht verbindet, Recht zu schaffen, kann diese »Rechtsgewohnheit« – wenn sie nicht dem *ius divinum* widerspricht – zu »Gewohnheitsrecht« *(consuetudo)* erstarken (cc. 5 und 23–28). Dabei lässt sich unterscheiden zwischen der (unproblematischen) gesetzmäßigen Gewohnheit *(consuetudo secundum legem)*, der außergesetzlichen Gewohnheit, die die bestehenden Gesetze nicht berührt *(consuetudo praeter legem)*, und der den Gesetzen widersprechenden

---

34 Johannes XXIII., AK *Veterum sapientia*, vom 22. 2. 1962 : AAS 54 (1962) 129–135.

Gewohnheit *(consuetudo contra legem)*. Die Verpflichtungskraft des Gewohnheitsrechts ist dieselbe wie die der Gesetze.

Das Kriterium für die Entstehung von Gewohnheitsrecht ist die Gutheißung *(approbatio)* der Rechtsgewohnheit durch den kirchlichen Gesetzgeber. In dieser Gutheißung ist der rechtliche Verbindlichkeitsanspruch des Gewohnheitsrechts begründet; es hat seinen Geltungsgrund also – ebenso wie die Gesetze – in der den kirchlichen Autoritäten übertragenen Vollmacht, die Kirche zu leiten. Typischerweise erfolgt die Gutheißung von Gewohnheitsrecht nicht durch eine ausdrückliche Entscheidung des Gesetzgebers, sondern von Rechts wegen nach Ablauf eines bestimmten Zeitraums. Dazu ist es in der Regel erforderlich, dass die Gewohnheit dreißig Jahre lang praktiziert wird (c. 26). Durch einen ausdrücklichen Widerruf kann der Gesetzgeber die Entstehung von Gewohnheitsrecht verhindern oder bestehendes Gewohnheitsrecht beseitigen. Ein Widerruf von Gewohnheitsrecht ist z. B. in der im Jahre 1997 erlassenen Instruktion über die Mitarbeit der Laien am Dienst der Priester enthalten, in der es am Ende heißt: »Partikulargesetze und geltendes Gewohnheitsrecht, die diesen Normen entgegenstehen, sowie etwaige Befugnisse, die der Heilige Stuhl oder irgendeine andere ihm untergebene Autorität *ad experimentum* gewährt hat, sind widerrufen.«

Die Anzahl der Beispiele für geltendes Gewohnheitsrecht, die sich in der kanonistischen Literatur finden lassen, ist nicht hoch. Einige Beispiele seien hier genannt:

- Die in Deutschland erlassenen staatlichen Vorschriften über die kirchliche Vermögensverwaltung, die an sich einen Eingriff in das Selbstbestimmungsrecht der Kirchen darstellen, sind zumindest zum Teil von der Kirche gewohnheitsrechtlich akzeptiert worden.[35]
- Die Zuständigkeit für die Erteilung der Trauerlaubnis gemäß c. 1071 liegt nicht, wie man vom Wortlaut her erwarten müsste, bei dem Ordinarius, der für den Trauungsort oder den trauenden Geistlichen zuständig ist, sondern beim Ordinarius des Wohnsitzes der Brautleute.[36]
- Ein Vertragsschluss eines Bistums mit der zuständigen staatlichen Autorität des Gebiets erfordert gewohnheitsrechtlich die Zustimmung des Apostolischen Stuhls.[37]

C. Der Geltungsanspruch der Rechtsnormen

Rechtsnormen sprechen nicht nur Empfehlungen aus, sondern beinhalten einen Verbindlichkeitsanspruch. Diese Eigenart von Rechtsnormen war in den Jahren nach dem Zweiten Vatikanischen Konzil so wenig selbstverständlich, dass die Bischofssy-

---

35 Rüdiger Althaus, Die Rezeption des Codex Iuris Canonici von 1983 in der Bundesrepublik Deutschland, Paderborn 2000, 703.

36 Heinrich J. F. Reinhardt, Die Kirchliche Trauung, Essen, 3. Aufl., 2014, 110 f., Rn. 245.

37 Die Konkordate und Kirchenverträge in der Bundesrepublik Deutschland, hrsg. von Joseph Listl, Berlin 1987, I 7.

node im Jahre 1967 es für nötig hielt, als erstes der zehn Leitprinzipien für die Überarbeitung des CIC (vgl. oben § 6 A) zu formulieren: »Bei der Reform des Rechts muss der rechtliche Charakter des neuen Codex, den die soziale Natur der Kirche erfordert, im vollen Umfang beibehalten werden.« Dementsprechend erklärte Papst Johannes Paul II. in der AK *Sacrae disciplinae leges*, mit der er den CIC promulgierte: »Kirchliche Gesetze erfordern ihrer Natur nach Beachtung«.

Der Anspruch auf Befolgung wird am deutlichsten bei jenen Rechtsnormen, die sich unmittelbar auf Handlungen beziehen, indem sie diese unter bestimmten Umständen verlangen (Gebote) oder für unzulässig erklären (Verbote). Durch Gebote und Verbote werden dem Normadressaten Pflichten auferlegt und auf diese Weise ggf. demjenigen, dem die Einhaltung dieser Pflichten Nutzen bringt, Rechte eingeräumt. Umgekehrt kann eine Pflicht auch dadurch aufgestellt werden, dass jemand anderem ein Recht zuerkannt wird.

Die beiden Codices und die übrigen in lateinischer Sprache erlassenen kirchlichen Gesetze verwenden zum Aufstellen von Ge- und Verboten vor allem den Konjunktiv. Ebenso wie durch einige andere, seltener verwendete Konstruktionen (z. B. mit *debere* oder *teneri*) werden durch den Konjunktiv in aller Regel rechtliche Verpflichtungen aufgestellt, nicht nur Soll-Bestimmungen oder Empfehlungen. Die deutsche Übersetzung des CIC gibt den Konjunktiv meist mit »haben zu« bzw. »sein zu« wieder (z. B. cc. 1215 § 1; 1217 § 1).

Es gibt aber auch Beispiele dafür, dass der Konjunktiv vom Inhalt der betreffenden Norm her nicht eine Pflicht im strengen Sinn zum Ausdruck bringen kann, sondern eher eine Empfehlung oder eine Soll-Bestimmung (z. B. c. 630 § 5). Häufiger werden Empfehlungen mit dem Wort *commendare* formuliert.

Bei einem Teil der Normen über Ge- und Verbote sieht das Recht für den Fall ihrer Verletzung Sanktionen vor. Mitunter ist vorgesehen, dass demjenigen, der die Norm verletzt, Strafen auferlegt werden können oder müssen (»Spruchstrafen«) bzw. von selbst eintreten (»Tatstrafen«). Beispielsweise erklärt c. 1377: »Wer ohne die vorgeschriebene Erlaubnis Kirchenvermögen veräußert, soll mit einer gerechten Strafe belegt werden.« Als eine Sanktion im weiteren Sinn lässt sich auch die Androhung der Nichtigkeit (= Ungültigkeit) auffassen. Wenn eine Rechtsnorm eine Handlung für nichtig erklärt, ist damit zweierlei ausgesagt: Erstens ist die Handlung unzulässig, und zweitens erreicht derjenige, der sie trotzdem vornimmt, damit nicht die von der Handlung angestrebten rechtlichen Wirkungen. So bestimmt c. 1291, dass eine Veräußerung von Kirchenvermögen, die ohne die erforderliche Erlaubnis vorgenommen wird, ungültig (= nichtig) ist. Dass das Recht, wie in den beiden voranstehenden Beispielen, ein und dieselbe Handlung sowohl mit Nichtigkeit als auch mit Strafe bedroht, kommt nur selten vor. Häufiger wird entweder nur die Nichtigkeit oder nur eine Strafe angedroht. Beide Formen der Sanktionierung sind deutliche Hinweise dafür, dass eine Norm mit dem Anspruch erlassen wurde, eine wirkliche Rechtspflicht hervorzubringen. Allerdings kann nicht umgekehrt geschlossen werden, dass Normen ohne Sanktionierung keine wirklichen Rechtspflichten statuieren wollen. Tatsächlich sieht das kanonische Recht für die meisten rechtswidrigen Handlungen keine Sanktionen vor.

Neben Rechtsnormen, die sich unmittelbar auf bestimmte Handlungen beziehen, enthalten kirchliche Gesetze – ebenso wie in anderen Rechtsordnungen – auch manche anderen Arten von Rechtsnormen, etwa solche, die die Rechtsstellung von bestimmten Personen, Gremien oder Institutionen beschreiben. Hinzu kommen Rechtsnormen, die ihrerseits auf andere Rechtsnormen bezogen sind und diese erläutern, ausweiten oder einschränken. Zu den erläuternden Rechtssätzen gehören insbesondere die »Legaldefinitionen«, durch die bestimmte rechtliche Begriffe verbindlich definiert werden (z. B. der Begriff »Ordinarius« in c. 134 § 1). Eine Besonderheit der beiden geltenden Codices besteht darin, dass sie auch einige dogmatische Aussagen (Glaubensaussagen) enthalten. Dazu gehören z. B. einige grundlegende Aussagen über die Leitung der Kirche (z. B. c. 330) und die einleitenden Canones über jedes der sieben Sakramente (cc. 849, 879 usw.). Da es sich dabei entgegen dem Anschein der äußeren Form nicht um Rechtsnormen handelt, könnte man sie in einem kirchlichen Gesetzbuch als Fremdkörper betrachten. Andererseits ist es mit ihrer Hilfe gelungen, dem Leser der Gesetzbücher die theologischen Grundlagen des Kirchenrechts deutlicher vor Augen zu führen.

D. Rechtsnormen im Unterschied zu moralischen Normen

Ebenso wie die rechtliche Ordnung stellt auch die moralische Ordnung ein System von Normen dar, die Befolgung verlangen. Damit stellt sich die Frage, wie Recht und Moral zusammenhängen und sich unterscheiden. Für das Kirchenrecht stellt sich diese Frage nicht wesentlich anders als für das staatliche Recht. Die Behandlung der Frage gehört vor allem in den Bereich der (Rechts-)Philosophie und der Moraltheologie. Die nachstehenden Ausführungen beschränken sich darauf, deutlich zu machen, dass die Untersuchung des Verhältnisses zwischen Moral und Kirchenrecht nicht ohne eine Unterscheidung der verschiedenen »Schichten« des Kirchenrechts (Naturrecht, positives göttliches Recht, rein kirchliches Recht) auskommen kann. Zwischen den moralischen Normen und den Normen des göttlichen Rechts gibt es viele Ähnlichkeiten und zum Teil Überschneidungen. Demgegenüber gibt es zwischen moralischen Normen und von Menschen gemachten Normen – seien es kirchliche oder staatliche Normen – mancherlei Unterschiede.

Zwischen moralischen Normen und dem Naturrecht besteht ein enger Zusammenhang, denn das Naturrecht lässt sich als Teil der moralischen Ordnung auffassen. Es umfasst jenen Teil der moralischen Normen, in dem es um das menschliche Zusammenleben geht (z. B. Menschenrechte, die Institutionen Ehe und Familie, die staatliche Autorität, usw.). Daneben gibt es andere moralische Normen, die nicht zum Naturrecht gehören, nämlich moralische Anforderungen an Vorgänge im Inneren des Menschen und an sein Verhalten gegenüber Gott und gegenüber sich selbst (z. B. Unzulässigkeit des Selbstmords).

Demgegenüber gibt es zwischen moralischen Normen und den Normen des positiven göttlichen Rechts keine Überschneidung. Zwar zeichnen sich sowohl die moralischen Normen als auch die Normen des positiven göttlichen Rechts durch ihren unbedingten Geltungsanspruch aus. Eine Norm des positiven göttlichen Rechts kann aber als solche nicht zugleich eine moralische Norm darstellen. Während sich die moralischen Normen aus der Natur des Menschen ergeben, geht die Offenbarung

Gottes in Jesus Christus gerade nicht aus der Natur des Menschen hervor, sondern tritt zusätzlich zu ihr hinzu. Daher können auch die Verhaltensnormen, die sich aus der Offenbarung ergeben, nicht einen Teil der moralischen Ordnung darstellen. Es handelt sich vielmehr um Normen eigener Art. Das heißt freilich nicht, dass die Normen, die sich aus der Offenbarung geben, aus moralischer Sicht unerheblich wären. Wer die Offenbarung in Jesus Christus im Glauben angenommen hat, für den stellt es eine moralische Verpflichtung dar, die Normen des positiven göttlichen Rechts zu befolgen, z. B. die Norm, dass für die Feier der Eucharistie Brot und Wein zu verwenden sind.

Ähnlich gilt auch für die Normen des rein kirchlichen Rechts, dass derjenige, der die Offenbarung in Jesus Christus angenommen hat und sich als Glied der Kirche sieht, der moralischen Verpflichtung unterliegt, die von der zuständigen kirchlichen Autorität rechtmäßig erlassenen Normen des rein kirchlichen Rechts einzuhalten. Anders als bei den moralischen Normen und den Normen des positiven göttlichen Rechts besteht diese Verpflichtung aber nicht uneingeschränkt. Während moralische Normen unbedingt, d. h. unter allen Umständen gelten, keine Ausnahmen zulassen und sich auch nicht im Laufe der Zeit ändern können – ändern kann sich nur das Wissen um den Inhalt der moralischen Normen –, kann derjenige, der menschliche Normen erlassen hat, davon auch Ausnahmen zulassen (z. B. Dispensen oder Privilegien erteilen) oder die Normen später ändern oder ganz aufheben. Zudem kann es aus moralischen Gründen zulässig oder sogar notwendig sein, von Menschen geschaffene Rechtsnormen nicht einzuhalten. Denn aufgrund ihrer unbedingten Geltung haben moralische Normen den Vorrang vor menschlichen Rechtsnormen. In einem Konfliktfall, in dem nicht beide Arten von Normen zugleich eingehalten werden können, besteht die moralische Verpflichtung, den moralischen Normen zu folgen. Zu einem solchen Konflikt kann es unter besonderen Umständen kommen (z. B. Wegfall der Verpflichtung zur Einhaltung des in c. 1246 beschriebenen Sonntagsgebots in einer Ausnahmesituation). Es kann aber auch »Rechtsnormen« geben, die von vornherein zur moralischen Ordnung im Widerspruch stehen und die deswegen moralisch gesehen keine Verpflichtungskraft ausüben können. So lässt sich etwa die Frage stellen, ob die Bestimmung des CIC, wonach man ein Kind in Todesgefahr auch gegen den Willen der Eltern taufen darf (c. 868 § 2), nicht gegen die moralische Ordnung (das naturrechtliche Erziehungsrecht der Eltern) verstößt (vgl. unten § 42 D).

Die Entscheidung, eine menschliche Rechtsnorm aufgrund moralischer Überlegungen in einem Einzelfall nicht einzuhalten, wird als Anwendung von »Epikie« bezeichnet (vom griechischen ἐπιείκεια, Schicklichkeit, Milde, Nachsicht). Der Ausdruck bezieht sich auf die bei Vorliegen außerordentlicher Umstände vom Einzelnen zu treffende Feststellung, dass der Gesetzgeber den vorliegenden konkreten Fall, wenn er ihn gekannt hätte, von dem Gesetz hätte ausnehmen müssen und dass das Gesetz daher im vorliegenden Fall nicht verpflichtet. Die Anwendung von Epikie erfordert einen entsprechenden Grund, nämlich die Überzeugung, dass das Gesetz seinen Zweck nicht mehr erreicht, sondern im Gegenteil schweren Schaden anrichtet, dass es mit anderen Normen kollidiert, die Vorrang haben, oder dass es unmöglich eingehalten werden kann, sei es aufgrund von physischer oder moralischer Unmöglichkeit.

Eine moralische Unmöglichkeit liegt vor, wenn die Beobachtung des Gesetzes mit einer besonderen Schwierigkeit verbunden wäre, zu deren Überwindung eine so hohe Anstrengung erforderlich wäre, dass sie dem Einzelnen nicht zugemutet werden kann. Da es sich bei der Epikie nicht um ein Rechtsinstitut, sondern um ein moralisches Instrument handelt, kann es nicht überraschen, dass der Begriff im CIC und anderen kirchlichen Rechtsquellen nicht verwendet wird. Der Sache nach gehört die Möglichkeit der Anwendung von Epikie aber zu der im CIC an verschiedenen Stellen erwähnten kanonischen Billigkeit oder Gerechtigkeit *(aequitas canonica)*.

Die Möglichkeit von Konflikten zwischen der moralischen Ordnung und dem menschlichen Recht darf nicht übersehen lassen, dass es andererseits gerade eine wichtige Aufgabe des menschlichen Rechts darstellt, die Einhaltung moralischer Normen zu fördern. Das kann auch durch die Androhung von Sanktionen geschehen. Ähnlich wie die Einhaltung des moralischen Verbots, einen Menschen zu ermorden, seitens des staatlichen Rechts durch die Androhung von Gefängnisstrafe gefördert wird, wird das moralische Verbot, eine Abtreibung vorzunehmen, seitens des kirchlichen Rechts – angesichts der in vielen Staaten mangelhaften staatlichen Sanktionierung – durch die Androhung der Exkommunikation unterstützt (c. 1398).

§ 8 Kirchliches Handeln (cc. 124–128)

Literatur: Walser, Markus, Die Rechtshandlung im Kanonischen Recht, Göttingen 1994; Hennecke, Nicole, Caritas und Recht, Berlin 2012.

A. Leitungs-, Verkündigungs- und Heiligungsdienst der Kirche

Rechtsnormen beziehen sich vor allem auf Handlungen. Die Normen des Kirchenrechts beziehen sich dementsprechend auf Handlungen, die in irgendeiner Weise kirchlich geprägt sind. Um die Vielfalt kirchlichen Handelns grundlegend zu kategorisieren, greift das geltende Recht auf die Unterscheidung der *tria munera* innerhalb der Sendung der Kirche zurück. Die Unterscheidung eines dreifachen Amtes Christi, dem drei Dimensionen innerhalb der Sendung der Kirche entsprechen, war schon in der frühen Kirche bekannt. Das Zweite Vatikanische Konzil hat diese Sichtweise vor allem in seiner Kirchenkonstitution *Lumen Gentium* angewendet. Dem Hirtenamt Christi entspricht demnach der Leitungsdienst *(munus regendi)* der Kirche, dem Prophetenamt Christi der Verkündigungsdienst *(munus docendi)* der Kirche und dem Priesteramt Christi der Heiligungsdienst *(munus sanctificandi)* der Kirche. Die Unterscheidung der *tria munera* hat sich auch in der Gliederung des CIC niedergeschlagen (siehe oben § 6 C).

Ein gewisser Nachteil dieser Unterscheidung besteht darin, dass das diakonische Handeln der Kirche darin zu sehr in den Hintergrund tritt. Unter den drei Ämtern Christi lässt es sich zwar problemlos dem Hirtenamt zuordnen (Christus als der gute Hirt). Das diakonische Handeln unter den drei Dimensionen innerhalb der Sendung der Kirche dem Leitungsdienst *(munus regendi)* zuzuordnen, wird der hohen eigenständigen Bedeutung des diakonischen Handelns aber wohl nicht gerecht. Dass dieses Problem im Codex kaum auffällt, liegt daran, dass es darin für den Bereich des diakonischen Handelns keine spezifischen Rechtsnormen gibt. Papst Benedikt XVI. hat das karitative Handeln der Kirche im Jahre 2012 zum Gegenstand eines Motu Proprio gemacht, um diese Rechtslücke zu füllen.[38]

B. Amtliches und privates Handeln

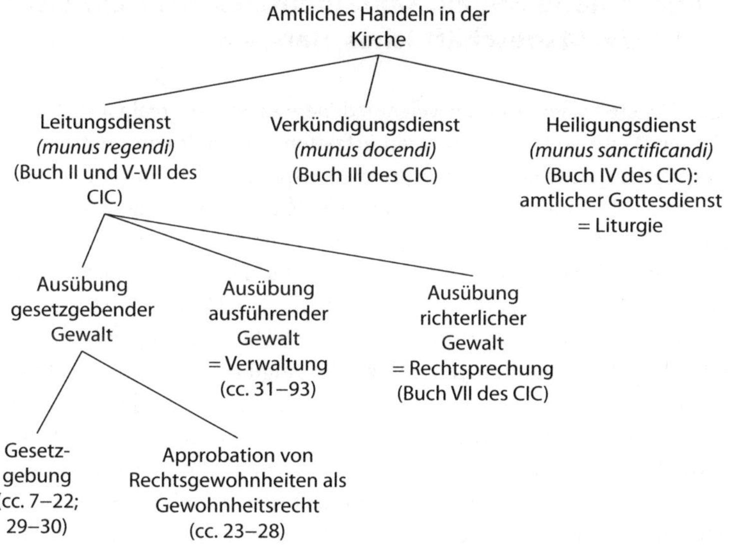

Wie besonders vom Zweiten Vatikanischen Konzil betont wurde, sind alle Glieder der Kirche zur Teilnahme an allen drei *munera* berufen. Innerhalb aller drei *munera* lässt sich zwischen einer amtlichen (offiziellen) und einer privaten Ausübung unterscheiden. Die amtliche Ausübung geschieht im Namen der Kirche *(nomine Ecclesiae)* und vorwiegend unter Beanspruchung der von Jesus Christus den Aposteln übertragenen Vollmacht. Amtliches Handeln in diesem weiten Sinne ist nicht den Amtsträgern vorbehalten, d. h. Personen, denen dauerhaft ein bestimmtes Amt übertragen ist, sondern kann auch auf einer vorübergehend oder für einen Einzelfall übertragenen (delegierten) Gewalt oder Vollmacht beruhen. Zur amtlichen Ausübung der *tria munera* sind an erster Stelle die Bischöfe als Nachfolger der Apostel sowie die übrigen Kleriker berufen; sie ist aber auch anderen Gläubigen möglich. Umgekehrt können Kleriker nicht nur in amtlicher, sondern auch in privater Weise an den *tria munera* teilhaben. Das *munus regendi* wird in amtlicher Weise z. B. durch das Erlassen eines

38 Benedikt XVI., MP *Intima Ecclesiae natura*, vom 11. 11. 2012: AAS 104 (2012) 996–1004; dt.: VApSt 195.

Gesetzes, in privater Weise z. B. durch die Ausübung des in c. 212 § 2 beschriebenen »Petitionsrechts« ausgeübt. Das *munus docendi* wird in amtlicher Weise z. B. durch die Homilie des Priesters in der Eucharistiefeier, in privater Weise z. B. durch die Eltern bei der religiösen Erziehung ihrer Kinder ausgeübt. Das *munus sanctificandi* wird in amtlicher Weise durch die Feier der Sakramente und die übrigen liturgischen Feiern, in privater Weise z. B. durch das private Gebet ausgeübt. Die Normen des Kirchenrechts befassen sich vornehmlich mit der amtlichen Ausübung der *tria munera.*

C. Rechtshandlungen, sakramentales Handeln und nichtrechtsgeschäftliches Handeln

Eine ausgearbeitete Systematik der verschiedenen Arten von rechtserheblichen – d. h. in irgendeiner Weise von Rechtsnormen erfassten – Handlungen hat das kanonische Recht bislang nicht entwickelt. Angesprochen wird dieses Thema in cc. 124–128, wo die *actus iuridici* behandelt werden. Die deutsche Übersetzung des CIC gibt *actus iuridicus* mit »Rechtshandlung« wieder; in der Literatur begegnet auch die Übersetzung »Rechtsakt«. Gleichbedeutend werden in der Literatur in der Regel auch die Ausdrücke »Rechtsgeschäft« oder »rechtsgeschäftliches Handeln« verwendet. Der Bestimmung über die Gültigkeitserfordernisse von Rechtshandlungen in c. 124 lässt sich entnehmen, dass Rechtshandlungen gültig oder ungültig sein können. Von dem Sonderfall des sakramentalen Handelns abgesehen, heißt eine Rechtshandlung »gültig«, wenn sie nicht an einer Rechtswidrigkeit leidet, die den Eintritt der mit ihr angezielten Rechtswirkungen verhindert (siehe unten Abschnitt D). Demgegenüber wird sakramentales Handeln »gültig« genannt, wenn sich darin die den Sakramenten eigene Übereinstimmung von menschlichem und göttlichem Handeln ereignet. Den Rechtshandlungen werden in c. 128 »andere Handlungen« *(alii actus)* gegenübergestellt. Offenbar sind damit Handlungen gemeint, bei denen sich die Frage der Gültigkeit nicht stellt, weil sie nicht auf eine rechtliche, sondern eine rein faktische Veränderung abzielen. Dafür kann man im Deutschen den Ausdruck »nichtrechtsgeschäftliches Handeln« verwenden. Im Ergebnis lassen sich also drei verschiedene Arten rechtserheblichen Handelns unterscheiden:

(1) Die gewöhnliche, d. h. nicht-sakramentale Rechtshandlung ist eine Willensäußerung, die von ihrer Natur her auf eine rechtliche Veränderung abzielt. Eine Rechtshandlung, die schriftlich vorgenommen wird, wird typischerweise in einem Dokument niedergelegt, das mit einer Unterschrift versehen wird; Rechtshandlungen sind aber auch mündlich möglich. Beispiele für Rechtshandlungen sind die Errichtung einer Pfarrei, die Gewährung einer Dispens, die Wahl eines Kirchenvorstands, das Abschließen eines Vertrags, der Verzicht eines Amtsinhabers, die Verwaltungsbeschwerde gegen eine Entscheidung des Bischofs.

(2) Im Unterschied zu diesen gewöhnlichen Rechtshandlungen zielt die Feier von Sakramenten an sich nicht unmittelbar auf eine rechtliche Veränderung ab, sondern darauf, dass in dem menschlichen Tun zugleich Gott selbst handelt. Ausschlaggebend für das Zustandekommen des Sakraments ist der innere Wille, das Sakrament zu

feiern, zusammen mit den übrigen vom göttlichen und rein kirchlichen Recht für das Zustandekommen verlangten Elementen (zu denen in der Regel auch entsprechende Worte gehören). Dass das sakramentale Handeln auf das göttliche Wirken abzielt, schließt nicht aus, dass daraus auch rechtliche Wirkungen hervorgehen. Da man das Abzielen einer gewöhnlichen Rechtshandlung auf den Eintritt der rechtlichen Wirkungen mit dem Abzielen einer sakramentalen Handlung auf das göttliche Wirken vergleichen kann, besteht zwischen beiden Arten von Handlungen eine Ähnlichkeit, die es rechtfertigt, die Rechtsnormen über Rechtshandlungen, insbesondere cc. 124–128, auch auf die Feier von Sakramenten anzuwenden.

(3) Nichtrechtsgeschäftliches Handeln zielt nicht auf eine rechtliche, sondern auf eine rein faktische Veränderung ab. Deswegen stellt sich dabei nicht die Frage der Gültigkeit oder Ungültigkeit; es stellt sich nur die Frage, ob die Handlung faktisch stattgefunden hat oder nicht. Nichtrechtsgeschäftliche Handlungen können vor allem insofern rechtserheblich sein, als das Recht sie – ggf. nur bei Vorliegen bestimmter Umstände – gebietet oder verbietet. Beispiele für nichtrechtsgeschäftliches Handeln sind etwa der Bau einer Kirche, das Ablegen des Glaubensbekenntnisses, das Halten einer Predigt, die Ermordung eines Menschen, die Feier eines Begräbnisses. Nichtrechtsgeschäftliches Handeln ist nicht nur in der Form des Tuns, sondern auch in der Form des Unterlassens möglich. Ein rechtserhebliches Unterlassen ist z. B. das Nicht-Erscheinen eines vor Gericht Geladenen (c. 1592 § 1). Auch an nichtrechtsgeschäftliche Handlungen kann das Recht bestimmte rechtliche Folgen binden. Zum Beispiel kann ein Umzug mit der Folge verbunden sein, dass man einen neuen kanonischen Wohnsitz erwirbt (c. 102 § 1); ob das der Fall ist, hängt ggf. auch von der Absicht des Umziehenden ab. Dennoch handelt es sich beim Umzug nicht um eine Willensäußerung, also auch nicht um eine Rechtshandlung, sondern um eine nichtrechtsgeschäftliche Handlung, an die der Gesetzgeber bestimmte rechtliche Wirkungen gebunden hat.

D. Fehlerhafte Handlungen

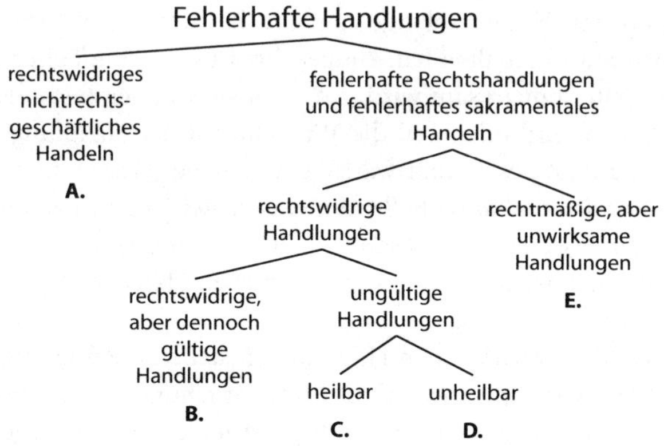

Die im kanonischen Recht für die Fehlerhaftigkeit von Handlungen verwendete Terminologie wird in den Gesetzbüchern zwar nicht systematisch erläutert, aber doch einigermaßen konsequent zugrunde gelegt. Sie wird auf amtliche und private Handlungen gleichermaßen angewendet. Die verschiedenen Arten von fehlerhaften Handlungen sind in dem voranstehenden Schema dargestellt.

Alle Arten von Handlungen (sowohl Rechtshandlungen einschließlich des sakramentalen Handelns als auch nichtrechtsgeschäftliche Handlungen) können insofern fehlerhaft sein, als es Rechtsnormen geben kann, die diese Handlungen – ggf. nur unter bestimmten Umständen – für rechtswidrig erklären (im Schema die Typen A bis D). Zwischen den deutschen Ausdrücken »rechtswidrig«, »unerlaubt«, »unzulässig«, »widerrechtlich«, »verboten« bzw. den lateinischen Entsprechungen wird dabei nicht näher unterschieden. Ob eine Handlung rechtswidrig ist oder nicht, hängt von Umständen ab, die ihr zeitlich vorausliegen oder gleichzeitig mit ihr vorliegen. Eine rechtswidrige Handlung kann nicht nachträglich rechtmäßig werden, und umgekehrt kann eine einmal rechtmäßig vorgenommene Handlung nicht nachträglich rechtswidrig werden. Ein Teil der rechtswidrigen Handlungen ist auch strafbar (siehe cc. 1364–1399); eine Handlung, die nicht rechtswidrig ist, kann auch nicht strafbar sein. Zum Beispiel ist das schuldhafte Versäumen des sonntäglichen Gottesdienstes (c. 1247) nicht strafbar. Wenn aber der Pfarrer schuldhaft versäumt, den sonntäglichen Gottesdienst für seine Pfarrei zu halten bzw. halten zu lassen, macht er sich der Amtspflichtverletzung schuldig und kann dafür bestraft werden (c. 1389 § 2). Wer einem anderen durch eine rechtswidrige Handlung Schaden zugefügt hat, ist schadenersatzpflichtig (c. 128).

Während alle Arten von Handlungen rechtswidrig sein können, sind andere Arten von Fehlern nur bei Rechtshandlungen (und ggf. bei sakramentalem Handeln) möglich. Eine Rechtshandlung, die nicht die von ihr angezielte rechtliche Veränderung hervorbringt heißt »unwirksam« (Typen C bis E). Der CIC verwendet, wenn es um die Frage der Wirksamkeit geht, vor allem die Ausdrücke *vis* und *effectus*. Eine unwirksame Handlung kann später wirksam werden. In der deutschen Rechtssprache – allerdings nicht im kanonistischen Sprachgebrauch – ist für die Zwischenzeit der Ausdruck »schwebende Unwirksamkeit« üblich. Z. B. wird gemäß c. 267 § 2 eine Exkardination aus einer Teilkirche erst wirksam, wenn anschließend die Inkardination in eine andere Teilkirche erfolgt ist. Ähnlich ist ein von der Bischofskonferenz erlassenes Gesetz (noch) unwirksam, solange es nicht die in c. 455 § 2 verlangte *recognitio* des Apostolischen Stuhls erhalten hat. Umgekehrt ist es auch möglich, dass eine wirksame Handlung später unwirksam wird, z. B. weil sie von der zuständigen kirchlichen Autorität aufgehoben wird oder weil die Wirksamkeit der Handlung von vornherein auf eine bestimmte Frist beschränkt war. Wenn z. B. ein Gesetz *ad experimentum* für fünf Jahre erlassen wird und anschließend nichts weiter getan wird, verliert das Gesetz nach Ablauf dieser Frist seine Wirksamkeit. Im Zusammenhang mit Gesetzen oder anderen Rechtsnormen wird allerdings im Deutschen üblicherweise nicht von »Wirksamkeit«, sondern von »Geltung« gesprochen.

Eine Teilmenge der unwirksamen Handlungen stellen die ungültigen Handlungen dar (Typ C und D). »Ungültig« *(invalidus)* oder »nichtig« *(nullus)* wird eine Rechtshandlung genannt, die an einer Rechtswidrigkeit leidet und deswegen nicht die von ihr angezielten rechtlichen Wirkungen hervorbringt. Es geht bei der Ungültigkeit also gewissermaßen um die Verknüpfung der beiden Eigenschaften »Rechtswidrigkeit« und »Unwirksamkeit«. Rein kirchliche Gesetze betreffen nur dann die Gültigkeit einer Handlung, wenn sie darauf ausdrücklich hinweisen (c. 10). Bei Normen des göttlichen Rechts und Normen, die die Wesensbestandteile eine Handlung beschreiben, hat der kirchliche Gesetzgeber deren Gültigkeitsrelevanz nicht immer ausdrücklich erwähnt. Beispiele für ungültige Handlungen sind etwa das Ablegen von Ordensgelübden ohne ein vorausgegangenes wenigstens zwölfmonatiges Noviziat (c. 656, 2° i. V. m. c. 648 § 1) oder die Errichtung einer Pfarrei ohne die vorausgehende Anhörung des Priesterrats (c. 515 § 2 i. V. m. c. 127). Ungültige Handlungen sind definitionsgemäß rechtswidrig. Umgekehrt kommt es vor, dass eine Rechtshandlung zwar rechtswidrig, aber doch gültig ist (Typ B). Zum Beispiel handelt der Bischof rechtswidrig, wenn er (ohne eine entsprechende Dispens eingeholt zu haben) jemanden zum Diözesanrichter bestellt, der nicht die vorgeschriebene akademische Qualifikation besitzt (Lizentiat oder Doktorat im kanonischen Recht, c. 1421 § 3); dennoch ist eine solche Ernennung gültig, denn die betreffende Norm enthält keine Nichtigkeitsklausel. Ungültige Handlungen sind definitionsgemäß stets unwirksam. Umgekehrt kann es vorkommen, dass eine Rechtshandlung zwar rechtmäßig und gültig, aber trotzdem unwirksam ist (Typ E); vgl. das bereits genannte Beispiel einer Exkardination aus einer Teilkirche, der noch nicht die Inkardination in eine andere Teilkirche nachgefolgt ist. Während der Zwischenzeit ist die Exkardination nicht etwa ungültig, da sie ja nicht rechtswidrig ist. Sie ist aber noch nicht wirksam, solange nicht die nachfolgende Inkardination erfolgt ist. Einschränkend ist darauf hinzuweisen, dass der CIC bei der terminologischen Unterscheidung zwischen »Ungültigkeit« und »Unwirksamkeit« an einigen Stellen nicht konsequent ist. Zum Beispiel ist in c. 688 § 2 von »Gültigkeit« die Rede *(ut valeat)*, obwohl dort besser von »Wirksamkeit« gesprochen werden sollte.

Unter den ungültigen Handlungen kann man – wenngleich die Terminologie des CIC solche Unterscheidungen, von Ausnahmen (z. B. c. 125 § 1) abgesehen, nicht erkennen lässt – danach unterscheiden, ob die Ungültigkeit darauf beruht, dass etwas vom rein kirchlichen Recht Gefordertes fehlt oder dass ein Wesenselement der Handlung oder etwas vom göttlichen Recht Gefordertes fehlt. Handlungen, denen ein Wesenselement oder ein Gültigkeitserfordernis des göttlichen Rechts fehlt, werden in der kanonistischen Literatur bisweilen als »inexistent« bezeichnet. Diese Art von Nichtigkeit kann nicht geheilt werden (Typ D), weil der Kirche die Fähigkeit bzw. Vollmacht fehlt, solche Mängel zu beseitigen. Hingegen können ungültige Handlungen, bei denen etwas vom rein kirchlichen Recht Gefordertes fehlt, geheilt werden (Typ C). Der Begriff »Heilung« ist hier in einem strengen Sinn gemeint: Durch ein Dekret der zuständigen kirchlichen Autorität wird im Nachhinein verfügt, dass die Handlung in jeder Hinsicht als eine von Anfang an *(ex tunc)* gültige Handlung angesehen wird, nicht nur vom Zeitpunkt der Heilung an *(ex nunc)*. Ein Beispiel für heilbare Nichtigkeit ist die Errichtung einer Pfarrei ohne Anhörung des Priesterrats. Die Errichtung ist gemäß c. 515 § 2 i. V. m. c. 127 ungültig. Sie kann aber vom Apostolischen Stuhl geheilt werden, da die Anhörung des Priesterrats nicht ein Wesenselement der Errichtung darstellt. Demgegenüber gilt eine Handlung, die unter Zwang vorgenommen wird, dem der Handelnde auf keine Weise widerstehen kann *(vis absoluta)*, gemäß c. 125 § 1 »als nicht vorgenommen« *(pro infecto habetur)*; sie ist nichtig (inexistent) und kann nicht geheilt werden. Ein anderes Beispiel für unheilbare Nichtigkeit ist die Ernennung eines Pfarrers, der – ohne dass der ernennende Bischof das wusste – kurz zuvor gestorben ist.

Auch im Hinblick auf Sakramente wird der Begriff »Gültigkeit« verwendet, allerdings in einem etwas anderen Sinn als bei Rechtshandlungen: Ein Sakrament wird gültig genannt, wenn mit dem äußerlich erkennbaren menschlichen Handeln das dem Sakrament eigene göttliche Handeln einhergeht; andernfalls heißt es ungültig (nichtig). Nach diesem Sprachgebrauch bleibt für eine Unterscheidung zwischen »Gültigkeit« und »Wirksamkeit« bei Sakramenten kein Raum. Sakramente, die gültig, aber noch unwirksam sind, kann es also nicht geben. Streng genommen handelt es sich bei der Ungültigkeit von Sakramenten immer um unheilbare Nichtigkeit. Ausgebliebenes göttliches Handeln kann nicht nachträglich von Menschen hervorgebracht werden. Wenn z. B. der Bischof einen Ungetauften zum Diakon geweiht hat, ist die Weihe kraft göttlichen Rechts nichtig (inexistent) (vgl. c. 1024) und kann auch nicht geheilt werden. Der CIC verwendet die Begriffe »Heilung« (*convalidatio* oder *sanatio*) allerdings auch im Hinblick auf das Ehesakrament. Zum Beispiel kann eine wegen Konsensmangels nichtige Ehe dadurch, dass der betreffende Partner später den Konsens leistet, gültig gemacht, also in einem gewissen Sinne »geheilt« werden. Eine wegen fehlender Einhaltung der kanonischen Eheschließungsform nichtige Ehe kann durch ein Dekret des Diözesanbischofs geheilt werden. Bei solchen »Heilungen« geht es aber nicht um Heilungen im strengen Sinn. Die Ehe kommt dabei nämlich nicht von dem Zeitpunkt an zustande, als die Partner den Ehewillen erklärten *(ex tunc)*, sondern erst vom Zeitpunkt der Heilung an *(ex nunc)*. Deswegen sind diese Arten von Heilung auch dann möglich, wenn zunächst etwas vom göttlichen Recht her Notwendiges fehlte. Wenngleich durch die Heilung einer Ehe die Ehe selbst erst zum Zeitpunkt der Heilung zustande kommt *(ex nunc)*, kann doch verfügt werden, dass die kanonischen Wirkungen der Ehe (z. B. die »Ehelichkeit« der vorher gezeugten Kinder) schon von einem früheren Zeitpunkt an *(ex tunc)* eintreten. Diese Form der Heilung wird »Heilung in der Wurzel« *(sanatio in radice)* genannt (cc. 1161–1165).

In vielen Fällen können gültige und wirksame Rechtshandlungen später aufgehoben werden, so dass sie ihre Wirksamkeit verlieren. Amtliche Handlungen kirchlicher Autoritäten können von der erlassenden oder einer übergeordneten Autorität wieder aufgehoben werden (vgl. cc.149 § 2, 1739). Alle Handlungen, auch private Handlungen, können durch richterliches Urteil aufgehoben werden, wenn sie aufgrund schwerer, widerrechtlich eingeflößter Furcht oder aufgrund arglistiger Täuschung vorgenommen wurden (c. 125 § 2). In einigen Fällen führen Furcht oder Täuschung allerdings von vornherein zur Nichtigkeit (vgl. cc. 656, 4° und 658 im Hinblick auf das Ablegen von Ordensgelübden; cc. 1098 und 1103 im Hinblick auf das Eingehen einer Ehe). Auch die Tatsache, dass eine Handlung aus Unkenntnis oder Irrtum vorgenommen wurde, kann ihre Aufhebbarkeit zur Folge haben (c. 126). Die Aufhebung eines gültig gefeierten Sakramentes ist nur in einem einzigen Ausnahmefall möglich: Eine gültig geschlossene, aber noch nicht geschlechtlich vollzogene Ehe kann von der zuständigen Autorität (dem Papst) aufgehoben werden (c. 1142).

§ 9 Die für Handlungen in der Kirche erforderliche Vollmacht (cc. 129–144)

Literatur: Müller, Hubert, Zur Frage der kirchlichen Vollmacht im CIC/1983, in ÖAKR 35 (1985) 83–106; Aymans, Winfried, Oberhirtliche Gewalt, in: AfkKR 157 (1988) 3–38; Kaiser, Matthäus, Potestas iurisdictionis?, in: Fides et ius (FS May), Regensburg 1991, 81–107; Platen, Peter, Die Ausübung kirchlicher Leitungsgewalt durch Laien, Essen 2007.

A. Weihegewalt und Leitungsgewalt

Um im Namen der Kirche handeln, also amtliche Handlungen vornehmen zu können, benötigt der Handelnde eine entsprechende rechtliche Befähigung. Die hauptsächliche Quelle dieser Befähigung ist die Vollmacht, die Jesus Christus seinen Aposteln übertragen hat und die von ihnen an andere Amtsträger in der Kirche weitergegeben wurde. Das Zweite Vatikanische Konzil verwendete für diese Vollmacht den Ausdruck *sacra potestas.*[39] Der Versuch, das Wort *potestas* ins Deutsche zu übersetzen, stellt vor ein Dilemma: Gegen die Verwendung des Wortes »Vollmacht« spricht, dass man bei diesem Wort vornehmlich an die rechtliche Fähigkeit zu einer ganz bestimmten Handlung denkt, nicht an die Gesamtheit des rechtlichen Handlungsvermögens einer Person. Gegen das – nachstehend dennoch verwendete – Wort »Gewalt« spricht dessen Missverständlichkeit, da es nicht nur für eine legitime rechtliche Befähigung *(potestas)*, sondern auch für faktische (gewaltsame) Machtausübung *(vis)* verwendet wird.

Nach und nach ist sich die Kirche im Laufe ihrer Geschichte bewusst geworden, dass die ihr von Jesus Christus übertragene Gewalt auf zwei verschiedenen Wegen an einzelne Gläubige übertragen wird: Einerseits wird durch die Feier des Weihesakraments dem Empfänger kraft göttlichen Rechts eine Art von Gewalt übertragen, deren Ausübung zwar später eingeschränkt und sogar (beim Verlust des Klerikerstandes) nahezu vollständig verboten werden kann, die dem Empfänger im Kern aber zeitlebens erhalten bleibt. Das kanonische Recht verwendet dafür den Ausdruck »Weihegewalt« *(potestas ordinis)*; sie ist zur gültigen Feier von fünf der sieben Sakramente (alle Sakramente außer Taufe und Ehe) erforderlich (wenn auch nicht in jedem Fall ausreichend). Andererseits wird auf sehr unterschiedlichen Wegen (z. B. Amtsübertragung, Delegation, gewohnheitsrechtliche Übertragung, Suppletion), die in der Kanonistik unter dem Oberbegriff »kanonische Sendung« *(missio canonica)* zusammengefasst werden, eine Art von Gewalt übertragen, die der Empfänger (z. B. durch Amtsverlust, Ablauf des Zeitraums einer Delegation usw.) wieder vollständig verlieren kann. Das kanonische Recht bezeichnete sie bis zum CIC/1983 als »Jurisdiktionsgewalt« *(potestas iurisdictionis)*, seit dem CIC/1983 vornehmlich als »Leitungsgewalt« *(potestas regiminis)*, weil sie für die Leitung der Kirche erforderlich ist. Die Frage, wie die Vollmacht zum verbindlichen Lehren in der Kirche (d. h. zur Ausübung des »authentischen Lehramts«) in diese Unterscheidung zwischen Weihe-

39 Siehe LG 10, 18, 27.

und Leitungsgewalt einzuordnen ist, wird im geltenden Recht nicht beantwortet. Entgegen dem Versuch, drei verschiedene Gewalten (Weihe-, Leitungs- und Lehrgewalt) zu unterscheiden, kann die Antwort auf diese Frage ausgehend vom Unterscheidungskriterium der Verlierbarkeit nur lauten, dass die Vollmacht zum verbindlichen Lehren, da sie (z. B. wenn ein Diözesanbischof von der Gemeinschaft der Kirche abfällt) vollständig verloren gehen kann, zur Leitungsgewalt hinzuzurechnen ist.

Die Frage nach dem Zusammenhang zwischen Weihe- und Leitungsgewalt ist seit langem Gegenstand der theologischen Auseinandersetzung. Sie konkretisiert sich in der Frage, ob und inwieweit Leitungsgewalt auch von Gläubigen ausgeübt werden kann, die nicht das Weihesakrament empfangen haben. Das Zweite Vatikanische Konzil hat die Zusammengehörigkeit von Weihe- und Leitungsgewalt herausgestellt durch die Erklärung, die Bischofsweihe übertrage »mit dem Amt der Heiligung *(munus sanctificandi)* auch die Ämter der Lehre und der Leitung *(munera docendi et regendi)*, die jedoch ihrer Natur nach nur in der hierarchischen Gemeinschaft mit Haupt und Gliedern des Kollegiums ausgeübt werden können« (LG 21). Gegen die Auffassung, wonach der Empfang des Weihesakraments eine notwendige Voraussetzung jedweder Ausübung von Leitungsgewalt sei, lässt sich darauf hinweisen, dass es im Laufe der Geschichte der Kirche wiederholt unbeanstandet dazu gekommen ist, dass auch nicht geweihte Gläubige Leitungsgewalt ausübten. Bei der Vollversammlung der Codexreformkommission im Jahre 1981 war die Frage des Zusammenhangs zwischen Weihe- und Leitungsgewalt das wichtigste Thema; eine Klärung wurde dabei aber nicht erreicht. Man orientierte sich stattdessen an einer Stellungnahme der Glaubenskongregation[40], wonach nur »die von ihrem Wesen her hierarchischen Ämter« *(uffici intrinsecamente gerarchici)* Klerikern vorbehalten seien. Der CIC ist, was diese Frage angeht, widersprüchlich. Einerseits erklärt er, allein Kleriker könnten Ämter erhalten, zu deren Ausübung Weihegewalt oder kirchliche Leitungsgewalt erforderlich ist (c. 274 § 1). Andererseits lässt er zum Beispiel unter bestimmten Bedingungen zu, dass ein Laie zum Diözesanrichter ernannt wird und folglich ein mit Leitungsgewalt ausgestattetes Amt ausübt (c. 1421 § 2). Die grundlegende Bestimmung zu dieser Frage formuliert, die Kleriker seien befähigt, Leitungsgewalt zu übernehmen, und Laien könnten bei ihrer Ausübung mitwirken (c. 129). Im Ergebnis ist festzuhalten, dass die Frage des Zusammenhangs zwischen Weihe- und Leitungsgewalt noch weiterer Klärung bedarf.

B. Gesetzgebende, ausführende und richterliche Gewalt

Angesichts der katholischen Lehre, dass dem Papst und den übrigen Bischöfen alle nötige Gewalt übertragen ist, um die Kirche zu leiten, ist eine Gewaltenteilung nach dem Vorbild moderner Staaten in der Kirche nicht möglich. Dennoch hat der Gedanke der Gewaltenteilung das geltende kanonische Recht erheblich geprägt, insofern

40 Wortlaut in: Congregatio Plenaria (Anm. 27), 37.

es innerhalb der Leitungsgewalt zwischen den drei Funktionen Gesetzgebung, Verwaltung und Rechtsprechung deutlich zu unterscheiden versucht (c. 135 § 1):

- Gesetzgebende Gewalt *(potestas legislativa)* wird eingesetzt beim Erlassen von Gesetzen sowie bei der Gutheißung von Gewohnheitsrecht (c. 23). Verwaltung und Rechtsprechung sind in Unterordnung unter Gesetze und Gewohnheitsrecht auszuüben, wobei allerdings die Möglichkeit besteht, jemanden im Einzelfall (durch Dispens: c. 85) oder dauernd (durch Privileg: c. 76) von Gesetzen zu befreien.
- Die Rechtsprechung ist dadurch gekennzeichnet, dass sie in einem Einzelfall Recht schafft, indem sie einen erwiesenen Tatbestand als Untersatz dem Gesetz als Obersatz zuordnet und so als Schlussfolgerung zu einem Urteil gelangt. Die richterliche Gewalt wird *potestas iudicialis* genannt; der Ausdruck *iurisdictio* oder *potestas iurisdictionis* ist dafür nicht geeignet, weil er herkömmlich für die kirchliche Leitungsgewalt in ihrer Gesamtheit verwendet wird. Die Rechtsprechung wird nur auf eine Klage hin tätig (»Wo kein Kläger, da kein Richter«) und hat bei ihrer Tätigkeit genauen Verfahrensvorschriften zu folgen (vor allem in Buch VII des CIC). Im Falle einer rechtmäßigen Klage besteht ein Anspruch auf ein richterliches Urteil; der Richter hat in der Anwendung des Gesetzes auf den Tatbestand in der Regel keinen oder nur wenig Ermessensspielraum.
- Für die ausführende Gewalt werden im geltenden Recht gleichbedeutend die Ausdrücke *potestas exsecutiva* und *potestas administrativa* verwendet. Der Ausdruck *potestas administrativa* ist der geeignetere; denn Verwaltungshandeln beschränkt sich nicht auf die »Ausführung« von Gesetzen, sondern geschieht auch in solchen Angelegenheiten, die nicht gesetzlich geordnet sind. Die Ausübung der ausführenden Gewalt bezeichnet man als »Verwaltungshandeln« oder einfach als »Verwaltung«. Während die Gesetzgebung sich auf eine Gesamtheit von Fällen bezieht, ist das Verwaltungshandeln meist einzelfallbezogen; es gibt allerdings auch allgemeine Verwaltungserlasse (Ausführungsverordnungen und Instruktionen). Während die Rechtsprechung nur auf die Klage eines anderen hin möglich ist, kann die Verwaltung auch aus eigener Initiative tätig werden. Und während die Rechtsprechung einer genau festgelegten Verfahrensordnung folgt, bestehen für das Verwaltungsverfahren nur vergleichsweise wenige Vorschriften; von diesen Vorschriften abgesehen, sind die Verfahrensfragen dem Ermessen der Verwaltungsorgane überlassen.

Zu den Amtsträgern, die alle drei Arten von Leitungsgewalt zugleich innehaben, gehören der Papst, das Bischofskollegium, die Diözesanbischöfe sowie die ihnen Gleichgestellten (c. 381 § 2 i. V. m. c. 368). Von diesen Amtsträgern mit umfassender Leitungsgewalt abgesehen, ist das kanonische Recht auch in der Kirche um eine weitgehende Gewaltenteilung bemüht. So sind beim Apostolischen Stuhl, von einigen Ausnahmen abgesehen, die Kongregationen und Räte nur für die ausführende Gewalt, die Gerichte (Römische Rota und Apostolische Signatur) nur für die richterliche Gewalt zuständig. Über gesetzgebende Gewalt verfügen die Kurienbehörden nicht, es sei denn in Einzelfällen aufgrund einer Beteiligung des Papstes. Im Bistum liegt die Aufgabe der Gesetzgebung allein beim Diözesanbischof, die Aufgabe der Verwaltung beim Generalvikar und den Bischofsvikaren, zusammen mit dem »Generalvikariat« oder »Ordinariat«, die Aufgabe der Rechtsprechung beim Diözesangericht, dem »Offizialat«.

C. Ordentliche und delegierte Gewalt

Gemäß c. 131 § 1 wird Leitungsgewalt, die jemand durch die Übertragung eines Amtes erhält, als »ordentliche Gewalt« *(potestas ordinaria)* bezeichnet; eine auf andere Weise übertragene Gewalt heißt »delegierte Gewalt« *(potestas delegata)*. Diese Unterscheidung ist vor allem wichtig für die Frage, ob und inwieweit jemand die Leitungsgewalt, die er besitzt, an andere weitergeben kann (siehe dazu c. 137).

D. Die Suppletion fehlender ausführender Leitungsgewalt

In bestimmten Situationen ergänzt die Kirche fehlende ausführende Leitungsgewalt (»Suppletion«, c. 144). Weihegewalt kann demgegenüber nicht ergänzt werden. Die für die Feier von Sakramenten erforderliche Weihegewalt wird aufgrund des *ius divinum* nur durch das Weihesakrament vermittelt; daher hat die Kirche keine Möglichkeit, diese Weihegewalt auch auf anderen Wegen zu vermitteln. Gemäß der positiv-rechtlichen Festlegung in c. 144 bezieht sich die Suppletion auch nur auf ausführende Leitungsgewalt, nicht auf gesetzgebende oder richterliche Gewalt. Die Suppletion erfolgt in Situationen, in denen anscheinend Leitungsgewalt ausgeübt wird, obwohl der Ausübende an sich – gäbe es nicht die Bestimmung in c. 144 – nicht über die nötige Leitungsgewalt verfügen würde. Es geht bei der Suppletion also darum, Schein und Wirklichkeit in Übereinstimmung zu bringen. Zum einen erfolgt die Suppletion in Fällen von einem tatsächlich vorliegenden oder rechtlich anzunehmenden allgemeinen Irrtum, zum anderen im Falle eines positiven und begründeten Rechts- oder Tatsachenzweifels. Wer über den Besitz von Leitungsgewalt im Zweifel ist, muss zunächst im Rahmen seiner Möglichkeiten versuchen, den Zweifel zu beheben, bevor er erlaubterweise von der Suppletion Gebrauch machen darf. Die Bestimmungen über die Suppletion finden gemäß c. 144 § 2 auch auf die für die Feier der Sakramente der Firmung, der Buße und der Ehe nötige »Befugnis« *(facultas)* Anwendung. Dazu ein Beispiel: Einem Ordenspriester wurde für fünf Jahre eine Beichtbefugnis erteilt. Die Befugnis läuft ab, ohne dass der Priester daran denkt. Er hört weiter Beichten. Sowohl er selbst als auch die Pönitenten nehmen an, dass alles seine Ordnung hat. Es liegt ein allgemeiner Irrtum vor. Die Kirche ergänzt daher gemäß c. 144 § 2 die fehlende Beichtbefugnis.

E. Andere Arten von Gewalt in der Kirche

Neben Weihe- und Leitungsgewalt kommen in der Kirche auch noch andere Arten von Gewalt zur Anwendung. Die Gewalt, die Eltern (oder Erziehungsberechtigte) – auch im kirchlichen Rechtsbereich – über ihre Kinder haben, beruht auf dem *ius naturale*. Die Gewalt, die der Vorsitzende eines privaten kanonischen Vereins besitzt, beruht auf einer Übertragung seitens der Mitglieder (normalerweise auf dem Wege der Vereinsstatuten, die man durch den Vereinsbeitritt – zumindest implizit – anerkennt). In der Literatur wird diese Art von Gewalt, die innerhalb einer Vereinigung ausgeübt wird, oft mit dem Ausdruck »Konsoziativgewalt« bezeichnet. Im Gegensatz zur Leitungsgewalt, die gewissermaßen »von oben« kommt, kommt die Konsoziativgewalt »von unten«. Nicht einfach ist die Charakterisierung jener Gewalt, die den Oberen und Kapiteln in Lebensgemeinschaften der evangelischen Räte sowie den Vorsitzenden von öffentlichen Vereinen zukommt (vgl. c. 596 § 1). Der CIC/1917 hatte im Hinblick auf Ordensgemeinschaften von »Dominativgewalt« gesprochen (can. 501 § 1 CIC/1917); dieser Ausdruck hatte aber keine inhaltliche Klärung gebracht. Der CIC/1983 verwendet für diese Art von Gewalt keinen besonderen Ausdruck. Einerseits kann diese Gewalt nur unter der Voraussetzung ausgeübt werden, dass die Mitglieder der Vereinigung sich ihr unterworfen haben, z. B. durch Ordensgelübde; insofern könnte man auch hier von »Konsoziativgewalt« sprechen. Andererseits handeln die betreffenden Amtsträger aber, da sie öffentlichen juristischen Personen des kanonischen Rechts vorstehen, »im Namen der Kirche« (vgl. c. 116 § 1). Das kanonische Recht enthält nähere Vorschriften über die Ausübung ihrer Gewalt (z. B. c. 596 § 3). Insofern könnte man auch an eine Art von Gewalt denken, die ihnen – für die betreffenden Mitglieder – von der kirchlichen Hierarchie übertragen wurde, so dass es sich dabei letztlich auch um kirchliche Leitungsgewalt handeln würde.

§ 10 Das Verwaltungshandeln (cc. 35–93)

Literatur: Amann, Thomas A., Der Verwaltungsakt für Einzelfälle, St. Ottilien 1997; Raith, Ronny, Verwaltungsermessen im kanonischen Recht, Berlin 2007.

A. Verwaltungshandeln als Ausübung des *munus regendi*

Gesetzgebung, Verwaltung und Rechtsprechung sind die drei Funktionen der kirchlichen Leitungsgewalt; zu ihrer Unterscheidung siehe oben § 9 B. Der Ausdruck »Verwaltungshandeln« oder »Verwaltung« bezieht sich also auf eine bestimmte Handlungsweise bei der Leitung der Kirche, d. h. bei der Ausübung des *munus regendi.* Zwar gibt es auch – besonders im protestantischen Sprachgebrauch – die Redeweise von der »Verwaltung« der Sakramente und des Wortes Gottes. Diese Arten von »Verwaltung«, die zum *munus sanctificandi* bzw. zum *munus docendi* gehören, sind im Folgenden aber nicht gemeint.

Wenngleich das kirchliche Verwaltungshandeln zum *munus regendi* gehört, kann es sich natürlich – ebenso wie Gesetzgebung und Rechtsprechung – mit Angelegenheiten befassen, die zum *munus sanctificandi* oder zum *munus docendi* gehören. Z. B. handelt es sich bei der Feier der Taufe um die Ausübung des Heiligungsdienstes; bei der Entscheidung, den Antrag eines Taufbewerbers auf Zulassung zur Taufe anzunehmen oder abzulehnen, handelt es sich aber nicht um die Ausübung des Heiligungsdienstes, sondern um Verwaltungshandeln. Religionsunterricht ist Teil des Verkündigungsdienstes. Die Ernennung eines Religionslehrers stellt aber Verwaltungshandeln dar.

B. Arten des Verwaltungshandelns

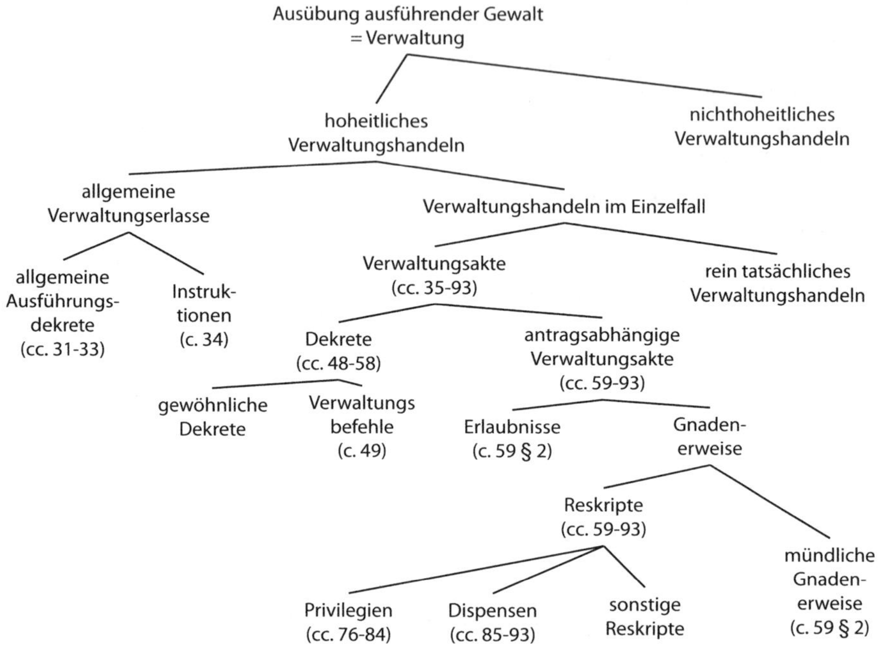

Allgemeine Normen über das Verwaltungshandeln stellt der CIC nur insoweit auf, als sich dieses auf »ausführende Gewalt« *(potestas administrativa)* stützt (vgl. c. 35). Inhaber von ausführender Gewalt sind:

- diejenigen Autoritäten, die auch über gesetzgebende Gewalt verfügen: der Papst, das Bischofskollegium, das Partikularkonzil, die Bischofskonferenz, der Diözesanbischof und die ihm Gleichgestellten,
- auf der Ebene der Gesamtkirche auch die Verwaltungsorgane der Römischen Kurie,
- auf der Ebene des Bistums auch der Generalvikar und, soweit vorhanden, die Bischofsvikare,
- für bestimmte Angelegenheiten auch einige höhere Ordensobere (vgl. cc. 134 § 1, 596 § 2), z. B. ein Abt oder ein Provinzial, wenn er ihm unterstellte Ordensangehörige zur Diakonen- und Priesterweihe zulässt;
- sowie Personen, an die ausführende Gewalt delegiert wird (c. 137); zum Beispiel haben die deutschen Bischöfe allen Klerikern mit allgemeiner Traubefugnis die Vollmacht übertragen, die für das Eingehen einer konfessionsverschiedenen Ehe erforderliche Erlaubnis (cc. 1124–1125) zu erteilen.

Bei den übrigen kirchlichen Amtsträgern, die kraft Amtes im Rahmen der Verwaltung tätig sind (z. B. ein Pfarrer oder eine Äbtissin), spricht der CIC nicht von ausführender Gewalt. Um den Unterschied deutlich zu machen zwischen dem Verwaltungshandeln derer, denen nach dem CIC ausführende Gewalt zukommt, und dem Handeln der übrigen Verwaltungsorgane, kann man zwischen »hoheitlichem« und »nicht-hoheitlichem« Verwaltungshandeln unterscheiden.

Typischerweise ist Verwaltungshandeln einzelfallbezogen. Es besteht aber auch die Möglichkeit von allgemeinen Verwaltungserlassen (Ausführungsverordnungen und Instruktionen; siehe dazu § 7 A). Innerhalb des Verwaltungshandelns im Einzelfall kann unterschieden werden zwischen Verwaltungsakten und sonstigem Verwaltungshandeln. Die Unterscheidung entspricht derjenigen zwischen Rechtshandlungen und nichtrechtsgeschäftlichem Handeln; siehe dazu oben § 8 C. Verwaltungsakte stellen Rechtshandlungen dar; sie zielen also auf eine rechtliche Veränderung ab. Sie sind entweder gültig oder ungültig. Ein Beispiel für einen Verwaltungsakt ist die Ernennung eines Pfarrers. Ein Beispiel für Verwaltungshandeln, das nicht den Charakter eines Verwaltungsaktes hat, ist die Mitteilung der Ergebnisse einer Diözesansynode an die Bischofskonferenz (c. 467). Die Frage der Gültigkeit stellt sich dabei nicht; man kann nur fragen, ob die Mitteilung faktisch erfolgt ist oder nicht.

Den Verwaltungsakt für Einzelfälle *(actus administrativus singularis)* behandelt der CIC in cc. 35–93. Er unterscheidet dabei zwischen nicht antragsabhängigen Verwaltungsakten, die als »Dekrete« bezeichnet werden (cc. 48–58), und antragsabhängigen Verwaltungsakten, zu denen vor allem die »Reskripte« gehören (cc. 59–93). Was mit »Antragsabhängigkeit« gemeint ist, lässt sich am besten an c. 63 deutlich machen, wo es um die Erschleichung geht. Diese Vorschrift betrifft nur Reskripte und reskriptähnliche Verwaltungsakte, nicht aber Dekrete: Wenn jemand einen Antrag auf ein Reskript stellt, dabei aber in den entscheidenden Punkten falsche Angaben macht, ist das Reskript ungültig (c. 63 § 2). So gesehen ist das Reskript in seiner Gültigkeit von dem gestellten Antrag abhängig. Bei einem Dekret besteht eine solche Abhängigkeit nicht. Dass jemand einen Antrag auf ein Dekret stellt und dabei falsche Angaben macht, steht der Gültigkeit des daraufhin erlassenen Dekrets also nicht entgegen. Das Kriterium der »Antragsabhängigkeit« bezieht sich somit nicht auf die Frage, ob in einem konkreten Einzelfall tatsächlich ein Antrag gestellt wurde oder nicht. Beispielsweise geschieht die Ernennung eines Pfarrers durch Dekret, auch dann, wenn in einem bestimmten Einzelfall jemand seine Ernennung zum Pfarrer beantragt hat. Die Erteilung von Dispensen geschieht durch Reskript, auch dann wenn sich in einem bestimmten Einzelfall eine kirchliche Autorität entscheidet, eine Dispens (z. B. von einem Ehehindernis) zu erteilen, die nicht beantragt wurde.

Das Dekret für Einzelfälle *(decretum singulare)* beinhaltet gemäß c. 48 entweder eine Entscheidung *(decisio)*, z. B. die Errichtung einer Pfarrei, oder eine (Amts-)Verleihung *(provisio)*, z. B. die Ernennung eines Pfarrers. Zu den Dekreten zählt auch der in c. 49 definierte Verwaltungsbefehl *(praeceptum)*. Er ist dadurch gekennzeichnet, dass einer Person eine Entscheidung – auch gegen ihren Willen – »auferlegt« wird, indem jemandem z. B. für den Fall, dass er eine Anweisung nicht erfüllt, die Verhängung einer Strafe angedroht wird (»Strafgebot«, *praeceptum poenale*, siehe c. 1319).

Das Reskript (c. 59 § 1) ist neben seiner Antragsabhängigkeit dadurch gekennzeichnet, dass es schriftlich ausgefertigt wird und einen Gnadenerweis beinhaltet, sei es ein Privileg, eine Dispens oder einen anderen Gnadenerweis, z. B. die beantragte

»Laisierung« eines Klerikers oder die Heilung einer ungültigen Ehe. Ein antragsabhängiger Verwaltungsakt, der nicht schriftlich ergeht oder der nicht einen Gnadenerweis, sondern eine Erlaubnis beinhaltet, stellt zwar kein Reskript dar, unterliegt aber als »reskriptähnlicher Verwaltungsakt« denselben Bestimmungen wie Reskripte, wenn nicht für einen bestimmten Aspekt etwas anderes festgelegt ist (c. 59 § 2).

Der Ausdruck »Privileg« (c. 76 § 1) bezeichnet einen aufgrund von gesetzgebender Gewalt gewährten Gnadenerweis, der typischerweise Dauercharakter hat und der häufig eine Ausnahme von den geltenden Gesetzen enthält. Ein typisches Beispiel dafür ist ein Privileg, das einer Ordensgemeinschaft erteilt wird, um sie von einzelnen Bestimmungen des CIC zu befreien, die zu der Eigenart der betreffenden Gemeinschaft nicht gut passen.

Unter dem Ausdruck »Dispens«[41] (c. 85) versteht man die Befreiung von einem rein kirchlichen Gesetz in einem Einzelfall. Die Erteilung einer Dispens erfordert einen gerechten und vernünftigen Grund (c. 90). Die Vollmacht zur Erteilung von Dispensen liegt in der Regel beim Diözesanbischof (c. 87 § 1). Für einige Bestimmungen, z. B. solche des Prozessrechts, hat sich der Apostolische Stuhl die Dispensgewalt vorbehalten. Andererseits gibt es auch Dispensen, die nicht nur der Diözesanbischof, sondern jeder Ortsordinarius erteilen kann, z. B. die Dispens von den meisten Ehehindernissen (c. 1078), und auch Dispensen, die jeder Pfarrer erteilen kann (z. B. c. 1245). Von Normen des göttlichen Rechts kann niemals dispensiert werden.

C. Verfahrensvorschriften für das Verwaltungshandeln

Allgemeine Verfahrensvorschriften für das Verwaltungshandeln enthält der CIC in cc. 31–93. Diese Bestimmungen gelten an sich nur für das hoheitliche Verwaltungshandeln (vgl. c. 35). Detaillierte Vorschriften für bestimmte Verwaltungsverfahren finden sich teils in Buch VII des CIC, teils in außerhalb des CIC erlassenen Gesetzen (zu beidem siehe unten § 54 B). Für das nicht-hoheitliche Verwaltungshandeln (z. B. Festsetzen der Uhrzeit eines Gottesdienstes durch den Pfarrer) gibt es so gut wie keine Verfahrensvorschriften. Wenn dadurch allerdings eine Rechtslücke entsteht (d. h., wenn zwingend Rechtsnormen benötigt werden), müssen die Vorschriften für hoheitliches Verwaltungshandeln analog Anwendung finden.

Bevor ein Dekret erlassen wird, soll die erlassende Autorität die notwendigen Erkundigungen und Beweismittel einholen sowie nach Möglichkeit diejenigen hören, deren Rechte verletzt werden könnten (c. 50). Dekrete (c. 51) und überhaupt alle Verwaltungsakte, die nicht in geheimen Angelegenheiten *(forum internum)* ergehen (c. 37), sind schriftlich auszufertigen. Eine Ausnahme davon sind die Erlaubnisse; dass sie auch mündlich erteilt werden dürfen, wird im CIC zwar nicht ausdrücklich gesagt, ergibt sich aber im Umkehrschluss daraus, dass für bestimmte Erlaubnisse die Schriftform gefordert wird. Dekrete, die eine Entscheidung beinhalten, sind mit einer wenigstens summarischen Begründung zu versehen (c. 51). Dekrete werden in der Regel dadurch

---

41 Im Unterschied zum sonstigen deutschen Sprachgebrauch ist das Wort »Dispens« im kanonistischen Sprachgebrauch ein Femininum.

wirksam, dass sie dem Adressaten mitgeteilt werden (c. 54 § 1); Reskripte werden hingegen schon dadurch wirksam, dass das Schriftstück ausgestellt wird (c. 62).

D. Beschwerde gegen Verwaltungsakte

Konflikte über Verwaltungsakte sollen nach Möglichkeit einvernehmlich – also ohne ein formelles Beschwerde- oder Gerichtsverfahren – beigelegt werden (c. 1733). Als Rechtsmittel gegen Verwaltungsakte – und analog auch gegen nichthoheitliches Verwaltungshandeln – steht bei Handlungen, die von Autoritäten unterhalb des Apostolischen Stuhls vorgenommen wurden, nur ein Beschwerdeverfahren auf dem Verwaltungsweg gemäß cc. 1732–1739 zur Verfügung, nicht die Möglichkeit einer gerichtlichen Klage. In den Entwürfen zum CIC war für solche Fälle zwar auch die Errichtung einer Verwaltungsgerichtsbarkeit vorgesehen; der Gesetzgeber hat sich aber entschieden, dieses Projekt nicht zu verwirklichen. Andererseits wird eine Verwaltungsgerichtsbarkeit auf der Ebene des Bistums oder der Bischofskonferenz vom CIC auch nicht ausdrücklich ausgeschlossen; viele Autoren plädieren nach wie vor dafür, sie einzuführen.

Eine Beschwerde gegen einen Verwaltungsakt ist nicht nur möglich, wenn man den angefochtenen Verwaltungsakt für rechtswidrig hält, sondern auch dann, wenn man sich dadurch in anderer Weise beschwert fühlt. Wer sich durch Verwaltungshandeln einer Autorität unterhalb des Diözesanbischofs beschwert fühlt, kann sich dagegen beim Bischof beschweren. Will man sich gegen einen Verwaltungsakt beschweren, der – originär oder im Rahmen eines Beschwerdeverfahrens – vom Bischof selbst vorgenommen wurde, ist die zuständige nächsthöhere Instanz die jeweils zuständige Behörde des Apostolischen Stuhls. Bevor man ihn angeht, muss man ggf. zunächst beim Bischof einen Antrag auf Rücknahme oder Abänderung des Verwaltungsakts stellen (c. 1734 § 1). Die für die Verwaltungsbeschwerde vorgesehenen Fristen sind recht kurz (10 bzw. 15 Tage; cc. 1734 § 2, 1737 § 2); sie laufen allerdings nicht, solange jemand von seiner Beschwerdemöglichkeit keine Kenntnis hat.

Gegen Verwaltungsakte von Behörden des Apostolischen Stuhls besteht, wenn man sie für rechtswidrig hält, die Möglichkeit einer gerichtlichen Klage bei der Zweiten Sektion der Apostolischen Signatur, die dann als Verwaltungsgericht handelt. Die Möglichkeit einer solchen Verwaltungsklage besteht sowohl, falls der angefochtene Verwaltungsakt originär von der Kurienbehörde ausging, als auch dann, wenn die Kurienbehörde über eine Verwaltungsbeschwerde einer untergeordneten Autorität entschieden hat. Die Frist für das Erheben einer Verwaltungsklage beträgt 60 Tage.[42] Bei der Apostolischen Signatur besteht Anwaltspflicht; zugelassen sind nur Anwälte, die einen Wohnsitz in Rom haben. Verfahren bei der Apostolischen Signatur sind mit Gebühren verbunden; sie werden zurückgezahlt, falls die Verwaltungsklage Erfolg hat.

Abgesehen von den beschriebenen Rechtsmitteln der Verwaltungsbeschwerde und Verwaltungsklage besteht stets die Möglichkeit, auch ohne Einhaltung der beschriebe-

42 Benedikt XVI., MP *Antiqua ordinatione*, vom 21. 6. 2008, Art. 34 § 1 und 74 § 1.

nen Grenzen (Fristen usw.) bei der erlassenden oder einer übergeordneten Autorität Beschwerden vorzubringen. Solche »außergesetzlichen Beschwerden« stellen aber kein Rechtsmittel dar und verpflichten die angegangene Autorität nicht, sich mit der Beschwerde überhaupt zu befassen.

§ 11 Die Rechtssubjekte (cc. 96–123)

A. Die verschiedenen Arten von Rechtssubjekten

Nicht nur Menschen, sondern auch Gesamtheiten von Personen (z. B. eine Pfarrei, ein Verein) oder Sachen (z. B. eine Stiftung) können Träger von Rechten und Pflichten sein. Als Oberbegriff für alle diese Träger von Rechten und Pflichten kann man den Begriff »Rechtssubjekte« verwenden. Der CIC behandelt dieses Thema unter der Überschrift »Physische und juristische Personen« (cc. 96–123). Auf diese Weise hebt er unter der Vielfalt der Rechtssubjekte eine Teilmenge besonders hervor und kennzeichnet sie mit dem Ausdruck »Personen«:

- Aus c. 96 geht hervor, dass der Begriff »physische (oder natürliche) Person« im kanonischen Recht nur für diejenigen verwendet wird, die der Kirche durch die Taufe eingegliedert sind. Damit soll nicht ausgedrückt werden, dass anderen Menschen in der Kirche keinerlei Rechte zukommen können. Tatsächlich haben z. B. auch Katechumenen ein Recht auf ein kirchliches Begräbnis (c. 1183 § 1), und nicht nur Getaufte, sondern auch Ungetaufte haben vor Gericht ein Klagerecht (c. 1476). Dennoch ist der in c. 96 beschriebene Sprachgebrauch fragwürdig: Einerseits schafft er eine problematische Differenz zwischen dem moraltheologischen Begriff der »Person«, der auf alle Menschen Anwendung findet, und dem kanonischen Begriff der »Person« in der Kirche, der nur auf die Getauften Anwendung findet. Andererseits schließt er in den Begriff »Person« in der Kirche auch die nichtkatholischen Christen ein, die gemäß c. 11 nicht den rein kirchlichen Gesetzen unterliegen.
- Innerhalb der Gesamtheit der Personen- und Sachengesamtheiten (der »idealen Rechtssubjekte«) bezeichnet der CIC diejenigen als »juristische Personen«, die von Rechts wegen oder durch Verleihung diese Rechtsstellung erhalten haben (c. 114 § 1). Mit dem Begriff »Personengesamtheit« ist dabei nicht notwendigerweise eine Gesamtheit von physischen Personen gemeint; auch mehrere juristische Personen können zusammen wiederum eine juristische Person bilden. Möglich sind auch Personengesamtheiten, zu denen sowohl physische als auch juristische Personen gehören. Die Kennzeichnung bestimmter Personen- und Sachengesamtheiten als »juristische Personen« schließt nicht aus, dass auch andere Personen- und Sachengesamtheiten Träger von Rechten und Pflichten in der Kirche sein können. Z. B. ist ein Richterkollegium innerhalb eines kirchlichen Gerichtsverfahrens zwar keine juristische Person, wohl aber Träger von Rechten und Pflichten.

Um über die zur Kirche gehörenden Personen Klarheit zu haben, legt sich das Erstellen von Verzeichnissen nahe. Die natürlichen Personen erfasst die Kirche in den Taufbüchern; sie erfüllen zugleich die Funktion von kirchlichen Personenstandsregistern. Die Taufbücher der katholischen Kirche können dabei natürlich nicht alle physischen »Personen in der Kirche« im Sinne von c. 96 erfassen, sondern nur die katholischen Christen. Auch für juristische Personen gibt es Verzeichnisse: Ein Verzeichnis der Bistümer und sonstigen Teilkirchen, der Kirchlichen Fakultäten sowie der Lebensgemeinschaften der evangelischen Räte päpstlichen Rechts enthält das vom Apostolischen Stuhl jährlich veröffentlichte *Annuario Pontificio.* Verzeichnisse der Pfarreien sind in den »Schematismen« der einzelnen Bistümer enthalten. Ein Teil der Bistümer führt auch Verzeichnisse der Vereine und Stiftungen, die in dem jeweiligen Bistum ihren Sitz haben.

B. Natürliche Personen

In cc. 97–112 wird die Rechtsstellung der natürlichen Personen im Hinblick auf Altersgrenzen, kanonischen Wohnsitz, Verwandtschaftsbeziehungen, Rituszugehörigkeit (vgl. dazu § 18 B) usw. näher beschrieben. Der kanonische Wohnsitz in einer bestimmten Pfarrei oder einem Bistum ist von Bedeutung für die Zuständigkeit der kirchlichen Autoritäten für den einzelnen Gläubigen. In vielen Fällen wird der kanonische Wohnsitz mit dem zivilrechtlichen Wohnsitz übereinstimmen; er kann aber aufgrund der in cc. 102–106 genannten Kriterien auch davon abweichen.

C. Juristische Personen

Ebenso wie staatliche Rechtsordnungen kennt auch das kanonische Recht den Begriff der »juristischen Person« oder »Rechtsperson« *(persona iuridica).* Die Eigenschaft, juristische Person zu sein, wird als »Rechtspersönlichkeit« bezeichnet. Der CIC/1917 hatte – ohne dass sich daraus ein Unterschied in der Bedeutung ableiten ließe – nicht von »juristischen Personen«, sondern von »moralischen Personen« gesprochen. Den Ausdruck »moralische Person« *(persona moralis)* benutzt der CIC nur noch für die katholische Kirche und den Apostolischen Stuhl (c. 113 § 1). Dadurch soll wohl zum Ausdruck gebracht werden, dass die katholische Kirche und der Apostolische Stuhl bereits kraft göttlichen Rechts Rechtspersönlichkeit besitzen. Kirchliche und staatliche Rechtspersönlichkeit sind im Prinzip voneinander unabhängig. Eine Personen- oder Sachengesamtheit kann nur kirchliche, nur staatliche oder sowohl kirchliche als auch staatliche Rechtspersönlichkeit besitzen.

Der Sinn der Rechtspersönlichkeit besteht darin, zu klären, wer Träger von Rechten und Pflichten ist. Als Voraussetzung für die Teilnahme einer Personen- oder Sachengesamtheit am Rechtsverkehr soll außerdem geklärt sein, welches ihre innere rechtliche Ordnung ist, d. h. welchem Ziel sie dient, welches die Leitungs- und Entscheidungsstrukturen sind, wem die rechtliche Vertretung zukommt, wo ihr rechtlicher Sitz liegt und welches ihr Wirkungsbereich ist (z. B. Pfarrei, Bistum, Gebiet der Bischofskonferenz, Gesamtkirche). Von diesen Festlegungen hängt z. B. ab, welche kirchliche Autorität die Aufsicht über die juristische Person führt und wem im Falle ihrer Auflösung ihr Vermögen zufällt. Die genannten Festlegungen erfolgen durch die Statuten der juristischen Person (vgl. c. 94). Bei einigen juristischen Personen sind die Statuten bereits in den geltenden Gesetzen enthalten, z. B. im Falle des Bistums und der Pfarrei. Andere juristische Personen, z. B. die Bischofskonferenz oder das Ordensinstitut, geben sich ihre Statuten selbst (»Satzungsautonomie«); in diesem Fall benötigen die Statuten, um rechtswirksam zu sein, eine Genehmigung der zuständigen kirchlichen Autorität.

Abgesehen von der katholischen Kirche als ganzer und dem Apostolischen Stuhl, die kraft göttlichen Rechts über Rechtspersönlichkeit verfügen, entstehen juristische Personen von Rechts wegen durch ihre Errichtung oder durch Verleihung. Personengesamtheiten, die von Rechts wegen durch ihre Errichtung über Rechtspersönlichkeit verfügen, sind z. B. das Bistum, die Bischofskonferenz, die Kirchenprovinz, das Kanonikerkapitel, das Seminar, die Pfarrei, das Ordensinstitut oder der öffentliche Verein. Personengesamtheiten, denen Rechtspersönlichkeit verliehen werden kann, sind z. B. der private Verein oder eine Konferenz der höheren Oberen. Sachengesamtheiten, die durch Errichtung oder aufgrund einer Verleihung Rechtspersönlichkeit besitzen können, sind die Stiftungen. Während die deutsche Rechtssprache Sachengesamtheiten als »Stiftungen« oder »Anstalten« bezeichnet, kennt der CIC für Sachengesamtheiten nur den Ausdruck »Stiftungen«.

Innerhalb der juristischen Personen unterscheidet der CIC zwischen »öffentlichen« und »privaten juristischen Personen« (c. 116). Öffentliche juristische Personen handeln »im Namen der Kirche« *(nomine Ecclesiae)*, private nicht. Bei den meisten voranstehend genannten Beispielen für juristische Personen handelt es sich um öffentliche juristische Personen. Das typische Beispiel für eine private juristische Person ist ein privater Verein, dem Rechtspersönlichkeit verliehen wurde. Die Unterscheidung zwischen öffentlichen und privaten juristischen Personen ist vor allem für das Vermögensrecht von Bedeutung: Das Vermögen der öffentlichen juristischen Personen gilt als »Kirchenvermögen« und untersteht daher den Vorschriften von Buch V des CIC (siehe c. 1257 § 1). Für das Vermögen der privaten juristischen Personen gilt das, von Ausnahmen abgesehen, nicht (siehe c. 1257 § 2).

Während die Existenz physischer Personen nur durch den Tod enden kann, gibt es bei juristischen Personen verschiedene Weisen des Erlöschens: die Aufhebung seitens der zuständigen kirchlichen Autorität oder eine hundertjährige Untätigkeit, bei privaten juristischen Personen auch Selbstauflösung oder andere Arten des Erlöschens entsprechend den Statuten. Eine Personengesamtheit kann weiterbestehen, auch wenn ihr keine Personen mehr angehören, z. B. eine theologische Hochschule, die ihren Betrieb eingestellt hat; sie kann dann innerhalb von hundert Jahren »wiederbelebt« werden und kann danach auch wieder von ihren Rechten (z. B. Graduierungsrechten) Gebrauch machen.

§ 12 Die Kirchenämter (cc. 145–196)

Literatur: Mörsdorf, Klaus, Kritische Erwägungen zum neuen Amtsbegriff, in: ders., Schriften zum kanonischen Recht, Paderborn 1989, 349–365; Puza, Richard (Hrsg.), Lexikon kirchlicher Amtsbezeichnungen, Stuttgart 2007.

A. Der Begriff des Kirchenamts

Die Tatsache, dass in der Kirche bestimmte Dienste immer wieder zu verrichten sind, legt nahe, solche Dienste auf Dauer rechtlich zu fixieren und dadurch zu einem »Kirchenamt« zu machen. Ein solches Kirchenamt wird dadurch zu einer rechtlichen Institution. Es erhält eine objektive Beständigkeit, die vom Wechsel der einzelnen Personen, die es innehaben, unabhängig ist. Der CIC definiert das Kirchenamt *(officium ecclesiasticum)* als einen »Dienst *(munus)*, der durch göttliche oder kirchliche Anordnung auf Dauer eingerichtet ist und der Wahrnehmung eines geistlichen Zweckes dient« (c. 145 § 1). Zum Begriff des Kirchenamts gehört demnach weder eine Beteiligung an der Weihe- oder Leitungsgewalt, noch die Ausübung durch einen Kleriker noch die hauptamtliche Ausübung. Wenngleich man beim Begriff des »Kirchenamts« in erster Linie an Ämter von Einzelpersonen denkt, kann es auch nötig sein, die Bestimmungen über Kirchenämter auf Personenmehrheiten anzuwenden. Das wird deutlich, wenn man die Unterscheidung zwischen »ordentlicher« und »delegierter« Gewalt (vgl. § 9 C) auf Personenmehrheiten anwendet. Z. B. handelt es sich bei der Gewalt des Bischofskollegiums sicherlich nicht um »delegierte«, sondern um »ordentliche«, d. h. um eine mit dem »Amt« des Bischofskollegiums verbundene Gewalt im Sinne von c. 131 § 1.

Einige Kirchenämter sind kraft göttlicher Anordnung eingerichtet, nämlich die des Papstes, des Bischofskollegiums und des Diözesanbischofs; das Amt des Diözesanbischofs bedarf dabei allerdings einer näheren Bestimmung durch die Kirche, nämlich der Abgrenzung einer Diözese. Durch kirchliche Anordnung eingerichtete Kirchenämter sind z. B. die Behörden der Römischen Kurie und ihre einzelnen Ämter, die päpstlichen Gesandten, die Bischofskonferenz, der Metropolit, Weihbischof und Bischofskoadjutor, General- und Bischofsvikar, Diözesanökonom, Pfarrer, Pfarrvikar, Kirchenrektor, Regens des Seminars, die Oberen in Ordensinstituten oder der Vorsitzende eines öffentlichen Vereins. Es können auch partikularrechtlich Kirchenämter eingerichtet werden, die im CIC nicht erwähnt sind, z. B. die des Pastoral- oder Gemeindereferenten bzw. der -referentin. Ob es sich bei einer bestimmten Aufgabe um ein Kirchenamt handelt oder nicht, ist nicht immer leicht zu entscheiden. Nicht als Kirchenämter gelten:

- der Stand *(ordo)* der Bischöfe, Priester und Diakone, da er nicht als Dienst *(munus)* im Sinne von c. 145 aufgefasst wird,
- die Kardinalswürde *(dignitas)*,
- die Ehrentitel, z. B. »Monsignore«, »Geistlicher Rat«.

B. Die Übertragung eines Kirchenamtes

Die wichtigste Rechtsfolge der Einrichtung eines Dienstes als Kirchenamt besteht darin, dass, um das Amt zu erlangen, eine kanonische Übertragung *(provisio canonica)* erforderlich ist (c. 146), d. h. die Einhaltung eines bestimmten für das jeweilige Amt rechtlich vorgeschriebenen Verfahrens der Amtsübertragung. Als Formen der Amtsübertragung nennt c. 147:

- die »freie Amtsübertragung« *(libera collatio)*, bei der der Verleihende nicht daran gebunden ist, bei der Auswahl des künftigen Amtsträgers andere Personen zu beteiligen,
- die Einsetzung *(institutio)* einer Person aufgrund eines rechtsverbindlichen Vorschlags (einer »Präsentation«),
- die Bestätigung *(confirmatio)* eines Gewählten,
- die Zulassung *(admissio)* eines Postulierten, d. h. eines Gewählten, für den ein kanonisches Hindernis besteht, von dem eine Dispens erbeten wird,
- die nicht bestätigungsbedürftige Wahl.

Diese Aufzählung ist nicht abschließend gemeint. Unter anderem fehlt die von Rechts wegen eintretende Amtsinhaberschaft. Z. B. wird der Bischofskoadjutor, sobald der bisherige Diözesanbischof sein Amt verliert oder stirbt, von Rechts wegen neuer Diözesanbischof (c. 409 § 1). In cc. 157–183 enthält der CIC nähere Bestimmungen über die wichtigsten Weisen, wie ein Kirchenamt übertragen werden kann. Bei den Bestimmungen über Wahlen (cc. 164–179) ist zu beachten, dass sie gemäß c. 164 nur subsidiären (nachgiebigen) Charakter haben, d. h., sie gelten nur für solche Wahlen, für die nicht etwas anderes rechtlich festgelegt ist. Beim Verfahren der Amtsübertragung lassen sich verschiedene Schritte unterscheiden:

- vorbereitende Schritte, d. h. Überlegungen darüber, wem das Amt verliehen werden soll, Erkundigungen, Personaldebatten usw.; dazu gehört ggf. auch die rechtlich vorgesehene Beteiligung weiterer Personen oder Organe, z. B. die Einholung von Erlaubnissen oder Zustimmungen, vorgeschriebene Anhörungen usw.;
- die Entscheidung über die Auswahl der Person,
- die eigentliche Amtsübertragung; sie muss gemäß c. 156 – allerdings nicht zur Gültigkeit – schriftlich erfolgen,
- falls nicht schon vorher geschehen, die Annahme der Amtsübertragung seitens der betreffenden Person, z. B. Annahme einer Wahl,
- der Amtsantritt, z. B. eine »Amtseinführung«, »Investitur« oder »Besitzergreifung«. Nähere Bestimmungen enthält der Codex z. B. über die Amtseinführung des Pfarrers (c. 527) und die »Besitzergreifung« des Diözesanbischofs (c. 382). Bei bestimmten Ämtern ist im Zusammenhang mit dem Amtsantritt das Ablegen des Glaubensbekenntnisses und des Treueides erforderlich (vgl. cc. 380, 833; vgl. unten § 39).

C. Amtserledigung

Die Inhaberschaft eines Kirchenamtes kann neben dem Tod des Amtsinhabers durch die in c. 184 genannten Formen des Amtsverlusts an ein Ende kommen, nämlich:

- durch Zeitablauf (bei Ämtern, die nur für begrenzte Zeit übertragen worden waren),
- durch Erreichen einer Altersgrenze,
- durch Amtsverzicht *(renuntiatio)*; dabei ist zu unterscheiden zwischen einem annahmebedürftigen und einem nicht annahmebedürftigen Amtsverzicht; nicht annahmebedürftig ist z. B. der Amtsverzicht des Papstes (c. 332 § 2); Diözesanbischöfe sind verpflichtet, mit Vollendung des 75. Lebensjahres dem Papst ihren Amtsverzicht anzubieten (c. 401 § 1),
- durch Versetzung *(translatio)*,
- durch Amtsenthebung *(amotio)*,
- durch die Absetzung *(privatio)* eines straffällig gewordenen Amtsinhabers.

Der CIC enthält in cc. 187–196 nähere Bestimmungen über die einzelnen Formen des Amtsverlusts. Für die Versetzung und Amtsenthebung von Pfarrern gibt es noch detailliertere Verfahrensnormen in cc. 1740–1752.

III. Das Volk Gottes

Während sich die Bücher III bis VII des CIC mit bestimmten Aspekten im Leben der Kirche befassen, hat Buch II die Kirche selbst zum Gegenstand und stellt insofern die Mitte des Codex dar. Die für das Buch gewählte Überschrift »Volk Gottes« ist die Überschrift von Kapitel 2 der Dogmatischen Konstitution des Zweiten Vatikanischen Konzils über die Kirche *(Lumen Gentium)*. In der Wahl dieser Überschrift kommt die Absicht des Gesetzgebers zum Ausdruck, bei der rechtlichen Behandlung der Kirche von der Lehre dieses Konzils auszugehen und dabei ein theologisch geprägtes Selbstverständnis der Kirche zugrunde zu legen. Auch in der Gliederung von Buch II sind deutliche Übereinstimmungen mit der Gliederung von *Lumen Gentium* wiederzuerkennen.

Buch II wendet sich zunächst (Teil I) unter der Überschrift »Die Gläubigen« vor allem den einzelnen Gliedern der Kirche zu, sodann (Teil II) der hierarchischen Verfassung der Kirche (dem »Verfassungsrecht«) und schließlich (Teil III) den Lebensgemeinschaften der evangelischen Räte. Die Bestimmungen über diese Lebensgemeinschaften bilden, zusammen mit denen über die Vereine, die bereits in Teil I behandelt werden, das »Vereinigungsrecht« der Kirche, d. h. die gesamtkirchlichen Rahmenbestimmungen über diejenigen Strukturen in der Kirche, die aus dem freien Vereinigungswillen von Gläubigen hervorgehen. Während sich der CIC mit dem Vereinigungsrecht also in verschiedenen Teilen von Buch II befasst, wird es im vorliegenden Lehrbuch in zusammenhängender Weise behandelt (siehe §§ 28–30), und zwar erst im Anschluss an das kirchlichen Verfassungsrecht.

§ 13 Die katholische Kirche und die nichtkatholischen Kirchen und kirchlichen Gemeinschaften

Literatur: Zotz, Bertram, Katholisch getauft – katholisch geworden: Kanonistische Kriterien für die Zugehörigkeit zur römischen Kirche, Essen 2002; Lüdicke, Klaus, Die Kirchengliedschaft und die plena communio, in: FS Schwendenwein, Graz 1986, 377–391; Potz, Richard, Die Grade der Communio im katholischen Kirchenrecht, in: Kanon VIII, 1987, 51–64; Reinhard, Heinrich J. F., Reflexionen zur ekklesiologischen Stellung der nichtkatholischen Christen im CIC/1983, in: FS Heinemann, Essen 1985, 105–115; Rees, Wilhelm (Hrsg.), Ökumene. Kirchenrechtliche Aspekte, Berlin 2014; Hallermann, Heribert, Zu Fragen der Kirchenmitgliedschaft, des Kirchenaustritts und des sogenannten Übertritts aus der Sicht des katholischen Kirchenrechts, in: Una sancta 57 (2002) 84–96.

A. Die katholische Kirche (c. 204)

Die katholische Kirche ist gemäß c. 204 § 2 dadurch gekennzeichnet, dass sie vom Nachfolger Petri und den Bischöfen in Gemeinschaft *(communio)* mit ihm geleitet wird. Bevor der Codex diese Aussage über die katholische Kirche in ihrer sichtbaren Gestalt trifft, wendet er sich in c. 204 § 1 der Gesamtheit der Gläubigen zu, die durch die Taufe Christus eingegliedert, zum Volk Gottes gemacht und am dreifachen Amt Christi teilhaft geworden sind und die so zur Ausübung der Sendung berufen sind, die Gott der Kirche anvertraut hat. Der Codex verwendet für diese Gesamtheit der Gläubigen an dieser Stelle den Ausdruck *christifideles*, der hinsichtlich seiner Bedeutung nicht eindeutig ist; meist verwendet der Codex diesen Ausdruck nur für die katholischen Christen. Für die Beschreibung des Verhältnisses zwischen der katholischen Kirche und der Kirche Christi als geistlicher Gemeinschaft, in die durch die Taufe alle Christen eingegliedert werden, übernimmt der Codex die Formulierung des Konzils (LG 8), diese Kirche »subsistiere« in der katholischen Kirche *(Haec Ecclesia ... subsistit in Ecclesia catholica)*. Dadurch wird eine einfache Gleichsetzung vermieden und indirekt zum Ausdruck gebracht, dass es Elemente von »Kirchlichkeit« in einem gewissen Maß auch außerhalb der katholischen Kirche gibt.

B. Die nichtkatholischen Kirchen und Gemeinschaften

Diejenigen Christen, die nicht der katholischen Kirche angehören, bezeichnet der CIC als »nicht katholische Getaufte« *(baptizati non catholici)* oder einfach als »Nichtkatholiken« *(acatholici)*. Er setzt die Lehre des Zweiten Vatikanischen Konzils (*Unitatis redintegratio* 13–24) voraus, wonach die Gemeinschaften, denen die nichtkatholischen Christen angehören, von der katholischen Kirche als »Kirchen« oder »kirchliche Gemeinschaften« anerkannt sind. Ebenso wie das Konzil unterscheidet der Codex[43] zwischen nichtkatholischen »Kirchen« *(Ecclesiae)* und »kirchlichen Gemeinschaften« *(communitates ecclesiales)*, ohne das Unterscheidungskriterium zu benennen. In dieser Frage wird man auf die von der Glaubenskongregation veröffentlichte Erklärung *Dominus Iesus* vom 6. August 2000 zurückgreifen. Das Unterscheidungskriterium ist demnach der »gültige Episkopat und die ursprüngliche und vollständige Wirklichkeit des eucharistischen Mysteriums«.[44]

Daneben unterscheidet der CIC unter den nichtkatholischen Konfessionen auch zwischen solchen des »Ostens« und »Westens«. So spricht c. 1127 § 1 von einer Eheschließung mit einem »Nichtkatholiken eines östlichen Ritus«. Ähnlich geht c. 844 § 3 im Zusammenhang mit den Regelungen über die Frage der Sakramentengemeinschaft über Konfessionsgrenzen hinweg auf die »Ostkirchen« *(Ecclesiae orientales)* ein. Bei Anwendung des in der Erklärung *Dominus Iesus* genannten Kriteriums sind die »ekklesiologische« und die »geographisch-historische« Differenzierung zwar weitge-

---

43 Cc. 364, 6°, 463 § 3, 844 §§ 2–5, 908, 933, 1124, 1183 § 3.

44 Congr. DocFid, Erklärung *Dominus Iesus*, vom 6. 8. 2000: AAS 92 (2000) 742–765, Nr. 17; dt.: VApSt 148.

hend, aber doch nicht vollständig deckungsgleich: Die nichtkatholischen Christen des Ostens gehören (bislang) alle zu nichtkatholischen »Kirchen«; die des Westens gehören hingegen vor allem zu »kirchlichen Gemeinschaften«, möglicherweise aber auch zu nichtkatholischen »Kirchen«. Auf die Möglichkeit von nichtkatholischen »Kirchen« im Westen geht c. 844 § 3 ein. Nach dieser Bestimmung gelten die großzügigeren Bestimmungen über die nichtkatholischen Ostkirchen auch »für Angehörige anderer Kirchen, die nach dem Urteil des Apostolischen Stuhles hinsichtlich der Sakramente in der gleichen Lage sind wie die genannten Ostkirchen« (zu Beispielen vgl. unten § 41 D).

Die Ostkirchen bezeichnet der CIC als *Ecclesiae orientales*. Im Deutschen wird dieser Ausdruck häufig mit »orientalische Kirchen« übersetzt; wegen der Mehrdeutigkeit des Ausdrucks »Orient« ist es aber weniger missverständlich, einfach von »Ostkirchen« zu sprechen. Eine nähere Differenzierung innerhalb der nichtkatholischen Ostkirchen nimmt das geltende kanonische Recht nicht vor. In der Regel unterscheidet man heute zwischen den »orthodoxen« Kirchen einerseits und den »altorientalischen« oder »orientalisch-orthodoxen« Kirchen andererseits. Als »orthodoxe Kirchen« im Sinne dieser Unterscheidung werden diejenigen bezeichnet, die das Konzil von Chalkedon anerkennen und die letztlich bis zum Jahre 1054 mit Rom in Gemeinschaft standen. Als »altorientalische« oder »orientalisch-orthodoxe« Kirchen werden diejenigen Kirchen bezeichnet, die sich schon früher, überwiegend schon vor dem Konzil von Chalkedon, von der römischen Reichskirche getrennt hatten. Der Heilige Stuhl, insbesondere der Päpstliche Rat für die Förderung der Einheit der Christen, verwendet für diese Kirchen den Ausdruck »orientalisch-orthodoxe Kirchen«.

C. Das für die nichtkatholischen Christen geltende Recht

Der CIC und der CCEO beanspruchen nur Geltung für die katholischen Christen (c. 11 CIC, c. 1490 CCEO). Damit stellt sich die Frage, welches Recht für die Angehörigen der nichtkatholischen Kirchen und Gemeinschaften gilt. Über die nichtkatholischen Ostkirchen hatte das Zweite Vatikanische Konzil gelehrt, dass diese die »Fähigkeit haben, sich nach ihren eigenen Ordnungen« zu leiten (UR 16). Damit ist gemeint, dass das Recht der nichtkatholischen Ostkirchen für ihre Angehörigen auch aus Sicht der katholischen Kirche rechtliche Geltung hat. Im Hintergrund dieser Anerkennung steht das in diesen Kirchen in apostolischer Sukzession stehende Bischofsamt und die weitgehende, wenn auch nicht vollständige *Communio* zwischen den nichtkatholischen Ostkirchen und der katholischen Kirche (vgl. dazu die *Nota Explicativa Praevia* zu *Lumen Gentium*). Eine vergleichbare Aussage über die Befähigung der nichtkatholischen kirchlichen Gemeinschaften des Westens, sich selbst zu leiten, hatte das Konzil nicht getroffen. Unbestritten ist, dass auch diese Gemeinschaften Religionsfreiheit genießen, das heißt, gegenüber dem Staat beanspruchen können, ihre eigenen Angelegenheiten selbständig zu ordnen. Daraus ergibt sich aber noch nicht die Anerkennung der rechtlichen Geltung ihrer Ordnung seitens der katholischen Kirche. Besondere Fragen stellen sich im Falle eines Wechsels der konfessionellen Zugehörigkeit (vgl.

dazu unten Abschnitt F). Praktische Relevanz haben alle diese Fragen vor allem im Bereich des Eherechts (vgl. dazu unten § 48 D).

D. Die konfessionelle Zugehörigkeit des einzelnen Christen

Das Kriterium für die Entscheidung der Frage, in welche christliche Kirche oder Gemeinschaft jemand durch die Taufe eingegliedert wird, nennt der CIC zwar nicht beim Namen. Die Antwort ergibt sich aber aus dem auch von der Kirche anerkannten Menschenrecht, nicht gegen den eigenen Willen zur Aufnahme in eine Kirche gezwungen werden zu können (vgl. c. 748 § 2). Ausschlaggebend für die Zugehörigkeit ist daher nicht der Ritus oder der Ort der Taufe, auch nicht die Zugehörigkeit des Taufspenders, seiner Eltern oder Erziehungsberechtigten, normalerweise auch nicht die Absicht des Taufspenders, sondern die Absicht des Täuflings bzw. seiner rechtlichen Vertreter: Man wird durch die Taufe in diejenige Kirche oder Gemeinschaft eingegliedert, in die man selbst eingegliedert werden will bzw. in die ein Kind, das getauft wird, nach dem Willen seiner Erziehungsberechtigten eingegliedert werden soll. Nur in dem Fall, dass weder der Wille des Täuflings noch seiner Erziehungsberechtigten ermittelt werden kann, muss als Kriterium auf die Absicht des Taufspenders zurückgegriffen werden.

E. Der Wechsel der konfessionellen Zugehörigkeit

Die Aufnahme eines gültig getauften nichtkatholischen Christen in die volle Gemeinschaft der katholischen Kirche, also die »Konversion«, wird im CIC – von einigen beiläufigen Erwähnungen (cc. 11 und 883, 2°) abgesehen – nicht näher behandelt; man kann daher weitgehend von einer »Rechtslücke« sprechen. Diese Rechtslücke erklärt sich daher, dass der CIC/1917 die nichtkatholischen Christen als in ihren Rechten weitgehend eingeschränkte Glieder der katholischen Kirche angesehen hatte. Eigene Rechtsnormen über eine Konversion waren vor diesem Hintergrund nicht erforderlich; wenn ein nichtkatholischer Christ aus seiner eigenen Sicht »katholisch werden« wollte, wurde er rechtlich gesehen nicht anders behandelt als ein Katholik, der sich vorübergehend von der katholischen Kirche getrennt hatte und später wieder zu ihr zurückkehren wollte. Durch die Anerkennung der nichtkatholischen Kirchen und kirchlichen Gemeinschaften seitens des Zweiten Vatikanischen Konzils ist diese Sichtweise des CIC/1917 obsolet geworden. Um die im CIC bestehende Rechtslücke zu schließen, ist vor allem auf die liturgischen Normen über die Konversion zurückzugreifen; sie sind zu finden in dem Buch über die Eingliederung Erwachsener in die Kirche *(Ordo Initiationis Christianae Adultorum)*, in einem Anhang unter der Überschrift »Die Feier der Aufnahme gültig Getaufter in die volle Gemeinschaft der katholischen Kirche«. Die Konversion ist eine zweiseitige Rechtshandlung: Einerseits bedarf sie einer Erklärung des Konvertiten, dass er in die volle Gemeinschaft der katholischen Kirche aufgenommen werden will; andererseits ist seine Aufnahme in die katholische Kirche seitens der zuständigen kirchlichen Autorität erforderlich. Die Zuständigkeit dafür liegt beim Ortsordinarius; er kann die Vollmacht zur Aufnahme in die Kirche auch an jemand anders delegieren. Bei Konvertiten, die bislang zu einer nichtkatholischen kirchlichen Gemeinschaft des Westens gehört hatten und die zum Zeitpunkt der Konversion bereits das für den Empfang der Firmung übliche Alter erreicht haben, findet bei der Feier der Aufnahme – anders als bei den bereits gleich nach der Taufe gefirmten Angehörigen der nichtkatholischen Ostkirchen – auch die Feier der Firmung statt; die Vollmacht zur Aufnahme in die Kirche wird angesichts dessen dem Priester erteilt, der dem Konvertiten auch die Firmung spendet. Im Gegensatz zum CIC enthält der CCEO einen eigenen Abschnitt über die Konversion (cc. 896–901 CCEO). Er geht dabei insbesondere näher auf die Konversion von Klerikern ein.

Der Übertritt von der katholischen Kirche in eine nichtkatholische Kirche oder kirchliche Gemeinschaft stellt rechtlich gesehen einen »Abfall« *(defectio)* von der katholischen Kirche dar. Er verwirklicht den Tatbestand des Schismas oder der Häresie und zieht daher – wenn nicht Strafausschließungs- oder Strafminderungsgründe (cc. 1323–1324) vorliegen – die Exkommunikation als Tatstrafe nach sich (c. 1364 § 1). Falls der Übertretende in der katholischen Kirche ein Kirchenamt innegehabt hatte, wird er davon von Rechts wegen enthoben (c. 194 § 1, 2°). Der abgefallene Katholik bleibt aber gemäß c. 11 weiterhin den Rechtsnormen der katholischen Kirche unterworfen. Einige diesbezügliche Ausnahmen, die das Eherecht des CIC in dessen ursprünglicher Fassung enthalten hatte (die sogenannten »Defektionsklauseln«), wurden durch das MP *Omnium in mentem*, das am 9. April 2010 in Kraft trat, gestrichen (vgl. § 6 F). Die bleibende Unterworfenheit unter die Rechtsnormen der katholischen Kirche wird bisweilen mithilfe des Axioms *semel catholicus semper catholicus* zusammengefasst. Sie führt in der Regel zu einer Differenz zwischen den Rechtsnormen, denen sich der abgefallene Katholik in seinem Gewissen verpflichtet weiß, und den Rechtsnormen, denen er aus Sicht der katholischen Kirche faktisch unterliegt. Der Problematik dieser Differenz hat sich die katholische Kirche wohl noch nicht ausreichend gestellt. Dabei ist allerdings zu bedenken, dass auch eine Regelung, die abgefallene Katholiken von den Rechtsnormen der katholischen Kirche völlig freistellen würde, problematisch ist. Sie könnte jemanden zu dem Missbrauch veranlassen, sich allein in der Absicht, sich den Rechtsnormen der katholischen Kirche zu entziehen, für eine Zeitlang von der katholischen Kirche zu trennen.

Die Frage, inwieweit ein Übertritt von einer nichtkatholischen Kirche oder kirchlichen Gemeinschaft in eine andere von der katholischen Kirche anerkannt wird, ist differenziert zu beantworten. Die nichtkatholischen Ostkirchen gehen in der Regel davon aus, dass diejenigen, die von ihnen abfallen, ihnen rechtlich gesehen weiterhin angehören *(semel orthodoxus semper orthodoxus)*. Soweit das der Fall ist, ergibt sich aus der Anerkennung des Rechts der nichtkatholischen Ostkirchen seitens der katholischen Kirche auch die Anerkennung dieser Sichtweise über die bleibende Unterworfenheit unter das Recht der nichtkatholischen Ostkirche. Diese Anerkennung betrifft natürlich nicht den Fall eines Übertritts in die katholische Kirche: Wer katholisch wird, gehört aus Sicht der katholischen Kirche allein dieser an und untersteht nicht mehr den Rechtsnormen irgendeiner anderen Kirche oder kirchlichen Gemeinschaft.

F. Die ökumenischen Beziehungen

Das Thema der ökumenischen Beziehungen behandelt der CIC – anders als der CCEO, der dazu einen eigenen Abschnitt enthält (cc. 902–908 CCEO) – eher stiefmütterlich. Eine Zusammenstellung der einschlägigen rechtlichen Bestimmungen ist vor allem dem vom Päpstlichen Rat für die Förderung der Einheit der Christen veröffentlichten »Ökumenischen Direktorium« (geltende Fassung vom 25. März 1993) zu entnehmen. In allgemeiner Weise weist c. 755 auf die Aufgabe des Bischofskollegiums, des Apostolischen Stuhls, der einzelnen Bischöfe und der Bischofskonferenzen hin, die ökumenischen Beziehungen zu fördern und dafür ggf. auch Rechtsnormen zu erlassen. Bestimmungen über einzelne Fragen im Rahmen der ökumenischen Beziehungen finden sich in vielen Teilen des Codex, besonders im Sakramentenrecht. Der CIC orientiert sich dabei, vielleicht von einzelnen Ausnahmen abgesehen, an der vom Zweiten Vatikanischen Konzil beschlossenen Hinwendung zur Ökumenischen Bewegung und übernimmt die auf ihrer Grundlage in der nachkonziliaren Zeit nach und nach erlassenen Rechtsnormen. Dementsprechend zählte Papst Johannes Paul II. die ökumenische Dimension des CIC in der AK *Sacrae disciplinae leges* zu dessen charakteristischen Merkmalen.

§ 14 Die Gläubigen und die Kirchengliedschaft

Literatur: Gänswein, Georg, Kirchengliedschaft, St. Ottilien 1995; Glaubitz, Elfriede, Der christliche Laie, Würzburg 1995; Braunbeck, Elisabeth, Der Weltcharakter des Laien, Regensburg 1993.

A. Vollberechtigte Gliedschaft in der katholischen Kirche (c. 205)

Innerhalb der Gesamtheit der Getauften hebt der CIC in c. 205 diejenigen Getauften hervor, die »voll in der Gemeinschaft der katholischen Kirche« stehen. Er bedient sich dazu der Lehre von den »drei Banden« *(tria vincula)*, die auf den hl. Robert Bellarmin (1542–1621) zurückgeht. Voll in der Gemeinschaft der katholischen Kirche stehen demnach diejenigen Getauften, die mit der Kirche durch die drei Bande des Glaubensbekenntnisses *(vinculum symbolicum)*, der Sakramente *(vinculum liturgicum)* und der kirchlichen Leitung *(vinculum hierarchicum)* verbunden sind. Diese drei Bande lassen sich den drei *munera* innerhalb der Sendung der Kirche zuordnen: Der Verkündigungsdienst der Kirche begründet und fördert die Gemeinschaft im Glauben, der Heiligungsdienst der Kirche kommt vor allem in der Gemeinschaft in den Sakramenten zum Ausdruck, und der Leitungsdienst der Kirche macht diese als hierarchisch geordnete Gemeinschaft sichtbar. Wer auf diese Weise voll in der Gemeinschaft der katholischen Kirche steht, verfügt auch im vollen Umfang über die einem katholischen Gläubigen eigenen Rechte.

Zu denjenigen Getauften, die nicht voll in der Gemeinschaft der katholischen Kirche stehen und die dementsprechend nicht im vollen Umfang über die einem katholischen Gläubigen eigenen Rechte verfügen, gehören zum einen die nichtkatholischen Christen; sie stehen außerhalb der vollen Gemeinschaft *(communio plena)*. Zum anderen gehören dazu auch diejenigen Katholiken, die zwar zur vollen Gemeinschaft *(communio plena)* der katholischen Kirche gehören, die aber nicht voll in dieser Gemeinschaft *(plene in communione)* stehen, weil bei ihnen eines oder mehrere der drei Bande beschädigt sind. Das *vinculum symbolicum* ist beschädigt bei den Apostaten, d. h. bei denjenigen Katholiken, die den christlichen Glauben als ganzen ablehnen, und bei den Häretikern, d. h. bei denjenigen Katholiken, die einzelne Glaubenswahrheiten beharrlich leugnen oder bezweifeln. Das *vinculum liturgicum* ist beschädigt bei denjenigen Katholiken, mit denen die Sakramentengemeinschaft aufgrund einer Straftat durch die Strafe der Exkommunikation oder des Interdikts eingeschränkt ist (cc. 1331–1332), sowie bei anderen, die »hartnäckig in einer offenkundigen schweren Sünde verharren« und deshalb nicht zu den Sakramenten zugelassen werden dürfen (cc. 915, 1007). Das *vinculum hierarchicum* schließlich ist beschädigt bei den Schismatikern, d. h. bei denjenigen Katholiken, die die Unterordnung unter den Papst oder die Gemeinschaft mit den ihm unterstehenden Gläubigen verweigern. Die drei aus c. 751 abzuleitenden Kennzeichnungen »Apostat«, »Häretiker« und »Schismatiker« finden also nach dem heutigen Sprachgebrauch des kanonischen Rechts – anders als in der Zeit bis zum Zweiten Vatikanischen Konzil – nur noch auf Katholiken Anwendung, nicht auf die Mitglieder nichtkatholischer Kirchen und kirchlicher Gemeinschaften.

B. Kirchenaustritt und Rekonziliation

Wer einmal durch Taufe oder Konversion Glied der katholischen Kirche geworden ist, wird von ihr zeitlebens als ihr zugehörig angesehen *(semel catholicus semper catholicus)*. Ein Kirchenaustritt im Sinne einer Beendigung der Gliedschaft in der Kirche ist daher aus Sicht der katholischen Kirche nicht möglich. Gleichwohl müssen diejenigen Staaten, in denen sich aus der Kirchengliedschaft Folgen im staatlichen Rechtsbereich ergeben (je nach Staat z. B. Kirchensteuerpflicht, Verpflichtung zur Teilnahme am Religionsunterricht u. a.), den betreffenden Gläubigen, um ihre Religionsfreiheit zu gewährleisten, für den staatlichen Rechtsbereich die Möglichkeit eines Austritts aus der Kirche geben.

Wenngleich ein solcher Kirchenaustritt die Gliedschaft in der Kirche aus Sicht der katholischen Kirche nicht beendet, kann er doch auch im kirchlichen Rechtsbereich Folgen nach sich ziehen. In der Frage, welche Folgen das sind, hat ein Rundschreiben des Päpstlichen Rates für Gesetzestexte aus dem Jahre 2006[45], das an sich nur eherechtliche Fragen behandelte (siehe dazu unten § 48 D), langjährige Auseinandersetzungen verursacht und letztlich zu einer größeren Klarheit geführt. Die Frage nach den innerkirchlichen Rechtsfolgen des Kirchenaustritts ist von Staat zu Staat unterschiedlich zu beantworten. Nach dem »dualen System« der Schweiz erfüllt die nach staatlichem Recht

---

45 PCLT, Rundschreiben vom 13. 3. 2006: Comm 38 (2006) 170–184.

errichtete Körperschaft, aus der man dort austreten kann (die »Landeskirche« oder »Kirchgemeinde«), nicht die Funktion eines Rechtsträgers der kanonischen juristischen Person (Bistum oder Pfarrei), sondern besteht parallel dazu. Wer seinen Austritt aus dieser Körperschaft erklärt, distanziert sich also nicht notwendigerweise von der katholischen Kirche als ganzer. Dementsprechend bringt ein solcher Austritt nach gesamtkirchlichem Recht keine Folgen mit sich. Für Gläubige, die aus der staatkirchenrechtlichen Körperschaft austreten, aber weiterhin ihrer (finanziellen) Solidaritätspflicht gegenüber der Kirche nachkommen wollen, haben die Schweizer Bistümer Solidaritätsfonds errichtet. Welche Folgen eintreten, wenn jemand aus der staatskirchenrechtlichen Körperschaft austritt, ohne seiner Solidaritätspflicht nachzukommen, hängt vom jeweiligen Bistum ab.[46] Demgegenüber handelt es sich in Deutschland und Österreich bei den Körperschaften des öffentlichen Rechts, aus denen man austreten kann, um die staatliche Rechtsform der Bistümer als solcher. Wer in diesen Ländern aus der betreffenden Körperschaft des öffentlichen Rechts austritt, distanziert sich damit – ob gewollt oder ungewollt – zugleich vom Bistum als solchen. Angesichts dessen betrachtet die Deutsche Bischofskonferenz den Kirchenaustritt als einen schweren Verstoß gegen die kirchliche *Communio.* Sie hat dazu mit Bevollmächtigung durch den Apostolischen Stuhl ein Allgemeines Dekret[47] erlassen, wonach der Ausgetretene seine Rechte innerhalb der Kirche (z. B. Recht auf Sakramente, Befähigung zur Übernahme des Patenamts usw.) weitgehend verliert. Außerdem hat sie angeordnet, an den Ausgetretenen ein »Pastorales Schreiben« zu versenden, das ihn über die Beschränkung seiner Rechte aufklärt und zu einem Gespräch einlädt; das Schreiben und das Gespräch haben keine aufschiebende Wirkung. Die Österreichische Bischofskonferenz hat die Frage der innerkirchlichen Folgen des Kirchenaustritts in mehreren Dokumenten aus dem Jahre 2010 behandelt.[48] Auch sie sieht ein Schreiben an den Ausgetretenen vor. Wenngleich der Kirchenaustritt im staatlichen Rechtsbereich umgehend wirksam wird, wird er im kirchlichen Rechtsbereich für die Dauer von drei Monaten als nur schwebend angesehen und dem Ausgetretenen die Möglichkeit gegeben, seinen Austritt zu widerrufen. Erfolgt ein solcher Widerruf nicht, unterliegt der Ausgetretene nach den Ausführungen der Österreichischen Bischofskonferenz denjenigen Beschränkungen, die das kanonische Recht für Gläubige vorsieht, die hartnäckig in einer schweren Sünde verharren.

---

46 Vgl. dazu: Bischof von Basel, »Kirchenaustritt«. Austritt aus der staatskirchenrechtlichen Körperschaft und Abwendung von der sakramental verfassten röm.-kath. Kirche – Grundlagen – Richtlinien – Konsequenzen, vom 30. 9. 2013: Handbuch Seelsorge und Leitung; dieses »Handbuch« ist unter www.bistum-basel.ch zugänglich. – Bischofsrat des Bistums Chur, Leitlinien betreffend Austritterklärungen aus Kirchgemeinden bzw. kantonalen Körperschaften (so genannte »Kirchenaustritte«), vom 24. 11. 2011.

47 DBK, Allgemeines Dekret zum Kirchenaustritt, beschlossen am 15. 3. 2011, veröffentlicht am 20. 9. 2012: ABl Freiburg Nr. 24, v. 20. 9. 2012, 343–345.

48 ÖBK, Regelung zum Kirchenaustritt, Hinweise für die Durchführung der Regelung zum Kirchenaustritt, und Erklärende Ausführungen nach c. 34 zu den Auswirkungen des Kirchenaustrittes nach staatlichem Recht auf die kirchliche Rechtsstellung des Ausgetretenen, vom 15. 9. 2010: ABl ÖBK Nr. 52 (2010) 7–10. Vgl. auch: Zugehörigkeit zur Katholischen Kirche (Die österreichischen Bischöfe, Heft 10), Wien 2010.

Über die bislang genannten kirchlichen Rechtsfolgen hinaus kann der Kirchenaustritt nach kanonischem Recht auch strafbar sein. Den Kirchenaustritt als solchen als Straftat der Apostasie oder Häresie anzusehen, kommt dabei nicht in Frage, weil die Erklärung des Kirchenaustritts, so wie er in den deutschsprachigen Ländern möglich ist, keine Erklärung über den Glauben des Ausgetretenen beinhaltet. Hingegen beinhaltet der Kirchenaustritt die Straftat des Schismas, wenn er in der Absicht erklärt wird, die Unterordnung unter den Papst oder die Gemeinschaft mit den ihm untergebenen Gliedern der Kirche zu verweigern. Wenn der Tatbestand des Schismas erfüllt ist und nicht Strafausschließungs- oder Strafminderungsgründe gemäß cc. 1323–1324 vorliegen (z. B. Minderjährigkeit), zieht sich der Ausgetretene automatisch die Tatstrafe der Exkommunikation zu (c. 1364 § 1). Solange der Eintritt dieser Strafe aber nicht durch die kirchliche Autorität formell festgestellt wird – und das geschieht in der Praxis nicht –, binden die Folgen der Exkommunikation nur den Betreffenden selbst in seinem Gewissen, nicht aber Dritte (vgl. unten § 53 C).

Während der Kirchenaustritt eine einseitige Rechtshandlung des Austretenden darstellt, handelt es sich beim »Wiedereintritt« eines Ausgetretenen in Deutschland und Österreich um eine zweiseitige Rechtshandlung, zu der einerseits die Absichtserklärung des Gläubigen gehört, wieder voll in die Gemeinschaft der katholischen Kirche zurückzukehren, und andererseits die mit der Vollmacht der zuständigen kirchlichen Autorität vorgenommene Wiederzulassung des Betreffenden zu den vollen Rechten eines katholischen Gläubigen. Im Sprachgebrauch der katholischen Kirche ist für dieses zweiseitige Geschehen in Deutschland der Ausdruck »Rekonziliation«, in Österreich der Ausdruck »Reversion« üblich. Die Notwendigkeit einer solchen Rekonziliation besteht unabhängig davon, ob der Kirchenaustritt im Einzelfall die Exkommunikation nach sich gezogen hat oder nicht. Die Vornahme der Rekonziliation ist in Deutschland und Österreich dem Priester vorbehalten, der dazu in der Regel einer Bevollmächtigung durch den Ortsordinarius bedarf. Die Bistümer haben nähere Anweisungen erlassen, welche Voraussetzungen für die Rekonziliation vorliegen müssen (z. B. die Erfüllung einer Bußauflage) und in welcher Form sie vorgenommen wird.

C. Katechumenen (c. 206)

In einer besonders engen Beziehung zur katholischen Kirche stehen die Katechumenen, d. h. diejenigen, die ihre Absicht erklärt haben, in die katholische Kirche eingegliedert zu werden und die sich dazu auf die Taufe vorbereiten (c. 206). Die Kirche gewährt ihnen bereits verschiedene Vorrechte, die den Getauften eigen sind, z. B. das Recht auf ein kirchliches Begräbnis (c. 1183 § 1).

D. Kanonische Lebensstände (c. 207)

Am Ende der einleitenden Canones von Buch II werden in c. 207 die verschiedenen »kanonischen Lebensstände« angesprochen. Im Unterschied zu einer »Ständegesellschaft«, in der man ohne eigenes Zutun einem bestimmten gesellschaftlichen Stand zugerechnet werden konnte, geht es bei den »kanonischen Lebensständen« um eine bewusste und freiwillige Entscheidung, sein Leben als Christ in einer bestimmten, vom Recht vorgesehenen Weise zu führen. Dementsprechend erklärt c. 219: »Alle Gläubigen haben das Recht, ihren Lebensstand frei von jeglichem Zwang zu wählen.« Eine Definition des Ausdrucks »Lebensstand« *(status vitae)* legt der CIC nicht vor. In erster Linie wird man an die Lebensstände der Kleriker, des Lebens nach den evangelischen Räten und der Eheleute zu denken haben. Daneben sind die Eremiten (= Anachoreten; c. 603) und der Stand der Jungfrauen (*ordo virginum*; c. 604) zu nennen.

Der Stand der Kleriker (von griechisch κλῆρος; Los, Anteil, Erbe) oder »geistlichen Amtsträger« *(ministri sacri)* – auch *status clericalis* genannt (vgl. die Überschrift vor c. 290); im Deutschen mit »klerikaler Stand« oder, und zwar besser, mit »Klerikerstand« wiedergegeben – umfasst diejenigen, die das Weihesakrament (cc. 1008–1054) empfangen haben und nicht durch einen Verwaltungsakt der kirchlichen Autorität wieder aus dem Klerikerstand ausgegliedert sind. Da das geltende Recht verlangt, dass der Bischofsweihe die Priesterweihe und dieser die Weihe zum Diakon vorausgegangen sein muss, geschieht der Eintritt in den Klerikerstand normalerweise durch den Empfang der Diakonenweihe (c. 266 §§ 1–2); sollte jemand – was rechtswidrig wäre – zum Priester geweiht werden, ohne vorher Diakon gewesen zu sein, würde er durch die Priesterweihe zum Kleriker. Der Empfang von »niederen Weihen« vor der Diakonenweihe – in der katholischen Kirche gibt es sie in einem Teil der katholischen Ostkirchen sowie in jenen Vereinigungen, denen gestattet wurde, die Liturgie nach den liturgischen Büchern nach dem Stand von 1962 zu feiern – bringt nicht den Eintritt in den Klerikerstand mit sich. Indem der Codex in c. 207 erklärt, Kleriker gebe es »kraft göttlicher Weisung«, also aufgrund des *ius divinum*, nimmt er auf die Einsetzung der Apostel Bezug und auf die Lehre des Zweiten Vatikanischen Konzils (*Christus Dominus* 21), wonach in der Weihe der Bischöfe als Nachfolger der Apostel die Fülle des Weihesakramentes übertragen wird und die Weihe der Priester und Diakone also daraus abzuleiten ist. Zwar ist das einmal empfangene Weihesakrament nicht wieder rückgängig zu machen (cc. 290, 845 § 1); wer das Weihesakrament empfangen hat, kann aber von den Rechten und Pflichten eines Klerikers wieder befreit werden und verliert dadurch den Klerikerstand (cc. 290–292). Umgekehrt besteht auch die Möglichkeit, dass ein aus dem Klerikerstand ausgegliederter Kleriker später erneut in den Klerikerstand aufgenommen wird (c. 293).

Diejenigen Gläubigen, die nicht Kleriker sind, werden gemäß c. 207 § 1 als »Laien« (von griechisch λαός; Volk, Volksmenge) bezeichnet. Dabei ist zu beachten, dass die Verwendung des Begriffs »Laie« in kirchlichen Dokumenten nicht einheitlich ist. Das Zweite Vatikanische Konzil verwendete den Begriff sogar innerhalb ein und derselben Konstitution *(Lumen Gentium)* in drei verschiedenen Bedeutungen:

- In LG 43 werden als »Laien« offenbar – wie in c. 207 § 1 – diejenigen Gläubigen bezeichnet, die nicht Kleriker sind.
- In LG 31, erster Absatz, heißt es dagegen: »Unter der Bezeichnung Laien sind hier alle Christgläubigen verstanden mit Ausnahme der Glieder des Weihestandes und des in der Kirche anerkannten Ordensstandes …«. Auch der CCEO hält sich an diese Terminologie (siehe c. 399 CCEO).

- In LG 31, zweiter Absatz, begegnet eine dritte Verwendungsweise des Ausdrucks »Laie«, wenn erklärt wird, den Laien sei der »Weltcharakter« *(indoles saecularis)* in besonderer Weise eigen. Dieser Sprachgebrauch hat keinen rechtlichen Charakter; er lässt sich mit der in c. 207 § 1 sowie in LG 31, erster Absatz, angegebenen Definition des Begriffs »Laie« nicht genau zur Deckung bringen. Zum Beispiel kann einem ständigen Diakon mit Zivilberuf der »Weltcharakter« genauso eigen sein wie einem nicht geweihten Gläubigen, obwohl dieser Diakon nach der Definition in LG 31, erster Absatz, nicht ein »Laie« ist. Andererseits ist bei einem in der Einsamkeit lebenden Eremiten der »Weltcharakter« nicht gegeben, obwohl der Emerit nach der Definition von LG 31, erster Absatz, ein »Laie« ist – vorausgesetzt, dass er nicht das Weihesakrament empfangen hat.

Auch der Codex hält sich bei der Verwendung des Ausdrucks »Laie« nicht überall konsequent an die in c. 207 § 1 vorgelegte Definition. So wird dieser Ausdruck in c. 463 § 2 offenbar in einer Bedeutung verwendet, die die Ordensleute ausschließt, und im Katalog der Pflichten und Rechte der Laien (cc. 224–231) überwiegend im Sinne von Gläubigen, denen der »Weltcharakter« in besonderer Weise eigen ist. Angesichts der Mehrdeutigkeit und Missverständlichkeit des Ausdrucks »Laie« ist es besser, ihn soweit wie möglich zu vermeiden. Von einem eigenen »Stand« *(status)* der Laien spricht der CIC nicht. Das ist angemessen, weil es sich bei den Laien nicht um einen frei gewählten Lebensstand handelt. Denn jeder, der in der katholischen Kirche getauft wird, wird dadurch zum Laien, ohne dass er das eigens wählen könnte. Man kann allenfalls analog insofern von einem »Lebensstand der Laien« sprechen, als man die Freiheit hat, diesen Lebensstand beizubehalten. Nach derselben Logik könnte man dann von einem »Lebensstand« der Unverheirateten oder einem »Lebensstand« der Nicht-Ordensleute (»Weltleute«) sprechen.

In c. 207 § 2 erwähnt der CIC den Lebensstand derjenigen Gläubigen, die in einer von der Kirche anerkannten Form nach den evangelischen Räten (Armut, Keuschheit, Gehorsam) leben. Das kann in Gemeinschaft geschehen – in einem Ordensinstitut, einem Säkularinstitut, einer Gesellschaft des apostolischen Lebens (vgl. § 30), oder auch in einem Verein (vgl. § 29) – oder in einer individuellen Form, als Eremit oder Anachoret (c. 603) oder als eine (allerdings nicht notwendigerweise auf die evangelischen Räte der Armut und des Gehorsams verpflichtete) geweihte Jungfrau (*virgo consecrata*, c. 604). Ein solches kanonisch anerkanntes Leben nach den evangelischen Räten – oder zumindest nach dem Rat der Keuschheit – wird etwa seit dem Zweiten Vatikanischen Konzil als »(gott)geweihtes Leben« *(vita consecrata)* bezeichnet (vgl. § 30 A).

Um die wichtigsten kanonischen Lebensstände zu erwähnen, hätte es nahegelegen, in c. 207 nicht nur auf Kleriker und auf das Leben nach den evangelischen Räten hinzuweisen, sondern auch auf den Ehestand. Diese drei Lebensstände schließen sich nicht notwendigerweise gegenseitig aus:

- Kleriker können gleichzeitig dem geweihten Leben angehören.
- Kleriker können verheiratet sein (verheiratete ständige Diakone; verheiratete zur katholischen Kirche konvertierte nichtkatholische Geistliche, die mit päpstlicher

Dispens zu Priestern geweiht werden; verheiratete Priester in den katholischen Ostkirchen).

- Ehestand und »Geweihtes Leben« schließen sich hingegen faktisch aus. Wenn ein Geschiedener mit Dispens des Apostolischen Stuhls in eine Ordensgemeinschaft eintritt, besteht zwar das Eheband an sich fort; der Betreffende lebt dann aber faktisch nicht mehr im Ehestand.

§ 15 Die Pflichten und Rechte der Gläubigen (cc. 208–231)

A. Die Kataloge von Pflichten und Rechten im CIC

Buch II des CIC enthält vier Kataloge von Rechten und Pflichten; darin geht es um die Pflichten und Rechte aller Gläubigen (cc. 208–223), der Laien (cc. 224–231), der Kleriker (cc. 273–289) sowie der Ordensinstitute und ihrer Mitglieder (cc. 662–672). Die beiden Kataloge der Pflichten und Rechte aller Gläubigen und der Laien gehören eng zusammen; man kann sie als einen einheitlichen Katalog auffassen. Dass ein kirchliches Gesetzbuch einen solchen Katalog enthält, stellt ein Novum dar, das es bis 1983 nicht gegeben hatte. Im Hintergrund der Entstehung des Katalogs steht – neben der Vorbildfunktion der Grundrechtskataloge in staatlichen Verfassungen – das 6. Leitprinzip der Codexreform (vgl. oben § 6 A), das erklärt hatte: »Wegen der fundamentalen Gleichheit aller Gläubigen und wegen der Verschiedenheit der Ämter und Dienste, die in der hierarchischen Ordnung der Kirche selbst grundgelegt sind, ist es förderlich, dass die Rechte der Personen in geeigneter Weise umschrieben und sichergestellt werden. Dies bringt mit sich, dass die Ausübung der Gewalt deutlicher als Dienst erscheint, ihre Anwendung besser gesichert und ihr Missbrauch ausgeschlossen wird.« Der Katalog hat in der kirchlichen Rechtsordnung eine hervorgehobene Stellung. Formal gesehen sind seine Bestimmungen zwar den übrigen Canones des CIC nicht übergeordnet. Eine Überordnung über die meisten anderen Canones ergibt sich aber daraus, dass die in dem Katalog genannten Pflichten und Rechte fast alle auf dem *ius divinum* beruhen. Einige ergeben sich unmittelbar aus der Menschenwürde, etwa das Recht auf den Schutz der eigenen Intimsphäre (c. 220); sie gründen daher im *ius naturale*. Andere ergeben sich erst aus der Eingliederung in die Kirche, etwa das Recht auf Sakramente (c. 213). Sie gründen daher im *ius divinum positivum*.

Ebenso wie den Menschenrechten, auf die sich der Mensch dem Staat gegenüber berufen kann, liegt vielen der genannten Pflichten und Rechte die im Naturrecht begründete Würde des Menschen zugrunde. Das bedeutet jedoch nicht, dass sich die Geltung der Menschenrechte ohne Änderungen vom Staat auf die Kirche übertragen ließe. Denn durch die Eingliederung in die Kirche unterwirft sich der Mensch Pflichten, die er bis dahin nicht hatte. Das betrifft insbesondere das Menschenrecht auf Religionsfreiheit. Gegenüber dem Staat ist der Mensch frei, entsprechend seinen religiösen Überzeugungen zu leben, sich einer Religionsgemeinschaft anzuschließen oder sie auch wieder zu wechseln. Demgegenüber ist jemand, der sich der Kirche angeschlossen hat, der Kirche gegenüber verpflichtet, die Gemeinschaft der Kirche zu wahren. Innerhalb der Kirche gibt es darum z. B. kein Recht, den Glauben zu leugnen, die Sakramente abzulehnen oder die Kirche ganz zu verlassen. Wer auf eine derartige Weise handelt, kann von der Kirche mit Sanktionen belegt werden. Dafür kommen nur Sanktionen in Frage, die dem Wesen der Kirche entsprechen; d. h., die Kirche kann nur solche Rechte entziehen, die sie zuvor verliehen hat. Andererseits erhält derjenige, der in die Kirche aufgenommen wird, dadurch zusätzliche Rechte, die er im Staat bislang nicht hatte. So hat der Ungetaufte kein Recht auf Sakramente, abgesehen von der Taufe. Demgegenüber erwirbt man mit der Taufe auch ein Recht auf andere Sakramente (vgl. c. 213). Wegen der Unterschiede zu den Grundrechten im staatlichen Bereich wird es in der Literatur zum Teil vermieden, von »Grundrechten« der Gläubigen zu sprechen. Ein Unterschied zu Menschenrechten im staatlichen Bereich kommt auch darin zum Ausdruck, dass der Katalog im CIC nicht nur von Rechten spricht, sondern von Pflichten und Rechten; die »Pflichten« sind sogar an erster Stelle erwähnt. Dieser Reihenfolge ist aber keine große Bedeutung beizumessen; der CCEO spricht in der Überschrift vor c. 7 CCEO umgekehrt die Rechte vor den Pflichten an.

Die im CIC vorgenommene Unterscheidung zwischen Pflichten und Rechten aller Gläubigen (cc. 208–223) und solchen der Laien (cc. 224–231) ist nicht gelungen. In dem Katalog der Pflichten und Rechte der Laien bezieht sich der Ausdruck »Laien« überwiegend auf diejenigen Gläubigen, denen der »Weltcharakter« in besonderer Weise eigen ist (vgl. oben § 14 D). Eine klare rechtliche Abgrenzung, bei welchen Gläubigen das der Fall ist, ist aber nicht möglich. Angesichts dessen wäre es wohl besser gewesen, die betreffenden Pflichten und Rechte einfach allen Gläubigen zuzuordnen. Bei der Bestimmung über die liturgischen Dienste in c. 230 handelt es sich innerhalb des Katalogs der Pflichten und Rechte der Laien um einen Fremdkörper. Die betreffenden Dienste (Lektor und Akolyth) können zwar nur denjenigen Gläubigen übertragen werden, die nicht das Weihesakrament empfangen haben. Es besteht aber weder ein Recht noch eine Pflicht, zu diesen Diensten bestellt zu werden. Die Vorschrift gehört also nicht in einen Katalog der Pflichten und Rechte.

B. Die einzelnen Pflichten und Rechte

Den Bestimmungen über die einzelnen Pflichten und Rechte der Gläubigen ist ein einleitender Canon über die Gleichheit aller Gläubigen vorangestellt (c. 208). Nachdem der CIC unmittelbar vorher in c. 207 die verschiedenen kanonischen Lebensstände erwähnt hatte, insbesondere die Unterscheidung zwischen Klerikern und Laien, erklärt c. 208, dass diese Unterschiede nicht so fundamental sind, dass sie die grundlegende Gleichheit aller Gläubigen aufheben würden. Die Gleichheit aller Gläubigen schließt berechtigte Differenzierungen nicht aus; darauf wird hingewiesen durch die Formulierung, dass die Gläubigen »je nach ihrer eigenen Stellung und Aufgabe« am Aufbau des Leibes Christi mitwirken. Wenngleich c. 208 nicht von einem »Recht« oder einer »Pflicht« spricht, lässt sich aus der Gleichheit aller Gläubigen doch der Rechtsanspruch ableiten, von berechtigten Differenzierungen abgesehen genauso wie andere Gläubige behandelt, also nicht diskriminiert zu werden.

Insbesondere lässt c. 208 eine Diskriminierung nach dem Geschlecht nicht zu. Dennoch enthält der CIC einige Bestimmungen, in denen Männer und Frauen unterschiedlich behandelt werden. Einige Normen, in denen es in bestimmten Randfragen Unterschiede zwischen Mann und Frau gibt (cc. 111 § 1, 604, 1089), wird man kaum als diskriminierend empfinden. Problematischer sind einige Canones, nach denen in bestimmten Fragen Nonnen bzw. Nonnenklöster strenger behandelt werden als vergleichbare Mönche bzw. Mönchsklöster (cc. 609 § 2, 616 § 4, 667 §§ 3–4). Ein weiterer Unterschied ergibt sich aus der Bestimmung, dass die Beauftragung zum Lektor und Akolythen Männern vorbehalten ist (c. 230 § 1). Der Grund für diese Beschränkung liegt offenbar darin, dass diese Dienste in der Tradition der früheren niederen Weihen im Wesentlichen als Durchgangsstadien vor der Erteilung des Weihesakraments angesehen werden. Weitreichende Konsequenzen hat die Beschränkung dieser Dienste auf Männer nicht, da Frauen auf andere Weise – d. h. ohne Akolythen und Lektoren im Sinne von c. 230 § 1 zu werden – mit denselben Tätigkeiten beauftragt werden können. Der bei weitem gravierendste Unterschied in der Rechtsstellung von Männern und Frauen ist die Beschränkung des Weihesakraments auf Männer (c. 1024). Dabei ist zu beachten, dass die Kirche gemäß dem Apostolischen Schreiben Papst Johannes Pauls II. *Ordinatio sacerdotalis* vom 22. Mai 1994 keine Vollmacht hat, an dieser Beschränkung etwas zu ändern, soweit es um die Weihe von Bischöfen und Priestern geht. Zur Frage, ob die Kirche die Vollmacht besitzt, Frauen zu Diakonen zu weihen, hat sich das kirchliche Lehramt demgegenüber nicht verbindlich geäußert. So gesehen steht die Bestimmung, wonach nur Männer zum Diakon geweiht werden können, möglicherweise in Spannung zu c. 208.

Im Anschluss an den Gleichheitsgrundsatz führt der Katalog einige grundlegende Verpflichtungen an, beginnend mit der Verpflichtung, die Gemeinschaft *(communio)* mit der Kirche zu wahren (c. 209). Was damit gemeint ist, lässt sich mit dem in c. 205 verwendeten Bild von den drei Banden erläutern (vgl. oben § 14 A). Schwerere Verstöße gegen die Wahrung der *Communio* können mit kirchlichen Strafen geahndet werden (z. B. c. 1364). Die Verpflichtung, ein heiliges Leben zu führen (c. 210), ergibt sich aus der Teilhabe aller Getauften am *munus sanctificandi* der Kirche, so wie sich die Verpflichtung zur Verkündigung des Evangeliums (c. 211) aus ihrer Teilhabe am *munus docendi* der Kirche ergibt; die Teilhabe an der Verkündigung stellt nicht nur eine Verpflichtung, sondern zugleich auch ein Recht der Gläubigen dar. Sowohl gegenüber dem, was die Hirten der Kirche als Lehrer des Glaubens – d. h. in Ausübung ihres *munus docendi* – erklären, als auch gegenüber dem, was sie als Leiter der Kirche – d. h. in Ausübung ihres *munus regendi* – anordnen, sind die Gläubigen zum Gehorsam verpflichtet (c. 212 § 1). Unter beiden Rücksichten schulden die Gläubigen allerdings Gehorsam »im Bewusstsein ihrer eigenen Verantwortung«; dieser Gehorsam entbindet die Gläubigen also nicht von der Pflicht, auf ihr Gewissen zu hören. Der geforderte Glaubensgehorsam ist unterschiedlich, je nachdem, mit welchem Grad von Verbindlichkeit eine Lehre vorgetragen wird (vgl. dazu § 32). Die Verweigerung des Gehorsams kann mit Strafen geahndet werden (cc. 1364, 1371).

Im Anschluss an diese grundlegenden Verpflichtungen werden in cc. 212 § 2 bis 221 einzelne Rechte der Gläubigen aufgezählt: ein Petitions- und Meinungsäußerungsrecht (c. 212 §§ 2 und 3), das Recht auf Wortverkündigung und Sakramente (c. 213; zum Recht auf Sakramente vgl. § 41 C), das Recht auf den eigenen Ritus (vgl. § 18 C) und die eigene Form des geistlichen Lebens (c. 214), die Vereinigungs-

und Versammlungsfreiheit (c. 215; vgl. § 28 A), das Recht auf eigene apostolische Unternehmungen (c. 216), auf eine christliche Erziehung (c. 217), die Forschungsfreiheit (c. 218), die Freiheit der Wahl des Lebensstandes (c. 219; vgl. dazu § 14 D), das Recht auf Schutz des guten Rufes und auf Wahrung der Intimsphäre (c. 220) sowie auf den Rechtsschutz (c. 221). Am Ende des Katalogs sind noch einige Verpflichtungen aufgeführt: die Pflicht, die Kirche finanziell zu unterstützen (c. 222 § 1), für soziale Gerechtigkeit zu sorgen und die Armen zu unterstützen (c. 222 § 2) und allgemein bei der Ausübung der eigenen Rechte das Gemeinwohl der Kirche, die Rechte der anderen und die Pflichten ihnen gegenüber sowie die von der kirchlichen Autorität erlassenen Anweisungen zur Ausübung der Rechte zu beachten (c. 223). Der Katalog der Pflichten und Rechte der Laien spricht über die Teilhabe am Verkündigungsdienst und den Weltdienst der Laien (c. 225), die Verpflichtungen in Ehe und Familie (c. 226), die Anerkennung der bürgerlichen Freiheit (c. 227), die Eignung zu kirchlichen Ämtern (c. 228), die theologische Bildung und Lehre (c. 229), die liturgischen Dienste (c. 230) und die Beschäftigung in der Kirche (c. 231).

Viele der angesprochenen Themen werden durch andere Bestimmungen im CIC konkretisiert; eine nähere Konkretisierung kann auch durch die Partikulargesetzgebung erfolgen. Zum Beispiel lässt sich die von den deutschen Bischöfen erlassene »Anordnung über den kirchlichen Datenschutz«[49] als Konkretisierung des in c. 220 genannten Rechtes auf Wahrung der Intimsphäre auffassen.

§ 16 Die Kleriker (cc. 232–293)

Literatur: Bitterli, Marius Johannes, Das Priesterseminar, Essen 2006; Nobel, Michael-Andreas, Die wissenschaftliche Ausbildung der Priesterkandidaten in der lateinischen Kirche, Hamburg 2008; Steinbach, Joachim, Das Inkardinationsrecht, Würzburg 1996.

A. Die Ausbildung der Kleriker

In den Abschnitten über die Kleriker (zum Begriff siehe oben § 14 D) wendet sich der CIC zunächst deren Ausbildung zu (cc. 232–264) und behandelt dabei detailliert das Priesterseminar und die sechsjährigen Studien der Seminaristen. Nähere Bestimmungen zu diesem Thema enthält die 1985 in überarbeiteter Fassung von der Bildungskongregation erlassene *Ratio fundamentalis institutionis sacerdotalis.*[50] Die Bischofskonferenzen sind gemäß c. 242 verpflichtet, auf ihr jeweiliges Gebiet angepasste Bestimmungen zu erlassen, häufig als *Ratio nationalis* bezeichnet; die Bischofskonferenzen der deutschsprachigen Länder bezeichnen ihre entsprechenden Partikularnormen als »Rahmenordnung«.

---

49 Die deutschen Bischöfe, Anordnung über den kirchlichen Datenschutz (KDO), vom 18. 11. 2013: ABl Osnabrück 2014, 20–30.

50 SC InstCath, Ratio fundamentalis institutionis sacerdotalis, vom 19. 3. 1985: Ochoa, Leges VI, n. 5110, Sp. 9069–9109.

Die Bestimmungen des Codex gehen ausführlich auf den Fall ein, dass das Studium der Seminaristen innerhalb des Seminars stattfindet. Sie schließen aber nicht die Möglichkeit aus, dass die Seminaristen stattdessen an einer theologischen Fakultät studieren, wie es in den deutschsprachigen Ländern in der Regel geschieht und auch in zahlreichen Verträgen zwischen Kirche und Staat vereinbart ist.[51] Zum Teil wurde der Studienzeit ein vor allem auf die geistliche Ausbildung ausgerichtetes »Propädeutikum« vorangestellt.[52]

Über die Ausbildung der Ständigen Diakone äußert sich der CIC nur sehr summarisch (c. 236). Nähere Bestimmungen darüber enthält die von der Bildungskongregation im Jahre 1998 veröffentlichte *Ratio fundamentalis institutionis diaconorum permanentium*.[53] Noch eingehendere Bestimmungen sind den von der jeweiligen Bischofskonferenz gemäß c. 236 zu erlassenden Normen zu entnehmen sowie, falls vorhanden, den diözesanen Ausbildungsordnungen. Die Ausbildungszeit soll vier Jahre umfassen. Das erste Jahr bildet eine vorbereitende Phase, die einer grundlegenden Kenntnis der Theologie, der Spiritualität und des Dienstes eines Diakons und der Prüfung der Berufung dienen soll; der anschließende Hauptteil der Ausbildungszeit dauert drei Jahre. Für die konkrete Ausgestaltung der Ausbildung bestehen erhebliche Unterschiede entsprechend den Vorgaben der jeweiligen Bischofskonferenz.

B. Die Inkardination der Kleriker

Weil die durch das Sakrament der Weihe ermöglichte Tätigkeit von ihrem Wesen her eine Ausübung der kirchlichen Sendung darstellt, verlangt die Kirche, dass alle Kleriker in einem dauerhaften Zugehörigkeitsverhältnis zu einem geistlichen Heimatverband stehen und verwendet dafür den Ausdruck »Inkardination« (von lat. *cardo*, Türangel: So wie die Tür in der Angel aufgehängt ist, muss der Kleriker einem bestimmten Verband zugeordnet sein; vgl. c. 265). Die Inkardination bringt für den Kleriker sowohl Verpflichtungen mit sich, nämlich die Verpflichtung zum kirchlichen Dienst im Gehorsam gegenüber dem Leiter des Inkardinationsverbands, als auch Rechte, nämlich das Recht auf Verwendung im kirchlichen Dienst und das Recht auf existentielle Absicherung, sowohl im Hinblick auf die persönliche Fürsorge als auch auf die materielle Versorgung. (In einer gewissen Spannung dazu steht die Entscheidung der Deutschen Bischofskonferenz, dass die Kirche im Falle von ständigen Diakonen mit Zivilberuf nicht verpflichtet sei, für deren materielle Versorgung aufzukommen, auch dann nicht, wenn der Diakon seinen Zivilberuf verliert und dadurch arbeitslos wird.[54]) Die konkrete Gestaltung der Pflichten und Rechte aus dem Inkardi-

---

51 Siehe dazu vor allem Art. 14 Reichskonkordat.

52 Vgl. das Statut des von der ÖBK eingerichteten Propädeutikums, vom 7. 11. 2001: ABl ÖBK Nr. 32 (2002) 7–11.

53 Congr. InstCath, Ratio fundamentalis institutionis diaconorum permanentium, vom 22. 2. 1998: AAS 90 (1998) 843–879.

54 DBK, Rahmenordnung für ständige Diakone in den Bistümern der Bundesrepublik Deutschland, vom 24. 2. 1994, Teil II, § 4 Abs. 3.

nationsverhältnis kann sehr unterschiedlich ausfallen: Neben einer Tätigkeit im eigenen Inkardinationsverband (z. B. dem eigenen Bistum oder der eigenen Ordensgemeinschaft) ist es auch möglich, mit dem Einverständnis des Leiters des eigenen Inkardinationsverbands einer Tätigkeit anderswo (z. B. in einem fremden Bistum, einer geistlichen Gemeinschaft, einer staatlichen Hochschule) nachzugehen. Ggf. wird dazu eine Vereinbarung abgeschlossen (vgl. c. 738 § 3), z. B. zwischen den beiden beteiligten Bistümern oder zwischen dem Inkardinationsbistum und der geistlichen Gemeinschaft des Klerikers. Während der Dauer einer solchen Tätigkeit außerhalb des eigenen Inkardinationsverbands kommen die Rechte, die normalerweise aus dem Inkardinationsverhältnis hervorgehen, nur eingeschränkt zum Tragen; sie leben wieder in vollem Umfang auf, wenn die betreffende Tätigkeit beendet wird.

Inkardinationsberechtigung besitzen (cc. 265–266) die Bistümer und übrigen Teilkirchen (c. 368), in der Regel – allerdings nicht in Deutschland (siehe § 25 B) – die Militärordinariate, die Personalprälatur, die Ordensinstitute und unter bestimmten Voraussetzungen auch die anderen Arten von Lebensgemeinschaften der evangelischen Räte. Vereine sind nach den Bestimmungen des CIC nicht inkardinationsberechtigt. Demgegenüber sieht der CCEO auch die Möglichkeit der Inkardination in einem Verein vor (c. 357 § 1 CCEO). Sie setzt von der Sache her voraus, dass der Verein Aussicht auf dauerhaften Bestand hat und dass der betreffende Kleriker sich zeitlebens an den Verein bindet.

Die erstmalige Inkardination erfolgt durch die Diakonenweihe (siehe c. 266 §§ 1–2). Für die Inkardination in ein Bistum kommt es nicht darauf an, welcher Bischof die Diakonenweihe spendet, sondern darauf, dass der Kleriker sich für den Dienst in dem betreffenden Bistum entschieden hat und dass das Bistum ihn aufgenommen hat. Die Zuständigkeit für die Zulassung zur Diakonenweihe liegt beim Diözesanbischof des Bistums, in das der Weihekandidat inkardiniert werden soll (c. 1016). Die Inkardination in eine Lebensgemeinschaft der evangelischen Räte setzt voraus, dass der Weihekandidat dort die ewigen Gelübde abgelegt hat bzw. endgültig eingegliedert ist (c. 266 § 2).

Voraussetzung für die Möglichkeit eines späteren Wechsels des Inkardinationsverbandes (»Umkardination«) ist das Einverständnis des betreffenden Klerikers, das des Leiters des aufnehmenden Inkardinationsverbandes und in der Regel auch des Leiters des bisherigen Inkardinationsverbandes. Ausnahmsweise ist das Einverständnis des bisherigen Leiters nicht erforderlich, wenn ein Diözesankleriker in ein Ordensinstitut wechseln will; in diesem Fall genügt es, eine – nicht bindende – Stellungnahme des bisherigen Ordinarius einzuholen (c. 644). In dieser großzügigen Bestimmung kommt die Wertschätzung des kirchlichen Gesetzgebers für das Ordensleben zum Ausdruck. Eine Umkardination zwischen zwei Bistümern kann z. B. gewünscht sein, wenn ein ständiger Diakon mit Zivilberuf von seinem zivilen Arbeitgeber versetzt wird. Sie erfolgt in zwei Schritten: Zunächst gewährt der bisherige Diözesanbischof die Exkardination; sie wird wirksam, wenn der neue Diözesanbischof die Inkardination gewährt (c. 267). Die Frage, ob auch die Ernennung zum Bischof in einem Bistum, dem der Betreffende bislang nicht inkardiniert war, von Rechts wegen die Umkardination in dieses Bistum nach sich zieht, ist nicht leicht zu beantworten. Beim Wechsel eines Diözesanklerikers in eine Lebensgemeinschaft der evangelischen Räte kommt die

Umkardination erst durch die ewige Profess zustande (c. 268 § 2); verlässt der Kleriker die Lebensgemeinschaft vor der ewigen Profess bzw. der endgültigen Eingliederung, hat er in sein Bistum zurückzukehren. Eine Probezeit ist auch bei einem Wechsel zwischen zwei Lebensgemeinschaften der evangelischen Räte vorgeschrieben (c. 684). Ebenso wird in der Regel eine Probezeit – häufig in Form einer sogenannten *exclaustratio ad experimentum* – verlangt, wenn ein Kleriker aus einer Lebensgemeinschaft der evangelischen Räte in ein Bistum wechseln möchte (c. 693). Zu einem Verlust der Inkardination kommt es, wenn jemand den Klerikerstand verliert (siehe unten Abschnitt D) und – entgegen dem Grundsatz, dass jeder Kleriker irgendwo inkardiniert sein muss – wohl auch in dem Fall, dass ein Kleriker, der Mitglied einer Lebensgemeinschaft der evangelischen Räte ist, aufgrund von Verfehlungen aus seinem Verband entlassen wird. In diesem Fall darf er allerdings seine Weihe nicht ausüben, bis er einen Bischof findet, der ihm eine entsprechende Erlaubnis erteilt oder ihn inkardiniert (c. 701). Wer seine Inkardination verliert, verliert dadurch auch den Anspruch auf materielle Versorgung; die Aufforderung zu einer gewissen Fürsorge für einen in Not Geratenen bleibt aber bestehen (vgl. cc. 702 § 1, 1350 § 2).

C. Die Pflichten und Rechte der Kleriker

Der Katalog der Pflichten und Rechte der Kleriker (cc. 273–289) enthält vor allem Verpflichtungen; sie betreffen drei verschiedene Bereiche: Verpflichtungen im Hinblick auf den kirchlichen Dienst des Klerikers, sein geistliches Leben und sein standesgemäßes äußeres Verhalten. Der Katalog beginnt mit der Verpflichtung zum Gehorsam (c. 273). Der von den Klerikern geforderte Gehorsam wird oft als »kanonischer Gehorsam« bezeichnet. Er geht einerseits über den von allen Gläubigen verlangten Gehorsam (vgl. c. 212) hinaus, ist aber andererseits nicht so weitreichend wie der von Ordensleuten aufgrund ihrer Gelübde ihren Oberen gegenüber geschuldete Gehorsam. Der Gehorsam bezieht sich auf die Amtspflichten des Klerikers; das Privatleben ist an sich nicht betroffen, es sei denn, es geht um standeswidriges oder standesfremdes Verhalten (vgl. cc. 285–289). In der Liturgie der Diakonen- und Priesterweihe wird ein Gehorsamsversprechen abgelegt. Außerdem wird die Gehorsamspflicht bekräftigt durch die Ablegung eines Treueides vor der Diakonenweihe und vor der Übernahme bestimmter Ämter, z. B. vor Übernahme des Amtes eines Pfarrers. Die Verpflichtung zum Stundengebet (c. 276 § 2, 3°) betrifft bei Priestern, entsprechend der im Stundenbuch abgedruckten »Allgemeinen Einführung in das Stundengebet«, das gesamte Stundengebet. Diakone haben das Stundengebet in dem von der Bischofskonferenz festgelegten Umfang – in der Regel: Laudes und Vesper – zu verrichten. Die in c. 277 erwähnte Verpflichtung zur Ehelosigkeit (»Zölibat«) betrifft, auch wenn es an dieser Stelle nicht ausdrücklich gesagt ist, nicht die verheirateten Ständigen Diakone. Doch kann ein Ständiger Diakon, der Witwer wird, gemäß c. 1087 nicht erneut heiraten, sofern er nicht im Einzelfall eine Dispens erhält. Dispensen vom Zölibat gewährt der Papst des Öfteren auch verheirateten nichtkatholischen Geistlichen, die zur katholischen Kirche übertreten. Das Recht auf Vergütung und Versorgung (c. 281) richtet sich nach den Bestimmungen des Diözesanrechts. Diakone mit Zivilberuf haben keinen Anspruch auf Unterhalt; in der Regel erhalten sie aber eine Aufwandsentschädigung. Hinsichtlich der Kleidung der Kleriker sind die Bestimmungen der Bischofskonferenz zu beachten; sie gelten auch für Kleriker aus Ordensinstituten, die keine Ordenskleidung vorsehen (c. 284). Die Deutsche Bischofskonferenz verlangt »Oratorianerkragen oder römisches Kollar, in begründeten Ausnahmefällen dunklen Anzug mit Kreuz«[55], die Österreichische Bischofskonferenz »für gewöhnlich das Priesterzivil, besonders in der Schule«.[56] Zu den Betätigungen, die Klerikern – von Ausnahmen abgesehen – untersagt sind (cc. 285–289) gehört insbesondere die Annahme öffentlicher Ämter (z. B. Parlamentarier, Bürgermeister). Zur Annahme des Amtes eines ehrenamtlichen Richters (d. h. eines »Schöffen« o. ä.) dürfen Kleriker in Deutschland und Österreich aufgrund entsprechender Verträge zwischen Kirche und Staat nicht verpflichtet werden.

Wenn entsprechende Gründe vorliegen, kann ein Kleriker von einzelnen der genannten Pflichten dispensiert werden. Die Dispensgewalt hat normalerweise der Diözesanbischof (c. 87 § 2). Die Dispens vom Zölibat ist dem Papst vorbehalten (c. 291). Eine Dispens von der Verpflichtung zum Stundengebet können Kleriker aus Ordensinstituten auch von ihrem höheren Oberen erhalten.[57]

D. Der Verlust des Klerikerstandes

Zwar ist das einmal gültig empfangene Weihesakrament nicht rückgängig zu machen (c. 290), sondern drückt bildlich gesprochen – wie auch die Taufe und die Firmung – ein »unauslöschliches Prägemal« *(character indelebilis)* ein (c. 845 § 1). Dem Geweihten kann aber verboten werden, seine Weihe auszuüben, und er kann von den Pflichten, die er durch die Weihe übernommen hat, ganz oder teilweise befreit werden. Das kann so weit gehen, dass er nicht mehr als dem Klerikerstand zugehörig angesehen wird. In diesem Fall spricht man vom »Verlust des Klerikerstandes« *(amissio status clericalis)*. Er ist nicht zu verwechseln mit dem Verlust eines bestimmten Amtes (z. B. als Pfarrer) und auch nicht mit der (immer nur vorübergehend vorgesehenen) Suspension (vgl. § 53 C). Der Kleriker, der den Klerikerstand verloren hat, verliert nicht seine Weihegewalt. So kann ein laisierter Priester weiterhin gültig die Eucharistie feiern; es ist ihm aber unter keinen Umständen mehr erlaubt. Der aus dem Klerikerstand Ausgeschiedene darf – vorausgesetzt, er war gültig zum Priester geweiht worden – nur noch in einem einzigen Sonderfall seine Weihe ausüben: Wenn ein in Todesgefahr befindlicher Gläubiger bei ihm beichten möchte, darf er ihm die Absolution erteilen (c. 976). Durch das Ausscheiden aus dem Klerikerstand verliert der Betreffende seine Inkardination und damit auch seinen Unterhaltsanspruch. Soweit er nicht rentenversichert ist, bestimmt das staatliche Recht in Deutschland und Österreich, dass er für die Zeit seines Dienstes in der Rentenversicherung nachversichert

55 DBK, Partikularnorm Nr. 5: AfkKR 164 (1995) 458.

56 ABl ÖBK Nr. 6 (1991) 3.

57 Paul VI., MP *Sacram liturgiam* vom 25. 1. 1964: AAS 56 (194) 1394, Nr. VII; Bestätigung der Weitergeltung: Congr. Cult, Responsa vom 15. 11. 2000: Notitiae 37 (2001) 190–194.

werden muss. In der Regel wird einem aus dem Klerikerstand Ausgeschiedenen eine Reihe von Tätigkeiten untersagt, die Laien an sich zugänglich wären, zum Beispiel Aufgaben in der Ausbildung von Priestern. Im Übrigen wird der aus dem Klerikerstand Ausgeschiedene fortan rechtlich als ein Laie angesehen und behandelt.

Als erste Möglichkeit, den Klerikerstand zu verlieren, nennt c. 290, 1° die Feststellung der Nichtigkeit der Weihe. Bei jemandem, der mehrere Weihestufen empfangen hat, wäre näher zu unterscheiden, ob eine oder mehrere Weihen nichtig sind. Falls alle empfangenen Weihen nichtig waren, ist der Betreffende in Wirklichkeit niemals Kleriker gewesen. Der Ausdruck »Verlust des Klerikerstandes« ist dann nicht passend; der Betreffende war nur scheinbar Kleriker gewesen. Gründe dafür, dass eine Weihe nichtig ist (vgl. § 47 B), liegen allerdings nur selten vor. Wenn solche Gründe aber gegeben sind, hat der Antragsteller ein Recht auf die Feststellung der Nichtigkeit. Die Zuständigkeit für die Behandlung von Anträgen auf Feststellung der Nichtigkeit einer Weihe liegt bei einem Amt innerhalb der Römischen Rota. Es entscheidet, ob das Verfahren auf dem Verwaltungsweg oder durch ein kirchliches Gericht durchgeführt wird.

Die zweite Möglichkeit, den Klerikerstand zu verlieren, ist die Entlassung aus dem Klerikerstand *(dimissio e statu clericali)* aufgrund einer Straftat. Das Strafrecht des CIC sowie die Normen über schwerwiegendere Straftaten (*delicta graviora*; vgl. § 53 B) sehen diese Strafe bei einigen wenigen Straftaten als Möglichkeit vor, z. B. bei Abfall vom Glauben und bei bestimmten Sexualdelikten. Die Entlassung aus dem Klerikerstand kann auch verfügt werden, wenn ein Priester seinen Dienst über einen Zeitraum von mehr als fünf Jahren pflichtwidrig nicht mehr ausübt. Die Entlassung aus dem Klerikerstand ist eine Strafe »für immer«; d. h., auch wenn der Kleriker sich bessert, hat er keinen Anspruch auf Wiedereingliederung in den Klerikerstand. Nach dem CIC erfordert die Verhängung dieser Strafe ein Gerichtsverfahren (c. 1342 § 2). Aufgrund päpstlicher Bevollmächtigung besteht auch die – im CIC nicht erwähnte – Möglichkeit einer Entlassung aufgrund eines Verfahrens auf dem Verwaltungsweg. Seit dem Jahr 2009 ist es möglich, zusammen mit der Entlassung aus dem Klerikerstand zugleich auch die Dispens vom Zölibat zu gewähren. Wurde sie nicht gewährt, kann der Entlassene sie von sich aus beantragen.

Drittens kann vom Kleriker selbst beim Apostolischen Stuhl ein Antrag auf Ausgliederung aus dem Klerikerstand, häufig »Laisierung« genannt, gestellt werden. Meistens wird in einem solchen Antrag zugleich auch die Dispens vom Zölibat beantragt. Das Laisierungsreskript wird »Diakonen nur aus schwerwiegenden, Priestern aus sehr schwerwiegenden Gründen gewährt« (c. 290, 3°). Nach den für solche Verfahren erlassenen Normen[58] aus dem Jahre 1980 wird Priestern die Laisierung nur gewährt, wenn sie beweisen können, dass sie nicht hätten geweiht werden dürfen (wegen fehlender Freiheit oder Verantwortlichkeit des Kandidaten oder weil die zu-

---

58 SC DocFid, *Per Litteras ad Universos*, vom 14. 10. 1980: AAS 72 (1980) 1132–1137; dt.: ÖAKR 32 (1981) 113–115. Die zugehörigen Normae substantiales sind veröffentlicht in: Congr. Cult, Collectanea Documentorum ad causas pro dispensatione super »rato et non consummato« et a lege sacri coelibatus obtinenda, Libreria Editrice Vaticana 2004, S. 157 f.

ständigen Oberen keine angemessene Beurteilung der Eignung vornehmen konnten) oder wenn sie ihren priesterlichen Dienst schon lange aufgegeben haben. Die Dispens wird relativ leicht gewährt, wenn ein Priester sich in Todesgefahr befindet oder wenn der Antragsteller ein Diakon ist. Die Zuständigkeit für das Laisierungsverfahren hat im Laufe der letzten Jahrzehnte mehrfach gewechselt; seit dem Jahre 2005 liegt sie bei der Kleruskongregation.

Wenngleich die Entlassung aus dem Klerikerstand und die Laisierung als endgültige Maßnahmen konzipiert sind, ist eine Wiederaufnahme in den Klerikerstand nicht völlig ausgeschlossen. Sie kann aber nur vom Apostolischen Stuhl verfügt werden (c. 293).

§ 17 Die höchste Autorität der Kirche (cc. 330–367)

Literatur: Ries, Barbara, Amt und Vollmacht des Papstes, Münster 2003; Pfannkuche, Sabrina, Papst und Bischofskollegium als Träger höchster Leitungsvollmacht, Paderborn 2011; Ilona Riedel-Spangenberger, Der Jurisdiktions- und Lehrprimat des Papstes in der Diskussion, in: AfkKR 165 (1996) 25–55.

A. Der Papst

Der Teil des CIC über die hierarchische Struktur der Kirche, also Teil II von Buch II, beginnt mit den Bestimmungen über die höchste Autorität der Kirche, d. h. über Papst und Bischofskollegium. Beide Organe gründen im *ius divinum*, und beide haben die höchste Gewalt in der Kirche inne. Weder steht – wie der »Konziliarismus« annahm – das Bischofskollegium über dem Papst, noch ist der Papst ein Organ, das außerhalb des Bischofskollegiums diesem übergeordnet wäre. Der Papst gehört selbst zum Bischofskollegium, und zwar als dessen Haupt, ohne welches das Bischofskollegium nicht handeln kann. Diese Funktion des Papstes innerhalb des Bischofskollegiums stellt sicher, dass es nicht zu rechtlichen Konflikten zwischen diesen beiden Autoritäten kommen kann.

Der vom CIC verwendete Titel des Papstes lautet *Romanus Pontifex*, also »Bischof von Rom«. Wer Bischof von Rom ist, ist damit zugleich Papst, und umgekehrt. Während das Amt des Papstes als solches im *ius divinum* begründet ist, ist die Verknüpfung mit der Stadt Rom Ergebnis einer historischen Entwicklung, die auch anders hätte verlaufen können. Auch während der zeitweiligen Verlegung des faktischen Sitzes des Papsttums nach Avignon im 14. Jh. hatten die Päpste das Amt des Bischofs von Rom inne. Eine rechtliche Loslösung des Papsttums vom Bistum Rom ist zwar theoretisch denkbar, wird aber praktisch nicht in Frage kommen. Für die alltägliche Leitung des Bistums Rom bestellt der Papst üblicherweise einen anderen Bischof als seinen Vertreter, *Vicario Generale di Sua Santità* genannt.[59]

---

59 Johannes Paul II., AK Ecclesia in Urbe, vom 1. 1. 1998: AAS 90 (1998) 177–193.

Die Gewalt des Papstes kennzeichnet c. 331 als »höchste Gewalt«, da es in der Kirche keinen Träger einer ihm übergeordneten Gewalt gibt, »volle Gewalt«, weil sie alle drei *munera* betrifft (den Leitungs-, Verkündigungs- und Heiligungsdienst) und innerhalb des *munus regendi* sowohl die gesetzgebende als auch die ausführende und die richterliche Gewalt; »unmittelbare Gewalt«, weil der Papst nicht darauf angewiesen ist, dass seine Entscheidungen, um wirksam zu werden, von anderen Autoritäten vor Ort vollzogen oder ratifiziert werden, »universale Gewalt«, weil sie sich auf alle Bereiche der Kirche erstreckt, und »ordentliche Gewalt«, weil sie dem Papst aufgrund seines Amtes zukommt, nicht aufgrund einer Delegation. Welche Entscheidungen im Einzelnen dem Papst vorbehalten sind, ergibt sich aus zahlreichen Einzelbestimmungen des CIC und des CCEO. Zur innerkirchlichen Funktion des Papstes kommt seine Stellung im Völkerrecht sowie seine Stellung innerhalb des Vatikanstaats hinzu (zu beidem siehe unten § 55 B und F).

Wie die Wahl des Papstes zu geschehen hat, bleibt – da das *ius divinum* darüber nichts festlegt – dem *ius mere ecclesiasticum* überlassen. Seit dem 12. Jh. liegt das Wahlrecht bei den Kardinälen. Die Einzelheiten über die Wahl sind festgelegt in der AK *Universi dominici gregis* aus dem Jahre 1996 (mit Änderungen von 2007 und 2013). Die Wahl erfolgt im »Konklave«. Wahlrecht haben alle Kardinäle, die bei Eintritt der Vakanz des Apostolischen Stuhles noch nicht achtzig Jahre alt sind. Da der Papst Bischof von Rom ist, kann nur gewählt werden, wer die für die Gültigkeit der Bischofsweihe erforderlichen Eigenschaften besitzt, d. h., nur ein getaufter Mann kann Papst werden. Man könnte wohl argumentieren, dass auch die übrigen Eigenschaften vorhanden sein müssen, die das Recht für die Übertragung eines Bischofsamtes verlangt (z. B. muss jemand, um Bischof zu werden, Priester sein, mindestens 35 Jahre alt sein usw.; siehe c. 378). Dass diese Anforderungen auch für den Papst gelten, ist allerdings nirgends ausdrücklich gesagt; jedenfalls wären sie nicht zur Gültigkeit, sondern nur zur Erlaubtheit der Wahl erforderlich. Die Wahl erfordert eine Zweidrittelmehrheit der Stimmen. Im Laufe der Kirchengeschichte war es mehrmals vorgekommen, dass jemand gewählt wurde, der noch nicht Bischof war, der aber schon vor der Bischofsweihe begonnen hatte, das Papstamt auszuüben. Um diese Art von Anomalie künftig auszuschließen, hat Papst Paul VI. vorgeschrieben, dass ein zum Papst Gewählter, der noch nicht Bischof ist, gleich nach der Wahl zum Bischof geweiht werden muss (c. 332 § 1). Der Papst wird auf Lebenszeit gewählt. Er hat aber jederzeit die Freiheit, von seinem Amt zurückzutreten (c. 332 § 2). Außerdem verliert der Papst sein Amt durch die in c. 194 § 1, 2° und 3° genannten Handlungen, d. h. durch Glaubensabfall (der Fall eines »*papa haereticus*«) oder Eheschließung. Für den Fall, dass ein Papst durch Geisteskrankheit an der Amtsausübung gehindert wird, hat das geltende Recht nicht Vorsorge getroffen; dass schließt nicht aus, dass der einzelne Papst für diesen Fall – etwa durch eine *sub condicione* formulierte Erklärung des Amtsverzichts – Vorsorge trifft.

B. Das Bischofskollegium

Der Ausdruck »Bischofskollegium« meint die Gesamtheit aus dem Papst und den mit ihm in Gemeinschaft stehenden Bischöfen. Ebenso wie der Papst verfügt auch das

Bischofskollegium über die höchste und volle Gewalt in der Kirche (c. 336). Allerdings hat der Papst insofern einen Vorrang, als er entscheiden kann, ob er die Höchstgewalt in der Kirche persönlich ausüben will oder ob sie durch das Bischofskollegium ausgeübt werden soll (er hat die »Kompetenz der Kompetenz«). Auf die theologische Frage, wie es zu erklären ist, dass die Kirche zwei Organe besitzt, die beide über die höchste Gewalt in der Kirche verfügen, geht der CIC nicht näher ein.

Das Bischofskollegium kann nur zusammen mit dem Papst handeln. Näherhin verlangt c. 341, dass Beschlüsse des Bischofskollegiums zu ihrer Wirksamkeit einer Bestätigung *(confirmatio)* durch den Papst bedürfen. Typischerweise handelt das Bischofskollegium auf dem Ökumenischen Konzil. Nach der traditionellen katholischen Zählung gab es bislang 21 Ökumenische Konzilien, zuletzt das Zweite Vatikanische Konzil (1962–1965). Eine verbindliche Festlegung in der Frage, welche Konzilien als »ökumenisch« gelten, gibt es aber nicht. Zusätzlich zu den Bischöfen werden zu den Konzilien üblicherweise auch einige andere Gläubige eingeladen, zum Teil auch – sofern es sich um Kleriker handelt – mit Stimmrecht. Hinzu kommen Fachleute *(periti)*, die nicht Mitglieder des Konzils sind, sondern als Berater fungieren. Es ist an sich auch vorstellbar, dass das Bischofskollegium eine Handlung vornimmt, ohne dass seine Mitglieder an demselben Ort (zu einem Konzil) versammelt sind; zum Beispiel könnte das Bischofskollegium schriftlich handeln. Dafür gibt es aber bislang keine Beispiele. Es gab zwar wiederholt gemeinsame (schriftliche) Beratungen. Es gab aber bislang keine vom Bischofskollegium außerhalb eines Konzils gefällte Entscheidung.

C. Dem Papst zugeordnete Organe

Während das Bischofskollegium nicht irgendwelche dauerhaft bestehenden ihm zugeordneten Organe besitzt, gehören zum Papsttum vier Arten von zugeordneten Organen und Amtsträgern, nämlich die Bischofssynode, das Kardinalskollegium, die Römische Kurie und die Päpstlichen Gesandten. Die Bischofssynode (cc. 342–348) ist ein auf Anregung des Zweiten Vatikanischen Konzils im Jahre 1965 geschaffenes Gremium, durch das auch außerhalb der Ökumenischen Konzilien eine gewisse Beteiligung des gesamten Episkopats an der Leitung der Gesamtkirche gefördert werden soll. Die Bischofssynode handelt dazu als Beratungsgremium des Papstes. Der Papst könnte der Bischofssynode auch Entscheidungsgewalt übertragen; dann würde es sich aber nicht um die Ausübung ordentlicher Gewalt der Bischofssynode, sondern um eine Delegation päpstlicher Gewalt handeln (c. 343). Bislang ist das nicht geschehen. Es sind drei verschiedene Formen von Bischofssynoden vorgesehen (c. 346): die ordentliche Generalversammlung (das ist die Normalform; dafür wird normalerweise bei der Einberufung ein bestimmtes Thema festgelegt), die außerordentliche Generalversammlung (für dringende Angelegenheiten, mit weniger Teilnehmern als bei der ordentlichen Generalversammlung) sowie die Spezialversammlung (nicht für die Gesamtkirche, sondern nur für bestimmte Regionen). Je nach Form besteht die Bischofssynode überwiegend aus gewählten oder aus ernannten Teilnehmern. Bis zum Jahre 2014 gab es 24 Versammlungen der Bischofssynode; sie haben alle in Rom stattgefunden. Die Teilnehmerzahl schwankte zwischen 19 (bei einer Spezialversammlung) und

262. Die Bischofssynode verfügt über ein ständiges Generalsekretariat. Für die Vorgehensweise hat sich ein übliches Verfahren eingespielt: Zur Vorbereitung wird unter der Bezeichnung *Lineamenta* ein Dokument verfasst, das die zu behandelnden Fragen in skizzenhafter Weise anspricht. Aufgrund der dazu aus der ganzen Welt eingegangenen Reaktionen wird dann unter dem Namen *Instrumentum laboris* ein Dokument erstellt, das als Arbeitsgrundlage für die eigentliche Versammlung dient. Die Bischofssynode verabschiedet am Ende eine Reihe von Vorschlägen *(Propositiones)* an den Papst. Außerdem veröffentlicht sie am Ende häufig eine »Botschaft« an die Gläubigen in der Welt. Unter Berücksichtigung der *Propositiones* und der Diskussionen auf der Bischofssynode verfasst der Papst in der Regel ein »Nachsynodales Apostolisches Schreiben« *(Adhortatio Apostolica Post-Synodalis)*.

Das Kardinalskollegium (cc. 349–359) hat sich nach und nach aus dem Klerus der Stadt Rom und ihrer Umgebung entwickelt. Es hat vor allem die Aufgabe, den Papst zu wählen sowie bis zur Wahl des neuen Papstes die Kirche zu leiten – allerdings ohne dabei größere Veränderungen einzuführen. Außerdem fungiert es als Beratungsgremium des Papstes. Das Kardinalskollegium und seine Aufgaben gründen im *ius mere ecclesiasticum*. Die rechtlichen Normen über die Kardinäle haben sich im Laufe der Jahrhunderte erheblich verändert. Die Berufung ins Kardinalskollegium nimmt der Papst vor; man sagt, er »kreiert« die Kardinäle. Voraussetzung, um Kardinal werden zu können, ist nach heutigem Recht die Priesterweihe (c. 351 § 1). Falls ein zum Kardinalat Erwählter nicht Bischof ist, muss er zum Bischof geweiht werden (c. 351 § 1); bei älteren (über 80jährigen) Priestern, die als Ehrung zum Kardinal ernannt wurden, haben Päpste manchmal von der Forderung nach Bischofsweihe dispensiert. Es gibt die Tradition, dass die Inhaber bestimmter bedeutender Bischofssitze zu Kardinälen ernannt werden. Auch die Leiter der bedeutenderen Behörden der Römischen Kurie werden üblicherweise zu Kardinälen ernannt. Die Kardinäle gehören drei verschiedenen Klassen an (Kardinalbischöfe, Kardinalpriester, Kardinaldiakone). Diese Klassen rühren von der Entstehung des Kardinalskollegiums her (aus dem Klerus der Stadt Rom). Alle drei Arten von Kardinälen sind heutzutage Bischöfe (falls nicht im Einzelfall Dispens erteilt wird). Die Versammlungen der Kardinäle heißen »Konsistorium«. Die offizielle Ernennung von Kardinälen erfolgt dort. Ab dann haben die Kardinäle die ihnen eigenen Rechte und Pflichten. Manchmal teilt der Papst mit, dass er jemand zum Kardinal ernannt hat, ohne dessen Namen bekannt zu geben (»Ernennung *in pectore*« bzw. »*in petto*«); die Gründe für diese Vorgehensweise sind meist politischer Art. Die Rechte und Pflichten eines Kardinals hat auch ein so Ernannter erst nach einer anschließenden öffentlichen Ernennung mit Namensnennung. Rechtlich gesehen, wirkt sich die vorausgegangene Ernennung *in petto* nur auf die interne Rangfolge innerhalb des Kardinalskollegiums aus. Das Recht zur Teilnahme am Konklave haben die Kardinäle nur bis zur Vollendung des 80. Lebensjahres; Stichtag ist der Tag, an dem der Apostolische Stuhl vakant wird. Die Höchstzahl der wahlberechtigten Kardinäle darf nicht mehr als 120 betragen.

Die Römische Kurie umfasst die Behörden, die den Papst vor allem bei der Ausübung seiner ausführenden und richterlichen Gewalt unterstützen (siehe die Definition in c. 360). Die näheren rechtlichen Einzelheiten darüber enthält die AK *Pastor bonus* aus dem Jahre 1988 (mit Änderungen aus den Jahren 2011, 2013 und 2014).

Dort ist insbesondere festgelegt, welche einzelnen Kurienbehörden es gibt; seit dem Inkrafttreten der AK *Pastor bonus* hat es ein paar Veränderungen gegeben. Über den aktuellen Stand kann man sich im *Annuario Pontificio* informieren, ebenso auf den Internetseiten des Heiligen Stuhls. Zu den Kurienbehörden gehören zurzeit:

- das Staatssekretariat, das in der Kurie eine Koordinierungsfunktion ausübt und außerdem für die politischen und diplomatischen Beziehungen zu den Staaten zuständig ist,
- neun Kongregationen: für die Glaubenslehre, die Ostkirchen, Gottesdienst- und Sakramentenordnung, Selig- und Heiligsprechungsprozesse, für die Bischöfe, die Evangelisierung der Völker, Klerus, Lebensgemeinschaften der evangelischen Räte und für das Katholische Bildungswesen,
- das Wirtschaftssekretariat,
- drei »Gerichtshöfe«: die Apostolische Pönitentiarie (bei der es sich streng genommen nicht um ein Gericht handelt), die Apostolische Signatur und die Römische Rota,
- elf Päpstliche Räte: für die Laien, die Einheit der Christen, die Gesetzestexte, u. a.,
- und etliche weitere, zumeist kleinere Kurieneinrichtungen.

Der Oberbegriff für die wichtigeren Kurienbehörden heißt »Dikasterium«.[60] Die Dikasterien bestehen aus einem Kreis von Kardinälen und Bischöfen; ihnen zugeordnet sind weitere Mitarbeiter(innen) und Berater(innen) (»Konsultoren«). An der Spitze jedes Dikasteriums steht ein Präfekt, der normalerweise Kardinal ist; das Staatssekretariat wird geleitet vom Kardinalstaatssekretär. Zu den Mitgliedern der Dikasterien (d. h. den Kardinälen und Bischöfen) gehören sowohl solche, die durchgehend in Rom residieren, als auch solche, die – in der Welt verstreut lebend – nur gelegentlich, z. B. zur Vollversammlung *(Plenaria)* einmal im Jahr, nach Rom kommen. Die Kurienbehörden handeln stellvertretend für den Papst. Sie üben vor allem seine ausführende Gewalt aus (Staatssekretariat, Kongregationen, zum Teil auch die Räte) sowie seine richterliche Gewalt (Signatur, Rota). Gesetzgebende Gewalt können die Kurienbehörden normalerweise nicht ausüben. Durch eine besondere päpstliche Intervention *(approbatio in forma specifica = specifica approbatio)* kann aber auch Dokumenten von Kurienbehörden Gesetzeskraft verliehen werden. Seine unfehlbare Lehrautorität übt der Papst niemals durch die Kurie aus, sondern nur persönlich. Die Ausdrücke »Apostolischer Stuhl« oder »Heiliger Stuhl« umfassen sowohl den Papst persönlich als auch die verschiedenen Kurienbehörden (c. 361). Die beiden Ausdrücke sind gleichbedeutend. Im Hinblick auf die innerkirchliche Funktion werden beide Ausdrücke verwendet, vor allem der Ausdruck »Apostolischer Stuhl«. Im internationalen Recht findet nur der Ausdruck »Heiliger Stuhl« Verwendung. Nähere Bestimmungen über die Arbeitsweise der Römischen Kurie enthält das vom Staatssekretariat erlassene *Regolamento Generale della Curia Romana* aus dem Jahre 1999 (mit Änderungen aus dem Jahre 2011). Papst Franziskus hat im Jahre 2013 einen Rat von Kardinälen

60 AK *Pastor bonus*, Art. 2 § 1.

eingesetzt, zu dessen Aufgaben vor allem eine Überarbeitung der AK *Pastor bonus* gehört.[61]

Die Gesandten des Papstes (cc. 362–367) in den einzelnen Ländern haben normalerweise eine Doppelfunktion: einerseits vertreten sie den Papst innerkirchlich (siehe den Aufgabenkatalog in c. 364), andererseits vertreten sie ihn gegenüber den Staaten (siehe den Aufgabenkatalog in c. 365). Mit etwa 90 % aller Staaten weltweit unterhält der Heilige Stuhl diplomatische Beziehungen. Gegenüber diesen Staaten handeln die Gesandten des Papstes also in erster Linie als Vertreter des »Heiligen Stuhls« (als Völkerrechtssubjekt). Der »Vatikanstaat« (der ebenfalls Völkerrechtssubjekt ist) ist demgegenüber nur von untergeordneter Bedeutung. Nähere Bestimmungen über die päpstlichen Gesandten enthält das MP *Sollicitudo omnium Ecclesiarum* aus dem Jahre 1969. Die Gesandten des Papstes tragen in der Regel den Titel »Nuntius« und sind Erzbischöfe. In einem Teil der Staaten kommt dem Nuntius innerhalb des diplomatischen Korps die Ehrenstellung des »Doyen« zu. Zu Repräsentanten des Heiligen Stuhls bei internationalen Räten, Konferenzen usw. werden auch Nichtkleriker ernannt.

§ 18 Die Lateinische Kirche und die katholischen Ostkirchen

Literatur: Madey, Johannes, Quellen und Grundzüge des Codex Canonum Ecclesiarum Orientalium: ausgewählte Themen, Essen 1999.

A. *Ecclesiae sui iuris*

Die katholische Kirche gliedert sich in die Lateinische Kirche *(Ecclesiae latina)* und die katholischen Ostkirchen *(Ecclesiae catholicae orientales)*, deren Zahl gegenwärtig 23 beträgt. Historisch gesehen geht diese Gliederung letztlich auf die Teilung des Römischen Reiches in einen West- und Ostteil unter Kaiser Diokletian im Jahre 285 zurück. Es handelt sich aber seit langem nicht mehr um eine primär geographische Gliederung, denn es gibt inzwischen auch in westlichen Ländern hierarchische Strukturen der katholischen Ostkirchen, und umgekehrt. Der CIC verwendet für die verschiedenen Ostkirchen den Ausdruck *Ecclesiae rituales* oder *Ecclesiae rituales sui iuris*. Dieser Ausdruck hebt vor allem einen besonderen Aspekt hervor, nämlich den liturgischen Ritus. Tatsächlich unterscheiden sich die katholischen Ostkirchen aber auch auf anderen Gebieten, nicht zuletzt auf dem Gebiet ihrer Rechtsordnung. Seit der Veröffentlichung des CCEO hat sich angesichts dessen der Ausdruck *Ecclesiae sui iuris* durchgesetzt, im Deutschen von einigen mit »Kirche eigenen Rechts«, von anderen mit »eigenberechtigte Kirche« wiedergegeben. Dass es auch in der Lateinischen Kirche verschiedene liturgische Riten gibt (nicht nur den römischen Ritus, sondern auch den ambrosianischen und den mozarabischen Ritus u. a.), bedeutet nicht, dass man auch innerhalb der Lateinischen Kirche verschiedene *Ecclesiae sui iuris* unter-

61 Franziskus, Chirograph *Tra i suggerimenti*, vom 28. 9. 2013: AAS 106 (2014) 875 f.

scheiden könnte; vielmehr steht die Lateinische Kirche als eine einheitliche *Ecclesia sui iuris* mit den 23 *Ecclesiae sui iuris* des Ostens gewissermaßen auf derselben Stufe. Während die Lateinische Kirche mit dem CIC einen eigenen Codex des kanonischen Rechts besitzt, wurde für die katholischen Ostkirchen mit dem CCEO ein gemeinsamer Codex erlassen, der zum Teil eher den Charakter eines Rahmenrechts besitzt, das auf die Füllung durch das Partikularrecht der einzelnen *Ecclesiae sui iuris* angewiesen ist. Die Zahl der Mitglieder der katholischen Ostkirchen liegt bei etwa 22 Millionen, also zwischen 1 und 2 Prozent der Gesamtzahl der Katholiken.

Die katholischen Ostkirchen gehören fünf verschiedenen Traditionen an (vgl. c. 28 § 2 CCEO): der alexandrinischen (= koptischen), der antiochenischen (= westsyrischen), der armenischen, der chaldäischen (= ostsyrischen) und der konstantinopolitanischen (= byzantinischen) Tradition. Von der Organisationsform her handelt es sich um sechs Patriarchatskirchen, vier großerzbischöfliche Kirchen, zwei Metropolitankirchen und zehn andere (kleinere) Arten von Kirchen. Mit Ausnahme der Maroniten entsprechen alle katholischen Ostkirchen einer nichtkatholischen Ostkirche, die in derselben liturgischen, geistlichen und rechtlichen Tradition steht. Dabei entsprechen die katholischen Ostkirchen der byzantinischen Tradition den orthodoxen Kirchen. Umgekehrt gibt es zu allen einigermaßen bedeutenden nichtkatholischen Kirchen des Ostens eine katholische Parallele. Die katholischen Ostkirchen werden herkömmlich auch als »unierte Kirchen« bezeichnet, d. h. als Kirchen, die nach einer Zeit der Trennung in die Gemeinschaft mit dem Papst zurückgekehrt sind. Der Ausdruck ist aus mehreren Gründen weniger geeignet: Zum einen überbetont er den Aspekt der wiederhergestellten Einheit; zum anderen passt er nicht gut zur maronitischen Kirche, die wohl niemals von der Gemeinschaft mit dem Papst getrennt war.

Im Hinblick auf die Lateinische Kirche beansprucht der Papst deutlich mehr an einzelnen Kompetenzen als im Hinblick auf die katholischen Ostkirchen (insbesondere, soweit sie von einem Patriarchen geleitet werden). Der Grund dafür liegt darin, dass es zu der in den größeren Ostkirchen vorhandenen Rechtsstellung des Patriarchen in der Lateinischen Kirche keine vom Papst verschiedene Entsprechung gibt. Seit dem Jahr 642 führte der Papst neben anderen Titeln auch den Titel »Patriarch des Abendlandes«, der seine besondere Rolle im Hinblick auf die Kirche des Westens unterstrich. Papst Benedikt XVI. hat diesen Titel im Jahre 2006 abgelegt, da er sich als »überholt und nicht mehr brauchbar« erwiesen habe.

B. Zugehörigkeit des einzelnen Katholiken zu einer *Ecclesia sui iuris* (cc. 111–112)

Die Zugehörigkeit des einzelnen Gläubigen zur Lateinischen Kirche bzw. zu einer katholischen Ostkirche bestimmt sich nicht nach territorialen, sondern nach personalen Kriterien. Wer vor Vollendung des 14. Lebensjahres getauft wird, übernimmt die Zugehörigkeit von den Eltern (vgl. c. 111 § 1). Da der CIC auf einige Sonderfälle, die diese Bestimmung offenlässt, nicht eingeht, finden analog die einschlägigen Bestimmungen in c. 29 CCEO Anwendung. Täuflinge ab 14 Jahren können ihre Zugehörigkeit frei wählen (c. 111 § 2). Wer durch Konversion in die katholische Kirche eingegliedert wird, erwirbt die Zughörigkeit in Entsprechung zur liturgischen Tradition der Kirche oder Gemeinschaft, der er zuvor angehörte. Das heißt, bisherige Protestanten werden der Lateinischen Kirche eingegliedert, bisherige Mitglieder einer nichtkatholischen Ostkirche der jeweils entsprechenden katholischen Ostkirche; Ausnahmen bedürfen der Genehmigung des Apostolischen Stuhls (c. 35 CCEO).

Für den Wechsel von einer *Ecclesia sui iuris* (einschließlich der Lateinischen Kirche) in eine andere – »Rituswechsel« genannt – bestehen eine gültigkeitsrelevante Formvorschrift (c. 36 CCEO) und vergleichsweise strenge Bedingungen, die wohl von der Befürchtung eines sonst möglichen Mitgliederschwunds der katholischen Ostkirchen geleitet sind. Im Regelfall erfordert ein Rituswechsel eine Erlaubnis des Apostolischen Stuhls (c. 112 § 1, 1° CIC, c. 32 § 1 CCEO). Diese Erlaubnis wird allerdings von Rechts wegen erteilt, wenn es in dem betreffenden Gebiet ein Bistum bzw. eine Eparchie beider betroffener Kirchen gibt und die beiden Bischöfe zustimmen (c. 32 § 2 CCEO).[62] Eine Frau kann bei der Eheschließung oder während der Dauer der Ehe in die Kirche ihres Mannes überwechseln und nach dem Ende der Ehe wieder in ihre bisherige Kirche zurückkehren (c. 33 CCEO); für die Angehörigen der Lateinischen Kirche steht diese Möglichkeit des Wechsels nicht nur der Frau, sondern auch dem Mann zu (c. 112 § 1, 2°). Erleichterte Möglichkeiten eines Rituswechsels bestehen auch für Kinder, deren Eltern verschiedenen Kirchen angehören (c. 112 § 1, 3° CIC, c. 34 CCEO).

C. Interrituelle Fragen

Die Bestimmungen über die Beziehungen zwischen den *Ecclesiae sui iuris* und ihren Mitgliedern sind vor allem geleitet vom Recht jedes Gläubigen, den Gottesdienst gemäß den Vorschriften des eigenen Ritus zu feiern (c. 214). Priester und Diakone besitzen nicht nur dieses Recht, sondern sind zugleich auch verpflichtet, bei der von ihnen geleiteten Liturgie ihrem Ritus zu folgen, auch dann, wenn sie sich in einem Gebiet oder in einer Kirche bzw. Kapelle einer anderen *Ecclesia sui iuris* aufhalten (c. 846 § 2). Um Sakramente auch in einem anderen als dem eigenen Ritus feiern zu dürfen (»Biritualismus«), ist eine vom Apostolischen Stuhl erteilte Befugnis erforderlich (c. 674 § 2 CCEO). Die Konzelebration zwischen Priestern verschiedener *Ecclesiae sui iuris* erfordert die Erlaubnis des Diözesanbischofs (c. 701 CCEO). Dabei darf es keinerlei liturgischen »Synkretismus« geben, sondern die Konzelebranten haben in jeder Hinsicht dem Ritus des Hauptzelebranten zu folgen. Die Konzelebranten sollen aber nach Möglichkeit die liturgischen Gewänder der jeweils eigenen *Ecclesia sui iuris* tragen.[63]

Diejenigen Sakramente, die des Öfteren empfangen werden können (Eucharistie, Buße, Krankensalbung), darf der Gläubige ohne weiteres in einer fremden *Ecclesia sui iuris* empfangen. Bei denjenigen Sakramenten, die man nur einmal im Leben empfangen kann (Taufe, Firmung, Weihesakrament) sowie bei der Eheschließung ist

62 Siehe auch SecrStat, Rescriptum ex Audientia SS.mi, vom 26. 11. 1992: AAS 85 (1993) 81; dt.: ÖAKR 42 (1993) 603 f.

63 Vgl. dazu auch c. 707 § 2 CCEO.

es hingegen in der Regel erforderlich, sich an einen Spender der eigenen *Ecclesia sui iuris* zu wenden.

Sich an einen Spender der eigenen *Ecclesia sui iuris* zu wenden, ist vergleichsweise einfach möglich, wenn es in dem betreffenden Gebiet eine eigene Hierarchie der eigenen *Ecclesiae sui iuris* gibt. So wurden für die Mitglieder der katholischen Ostkirchen zum Teil auch außerhalb der Ursprungsgebiete ihrer Kirchen eigene Eparchien oder Exarchien errichtet (zu diesen Begriffen siehe § 19 A). Unter den 23 katholischen Ostkirchen ist die ukrainische katholische Kirche die einzige, für die in Deutschland eine eigene Hierarchie besteht; für sie wurde die »Apostolische Exarchie für katholische Ukrainer des byzantinischen Ritus in Deutschland und Skandinavien« (mit Sitz in München) errichtet. In Österreich wurde für alle katholischen Ostkirchen des byzantinischen Ritus gemeinsam ein »Ordinariat für die byzantinischen Gläubigen in Österreich« errichtet, bislang stets in Personalunion vom Erzbischof von Wien geleitet.

Soweit es für Angehörige einer katholischen Ostkirche in einem Gebiet keine eigene Hierarchie gibt, stellt sich die Frage, wer für diese Gläubigen rechtlich zuständig ist (die Frage der »Diaspora-Jurisdiktion«). Auf diese Frage gibt c. 916 § 5 CCEO die Antwort, dass für solche Gläubigen ein Hierarch einer anderen katholischen Kirche für zuständig erklärt werden muss. Dementsprechend wurde für die Angehörigen der katholischen Ostkirchen in Deutschland – mit Ausnahme der ukrainischen katholischen Kirche, für die eine eigene Hierarchie besteht – bestimmt, dass sie dem lateinischen Ortsordinarius unterstellt sind.[64] Im Hinblick auf die Seelsorge an Gläubigen der katholischen Ostkirchen, die vor Ort keine eigene Hierarchie haben, erwähnt der CIC die Möglichkeit einer eigenen Personaldiözese oder Personalpfarrei oder eines eigenen Bischofsvikars oder eines beauftragten Priesters.[65] Aus dem Recht der Gläubigen auf die Feier des Gottesdienstes im eigenen Ritus (c. 214) ergibt sich für den Diözesanbischof – im Rahmen seiner Möglichkeiten – die Verpflichtung, angemessene Seelsorgestrukturen zu schaffen. Demgemäß wurden auch in den deutschsprachigen Ländern für die Gläubigen einiger katholischer Ostkirchen eigene »Missionen« oder »Seelsorgestellen« eingerichtet.

§ 19 Das Bistum und die Bischöfe (cc. 368–430, 469–491)

Literatur: Bier, Georg, Die Rechtsstellung des Diözesanbischofs nach dem Codex Iuris Canonici von 1983, Würzburg 2001; Hallermann, Heribert, Ratlos – oder gut beraten? Die Beratung des Diözesanbischofs, Paderborn 2010; Witsch, Norbert, Synodalität auf Ebene der Diözese, Paderborn 2004.

A. Das Bistum und andere Arten von Teilkirchen

Anstatt die hierarchische Struktur der Kirche in einer Reihenfolge zu beschreiben, die von der Ebene der Gesamtkirche nach und nach zu den jeweils kleineren territori-

---

64 Congr. EcclOr, Dekret vom 30. 11. 1994: ABl Limburg 1995, 184.

65 Cc. 372 § 2, 383 § 2, 476, 479 § 2, 518.

alen Ebenen übergeht, lässt der Codex auf die Ebene der Gesamtkirche sogleich die des Bistums (und der vergleichbaren Teilkirchen) folgen (cc. 368–374). Für diese Reihenfolge spricht, dass sich die Bestimmungen über die hierarchische Struktur der Kirche auf diese Weise zunächst den drei im *ius divinum* begründeten Organen (Papst, Bischofskollegium, Diözesanbischof) zuwenden, bevor sie auf andere, vom *ius mere ecclesiasticum* vorgesehene Organe (z. B. Partikularkonzil, Bischofskonferenz) eingehen. Die einleitende Bestimmung über die Teilkirchen erinnert zunächst an die Lehre des Zweiten Vatikanischen Konzils, dass die eine und einzige katholische Kirche in und aus den Teilkirchen besteht, nennt anschließend das Bistum als die typische Form einer Teilkirche und bietet dann eine – nicht abschließende – Aufzählung anderer Formen von Teilkirchen (c. 368).

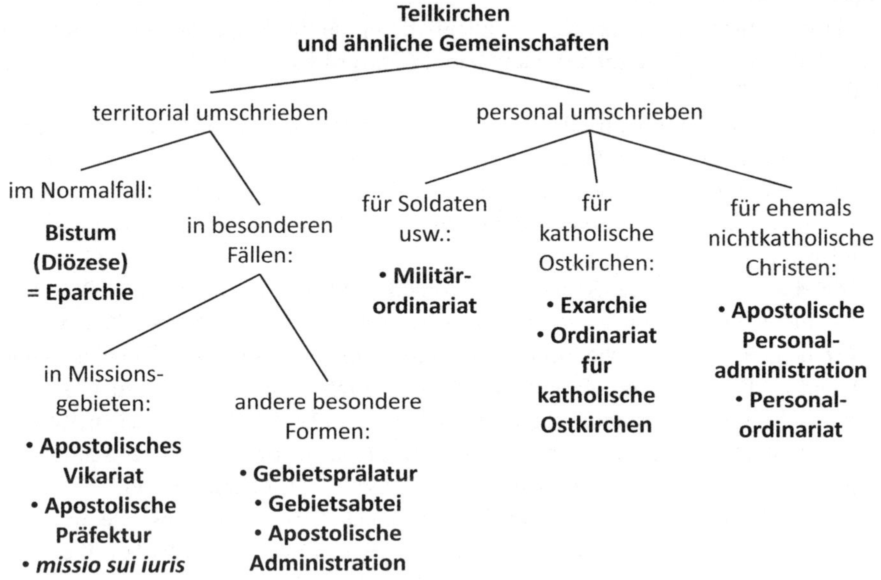

Das Bistum *(dioecesis)* wird in der Legaldefinition in c. 368 nicht als Territorium, sondern als Teil des Gottesvolkes beschrieben. Zwar wird es typischerweise nur nach territorialen Kriterien umschrieben (alle Gläubigen, die in einem Gebiet wohnen); es besteht aber auch die Möglichkeit zusätzlicher personaler Kriterien (z. B. Sprache, Ritus), so dass in ein und demselben Gebiet mehrere Bistümer möglich sind (c. 372). Zu den Merkmalen des Bistums gehört die Leitung durch einen Bischof in Zusammenarbeit mit dem Presbyterium. Die deutschen Ausdrücke »Bistum« und »Diözese« sind gleichbedeutend; in den – katholischen wie nichtkatholischen – Ostkirchen wird stattdessen der Ausdruck »Eparchie« verwendet.

Dem Bistum nachgebildet sind verschiedene andere Arten von Teilkirchen und ähnlichen Gemeinschaften (cc. 370–371); eine genaue Grenze zwischen Teilkirchen und ähnlichen Gemeinschaften ist dabei nicht leicht zu ziehen, da der Codex den Ausdruck »Teilkirche« *(Ecclesia particularis)* nicht definiert.

- Die »Gebietsprälatur« ist aus besonderen Gründen anstelle des Bischofs einem Priester anvertraut.
- Die »Gebietsabtei« ist einem Abt anvertraut, der zugleich einem Kloster vorsteht. Zwei solche Gebietsabteien gibt es in der Schweiz (Maria Einsiedeln und Saint Maurice), eine in Österreich (Wettingen-Mehrerau).
- Eine für dauernd errichtete Apostolische Administration kann aufgrund außergewöhnlicher Umstände eingerichtet werden; so gab es in der DDR die Apostolische Administratur Görlitz, deren Gebiet vor dem Zweiten Weltkrieg Teil des Erzbistums Breslau gewesen war. Gegenwärtig bestehen mehrere Apostolische Administrationen in Missionsgebieten.
- Als Vorformen des Bistums in Missionsgebieten kennt das kanonische Recht die Rechtsformen der *missio sui iuris*, der Apostolischen Präfektur und des Apostolischen Vikariats (siehe dazu § 35).
- Für das Militär eines Staates, einschließlich der Familienangehörigen der Soldaten und der zivilen Mitarbeiter, kann ein Militärordinariat errichtet werden (siehe dazu § 25 B).
- Als Seelsorgestruktur für Gläubige der katholischen Ostkirchen wurden in Gebieten, die traditionell zur Lateinischen Kirche gehören, einige »Ordinariate« errichtet. Sie sind einer Personaldiözese ähnlich, aber nicht im strengen Sinn als Diözese errichtet. Ein Beispiel ist das Ordinariat für die byzantinischen Gläubigen in Österreich.
- Die »Exarchie« ist eine Gemeinschaft von Gläubigen einer katholischen Ostkirche, die nicht als Eparchie errichtet wurde (c. 311 § 1 CCEO). In der Lateinischen Kirche gibt es diese Rechtsform nicht. Es ist zu unterscheiden zwischen der »Apostolischen Exarchie«, die unmittelbar dem Apostolischen Stuhl unterstellt ist (z. B. die »Apostolische Exarchie für katholische Ukrainer des byzantinischen Ritus in Deutschland und Skandinavien«), und »Patriarchalen« bzw. »Großerzbischöflichen Exarchien«, die dem Patriarchen bzw. Großerzbischof unterstellt sind.
- Die Rechtsfigur einer »Apostolischen Personaladministration« wurde im Jahre 2001 für Anhänger der traditionellen Liturgie in Brasilien geschaffen, die zuvor nicht in voller Gemeinschaft mit der katholischen Kirche gelebt hatten (Apostolische Personaladministration St. Jean Marie Vianney auf dem Gebiet der Diözese Campos). Es besteht eine gewisse Ähnlichkeit zur Apostolischen Administratur; die Personaladministration ist aber, wie dieser Begriff zum Ausdruck bringt, nicht nur territorial, sondern auch personal umschrieben.
- Für anglikanische Gläubige, die in die volle Gemeinschaft mit der katholischen Kirche eintreten, wurde im Jahre 2009 die Rechtsform des »Personalordinariats« geschaffen.[66]

Im Jahre 2014 gehörten zur katholischen Kirche 2660 Bistümer (lateinisch), 190 Eparchien, 42 Gebietsprälaturen, 11 Gebietsabteien (10 lateinische, 1 ostkirchliche), 8 Apostolische Administraturen (7 lateinische, 1 ostkirchliche), 88 Apostolische Vikariate,

---

66 Siehe: Benedikt XVI., AK *Anglicanorum coetibus*, vom 4. 11. 2009: AAS 101 (2009) 985–990.

39 Apostolische Präfekturen, 7 Apostolische Administrationen, 8 *missiones sui iuris*, 36 Militärordinariate, 1 Apostolische Personaladministration, 3 Personalordinariate, 15 Patriarchale bzw. Großerzbischöfliche Exarchien, 16 Apostolische Exarchien, 5 sonstige einem Patriarchen unterstellte Gebiete sowie 5 Ordinariate für Gläubige der katholischen Ostkirchen.[67]

Für die Teilkirchen, bei denen es sich nicht um Diözesen handelt, gilt rechtlich gesehen im Großen und Ganzen dasselbe wie für Diözesen (vgl. c. 381 § 2). Die Zuständigkeit für die Errichtung, Änderung und Aufhebung von Teilkirchen liegt bei der höchsten Autorität der Kirche (c. 373). In den deutschsprachigen Ländern sind Änderungen der Diözesen aufgrund der Staatskirchenverträge nur im Einvernehmen mit dem Staat möglich.

B. Der Diözesanbischof

Als »Diözesanbischof« bezeichnet man den Bischof, dem dauerhaft die Leitung eines Bistums anvertraut ist (cc. 381–402). Das Amt des Bischofs gründet ebenso wie die Ämter des Papstes und des Bischofskollegiums im *ius divinum*. Der Diözesanbischof besitzt für sein Bistum volle Leitungsgewalt, d. h. gesetzgebende, ausführende und richterliche Gewalt. Ebenso wie im Falle des Papstes und des Bischofskollegiums gibt es also auch in der Person des Diözesanbischofs keine Gewaltenteilung. Bestimmte Entscheidungen (z. B. die Errichtung eines Kathedralkapitels oder die Dispens vom Zölibat) sind dem Apostolischen Stuhl vorbehalten, so dass die Zuständigkeit dafür dem Diözesanbischof entzogen ist. Hingegen besteht für Angelegenheiten, in denen die Bischofskonferenz zuständig ist (vgl. c. 455), im Allgemeinen eine konkurrierende Zuständigkeit zu der des Diözesanbischofs. Das heißt, solange die Bischofskonferenz in einer solchen Angelegenheit nicht von ihrer Zuständigkeit Gebrauch gemacht hat, kann auch der Diözesanbischof tätig werden. Wenn aber die Bischofskonferenz in einer solchen Angelegenheit ein Gesetz erlassen hat, kann der Diözesanbischof nicht mehr ein dem widersprechendes Gesetz erlassen (c. 135 § 2). Die Vollmacht zu authentischer Verkündigung des Glaubens kann der Bischof nur persönlich ausüben (c. 753). Dasselbe gilt für die gesetzgebende Gewalt; d. h., sie kann nicht delegiert werden (c. 135 § 2). Die ausführende Gewalt übt der Diözesanbischof entweder persönlich aus oder durch einen Generalvikar oder Bischofsvikar oder auf dem Wege der Delegation anderer Personen (z. B. Mitarbeiter im Ordinariat). Die richterliche Gewalt übt der Diözesanbischof in der Regel nur durch sein Diözesangericht aus, d. h. durch den Offizial (= Gerichtsvikar) und die Richter.

Die für die Bestellung zum Diözesanbischof erforderlichen Eigenschaften sind dieselben wie auch bei anderen Bischöfen: unter anderem ein Mindestalter von 35 Jahren, ein mindestens fünfjähriger Dienst als Priester und der kanonische Doktorgrad oder wenigstens der Grad des Lizentiaten in der Heiligen Schrift, der Theologie oder im kanonischen Recht oder wenigstens eine wirkliche Erfahrung in diesen Disziplinen

67 Die Angaben sind der Website www.gcatholic.org entnommen.

(c. 378 § 1). Für das Verfahren der Bestellung des Bischofs lässt c. 377 § 1 zwei Möglichkeiten zu: die Ernennung durch den Papst und die päpstliche Bestätigung einer rechtmäßigen Wahl. In den meisten Bistümern der Welt ernennt der Papst den Bischof frei. Vor der Auswahl der Person durch den Papst werden mehrere Befragungen durchgeführt: Einerseits regelmäßige Befragungen anderer Bischöfe (»absolutes Listenverfahren«, c. 377 § 2), andererseits eine besondere Befragung, wenn eine bestimmte Besetzung ansteht (»relatives Listenverfahren«, c. 377 § 3). Auf deren Grundlage und mit Hilfe von Recherchen über die Vorgeschlagenen (»Informativprozess«) legt der zuständige Gesandte des Papstes dem Apostolischen Stuhl eine Liste mit drei Kandidaten vor.

In einem Teil der deutschsprachigen Bistümer besteht ein Wahlrecht des Domkapitels; diese Wahlrechte sind größtenteils in Verträgen zwischen Staat und Kirche vereinbart. In Deutschland besteht ein Wahlrecht in 19 der 27 Bistümer, nämlich in allen Bistümern mit Ausnahme von Bayern und dem Bistum Speyer. Der Papst macht dazu dem Domkapitel einen Dreiervorschlag (»Terna«). In den bayerischen Diözesen und im Bistum Speyer legt das Domkapitel dem Papst eine Liste vor; der Papst wählt den Bischof aus dieser Liste oder aus einer der regelmäßig von den bayerischen Bischöfen und Domkapiteln vorgelegten Listen. In Österreich gibt es ein Wahlrecht des Domkapitels im Bistum Salzburg, in der Schweiz in den Bistümern Basel, Sankt Gallen und Chur. In den meisten deutschen Diözesen sowie in Österreich besteht aufgrund der Staatskirchenverträge die Verpflichtung, dass vor der Amtsübertragung die zuständige Landesregierung angefragt wird, ob gegen den Betreffenden Bedenken allgemeinpolitischer Art bestehen (»politische Klausel«). In Frankreich besitzt aufgrund des Napoleon-Konkordats für die Bistümer Straßburg und Metz der französische Präsident das Recht, den Bischof zu ernennen.

Zu den nach der Ernennung eines neuen Bischofs einzuhaltenden Schritten gehört die Bischofsweihe (falls der Betreffende nicht schon Bischof ist), die Ablegung von Glaubensbekenntnis und Treueid (c. 380), in einigen deutschen Bundesländern aufgrund von Verträgen zwischen Staat und Kirche ein staatlicher Treueid und schließlich die Besitzergreifung des Bistums (c. 382 § 2), normalerweise im Rahmen eines feierlichen Gottesdienstes; erst von da an darf der Bischof in seinem neuen Bistum sein Amt ausüben. Die Ernennung zum Diözesanbischof erfolgt unbefristet. Im Alter von 75 Jahren hat er dem Papst seinen Amtsverzicht anzubieten (c. 401 § 1).

Anders als in der Lateinischen Kirche werden die Bischöfe in den katholischen Ostkirchen, soweit es sich dabei um Patriarchatskirchen oder Großerzbischöfliche Kirchen handelt, nicht vom Papst ernannt, sondern von der betreffenden Synode der Bischöfe gewählt (cc. 180–189 CCEO). Allerdings ist die Zustimmung des Papstes erforderlich. Für eine Liste mit vermuteten Kandidaten wird die Zustimmung im Voraus eingeholt. Für den Fall, dass jemand gewählt wird, der nicht auf der Liste steht, wird die Zustimmung anschließend beantragt.

Ausführlich behandelt der CIC in cc. 383–400 die Aufgaben des Diözesanbischofs. Dazu gehören die pastorale Sorge für die Gläubigen, die Sorge um nichtkatholische Christen und Ungetaufte, die Fürsorge für die Priester, die Förderung von Berufungen, die Verkündigung des Glaubens und die Sorge für die Unversehrtheit der Glaubenslehre, die Förderung der Heiligkeit der Gläubigen, die Feier der hl. Messe für die ihm anvertrauten Gläubigen, der feierliche Gottesdienst in der Kathedralkirche, die Aufsicht über die Einhaltung der kirchlichen Vorschriften und die Beseitigung von Missbräuchen, die Förderung des Apostolats, die Visitation des Bistums sowie alle fünf Jahre ein Bericht an den Papst über den Zustand des Bistums (Quinquennalbericht) und anschließend ein Besuch in Rom (Ad-limina-Besuch). Nähere Anweisungen über den Dienst der Bischöfe enthält das von der Bischofskongregation veröffentlichte Direktorium *Apostolorum successores* aus dem Jahre 2004.[68]

C. Weihbischöfe und Bischofskoadjutor

Unter denjenigen Bischöfen, die nicht Diözesanbischöfe sind, behandelt der Codex den Auxiliarbischof – im Deutschen meist als »Weihbischof« bezeichnet – und den Bischofskoadjutor (cc. 403–411). Weihbischöfe können auf Ersuchen des Diözesanbischofs ernannt werden, wenn die pastoralen Erfordernisse einer Diözese es anraten (c. 403 § 1). Welche Erfordernisse das sein können, führt der Codex nicht aus; vor allem wird man an eine große Zahl von Firmungen denken. Für die Ernennung legt der Diözesanbischof dem Apostolischen Stuhl eine Liste mit drei Namen vor; dieser ist an die vorgelegte Liste nicht gebunden (c. 377 § 4). In der Regel müssen die Weihbischöfe vom Diözesanbischof zu General- oder Bischofsvikaren ernannt werden (c. 406 § 2). Diese Bestimmung geht auf das Zweite Vatikanische Konzil (*Christus Dominus* 26) zurück, das erreichen wollte, dass die Weihbischöfe den Diözesanbischof nicht nur durch die Ausübung ihrer Weihegewalt unterstützen, sondern auch bei der Leitung des Bistums; Weihe- und Leitungsgewalt sollten also nicht zu sehr voneinander getrennt werden. In der Praxis ist es in den deutschsprachigen Ländern selten, dass ein Weihbischof zum Generalvikar ernannt wird; meist werden die Weihbischöfe zu Bischofsvikaren ernannt (siehe dazu unten Abschnitt E).

Ein Bischofskoadjutor ist ein Bischof, der dem Diözesanbischof zur Seite gestellt wird und das Recht der Nachfolge hat (c. 403 § 3). D. h., sobald der bisherige Bischof stirbt oder sein Amt verliert (z. B. durch Annahme seines Amtsverzichts), wird der Bischofskoadjutor von Rechts wegen zum neuen Diözesanbischof (c. 409 § 1). Diese Vorgehensweise wählt der Apostolische Stuhl manchmal aufgrund außergewöhnlicher Umstände.

Alle Bischöfe, die nicht Diözesanbischöfe sind, also nicht nur Weihbischöfe und Bischofskoadjutoren, sondern auch emeritierte Diözesanbischöfe, Apostolische Nuntien u. a. –, heißen »Titularbischöfe«. Die meisten von ihnen erhalten als »Titel« den Namen eines untergegangenen Bistums (z. B. in Nordafrika). Diese Praxis erinnert daran, dass das Wesen des Bischofsamtes nur in Bezug zu einer Gemeinschaft von Gläubigen verstanden werden kann. Der emeritierte Diözesanbischof erhält hingegen nicht den Titel eines untergegangenen Bistums, sondern er ist Titularbischof als emeritierter Bischof seines bisherigen Bistums. Entsprechendes gilt für den Bischofskoadjutor.

---

68 Congr. Ep, Direktorium für den Hirtendienst der Bischöfe *Apostolorum successores*, vom 22. 2. 2004: Ochoa, Leges X, n. 6177, Sp. 17402–17562; dt.: VApSt 173.

D. Die Vakanz des Bischöflichen Stuhls

Der Bischöfliche Stuhl wird vakant (cc. 416–430) durch den Tod des Diözesanbischofs, die Annahme seines Amtsverzichts sowie seine Versetzung, Amtsenthebung oder Absetzung. In allen diesen Umständen tritt nicht eine Vakanz ein, falls ein Bischofskoadjutor bestellt ist; denn dieser würde sofort neuer Diözesanbischof. Wenn die Vakanz eintritt, verlieren der Generalvikar und die Bischofsvikare ihre Ämter (c. 481 § 1); ein Weihbischof, der zum General- oder Bischofsvikar ernannt ist, behält allerdings, wenn nicht im Einzelfall etwas anderes festgelegt wird, auch während der Vakanz die mit dem betreffenden Amt verbundenen Vollmachten (c. 409 § 2). Der Priesterrat hört mit Eintritt der Vakanz zu bestehen auf (c. 501 § 2); seine Aufgaben werden vom Konsultorenkollegium wahrgenommen; in einigen Bistümern ist dessen Aufgabe dem Domkapitel übertragen (vgl. unten Abschnitt F).

Sofern der Apostolische Stuhl nicht durch die Ernennung eines Apostolischen Administrators für die Leitung des Bistums Vorsorge getroffen hat, geht die Leitung des Bistums bei Eintritt der Vakanz zunächst für kurze Zeit auf den dienstältesten Weihbischof über bzw., falls es keinen Weihbischof gibt, auf das Konsultorenkollegium. Innerhalb von acht Tagen nach Kenntnisnahme der Vakanz hat dieses einen Diözesanadministrator zu wählen. Zum Diözesanadministrator ist ein Priester *(sacerdos)* zu wählen, der mindestens 35 Jahre alt ist und sich durch Wissen und Klugheit auszeichnet. Der Diözesanadministrator leitet das Bistum so lange, bis der neue Bischof von seinem Bistum Besitz ergriffen hat. Alle, die das Bistum während der Vakanz leiten, dürfen im Bistum keine größeren Veränderungen vornehmen (*sede vacante nihil innovetur*; c. 428 § 1). Zum Beispiel kann der Diözesanadministrator keine Pfarrer ernennen, es sei denn, das Bistum ist bereits mehr als ein Jahr lang vakant (c. 525, 2°).

E. Die Diözesankurie

Die Diözesankurie (cc. 469–494) besteht aus den Einrichtungen und Personen, die dem Diözesanbischof bei der Leitung des Bistums helfen; er ernennt alle ihre Amtsträger. Zur Diözesankurie gehört einerseits das Ordinariat (oder »Generalvikariat«), das für die Verwaltung zuständig ist, d. h. für die Ausübung der ausführenden Gewalt, andererseits das für die Rechtsprechung zuständige Diözesangericht (oder »Offizialat«, in manchen Bistümern »Konsistorium« genannt).

Der wichtigste Amtsträger des Ordinariats ist der Generalvikar. Er ist der Stellvertreter des Bischofs für den Bereich der ausführenden Gewalt. Das Recht lässt zu, dass mehrere Generalvikare zugleich bestellt werden; das kann jedoch leicht zu Schwierigkeiten in der Zuständigkeitsabgrenzung führen und ist daher nicht üblich. Voraussetzungen für die Ernennung zum Generalvikar sind die Priesterweihe, ein Mindestalter von 30 Jahren und weitere Eigenschaften gemäß c. 478 § 1. Der Bischofsvikar unterscheidet sich vom Generalvikar dadurch, dass er nicht für das gesamte Bistum, sondern nur für einen bestimmten Gebietsteil oder Geschäftsbereich ernannt wird oder für einen bestimmten Personenkreis, z. B. für die Ordensleute oder für die Gläubigen einer bestimmten dem Diözesanbischof unterstellten *Ecclesia sui iuris*. Der Diözesanbischof kann zur Förderung der pastoralen Tätigkeit einen »Bischofsrat« einsetzen, der aus den Generalvikaren und den Bischofsvikaren besteht (c. 473 § 4). Der Ausdruck »Ortsordinarius« umfasst sowohl den Diözesanbischof persönlich als auch den Generalvikar und – im Rahmen seines Zuständigkeitsbereichs – den Bischofsvikar (c. 134 §§ 1–2). Wenn im Recht dagegen ausdrücklich vom »Diözesanbischof« gesprochen wird, ist nur dieser persönlich gemeint, nicht der Generalvikar und Bischofsvikar (c. 134 § 3). Allerdings kann bei solchen Bestimmungen (sofern es sich nicht um Gesetzgebung, sondern um Verwaltung handelt) der Bischof dem General- oder Bischofsvikar einen besonderen Auftrag (»Spezialmandat«) erteilen, die betreffenden Angelegenheiten zu übernehmen (cc. 134 § 3, 479 § 1). In Deutschland besteht vielerorts die – allerdings fragwürdige – Praxis, dass der Bischof den Generalvikar pauschal für alle derartigen Angelegenheiten bevollmächtigt.

Die nähere Struktur der Ordinariate – z. B. eine Gliederung in »(Haupt-)Abteilungen«, »Referate« oder »Dezernate« – bleibt weitgehend dem Diözesanrecht überlassen. In den deutschsprachigen Ländern ist es vielfach üblich, dass die Stellen der Abteilungsleiter zu einem großen Teil mit Domkapitularen besetzt werden. Aber auch Nichtkleriker können zu Abteilungsleitern im Ordinariat ernannt werden; sie tragen dann z. B. den Titel »Ordinariatsrat« bzw. »Ordinariatsrätin«. Typischerweise gibt es eine regelmäßig (meist einmal wöchentlich) tagende (Haupt-)Abteilungsleiterkonferenz (z. B. als »Ordinariatskonferenz« bezeichnet). Für den Bereich Finanzen sieht der CIC verpflichtend die Einrichtung eines Vermögensverwaltungsrats und die Bestellung eines Diözesanökonomen vor. Der Vermögensverwaltungsrat besteht aus mindestens drei vom Bischof ernannten Gläubigen mit entsprechenden Fachkenntnissen. Er hat den Haushaltsplan des Bistums zu erstellen und die Jahresrechnung zu genehmigen. Für bestimmte Handlungen im vermögensrechtlichen Bereich benötigt der Bischof die Zustimmung des Vermögensverwaltungsrats.[69] Die in Deutschland und Österreich verbreiteten Amtsbezeichnungen »Finanzdirektor« bzw. »Finanzkammerdirektor« können sich je nach Bistum auf das Amt des Diözesanökonomen, aber auch auf ein davon verschiedenes Amt beziehen. Der rechtliche Vertreter des Bistums im staatlichen Rechtsbereich und Leiter der Abteilung für staatliches Recht heißt nach üblichem deutschem Sprachgebrauch »Justitiar«. Die Zuständigkeit für die »Verwaltungskanonistik«, d. h. die nicht-gerichtlichen Angelegenheiten des kanonischen Rechts, kann unterschiedlich geordnet sein: In einigen Bistümern liegt sie (als »Stabsstelle«) bei einem Mitarbeiter des Generalvikars, in anderen in einer Rechtsabteilung, in wieder anderen ist sie dem Diözesangericht übertragen. In vielen Bistümern ist ein »Diözesancaritasdirektor« ernannt. Zum Personal der Diözesankurie gehört auch der Kanzler, der für die Ausfertigung, Herausgabe und Aufbewahrung der Akten zuständig ist; sein Büro heißt »Kanzlei«. Er kann von Notaren unterstützt werden. Es kann auch ein Priester als »Moderator« der Kurie ernannt werden, der die gesamte Arbeit der Kurie koordiniert; üblicherweise ist diese Aufgabe aber mit der des Generalvikars verbunden. Der Diözesankurie sind häufig Kommissionen zugeordnet (z. B. für Liturgie, Kunst, Kirchenmu-

69 Cc. 1263, 1277, 1281 § 2, 1292 § 1, 1295.

sik, Ökumene). Es sind mehrere Archive vorgeschrieben: das gewöhnliche Diözesanarchiv (»allgemeines Archiv«), das Geheimarchiv sowie ein historisches Archiv.

F. Diözesane Versammlungen und Gremien

Für die Kirche als *Communio* ist es wichtig, dass an der Leitung des Bistums durch den Diözesanbischof und seine Mitarbeiterinnen und Mitarbeiter auch die übrigen Gläubigen des Bistums beteiligt werden, die auf diesem Weg ihre Teilhabe am *munus regendi* ausüben. Zu diesem Ziel sieht das kanonische Recht viele Arten von Versammlungen und Gremien vor. Sie lassen sich danach unterscheiden, ob sie aus besonderem Anlass einberufen werden oder dauerhaft bestehen und ob der CIC sie verpflichtend, fakultativ oder überhaupt nicht vorsieht. Die innere Ordnung der einzelnen Gremien erfolgt durch ein Statut (vgl. c. 94). Dabei kann es sich um ein vom Bischof erlassenes Statut handeln oder um ein Statut, das sich das betreffende Gremium selbst gibt (»Satzungsautonomie«) und das dann vom Bischof genehmigt wird. Zu den nachstehend genannten Gremien kommen noch die bereits im Zusammenhang mit der Diözesankurie genannten Gremien hinzu (Abschnitt E: Vermögensverwaltungsrat, Bischofsrat oder ähnliche, nicht im CIC vorgesehene Gremien und Kommissionen).

	Versammlungen	**Gremien**
vom CIC verpflichtend vorgesehen	---	• Priesterrat • Konsultorenkollegium (bzw. Domkapitel) • Vermögensverwaltungsrat
vom CIC vorgesehen, aber nicht notwendigerweise verpflichtend	• Diözesansynode	• Bischofsrat • (Diözesan-)Pastoralrat
vom CIC nicht erwähnt (Beispiele)	• »Diözesanforum« u. ä.	• Diözesanrat der Katholiken = Katholikenrat • Kirchensteuerrat • Diakonenrat • Rat der Gläubigen anderer Muttersprache • Ordensrat

- Die Diözesansynode (cc. 460–468) ist eine Versammlung von Priestern und anderen Gläubigen eines Bistums, die zum Wohl des Bistums den Diözesanbischof unterstützen. Diözesansynoden sind seit dem 6. Jh. nachweisbar. Sie sollen abgehalten werden, wenn nach dem Urteil des Diözesanbischofs und nach Anhören des Priesterrats die Umstände dies anraten. Der einzige Gesetzgeber auf der Diözesansynode ist der Diözesanbischof; die Beschlüsse der Synode können daher nur beratenden Charakter haben. Nähere Anweisungen über die Abhaltung von Diözesansynoden enthält eine Instruktion aus dem Jahre 1997.[70] Faktisch finden Diözesansynoden nur noch selten statt.

- Etliche Bistümer haben in den Jahrzehnten seit dem Zweiten Vatikanischen Konzil Versammlungen abgehalten, die zur Diözesansynode eine gewisse Ähnlichkeit haben, die aber nicht den einzelnen Bestimmungen des CIC über Diözesansynoden folgen. Die Bezeichnungen für diese Treffen bzw. Prozesse lauteten etwa »Diözesanforum«, »Pastorales Forum«, »Pastoralgespräch«, »Diözesanversammlung«. Ein Grund dafür, dass solche vom Codex nicht vorgesehenen Formen gewählt werden, dürfte sein, dass man sich davon eine verglichen mit der Diözesansynode größere Flexibilität erhofft, insbesondere, was die personelle Zusammensetzung angeht.
- Der Priesterrat (cc. 495–502) geht auf das Zweite Vatikanische Konzil zurück und ist verpflichtend vorgeschrieben. Er ist ein Kreis von Priestern, die das Presbyterium des Bistums vertreten und den Bischof – wie eine Art »Senat« – bei der Leitung des Bistums unterstützen, um das pastorale Wohl der Gläubigen zu fördern. Der Priesterrat ist also nicht als Interessenvertretung der Priester konzipiert. Etwa die Hälfte der Mitglieder des Priesterrats wird durch eine Wahl bestimmt; die übrigen nehmen kraft Amtes oder aufgrund einer Ernennung durch den Bischof teil. Vor bestimmten Entscheidungen hat der Bischof den Priesterrat anzuhören, z. B. vor der Errichtung oder Auflösung von Pfarreien. Die Bischofskonferenz kann für die Priesterräte in ihrem Bereich Rahmenvorgaben machen; die Österreichische und die Schweizer Bischofskonferenz haben von dieser Möglichkeit Gebrauch gemacht.
- Das Konsultorenkollegium (c. 502) ist ein Kreis von 6 bis 12 Priestern, die vom Bischof aus den Mitgliedern des Priesterrats ausgewählt werden und die ihn bei der Leitung des Bistums unterstützen. Für bestimmte Handlungen, vor allem im Bereich des Vermögensrechts, benötigt der Bischof seine Zustimmung (cc. 1277, 1292). Nach dem Eintritt der Vakanz des bischöflichen Stuhls wählt es den Diözesanadministrator (c. 421 § 1). Die Bischofskonferenz kann beschließen, dass die Aufgaben des Konsultorenkollegiums dem Domkapitel übertragen werden. Die Deutsche und die Österreichische Bischofskonferenz haben das getan; die Schweizer Bischofskonferenz hat die Entscheidung dieser Frage dem einzelnen Diözesanbischof überlassen. Naheliegend ist diese Aufgabenübertragung vor allem dort, wo das Domkapitel aufgrund der Verträge zwischen Kirche und Staat bei der Besetzung des bischöflichen Stuhls mitwirkt.
- Der Diözesanpastoralrat (cc. 511–514) geht auf das Zweite Vatikanische Konzil zurück. Seine Aufgabe besteht darin, den Bischof im Hinblick auf das pastorale Wirken im Bistum zu beraten. Ein Diözesanpastoralrat ist zu bilden, »sofern die seelsorglichen Verhältnisse es anraten« (c. 511). Etwa zwei Drittel der deutschen Bistümer haben diesen Rat eingerichtet.
- Der »Diözesanrat (der Katholiken)«, den es in den meisten deutschen Bistümern gibt, ist davon verschieden. Anders als der Diözesanpastoralrat ist er nicht primär der verfassungsrechtlichen Struktur der Kirche zuzuordnen, sondern eher dem Ver-

---

70 Congr. Ep und Congr. EvGent, Instruktion *In Constitutione Apostolica*, vom 19. 3. 1997: AAS 89 (1997) 706–721.

einigungsrecht. Typischerweise gehören zum Diözesanrat vor allem Mitglieder, die von Gremien der »mittleren Ebene« (z. B. Dekanatsräten) gewählt werden, und Mitglieder, die von den katholischen Verbänden gewählt werden. Der Rat geht auf das Zweite Vatikanische Konzil zurück (*Apostolicam Actuositatem* 26); im gesamtkirchlichen Recht wurde er nicht aufgegriffen. Seine Aufgaben sind vor allem die Beratung des Bischofs, die Koordinierung des Apostolats der Laien und die Veröffentlichung von Stellungnahmen, die sich an die gesamte Gesellschaft richten. Das »Zentralkomitee der deutschen Katholiken« besteht vor allem aus Vertretern der Diözesanräte; hinzu kommen Vertreter der katholischen Verbände und weitere Mitglieder.

- Der Kirchensteuerrat ist eine Besonderheit, die sich aus dem deutschen Kirchensteuersystem ergibt. Dieses System verlangt, dass es ein kirchliches Organ gibt, das den Kirchensteuerhebesatz beschließt. Die Kirchensteuerräte auf diözesaner Ebene wurden Anfang der 60er Jahre geschaffen, im Zuge des Übergangs von der Ortskirchensteuer zur Diözesankirchensteuer. Der Rat besteht zu über zwei Dritteln aus gewählten Laien; hinzu kommen – je nach Bistum unterschiedlich – einige Mitglieder von Amts wegen, z. B. Generalvikar, Finanzdirektor. In einigen Bistümern sind dem Kirchensteuerrat auch die Aufgaben des Diözesanvermögensverwaltungsrates (siehe Abschnitt E) übertragen.
- Außer den bislang genannten Räten kann das Diözesanrecht noch weitere Räte vorsehen, z. B. Räte mit der Funktion einer Art »Standesvertretung« für bestimmte Berufsgruppen (Kapläne, Diakone, Pastoral- oder Gemeindereferenten/innen) oder Räte für bestimmte Gruppen von Gläubigen (Gläubige anderer Muttersprache, Ordensleute).

G. Kanonikerkapitel

Das Kanonikerkapitel (cc. 503–510) ist eine Gemeinschaft von Priestern, deren Aufgabe es ist, die feierlichen Gottesdienste in der Kapitelskirche durchzuführen. Ist ein Kanonikerkapitel an der Kathedrale des Bistums eingerichtet, wird es »Kathedralkapitel« genannt, häufig auch »Domkapitel« bzw. – in Erzbistümern – »Metropolitankapitel«. Kanonikerkapitel an anderen Kirchen – sie heißen »Kollegiatkapitel« oder »Stiftskapitel« – gibt es kaum noch. Die Vollmacht, die einzelnen Mitglieder des Kapitels zu ernennen – d. h., die »Kanonikate zu übertragen« – liegt beim Diözesanbischof, ggf. unter Beachtung von Mitwirkungsrechten des Kapitels. Zu den Domkapitularen (= Domherren) gehört auch der »Bußkanoniker« (= Pönitentiar), der im Rahmen des Bußsakraments von Exkommunikation und Interdikt befreien kann. Er hat typischerweise einen bestimmten Beichtstuhl in der Kathedralkirche. Die Anweisung des Codex, dass es dieses Amt geben muss, wird allerdings häufig nicht umgesetzt.

In Deutschland und Österreich[71], je nach Bistum auch in der Schweiz, fungiert das Domkapitel auch als Konsultorenkollegium (siehe oben Abschnitt F). Der Vorsit-

71 Vgl. Stephan Haering u. a. (Hrsg.), Statuten der deutschen Domkapitel, Metten 2003; Johann Hirnsperger u. a. (Hrsg.), Statuten der österreichischen Kathedral- und Kollegiatkapitel, Metten 2007.

zende des Domkapitels trägt meist den Titel »Dompropst«. Als »Domvikare« oder »Dompräbendare« bezeichnet man Kleriker, die nicht zum Domkapitel gehören, es aber durch ihre Arbeit unterstützen, z. B. durch ihren Dienst in der Diözesankurie. Die in einigen deutschen Bistümern bestehende Rechtsfigur des »nichtresidierenden Domkapitulars«, d. h. eines Domkapitulars, der normalerweise nicht in der Bischofsstadt wohnt, geht darauf zurück, dass auf staatlicher Seite der Wunsch bestand, dass an den Vollmachten des Domkapitels – insbesondere dem Recht zur Bischofswahl – Priester aus verschiedenen Teilen des Bistums (d. h. nicht nur aus der Bischofsstadt) beteiligt sein sollten.

§ 20 Die Kirchenprovinz (cc. 431–438)

Literatur: Hohl, Heinrich, Das Amt des Metropoliten und die Metropolitanverfassung in der Lateinischen Kirche, Essen 2010.

Kirchenprovinzen sind seit dem 4. Jh. nachweisbar. Ihre Errichtung als Verbände mehrerer benachbarter Diözesen dient einem gemeinsamen pastoralen Vorgehen. Nach geltendem Recht sollen alle Bistümer zu Kirchenprovinzen zusammengeschlossen sein; es soll also keine »exemten« Bistümer mehr geben. In Deutschland gibt es sieben Kirchenprovinzen (Bamberg, Berlin, Freiburg, Hamburg, Köln, München-Freising und Paderborn), in Österreich zwei (Salzburg, Wien). In der Schweiz wurden bislang keine Kirchenprovinzen eingerichtet. Das Hauptbistum einer Kirchenprovinz heißt »Metropolitanbistum«, sein Diözesanbischof »Metropolit«. Die übrigen Bistümer heißen »Suffraganbistümer«, geleitet von »Suffraganbischöfen«. Das Metropolitanbistum hat den Rang eines Erzbistums; der Metropolit ist ein Erzbischof. Umgekehrt ist jedoch nicht jeder Erzbischof ein Metropolit; denn der Titel »Erzbischof« wird auch einigen anderen Bischöfen übertragen, z. B. den Apostolischen Nuntien und bestimmten Amtsträgern in der Römischen Kurie. Außerdem gibt es neben den Metropolitanbistümern auch einige andere Bistümer, die in den Rang eines Erzbistums erhoben sind, z. B. die exemten Bistümer Luxemburg und Liechtenstein

Der Metropolit besitzt unter normalen Umständen keine Leitungsgewalt über die Suffraganbistümer. Unter besonderen Umständen hat er dort aber einzelne Vollmachten. Wenn z. B. das Konsultorenkollegium eines Suffraganbistums nicht innerhalb der vorgeschriebenen Zeit nach Eintritt der Vakanz des Bischöflichen Stuhls einen Diözesanadministrator gewählt hat, kann der Metropolit auf dem Wege der »Devolution« dieses Amt übertragen (c. 421 § 2). Nicht nur unter besonderen Umständen, sondern regelmäßig hat das Metropolitanbistum insofern eine besondere Funktion, als das dortige Gericht als 2. Instanz für die Gerichte der Suffraganbistümer fungiert (c. 1438, 1°). Insgesamt ist von der hohen Bedeutung, die die Kirchenprovinz in vergangenen Zeiten hatte, im geltenden Recht nur wenig übrig geblieben. Außer dem Titel »Erzbischof« gibt es in der Lateinischen Kirche für bestimmte Bistümer oder Staaten die Titel »Patriarch« (z. B. von Venedig) und »Primas« (z. B. von Ungarn). Dabei handelt es sich heute größtenteils um Ehrentitel ohne rechtliche Konsequenzen.

§ 21 Das Partikularkonzil (cc. 439–446)

Im Unterschied zum Ökumenischen Konzil, das für die Gesamtkirche zusammentritt, ist das Partikularkonzil eine Versammlung, die für ein aus mehreren Teilkirchen bestehendes Gebiet zusammentritt. Solche »Konzilien« (oder »Synoden«) sind seit dem 2. Jh. nachweisbar. Das geltende Recht sieht zwei Formen von Partikularkonzilien vor: das Provinzialkonzil (für das Gebiet einer Kirchenprovinz) und das Plenarkonzil (für das Gebiet einer Bischofskonferenz). Beschließendes Stimmrecht auf dem Partikularkonzil haben nur die Bischöfe; am Konzil teilnehmende Priester und andere Gläubige können nur beratendes Stimmrecht haben. Während die Bischofskonferenz nur für bestimmte Angelegenheiten Gesetzgebungskompetenz besitzt, kann das Partikularkonzil für alle möglichen Angelegenheiten Gesetze erlassen. Partikularkonzilien finden nur noch selten statt. Ähnlichkeit mit Partikularkonzilien hatten die Synoden, die in Deutschland, Österreich und der Schweiz in den 70er Jahren zur Umsetzung des Zweiten Vatikanischen Konzils stattfanden.

§ 22 Die Bischofskonferenz (cc. 447–459)

Literatur: Müller, Hubert/Pottmeyer, Hermann J., (Hrsg.), Die Bischofskonferenz, Düsseldorf 1989.

Bischofskonferenzen sind im Laufe des 19. Jh. zuerst in einigen mitteleuropäischen Ländern, u. a. in Deutschland, als unverbindliche Zusammenkünfte von Bischöfen entstanden. Das Zweite Vatikanische Konzil hat dann die Bischofskonferenz als eine Ebene der Verfassungsstruktur der Kirche verbindlich vorgesehen und der Bischofskonferenz rechtliche Kompetenzen übertragen. Normalerweise sind die Bischofskonferenzen für das Gebiet eines Staates errichtet; es gibt aber einige Ausnahmen, vor allem im Falle von sehr kleinen Staaten. Weltweit gibt es zurzeit 114 Bischofskonferenzen. In der Bischofskonferenz sind die Bischöfe des betreffenden Gebiets zusammengeschlossen, um für ihr Gebiet gemeinsame pastorale Aufgaben auszuüben. In den katholischen Ostkirchen gibt es keine Bischofskonferenzen, sondern andere Arten von Zusammenschlüssen. Zur Bischofskonferenz gehören nicht nur die Diözesanbischöfe, sondern auch die Weihbischöfe und die übrigen Bischöfe, die im Konferenzgebiet eine Aufgabe erfüllen; die emeritierten Bischöfe sind keine Mitglieder mehr. Die Bischofskonferenz verfügt über Satzungsautonomie. Ihre Organe sind die Vollversammlung, zu der alle Bischöfe gehören, der Ständige Rat (in Österreich werden seine Aufgaben von der Vollversammlung wahrgenommen[72]), der Vorsitzende und sein Stellvertreter, sowie eine Reihe von Kommissionen. Die Bischofskonferenz unterhält ein (General-)Sekretariat, geleitet vom (General-)Sekretär der Bischofskonferenz. In Deutschland wurde zur Wahrnehmung rechtlicher und finanzieller Angelegenheiten

---

72 Congr. Ep, Dispens, vom 24. 3. 2001: ABl ÖBK Nr. 30 (2000) 8; vgl. ABl ÖBK Nr. 3 (1989) 45.

der Deutschen Bischofskonferenz der »Verband der Diözesen Deutschlands (VDD)« eingerichtet.

Für bestimmte Angelegenheiten besitzt die Bischofskonferenz Gesetzgebungskompetenz (vgl. oben § 5 B). Außerdem ist die Bischofskonferenz für bestimmte Verwaltungsakte für Einzelfälle zuständig, z. B. gemäß c. 825 für die Approbation einer Bibelübersetzung und gemäß c. 312 für die Errichtung eines nationalen Vereins. Beschlüsse der Bischofskonferenz über Rechtnormen (Gesetze, Ausführungsverordnungen) bedürfen einer Zweidrittelmehrheit. Beschlüsse mit Gesetzescharakter und Beschlüsse, durch die die Bischofskonferenz ihr authentisches Lehramt (c. 753) ausübt, bedürfen einer Überprüfung *(recognitio)* durch den Apostolischen Stuhl. Eine *recognitio* von Lehrdokumenten ist nicht erforderlich, wenn sie einstimmig beschlossen werden (siehe dazu das im Jahre 1998 erlassene MP *Apostolos Suos* über die Lehrautorität der Bischofskonferenz). Die Bischofskonferenz übt nicht Aufsicht über die einzelnen Bistümer und Bischöfe aus; Beschwerden gegen das Handeln von Bischöfen sind an den Apostolischen Stuhl zu richten.

Die Bayerischen Bischöfe (einschließlich dem Bischof von Speyer) haben sich – neben ihrer Zugehörigkeit zur Deutschen Bischofskonferenz – zur »Freisinger Bischofskonferenz« (auch als »Bayerische Bischofskonferenz« bezeichnet) zusammengeschlossen. Dabei handelt es sich aber nicht um eine Bischofskonferenz im Sinne des CIC, sondern um einen vergleichsweise lockeren Zusammenschluss. Auf europäischer Ebene haben sich die Bischofskonferenzen im Jahre 1971 zum »Rat der Europäischen Bischofskonferenzen (CCEE)« zusammengeschlossen[73]; ähnliche Zusammenschlüsse gibt es auch auf anderen Kontinenten. Für das Gebiet der Europäischen Union besteht außerdem die »Kommission der Bischofskonferenzen der Europäischen Gemeinschaft (ComECE)«.

§ 23 Die Pfarrei, der Pfarrer und die übrigen pastoralen Dienste (cc. 515–552)

Literatur: Hallermann, Heribert, Pfarrei und pfarrliche Seelsorge, Paderborn 2004; Demel, Sabine u. a. (Hrsg.), Im Dienst der Gemeinde, Münster 2002; Schick, Ludwig, Die Pfarrei, St. Ottilien 1988.

A. Die Pfarrei

Jede Teilkirche muss in Pfarreien gegliedert sein (c. 374 § 1). Der Ausdruck »Pfarrei« oder – vor allem in Österreich – »Pfarre« (*paroecia*, von griechisch παροικία, abgeleitet von πάροικος = Nachbar, Fremdling; oder *parochia*, etymologisch unklar) bezeichnet nicht ein Territorium, sondern eine Gemeinschaft *(communitas)* von Gläubigen, die in einer Teilkirche auf Dauer errichtet ist und die unter der Autorität des Diözesanbischofs einem Pfarrer als ihrem eigenen Hirten anvertraut ist. Die Zugehörigkeit

73 Deutsche Übers. des Statuts vom Mai 1995: ABl ÖBK Nr. 19 (1996) 4 f.

des einzelnen Gläubigen zu einer Pfarrei bestimmt sich in der Regel territorial, d. h. nach dem kanonischen Wohnsitz (c. 107 § 1); es besteht aber auch die Möglichkeit von Personalpfarreien, z. B. nach Ritus, Sprache oder Nationalität. In Deutschland gibt es (in der Lateinischen Kirche) nur ganz wenige Personalpfarreien (vgl. § 25 A). Denn für Gläubige anderer Muttersprache werden in der Regel keine Pfarreien errichtet, sondern *missiones cum cura animarum* oder andere Organisationsformen (vgl. § 25 C). Den Mittelpunkt der pfarrlichen Gemeinschaft soll die Feier der Eucharistie bilden (c. 528 § 2). Hier liegt der innere Grund dafür, warum es zur Definition der Pfarrei gehört, einen Pfarrer zu haben, der Priester sein muss (c. 521 § 1). Die Vollmacht zur Errichtung, Aufhebung oder Änderung von Pfarreien liegt beim Diözesanbischof; er hat vor diesen Entscheidungen den Priesterrat anzuhören. Aus besonderen Gründen kann er entscheiden, nicht eine Pfarrei, sondern eine Quasi-Pfarrei (c. 516) zu errichten; von rechtlich angeordneten Ausnahmen abgesehen, gelten für sie dieselben Bestimmungen wie für Pfarreien. In Deutschland und Österreich gibt es, vor allem aus staatskirchenrechtlichen Gründen, sehr viele solche Quasi-Pfarreien, unter Bezeichnungen wie »Pfarrvikarie«, »Pfarrkuratie«, »(selbständige) Kuratie«, »Kuratgemeinde«, »Kuratbenefizium«, »Rektoratspfarrei«, »Pfarrrektorat«, »Pfarrexpositur«, »Lokalie«. Im Zuge der Zusammenlegungen zu Großpfarreien werden die bisherigen Quasi-Pfarreien allerdings wohl zunehmend verschwinden. Der Diözesanbischof kann eine Pfarrei einem Ordensinstitut anvertrauen, vorübergehend oder auf Dauer (c. 520); darüber ist ein Vertrag abzuschließen. Auch in diesem Fall muss ein bestimmter Priester zum Pfarrer ernannt werden. Eine noch engere Verbindung zwischen einer Pfarrei und einem Ordensinstitut ist bei Inkorporationsverhältnissen gegeben, die bei vielen Pfarreien in Österreich noch bestehen.[74]

B. Der Pfarrer

Der Pfarrer *(parochus)* ist der eigene Hirte *(pastor proprius)* der ihm übertragenen Pfarrei. Die Verwendung des Titels »Pfarrer« wird oft auch anderen Priestern gestattet, die nicht Leiter einer Pfarrei sind und deswegen keine »Pfarrer« im Sinne des CIC sind, z. B. »Hochschulpfarrern«, »Pfarrern« einer Gemeinde von Gläubigen anderer Muttersprache u. a. Der CIC geht von dem Regelfall aus, dass einem Pfarrer eine Pfarrei zugeordnet ist (c. 526 § 1). Faktisch ist dieses Modell in den deutschsprachigen Ländern jedoch selten geworden; die Ausnahmen davon sind zum Normalfall geworden:

- Wegen Priestermangels oder anderer Umstände können mehrere Pfarreien, die benachbart sind, denselben Pfarrer haben (c. 526 § 1).
- In der Praxis wird ein Priester stattdessen häufig nur in einer Pfarrei als Pfarrer, in einer oder mehreren anderen dagegen als Pfarradministrator (vgl. cc. 539–540) eingesetzt. Dieses Modell ist rechtlich gesehen problematisch; denn die Ernennung

74 Vgl. ABl ÖBK Nr. 7 (1992) 7–10.

eines Pfarradministrators ist im CIC nur als vorübergehende Maßnahme vorgesehen für die Zeit der Vakanz oder für die Zeit, in der ein Pfarrer an der Ausübung seines Amtes gehindert ist. Die wichtigste rechtliche Konsequenz der Entscheidung, nicht einen Pfarrer, sondern einen Pfarradministrator einzusetzen, besteht darin, dass der Pfarradministrator leichter versetzt bzw. seines Amtes enthoben werden kann als ein Pfarrer, da nicht das Versetzungs- bzw. Amtsenthebungsverfahren für Pfarrer (cc. 1740–1752) eingehalten werden muss.

- Wo die Umstände es erfordern, kann die Leitung einer oder mehrerer Pfarreien »solidarisch« *(in solidum)* einem Team von Priestern anvertraut werden (c. 517 § 1). Einer der Priester ist dann der Leiter der Pastoral; für die Vollmachten der einzelnen Mitglieder des Teams gelten die Bestimmungen in cc. 542–544. Dieses Leitungsmodell »Priesterteam« ist nicht so zu verstehen, dass es in einer Pfarrei mehrere Pfarrer geben könnte.
- Schließlich lässt der Codex auch zu, dass eine Pfarrei wegen Priestermangels einem Nichtpriester oder einer Gemeinschaft anvertraut wird (c. 517 § 2). In diesem Fall muss es einen Priester geben, der mit den Vollmachten und Befugnissen eines Pfarrers ausgestattet ist und die Pastoral leitet. Er ist aber nicht Pfarrer; die Pfarrei bleibt also dauerhaft vakant. Ein Diakon, ein anderer Gläubiger, der nicht Priester ist, oder eine Gemeinschaft wird an der Ausübung der Pastoral beteiligt. Die nähere Ausgestaltung dieses Modells bleibt dem Diözesanbischof überlassen; er kann sie im Einzelfall vornehmen oder durch die Diözesangesetzgebung.

Für die Ernennung zum Pfarrer ist die Priesterweihe eine Gültigkeitsvoraussetzung; nähere Anforderungen an die Eignung sind Rechtgläubigkeit, Rechtschaffenheit, Seeleneifer usw. (c. 521). Für Geistliche, die in Deutschland ein geistliches Amt bekleiden, hat sich die Kirche im Reichskonkordat (Art. 14) auf weitere Eignungsvoraussetzungen verpflichtet: die deutsche Staatsangehörigkeit, das Abitur oder ein gleichwertiger, zum Studium in Deutschland berechtigender Abschluss sowie ein wenigstens dreijähriges philosophisch-theologisches Hochschulstudium in Deutschland oder Rom; bei Einverständnis zwischen Staat und Kirche kann von diesen Voraussetzungen abgesehen werden. Ähnliche Vereinbarungen wurden für Österreich getroffen.[75]

Die vom CIC vorgesehene Überprüfung der Eignung (c. 521 § 3) geschieht in Deutschland und Österreich typischerweise durch das »Pfarrexamen«, das zum Teil auch als »Zweite Dienstprüfung« bezeichnet wird. Die Zuständigkeit für die Ernennung von Pfarrern liegt beim Diözesanbischof. In der Regel besitzt er das Recht der freien Ernennung; es können aber auch Vorschlags- oder Wahlrechte bestehen, z. B. wenn die Pfarrei einem Ordensinstitut anvertraut ist. Das Auswahlverfahren verlangt die Anhörung des Dechanten und geeignete Nachforschungen, ggf. auch eine Anhörung von Priestern und Laien. Das Diözesanrecht kann das Verfahren näher ausgestalten.[76] Die Ernennung erfolgt normalerweise auf unbegrenzte Zeit (c. 522); die Bischofskonferenz kann aber die Ernennung auf begrenzte Zeit zulassen. Die Schwei-

75 Art. XI § 2 b) ÖK.
76 Vgl. ABl ÖBK Nr. 1 (1984) 8 f.

zer Bischofskonferenz hat von dieser Möglichkeit Gebrauch gemacht[77], die Deutsche und die Österreichische Bischofskonferenz nicht. Zwischen Ernennung und Beginn der Amtsausübung muss eine Amtseinführung *(missio in possessionem)* erfolgen (c. 527 § 2). Die Form der Amtseinführung richtet sich nach dem Partikularrecht oder dem Gewohnheitsrecht. Üblicherweise ist die Amtseinführung mit einem feierlichen Gottesdienst verbunden. Bei Amtsantritt müssen Glaubensbekenntnis (c. 833, 6°) und Treueid abgelegt werden. Für die Versetzung und die Amtsenthebung von Pfarrern enthält der CIC detaillierte Verfahrensvorschriften (cc. 1740–1752). Sie ermöglichen dem Bischof, einen Pfarrer letztlich auch gegen seinen Willen zu versetzen bzw. – wenn ein entsprechender Grund vorliegt – seines Amtes zu entheben. Im Alter von 75 Jahren hat der Pfarrer den Amtsverzicht anzubieten (c. 538 § 3). Nach dem Partikularrecht der deutschsprachigen Bistümer ist auch ein früherer Eintritt in den Ruhestand möglich. Im Allgemeinen wünschen die Bistümer auch nach einem Amtsverzicht eine gewisse Betätigung im pastoralen Dienst, vor allem als »Subsidiar« (siehe unten Abschnitt D).

Ausführlich werden in cc. 519–535 die Rechte, Pflichten und Aufgaben des Pfarrers dargestellt. Wenn eine Pfarrei vakant wird oder der Pfarrer an der Ausübung seines Amtes gehindert ist, ist ein Pfarradministrator zu ernennen (cc. 539–540). Im Deutschen sind dafür auch die Bezeichnungen »Pfarrverwalter« und »Pfarrverweser« üblich; in Österreich spricht man im Falle der Vakanz vom »Provisor«, im Falle der Amtsbehinderung des Pfarrers vom »Administrator«.[78] Solange kein Pfarradministrator ernannt ist, liegt die Aufgabe der Vertretung des Pfarrers beim Pfarrvikar bzw., falls es mehrere gibt, beim dienstältesten Pfarrvikar bzw., falls es keinen Pfarrvikar gibt, bei dem nach dem Partikularrecht dazu bestimmten Pfarrer.[79] Für den Stellvertreter eines vorübergehend (z. B. wegen Urlaubs oder Krankheit) abwesenden Pfarrers werden z. B. die Ausdrücke *vicarius substitutus*[80] oder »Substitut«[81] verwendet.

C. Der Pfarrvikar

Der Ausdruck »Pfarrvikar« *(vicarius paroecialis)* bezeichnet einen Priester, der den Pfarrer bei der Erfüllung seiner Aufgaben in der Pfarrei (oder in mehreren Pfarreien) unterstützt, sei es in umfassender Weise oder für bestimmte territorial oder personal abgegrenzte Teile der Pfarrei (z. B. ein Pfarrvikar für die Jugendlichen der Pfarrei). Die konkrete Aufgabenbeschreibung kann bereits im Ernennungsdekret erfolgen; sie kann aber auch dem Pfarrer überlassen werden. Es wird empfohlen, dass Pfarrer und Pfarrvikar(e) einen gewissen Brauch des gemeinsamen Lebens *(vita communis)* pflegen, z. B. gemeinsame Mahlzeiten, gemeinsames Stundengebet usw. Im Deutschen

77 SBK, Partikularnorm vom 21. 1. 1986: AfkKR 155 (1986) 498.
78 Vgl. ABl ÖBK Nr. 1 (1984) 8.
79 Vgl. ABl ÖBK Nr. 1 (1984) 9.
80 Vgl. can. 474 CIC/1917; ABl Limburg 1999, 13.
81 Vgl. ABl ÖBK Nr. 1 (1984) 8.

wird für den Pfarrvikar meist der Ausdruck »Kaplan« verwendet[82]; dieser Ausdruck steht dann also nicht für den in cc. 564–572 behandelten *cappellanus* (siehe dazu § 25 A); in manchen Gebieten wird der Pfarrvikar auch »Kooperator« genannt. In der Regel werden neu geweihte Priester zunächst einige Jahre als Pfarrvikare eingesetzt, bevor sie zum Pfarrer ernannt werden.

D. Der Subsidiar

Der im CIC nicht verwendete Ausdruck »Subsidiar« bezeichnet einen Priester, der nebenberuflich – z. B. zusätzlich zu einer Tätigkeit als Hochschullehrer oder als beschränkte Tätigkeit während seines Ruhestandes – in einer Pfarrei als Seelsorger eingesetzt ist. Die rechtliche Stellung des Subsidiars ist in den meisten Diözesen nicht in allgemeiner Weise festgelegt. Soweit der Subsidiar förmlich ernannt wird, ergeben sich seine Rechte und Pflichten aus der Ernennungsurkunde.

E. Der Ständige Diakon

Unter den Helfern des Pfarrers erwähnt c. 519 nach den übrigen Priestern zunächst die Diakone. Dazu zählen sowohl die Diakone, die sich auf die Priesterweihe vorbereiten, als auch die Ständigen Diakone. Nähere Anweisungen für den Dienst der Ständigen Diakone gibt der Codex nicht; die Kleruskongregation hat dazu im Jahre 1998 ein Direktorium veröffentlicht.[83] Viele Bistümer haben jeweils für ihren Bereich Ordnungen für den Ständigen Diakonat erlassen. Die Dokumente betonen dabei die Mitwirkung des Diakons in allen drei Grunddiensten: der Diakonie des Wortes, der Liturgie und der Nächstenliebe.

F. Die Pastoral- und Gemeindeassistenten und -referenten/innen

Die Mitwirkung von Laien an der Hirtensorge des Pfarrers für die Pfarrei wird im Codex nur kurz erwähnt (c. 519); alles Weitere bleibt dem Partikularrecht überlassen. In den deutschsprachigen Diözesen wurden für pastorale Dienste von Laien hauptamtliche Berufe geschaffen, für die die Bezeichnungen »Pastoral-« bzw. »Gemeindereferent/in« verwendet werden. Die Verwendung dieser Berufsbezeichnungen ist allerdings nicht einheitlich, weder unter den deutschsprachigen Ländern noch innerhalb Deutschlands. Ein Unterscheidungskriterium für die verschiedenen Berufe ist in der Regel das jeweils geforderte Niveau der Ausbildung bzw. der Studien. Sowohl für die Fragen der Ausbildung als auch die des Einsatzes dieser pastoralen Mitarbeiter/innen hat die Deutsche Bischofskonferenz Rahmenvorgaben als Gesetzgebungsempfehlung

82 Ebd.

83 Congr. Cler, Direktorium für den Dienst und das Leben der Ständigen Diakone, vom 22. 2. 1998: AAS 90 (1998) 879–927; dt.: VApSt 132.

für die Diözesanbischöfe beschlossen.[84] Pastoralreferenten/innen werden in einem Teil der Bistümer nicht auf der Ebene der Pfarrei, sondern nur in größeren Einheiten eingesetzt. Einheitlich wurden von den deutschen Bischöfen Richtlinien über persönliche Anforderungen an Diakone und Laien im pastoralen Dienst im Hinblick auf Ehe und Familie erlassen.[85]

Soweit es um die Mitwirkung von Laien am spezifischen Dienst der Priester geht, ist die von acht Kurienbehörden im Jahre 1997 erlassene Instruktion *Ecclesiae de mysterio* zu beachten.[86] Ein besonderes Augenmerk richten die Dokumente darauf, dass die genannten Dienste eine eigene Prägung besitzen und nicht einfach als Ersatz für den Dienst der nicht in ausreichender Zahl vorhandenen Priester konzipiert werden.

G. Die pfarrlichen Räte

Der CIC sieht in cc. 536–537 zwei pfarrliche Räte vor: Die Einrichtung eines Vermögensverwaltungsrats *(consilium a rebus oeconomicis)* ist für alle Pfarreien verpflichtend vorgeschrieben. Ob außerdem ein Pastoralrat *(consilium pastorale)* eingerichtet wird, bleibt der Entscheidung des Diözesanbischofs überlassen. Wenn ja, muss den Vorsitz in diesem Rat der Pfarrer haben; der Pastoralrat – dem auch die übrigen Seelsorger angehören – hat nur beratendes Stimmrecht. In beiden Räten üben deren Mitglieder ihre Teilhabe am *munus regendi* der Kirche aus. Die Einzelheiten hinsichtlich der beiden Räte, insbesondere auch hinsichtlich der Wahl ihrer Mitglieder, bleiben der Diözesangesetzgebung überlassen. In einigen Bistümern wurde für die Wahl zu diesen Räten das »Familienwahlrecht« eingeführt, d. h., Eltern erhalten für ihre noch nicht wahlberechtigten Kinder zusätzliche Stimmen.

In den Pfarreien der meisten Diözesen in Deutschland gibt es sowohl ein Gremium, das für pastorale Fragen zuständig ist, als auch ein Gremium, das für die Vermögensverwaltung zuständig ist. Der Rat für pastorale Fragen heißt meist »Pfarrgemeinderat« (PGR). Die Bezeichnungen für den Vermögensverwaltungsrat sind sehr vielfältig (siehe Abschnitt H). In einigen deutschen Bistümern ist für alle oder für einen Teil der Pfarreien vorgesehen, dass ein einziges Gremium sowohl für die Vermögensverwaltung als auch für pastorale Fragen zuständig ist; es wird dann als »Kirchengemeinderat« bezeichnet. Die Strukturen des Pfarrgemeinderats stammen in den meisten deutschen Bistümern noch aus der Zeit vor dem Inkrafttreten des CIC und stimmen nicht mit den Vorgaben in c. 536 überein. Den Vorsitz im Pfarrgemeinderat hat in diesen Bistümern nämlich nicht der Pfarrer, und der Rat hat nicht nur beraten-

---

84 Siehe dazu vor allem: DBK, Rahmenstatuten für Gemeindereferenten/-referentinnen und Pastoralreferenten/-referentinnen, vom 20./21. 6. 2011 (Die deutschen Bischöfe 96, 7–30).

85 Die deutschen Bischöfe, Richtlinien über persönliche Anforderungen an Diakone und Laien im pastoralen Dienst im Hinblick auf Ehe und Familie, vom 28. 9. 1995: Die deutschen Bischöfe 63, 41 f.

86 Congr. Cler u. a.: Instruktion *Ecclesiae de mysterio*, vom 15. 8. 1997: AAS 89 (1997) 852–877; dt.: VApSt 129.

des Stimmrecht, sondern kann verbindliche Beschlüsse fassen; allerdings hat der Pfarrer dabei ein Art Vetorecht. Eine Anpassung dieser hergebrachten Struktur an c. 536 hielten die meisten deutschen Bischöfe nicht für erforderlich. Dabei wurde vor allem argumentiert, dass der Pastoralrat gemäß c. 536 nicht verpflichtend einzurichten sei; der Pfarrgemeinderat deutscher Tradition sei nicht einfach als Verwirklichung des kodikarischen Pastoralrats aufzufassen, sondern sei ein *aliud*, wenn auch nicht ein *totaliter aliud*, und deswegen auch nicht an die entsprechenden Vorgaben gebunden. Von der Sache her entspricht das im CIC vorgesehene Modell allerdings besser als das herkömmliche deutsche Modell der im *ius divinum* gründenden hierarchischen Struktur der Kirche. Zwar macht es im Ergebnis keinen Unterschied, ob der Pfarrgemeinderat etwas beschließt oder der Pfarrer einen Vorschlag des Rates annimmt – bzw. umgekehrt, ob der Pfarrer einen Vorschlag nicht annimmt oder einen Beschluss durch sein Veto-Recht verhindert. Von seinem Wesen her entspricht es dem Amt des Pfarrers, der für seine Pfarrei zur Teilhabe am Amt des Bischofs berufen ist (c. 519), aber besser, dass in denjenigen Fällen, in denen sich Pfarrer und Pfarrgemeinderat einig sind, die Entscheidung formal vom Pfarrer ausgeht und nicht vom Pfarrgemeinderat.

In allen österreichischen Bistümern besteht sowohl ein in Übereinstimmung mit c. 536 eingerichteter »Pfarrgemeinderat« als auch ein – unterschiedlich bezeichneter – Vermögensverwaltungsrat. Soweit in den Schweizer Bistümern ein Pfarreirat oder Seelsorgerat eingerichtet ist, entspricht er – wie in Deutschland – in der Regel nicht den Vorgaben in c. 536. Die Vermögensverwaltung der Pfarreien ist in der Schweiz weitgehend von dem sogenannten »dualen System« geprägt, wonach der Pfarrei eine nach staatlichem Recht eingerichtete »Kirchgemeinde« zur Seite steht, deren Struktur sich nach den Vorgaben des staatlichen Rechts richtet.

H. Die Vermögensverwaltung der Pfarrei

Im kanonischen Rechtsbereich verfügt die Pfarrei erst seit dem Inkrafttreten des CIC über Rechtspersönlichkeit. Bis dahin war das Vermögen der Pfarrei zwei verschiedenen Stiftungen zugeordnet: der »Pfründestiftung« (*beneficium*, Stellenvermögen) zum Unterhalt des Pfarrers (und ggf. weiteren Stiftungen für andere Amtsträger) und der »Kirchenstiftung« (*fabrica ecclesiae*, Gotteshausvermögen) für den Aufwand des Gotteshauses. Im preußischen Rechtskreis und später im ganzen Deutschen Reich kam als Rechtsträger im staatlichen Rechtsbereich die »Kirchengemeinde« als Körperschaft des öffentlichen Rechts hinzu, in der Schweiz die »Kirchgemeinde«. Viele dieser Rechtsträger bestehen bis in die Gegenwart hinein; wie sich das Vermögen der Pfarrei darauf verteilt, hat sich unter dem Einfluss des staatlichen Rechts sehr unterschiedlich entwickelt. In den ehemals preußischen Gebieten steht als Rechtsträger die Kirchengemeinde im Vordergrund, in Süddeutschland und Österreich die Kirchenstiftung, in der Schweiz die Kirchgemeinde.

Als Kirchenvermögen unterliegt das Vermögen der Pfarrei den Bestimmungen in Buch V des Codex. Für die näheren Einzelheiten gilt in Nordrhein-Westfalen nach wie vor das Preußische Gesetz über die Verwaltung des katholischen Kirchenvermögens aus dem Jahre 1924, das als Eingriff in das Selbstbestimmungsrecht der Kirche zwar verfassungswidrig ist, von der Kirche aber hingenommen wird. In den übrigen Teilen Deutschlands und ebenso in Österreich wurden für die Vermögensverwaltung diözesane Gesetze erlassen, in den ehemals preußischen Gebieten meist als »Kirchenvermögensverwaltungsgesetz«, in den bayerischen Bistümern als »Ordnung für kirchliche Stiftungen«, in Österreich als »Pfarrkirchenratsordnung« bezeichnet. In der Schweiz ist die Vermögensverwaltung überwiegend durch staatliches Recht geordnet.

Gemäß c. 532 liegt die rechtliche Vertretung der Pfarrei beim Pfarrer. Bei enger Auslegung gilt das allerdings nicht für die älteren Vermögensträger (Pfründestiftung und Gotteshausvermögen), deren rechtliche Vertretung so bleiben kann wie vor Inkrafttreten des CIC. Was Deutschland angeht, hat der Papst in Anbetracht der früheren Rechtslage im Jahre 1983 ein Indult[87] erteilt, wonach c. 532 auch im Hinblick auf die rechtliche Vertretung der Pfarrei nicht eingehalten zu werden braucht. Die rechtliche Vertretung der Pfarrei kann in Deutschland also weiterhin in den Händen des Vermögensverwaltungsrats bleiben, der je nach Region als »Kirchenvorstand«, »Verwaltungsrat«, »Kirchenverwaltung«, »Kirchenausschuss«, »Stiftungsrat« oder »Kirchengemeinderat« bezeichnet wird. Für die Kassen- und Rechnungsführung wird entweder vom Vermögensverwaltungsrat eine Einzelperson (z. B. »Rendant«, »Kämmerer« oder »Kirchenpfleger«) bestellt, oder es wird eine diözesane Behörde (z. B. »Rendantur« oder »Rentamt«) beauftragt, die für die Vermögensverwaltung mehrerer Pfarreien zugleich zuständig ist. In Österreich gehört das pfarrliche Vermögen größtenteils der Kirchenstiftung; sie wird vom Vermögensverwaltungsrat vertreten, der als »Pfarrkirchenrat«, »Wirtschaftsrat« oder »Verwaltungsausschuss des Pfarrgemeinderats« bezeichnet wird.

§ 24 Zwischenebenen zwischen Pfarrei und Diözese

Literatur: Althaus, Rüdiger, Amt und Aufgaben des Dechanten im katholischen Kirchenrecht, Essen 1996.

A. Pastorale Zwischenebenen zwischen Pfarrei und Dekanat

Für die Gestaltung von Zwischenebenen zwischen Pfarrei und Dekanat macht das gesamtkirchliche Recht keine Vorgaben. Die Entwicklungen, die es in diesem Bereich gibt, sind unter den Bistümern sehr unterschiedlich. Einen Überblick über die Situation und den Planungsstand in Deutschland im Jahre 2007 gibt die Dokumentation eines Studientags, den die Deutsche Bischofskonferenz zu diesem Thema durchgeführt hatte.[88] Einerseits besteht in vielen Bistümern der Wunsch, größere Einheiten

87 Vgl. ABl Limburg 1984, 1; Wortlaut des Indults: MK CIC zu c. 532, Rn. 7 (Februar 2009).

88 »Mehr als Strukturen ... Entwicklungen und Perspektiven der pastoralen Neuordnung in den Pfarreien« (Arbeitshilfen 213) und »Mehr als Strukturen ... Neuorientierung der Pastoral in den (Erz-)Diözesen. Ein Überblick« (Arbeitshilfen 216).

zu schaffen; im Hintergrund dieses Wunsches steht die abnehmende Zahl von Priestern, die abnehmenden Zahl von Gläubigen, auch im Hinblick auf die Mitarbeit in Gremien usw., die Notwendigkeit finanzieller Sparmaßnahmen, die allgemein zu beobachtende Vergrößerung der Lebensräume, der Wunsch nach einer Verbesserung der Zusammenarbeit benachbarter Gemeinden und der Wunsch einer wirksameren Gestaltung der kategorialen Seelsorge. In einer gewissen Spannung dazu steht der Wunsch, die bisherigen Gemeinden bis zu einem gewissen Grad beizubehalten; im Hintergrund dieses Wunsches steht das größere Zusammengehörigkeitsgefühl in kleineren Gebieten, vor allem in ländlichen Regionen, der Wunsch, ein gewisses Maß an Selbständigkeit zu bewahren sowie eine Beharrungstendenz rechtlicher Strukturen, insbesondere im vermögensrechtlichen Bereich. Dabei zeigt sich, dass rechtliche Beharrungskräfte größer sind, wenn als Inhaber des pfarrlichen Vermögens Stiftungen im Vordergrund stehen. Zu der Neuorientierung gehört fast überall die Schaffung von Organisationsformen, die größer sind als die bisherigen Pfarreien. Das kann geschehen durch die Fusionierung von Pfarreien (vgl. c. 121), wobei dann meist bisherige Pfarreien als rechtlich unselbständige Einheiten weiterbestehen bleiben, oder durch die Schaffung von Zusammenschlüssen von Pfarreien, die rechtlich bestehen bleiben. Beide Formen sind nebeneinander in ein und demselben Bistum möglich. Die Bezeichnungen für die neuen, größeren Organisationsformen sind vielfältig: Teils wählt man Bezeichnungen, die auf das Zusammenschließen Bezug nehmen, wie »Pfarrverband«, »Gemeindeverbund«, »Pfarreiengemeinschaft«, »Gemeinschaft von Gemeinden«; teils wählt man Bezeichnungen, die die pastorale Zielsetzung in den Vordergrund stellen, wie »Seelsorgeeinheit«, »Seelsorgebezirk«, »Pastoraler Raum«. Für die Charakterisierung der Entwicklung in einem bestimmten Bistum lässt sich fragen, ob zwischen Pfarrei und Dekanat eine oder mehrere Zwischenebenen vorgesehen sind, ob die Bildung solcher Zwischenstrukturen flächendeckend für das ganze Bistum oder von Fall zu Fall erfolgt, ob sie auf die Initiative der Bistumsleitung oder auf die Initiative der betroffenen Gebiete hin erfolgt und welche Organe es in den neuen Strukturen gibt (einen oder mehrere Pfarrer, eine Einzelperson als Leiter der gesamten Einheit, ein Gremium der pastoralen Mitarbeiter/innen, ein Gremium mit Vertretern der Pfarrgemeinderäte oder nur einen gemeinsamen, pfarreiübergreifenden »Pfarrgemeinderat«). Der Diözesanbischof hat bei der Neugestaltung sehr weitreichende Vollmachten. Bei Änderungen der Pfarreien muss er den Priesterrat anhören (c. 515 § 2); er ist aber nicht verpflichtet, dessen Meinung zu folgen. Eine Zustimmung der einzelnen Pfarreien oder ihrer Gremien zu den Änderungen ist nach gesamtkirchlichem Recht nicht erforderlich.

B. Kirchengemeindeverband, Gesamtverband

Während die in Abschnitt A. beschriebenen Zusammenschlüsse vornehmlich pastorale Ziele verfolgen, geht es bei Zusammenschlüssen von zivilen Rechtsträgern mehrerer Pfarreien typischerweise vor allem um administrative Ziele. Ein solcher Zusammenschluss wird z. B. als »Kirchengemeindeverband« oder »Gesamtverband« bezeichnet. In Deutschland hat er gemäß Art. 140 GG i. V. m. Art. 137 Abs. 5 Satz 3

WRV, sobald er errichtet ist, den Rechtsstatus einer Körperschaft des öffentlichen Rechts. Bei vielen dieser Verbände handelt es sich um Zusammenschlüsse aller katholischen Kirchengemeinden einer Stadt. Das legt sich insbesondere dort nahe, wo die Kirchengemeinden einer Stadt zu verschiedenen Bistümern gehören. Zu den Aufgaben solcher Verbände gehört etwa, Ansprechpartner für kommunale Stellen zu sein, die Meldedaten der staatlichen Einwohnermeldeämter entgegenzunehmen, als Träger katholischer Institutionen wie Schulen, Krankenhäuser usw. zu fungieren und die Staatsleistungen entgegenzunehmen, die die Kirche z. B. aufgrund der Säkularisation von 1803 erhält.

C. Das Dekanat (cc. 553–555)

Die einzige vom gesamtkirchlichen Recht vorgesehene Zwischenebene zwischen Pfarrei und Bistum ist das Dekanat (*vicariatus foraneus*, c. 374 § 2). Die Gliederung des Bistums in Dekanate ist nach geltendem Recht nicht obligatorisch; da sie aber bis zum Inkrafttreten des CIC vorgeschrieben war, sind die meisten Bistümer nach wie vor in Dekanate gegliedert. Die Umstrukturierung der Pfarreien geht vielfach auch mit einem Prozess der Verringerung der Anzahl der Dekanate einher. Als Ziel der Bildung von Dekanaten nennt der CIC »die Förderung der Hirtensorge durch gemeinsames Handeln« (c. 374 § 2).

Der Priester, der dem Dekanat vorsteht, wird Dechant[89] oder Dekan genannt; im Lateinischen begegnen verschiedene Ausdrücke, vor allem *vicarius foraneus, decanus* oder *archipresbyter.* Seine Bestellung erfolgt in vielen Bistümern aufgrund einer Wahl, bei der die Pfarrer und ggf. auch die pastoralen Mitarbeiter/innen oder Vertreter der pfarrlichen Gremien Wahlrecht besitzen. Zu seinen Aufgaben gehört die Sorge um Dienst und Leben der Kleriker und übrigen pastoralen Mitarbeiter/innen im Dekanat, die Begleitung und Koordinierung der pastoralen Arbeit im Dekanat sowie die Unterstützung der kirchlichen Verwaltung; dazu gehört insbesondere eine Visitation der Pfarreien des Dekanats, die zum Teil im Unterschied zur bischöflichen Visitation als »Verwaltungsvisitation« bezeichnet wird. Andere Organe im Dekanat sieht das gesamtkirchliche Recht nicht vor; sie sind aber partikularrechtlich möglich, z. B. ein Stellvertretender Dechant, eine Dekanatspastoralkonferenz, eine Arbeitsgemeinschaft der Pastoralräte im Dekanat, ein Dekanatspastoralrat. Zu den auf Dekanatsebene angestellten Mitarbeitern können z. B. Dekanatsjugendseelsorger, -frauenseelsorger oder -kirchenmusiker gehören. In einigen Bistümern werden Schuldekane für die Aufsicht über Religionsunterricht und Schulseelsorge bestellt.

D. Zwischenebenen zwischen Dekanat und Bistum

Zur Frage von Zwischenebenen zwischen Dekanat und Bistum äußert sich das gesamtkirchliche Recht nicht. Etwa die Hälfte der deutschen Bistümer haben, unter

89 Das Wort wird je nach Region auf der ersten oder der zweiten Silbe betont.

Bezeichnungen wie »Region«, »Bezirk« oder »Stadt-« bzw. »Kreisdekanat« eine solche Gliederung geschaffen, um die Zusammenarbeit auf dem Gebiet der Pastoral zu fördern und ggf. auch, um Ansprechpartner für staatliche Stellen zu schaffen. Zum Teil richtet sich die Gliederung in Regionen nach den Grenzen der Bundesländer, über die sich die Bistümer erstrecken. Eine besondere Art von Region ist auch das »Bischöflich Münstersche Offizialat« mit Sitz in Vechta, eine Exklave des Bistums Münster im Land Niedersachsen, auch als »Region Oldenburg« bezeichnet. Eigene Organe auf der Ebene der Region, z. B. einen Regionaldechant oder einen Regionalpastoralrat, hat nur ein Teil der in Regionen gegliederten Bistümer geschaffen. Wie in solchen Bistümern die Aufgaben zwischen Dechant und Regionaldechant verteilt werden, ist sehr unterschiedlich: In manchen Bistümern kommen viele Aufgaben dem Dechanten zu, während der Regionaldechant nur geringe Bedeutung hat; in anderen Bistümern ist es umgekehrt. In einigen Bistümern ist den Regionen jeweils ein Weihbischof (»Regionalbischof«) zugeordnet. Er kann für die jeweilige Region das Amt eines Bischofsvikars innehaben; das ist aber nicht überall der Fall. Im Erzbistum Wien wird der Zuständigkeitsbereich eines Bischofsvikars als »Vikariat« bezeichnet.

§ 25 *Kategoriale Seelsorge (cc. 383, 518, 564–572)*

Literatur: Olsen, Torbjørn, Die Natur des Militärordinariats, Berlin 1998; Holkenbrink, Georg, Die rechtlichen Strukturen für eine Migrantenpastoral, Romae 1994.

A. Rechtliche Strukturen der kategorialen Seelsorge

Da die »territoriale Seelsorge«, die sich im Rahmen der (Territorial-)Pfarreien an alle in einem Gebiet wohnhaften Gläubigen wendet, viele Gläubige nur schwer erreichen kann, erscheint es sinnvoll, zusätzlich Strukturen zu schaffen, um sich auch den anderen Gläubigen besser zuwenden zu können. Während der Codex als Gegenbegriff zum Ausdruck »territorial« eher den Ausdruck »personal« verwendet (z. B. c. 518: »Personalpfarrei«), ist im deutschen kirchlichen Sprachgebrauch der Ausdruck »kategoriale Seelsorge« üblich geworden. Dazu gehört vor allem die Seelsorge:

- für Menschen in bestimmten »Häusern« u. ä. (Krankenhäuser, Altenheime, Gefängnisse, Kasernen, Heime, Internate, Arbeitsbetriebe, Flughäfen, Schiffe; ggf. spricht man dabei von »Anstaltsseelsorge«),
- für bestimmte Berufe u. ä. (Soldaten, Polizei, Pflegeberufe, Schüler/innen, Studierende bzw. Hochschulangehörige, Schausteller, Seeleute, Arbeitslose),
- für Menschen mit bestimmten Eigenschaften (Gläubige einer anderen Muttersprache, Männer, Frauen, Jugendliche, Senioren, Behinderte, Gehörlose, Blinde),
- für Menschen in bestimmten Situationen (Kranke, Flüchtlinge, Aussiedler, Wallfahrer, Urlauber, Touristen, Obdachlose, Notfallseelsorge),
- für bestimmte Gemeinschaften (Ordenshäuser, Verbände, Vereine).

In einer gewissen Nähe zur kategorialen Seelsorge stehen auch besondere Kommunikationsformen der Seelsorge wie Telefon- oder Internetseelsorge. Der CIC weist – ohne diesen Ausdruck zu verwenden – des Öfteren auf die Notwendigkeit kategorialer Seelsorge hin (cc. 383 § 1, 529 § 1, 771 § 1). Zwischen territorialer und kategorialer Seelsorge besteht notwendigerweise ein Spannungsverhältnis. Einerseits muss eine kategoriale Seelsorge gewährleistet sein, weil bestimmte Gläubige sonst zu wenig erreicht werden. Andererseits sollte die kategoriale Seelsorge nicht so sehr ausgebaut werden, dass die betreffenden Gläubigen dadurch zu sehr den Territorialpfarreien entzogen werden. Der CIC sieht für die kategoriale Seelsorge mehrere Rechtsformen vor; die Entscheidung darüber, welche Rechtsform im Einzelfall angemessen ist, liegt bei der zuständigen kirchlichen Autorität, d. h. in der Regel beim Diözesanbischof (vgl. c. 516 § 2):

- Wenngleich Bistümer und Pfarreien normalerweise territorial abgegrenzt sind, können sie z. B. auch für Gläubige errichtet werden, die einem anderem Ritus, einer anderen Sprache oder Nationalität angehören (cc. 372, 383 § 2, 518). Ähnlich kann eine Pfarrei für die in einem Gebiet wohnhaften Studierenden errichtet werden (c. 813). Faktisch sind solche Personalbistümer und -pfarreien aber sehr selten; normalerweise werden für die genannten Zielgruppen andere Organisationsformen gewählt.
- Für Studierende erwähnt der Codex die Möglichkeit der Errichtung von »katholischen Universitätszentren« (c. 813). Die meisten in Deutschland bestehenden Hochschulgemeinden kann man als solche – nicht als Pfarrei errichtete – Zentren ansehen. Häufig wenden sie sich nicht nur an die Studierenden, sondern an alle Hochschulangehörigen.
- Um dem Bischof bzw. dem Pfarrer bei seiner Hirtensorge für bestimmte Arten von Gläubigen zur Seite zu stehen, können Bischofsvikare und Pfarrvikare eingesetzt werden (cc. 383 § 2, 476, 545 § 2). Zum Beispiel kann in einem Bistum ein Bischofsvikar für die Ordensleute bestellt werden.
- Für die Seelsorge an einer Gemeinschaft oder einem besonderen Kreis von Gläubigen kann ein Priester als »Kaplan« *(cappellanus)* bestellt werden (cc. 564–572). Als Beispiele nennt der Codex Kapläne für Auswanderer, Vertriebene, Flüchtlinge, Nomaden, Seeleute, Krankenhäuser, Gefängnisse, Schiffe, Ordenshäuser sowie Militärkapläne. Da man im Deutschen den Ausdruck »Kaplan« üblicherweise für den Pfarrvikar verwendet (vgl. § 23 C), wird für den *cappellanus* im Deutschen oft eine andere Übersetzung gewählt, z. B. »Seelsorger«, »Hausgeistlicher«, »Hauskaplan«, »Kurat« u. a.
- Schließlich ist es auch möglich, Priester, Diakone oder andere Gläubige haupt- oder nebenamtlich als Seelsorger für eine bestimmte Art von Gläubigen zu bestellen, ohne dabei eine der voranstehend genannten Rechtsformen zu wählen (vgl. cc. 383 § 2, 813). Die genaue Rechtsstellung ergibt sich dann aus dem Ernennungsdekret. Für die in Deutschland lebenden Heimatvertriebenen und Aussiedler werden von der Deutschen Bischofskonferenz »Kanonische Visitatoren« bestellt.

Soweit es um Seelsorge an Menschen geht, die in Einrichtungen leben oder in Berufen tätig sind, für die der Staat Verantwortung trägt, kann es sich nahelegen, über die

Seelsorge Vereinbarungen zwischen Staat und Kirche abzuschließen (z. B. für die Gefängnisseelsorge und die Polizeiseelsorge). Die Bestellung der Seelsorger erfolgt in solchen Bereichen dann typischerweise im Einvernehmen zwischen Kirche und Staat.

B. Militärseelsorge (c. 569)

Als Rahmengesetz für die Militärseelsorge wurde im Jahre 1986 die AK *Spirituali militum curae* erlassen. Darin wird für die einzelnen Länder die Errichtung von »Militärordinariaten« *(Ordinariatus militares)* vorgesehen, die auch »Armeeordinariate« *(Ordinariatus castrenses)* heißen können. Das Militärordinariat wird geleitet von einem Ordinarius, der in der Regel Bischof sein soll und der einem Diözesanbischof gleichgestellt ist. Seine Jurisdiktion besteht kumulativ zu der des Diözesanbischofs. Es findet also keine Exemtion von der Gewalt des territorial zuständigen Diözesanbischofs statt, sondern beide sind gleichzeitig für die Soldaten und ihre Familien zuständig. An militärischen Orten (d. h. vor allem: in den Kasernen) besteht die Jurisdiktion des Diözesanbischofs und der territorial zuständigen Pfarrer aber nur in zweiter Linie oder subsidiär. Der Militärordinarius kann ein eigenes Priesterseminar errichten, Kandidaten zu den Weihen zulassen und Kleriker inkardinieren. Die einzelnen Militärseelsorger sind keine Pfarrer, haben aber die Rechte und Pflichten von Pfarrern. Sie führen eigene Kirchenbücher.

Im Jahre 2014 gab es weltweit 36 Militärordinariate. Die grundlegende Übereinkunft über die katholische Militärseelsorge bei der Deutschen Bundeswehr bildet Art. 27 des Reichskonkordats. Für das Nähere gelten vom Papst mit staatlichem Einverständnis erlassene Statuten[90] aus dem Jahre 1989. Zum Militärbischof wird ein in Deutschland residierender Diözesanbischof ernannt. Abweichend von den gesamtkirchlichen Vorgaben unterhält er kein eigenes Priesterseminar und inkardiniert keine Kleriker. Stattdessen bleiben die Kleriker auch während der Zeit ihrer Tätigkeit in der Militärseelsorge ihren bisherigen Inkardinationsverbänden zugehörig. Ihre Dienstzeit in der Militärseelsorge soll normalerweise auf 6 bis maximal 12 Jahre begrenzt sein. Auch das für Österreich errichtete Militärordinariat wird als »Militärseelsorge« bezeichnet. Die grundlegende Übereinkunft darüber bildet Art. VIII des Österreichischen Konkordats. Für das Nähere gelten die im Jahre 1989 für Österreich erlassenen Statuten[91]; sie entsprechen den gesamtkirchlichen Normen über die Militärordinariate.

C. Seelsorge für Gläubige anderer Muttersprache

Für die Seelsorge an Gläubigen anderer Muttersprache gelten neben einigen Bestimmungen des Codex (cc. 518, 568) das von Papst Paul VI. erlassene MP *Pastoralis migratorum cura* aus dem Jahre 1969 und die vom Päpstlichen Rat der Seelsorge für

90 Johannes Paul II., Statuten für den Jurisdiktionsbereich des Katholischen Militärbischofs für die Deutsche Bundeswehr, vom 23. 11. 1989: AAS 81 (1989) 1284–1294.

91 ABl ÖBK Nr. 3 (1989), 45–48.

die Migranten und Menschen unterwegs im Jahre 2004 erlassene Instruktion *Erga migrantes caritas Christi*. Im Hinblick auf die Anstellung von Seelsorgern aus den Ursprungsländern der Gläubigen anderer Muttersprache sollen die Bischofskonferenzen des Heimatlandes und des Tätigkeitslandes für die Koordination Sorge tragen. Was die Organisationsform der Seelsorge angeht, sprechen die gesamtkirchlichen Normen – neben der Möglichkeit der Schaffung einer Personalpfarrei – vor allem von der Errichtung einer *missio cum cura animarum*. Sie ist keine Pfarrei im eigentlichen Sinn; aber der Leiter hat im Wesentlichen dieselben Rechte und Pflichten wie ein Pfarrer. Er besitzt die Befugnis zur Eheschließungsassistenz und führt eigene Kirchenbücher. Seine Vollmachten bestehen kumulativ zu den Vollmachten des Ortspfarrers. Die Gläubigen, die die betreffende Muttersprache haben, können frei auswählen, ob sie sich an den Ortspfarrer oder den Leiter der Mission wenden wollen.

Die Koordination der Seelsorge für Gläubige deutscher Muttersprache im Ausland erfolgt durch das Katholische Auslandssekretariat der Deutschen Bischofskonferenz.[92] Im Jahr 2014 gab es im Ausland ca. 120 deutschsprachige katholische Gemeinden; an 60 dieser Standorte gab es hauptamtliche Seelsorger/innen. Die Beauftragung erfolgt in der Regel für fünf Jahre, mit der Möglichkeit von Verlängerungen. Umgekehrt wird bei Seelsorgern für Gläubige anderer Muttersprache, die sich in den deutschsprachigen Ländern aufhalten, in der Regel erwartet, dass sie nach einigen Jahren der Tätigkeit im deutschsprachigen Bereich zumindest vorübergehend in ihre Heimat zurückkehren. Was die Organisationsform der muttersprachlichen Seelsorge in Deutschland angeht, sind die bedeutenderen Seelsorgestellen als *missiones cum cura animarum* errichtet. Für kleinere Seelsorgestellen (ohne Befugnis zur Eheschließungsassistenz und ohne eigene Kirchenbücher) begegnet in der Gesetzgebung deutscher Bistümer auch der Ausdruck *missio sine cura animarum*, dessen wörtliche Bedeutung (»Mission ohne Seelsorge«) allerdings befremdlich wirkt.

§ 26 Amtliche Dokumente und personenbezogene Daten (cc. 474, 482–491, 535)

Literatur: Fachet, Siegfried, Datenschutz in der Kirche und ihren Einrichtungen, Köln [2]2014; Hoeren, Thomas, Kirchen und Datenschutz, Essen 1986.

A. Urkunden, Unterschriften und Siegel

Sowohl im Zusammenhang mit der Diözesankurie (cc. 474, 482–491) als auch im Zusammenhang mit der Pfarrei enthält der Codex eine Reihe von Normen, die sich mit dem Umgang mit amtlichen Dokumenten befassen. Verwaltungsakte der Diözesankurie sind, da sie sich auf ausführende Gewalt stützen, in aller Regel schriftlich auszufertigen (cc. 37, 51). Die betreffenden Urkunden benötigen zwei Unterschriften:

---

92 Siehe dazu: DBK, Ordnung für die deutschsprachige Seelsorge im Ausland und das Katholische Auslandssekretariat, vom 2. 3. 2004: Wenner, Beschlüsse der DBK, Nr. 7.

zum einen, und zwar zur Gültigkeit, die Unterschrift dessen, der die betreffende Entscheidung fällt, d. h. des Ordinarius (oder der Person, die mit seiner Vollmacht handelt); zum anderen, wenn auch nicht zur Gültigkeit, die Unterschrift des Kanzlers oder eines Notars (c. 474). Dem Pfarrer und vergleichbaren Amtsträgern ist es, falls nicht im Einzelfall ausführende Gewalt zum Einsatz kommt, erlaubt, rechtlich bindende Entscheidungen mündlich zu fällen; werden sie aber schriftlich ausgefertigt, müssen sie die betreffende Unterschrift tragen (c. 535 § 3).

Dokumente mit rechtlichen Wirkungen, insbesondere Personenstandsurkunden, müssen außerdem mit einem Siegel versehen sein. Der Codex erwähnt die Verpflichtung zur Verwendung eines Siegels zwar nur im Zusammenhang mit dem Pfarrer oder seinem Beauftragten (c. 535 § 3); doch werden natürlich auch Urkunden anderer Amtsträger gesiegelt. Siegel sind meist rund, manchmal oval oder spitzoval; in aller Regel enthalten sie das Wort »Siegel« bzw. »Sigillum«. Sie sind mit großer Sorgfalt aufzubewahren. Viele Bistümer haben »Siegelordnungen« erlassen, in denen nähere Bestimmungen über das Aussehen der Siegel und den Umgang mit ihnen enthalten sind, insbesondere darüber, wem und in welcher Form eine Delegation erteilt werden kann, Siegel zu verwenden. Im deutschsprachigen Raum ist zu unterscheiden zwischen dem Siegel der Pfarrei, das für Urkunden im kirchenrechtlichen Bereich verwendet wird, und dem Siegel des Vermögensverwaltungsrats (Kirchenvorstand usw.) für die vermögensrechtlichen Dokumente, die im staatlichen Rechtsbereich wirksam sein sollen.

B. Kirchenbücher

Die offiziellen kirchlichen Register, die der beweiskräftigen Dokumentation personenstands- und seelsorgerelevanter Daten dienen, werden als »Kirchenbücher« bezeichnet. Von Bedeutung sind vor allem die pfarrlichen Kirchenbücher *(libri paroeciales)*, auch als »Pfarrbücher«, »Pfarrregister«, »Matrikenbücher«, »(Pfarr-)Matriken« oder »(Pfarr-)Matrikeln« bezeichnet. Dazu gehören das Taufbuch, Ehebuch, Totenbuch (c. 535 § 1), Stipendienbuch (c. 958 § 1) und ggf. weitere Kirchenbücher entsprechend den Anordnungen der Bischofskonferenz (in Deutschland z. B. ein Verzeichnis der Kirchenaustritte[93]) oder des Bistums (z. B. Firmbuch, Erstkommunikantenverzeichnis, Register der Konvertiten und Rekonziliierten). Ein Zelebrationsbuch, d. h. ein Verzeichnis der fremden zelebrierenden Priester, wird häufig noch geführt, ist aber nach gesamtkirchlichem Recht nicht mehr vorgeschrieben. Weitere Bücher sind im Bereich der Vermögensverwaltung zu führen: ein Bestandsverzeichnis (c. 1283, 2° und 3°), ein Verzeichnis der Einnahmen und Ausgaben (c. 1284 § 2, 7°), ein Verzeichnis der Messstiftungen (c. 1307 § 2). Mancherorts werden die pfarrlichen Bücher nicht mehr in jeder Pfarrei einzeln, sondern in einem zentralen Matrikelamt geführt.

Das Taufbuch erfüllt die Funktion eines Personenstandsregisters (c. 535 § 2). Dort ist nicht nur die Taufe einzutragen, sondern auch die Firmung und Änderungen des Personenstandes (Adoption, Rituswechsel, Eheschließung mit Ausnahme der gehei-

---

93 DBK, Partikularnorm Nr. 7: AfkKR 164 (1995) 458.

men Eheschließung, Gültigmachung einer Ehe, Ehenichtigkeitserklärung, Auflösung einer Ehe, Empfang des Weihesakraments, ewige Profess in einem Ordensinstitut). Die deutschen Bischöfe haben verlangt, auch den Kirchenaustritt einzutragen. Für den Fall einer operativen Geschlechtsumwandlung hat die Glaubenskongregation angeordnet, dass der ursprünglich im Taufbuch eingetragene Name nicht verändert werden darf; es ist aber eine Notiz über die Geschlechtsumwandlung anzubringen, vorausgesetzt, dass sie staatlich anerkannt ist. Für die Zulassung zur Eheschließung ist ein neuer (d. h. höchstens sechs Monate alter) Auszug aus dem Taufbuch (»Taufschein«) vorzulegen, für die Zulassung zum Empfang des Weihesakraments (c. 1050, 3°) und zur Aufnahme in ein Noviziat (c. 645 § 1) ein Tauf- und Firmzeugnis.

Nicht selten ist ein und derselbe Vorgang in mehreren Kirchenbüchern einzutragen (z. B. in der Pfarrei, in der eine Taufe stattfindet und in der Wohnsitzpfarrei des Täuflings). Dann unterscheidet man zwischen dem »Ersteintrag« (mit laufender Nummer) und weiteren Einträgen (ohne laufende Nummer); für Statistiken wird dann nur der Ersteintrag ausgewertet. Kirchenbücher gibt es auch auf der Ebene des Bistums (z. B. Firmbuch und Weihebuch, d. h. Buch über die Spendung des Weihesakraments).

Betroffene haben das Recht, aus den Kirchenbüchern Bescheinigungen oder Urkunden über den eigenen Personenstand zu erhalten (vgl. c. 487 § 2). Besondere Vorsicht ist – entsprechend den Anordnungen der Bischofskonferenz – bei Auskünften im Falle von Adoptionen geboten (c. 877 § 3). Für die Beschaffung von Personenstandsurkunden, die aus besonderen historischen oder sonstigen Gründen nicht leicht zu beschaffen sind, z. B. im Falle von Heimatvertriebenen aus Osteuropa, hat die Deutsche Bischofskonferenz das Katholische Kirchenbuchamt (Sitz in Bonn) eingerichtet.

C. Archive

Archive dienen der Aufbewahrung von Kirchenbüchern, Dokumenten und anderen Akten. Zunehmend gehört dazu auch Archivgut, das nur digital zugänglich ist. Das deutsche Wort »Archiv« lässt zwar vor allem an historische Archive denken, also Aufbewahrungsorte von Archivgut, das primär von historischem Interesse ist und in der Regel nicht mehr für die laufende Tätigkeit der betreffenden Institution benötigt wird. Demgegenüber bezeichnet im kirchlichen Sprachgebrauch das lateinische Wort *archivum* auch den Aufbewahrungsort für die noch laufend verwendeten Dokumente usw. Dafür wird im Deutschen zum Teil das Wort »Archiv« vermieden und stattdessen z. B. das Wort »Registratur« verwendet. Der CIC erwähnt drei Archive des Bistums – das (eigentliche) Diözesanarchiv (in dem auch die Dokumente usw. für die laufende Tätigkeit aufbewahrt werden), das Geheimarchiv und das historische Archiv (cc. 486–491) –, außerdem das Archiv der Pfarrei, näherhin das eigentliche Pfarrarchiv und das historische Archiv der Pfarrei (c. 535 §§ 4–5), sowie das Archiv einer Kirche (c. 1208). Nähere Anweisungen zur Sicherung und Nutzung der Archive enthält das jeweilige Partikularrecht. Fragen, die dabei behandelt werden, sind etwa die Sicherung und Nutzung der Archive (z. B. Sperrfristen, Gebühren), ihre Gliederung

(»Aktenplan«) und Inventarisierung, die elektronische Schriftgutverwaltung und die Digitalisierung von Archivgut, Aufbewahrungsfristen und die Vernichtung (Kassation) von Schriftgut.

D. Datenschutz

Das gesamtkirchliche Recht enthält keine detaillierten Bestimmungen über den Datenschutz. Grundlegende Bedeutung hat die Bestimmung in c. 220 über das Verbot einer rechtswidrigen Schädigung des guten Rufs und das Recht auf Schutz der eigenen Intimsphäre. Einen Spezialfall von Datenschutz stellt das Beichtgeheimnis dar (cc. 983–984, 1388; siehe dazu § 45 F). Darüber hinaus ergibt sich aus c. 220 eine umfassende Pflicht zur Geheimhaltung der persönlichen Informationen, die Seelsorger in Ausübung ihrer Seelsorge erfahren (»Amtsgeheimnis« oder »Seelsorgegeheimnis«). Für bestimmte Angelegenheiten (z. B. die Suche nach Bischofskandidaten) gilt das »päpstliche Geheimnis«.[94]

Bestimmungen über den Datenschutz bestehen nicht nur im kirchlichen, sondern auch im staatlichen Recht. In Deutschland besteht die Besonderheit, dass der deutsche Staat es den Kirchen aufgrund ihres Selbstbestimmungsrechts (Art. 140 GG i. V. m. Art. 137 Abs. 3 WRV) überlassen hat, den Bereich des Datenschutzes selbständig zu regeln. Dazu haben die deutschen Bischöfe gleichlautend die »Anordnung über den kirchlichen Datenschutz (KDO)« erlassen.[95] Unter Zugrundelegung des österreichischen staatlichen Datenschutzgesetzes haben auch die österreichischen Bischöfe eine »Kirchliche Datenschutzverordnung« erlassen.[96] Darüber hinaus bestehen je nach Bistum weitere Normen, vor allem im Hinblick auf den Datenschutz in bestimmten Bereichen (IT-Technik, Pfarrei, Archive, Krankenhäuser, Schulen, Friedhöfe, Fundraising).

Aus der Würde der Person ergibt sich das Recht auf informationelle Selbstbestimmung. Es besteht aber nicht uneingeschränkt, sondern innerhalb rechtlich bestimmter Grenzen können personenbezogene Daten erhoben, gespeichert, verarbeitet und weitergegeben werden. Zentrale Bedeutung hat dabei der »Zweckbindungsgrundsatz«, wonach personenbezogene Daten, von bestimmten Ausnahmen abgesehen, nur für den Zweck verwendet werden dürfen, für den sie erhoben wurden. Beim Umgang mit personenbezogenen Daten sind die nötigen technischen und organisatorischen Maßnahmen zu treffen, z. B. Abschließen des Pfarrarchivs, Verwendung ausreichend sicherer Passwörter, Verschlüsselung von Formularen auf Internetseiten usw. Über die Einhaltung der Bestimmungen wachen kirchliche Datenschutzbeauftragte. Ein Beispiel für häufige Konflikte ist die Veröffentlichung personenbezogener Daten (z. B. Taufe, Geburtstag, Trauung, Ehejubiläum) in kirchlichen Gemeindeblättern. Für die

---

94 Siehe dazu: SecrStat, Instruktion *Secreta continere*, vom 4. 2. 1974: AAS 66 (1974) 89–92; dt.: NKD 47 (1975) 124–135.

95 Die geltende Fassung stammt aus dem Jahr 2013: ABl Osnabrück 2014, 20–30.

96 Die geltende Fassung stammt aus dem Jahr 2010: ABl ÖBK Nr. 52 (2010), 5–7.

Nutzung personenbezogener Daten aus kirchlichen Archiven zu Forschungszwecken sind Sperrfristen festgelegt.

E. Meldewesen

In Deutschland übermitteln die Einwohnermeldeämter entsprechend den Meldegesetzen der Bundesländer regelmäßig personenbezogene Daten der Katholiken an die katholische Kirche, ebenso wie an die anderen öffentlich-rechtlichen Religionsgemeinschaften. Das setzt voraus, dass die Katholiken beim Einwohnermeldeamt ihre Religionszugehörigkeit angeben. Die rechtliche Grundlage dafür bildet die von den deutschen Bischöfen übereinstimmend erlassene »Anordnung über das kirchliche Meldewesen (KMAO)«[97], durch die die Katholiken verpflichtet werden, sich bei Umzügen einschließlich der Angabe ihrer Religionszugehörigkeit bei der zuständigen staatlichen Meldebehörde anzumelden.

§ 27 Kirchliches Dienst- und Arbeitsrecht

Literatur: Richardi, Reinhard, Arbeitsrecht in der Kirche, München [6]2012; Reichold, Hermann/Kortstock, Ulf, Das Arbeits- und Tarifrecht der katholischen Kirche, München 2014; Thüsing, Gregor, Kirchliches Arbeitsrecht, Tübingen 2006; Hammer, Ulrich, Kirchliches Arbeitsrecht, Frankfurt a. M. 2002.

A. Dienst- und Arbeitsrecht in der kirchlichen und staatlichen Rechtsordnung

Für die Dienst- und Arbeitsverhältnisse derer, die bei der Kirche beschäftigt sind, bestehen sowohl kirchliche als auch staatliche Rechtsnormen. Angesichts der unterschiedlichen Rahmenbedingungen in den einzelnen Staaten beschränkt sich das gesamtkirchliche Recht dabei – soweit es nicht um den Dienst der Kleriker geht – auf einige wenige grundlegende Aussagen. Die nähere Ausgestaltung der vom jeweiligen staatlichen Recht eröffneten Freiräume bleibt dem Partikularrecht überlassen.

Das gesamtkirchliche Recht unterscheidet die verschiedenen Arten von Beschäftigungsverhältnissen in der Kirche vor allem in Abhängigkeit vom kanonischen Lebensstand der Beschäftigten. Während die Beschäftigungsverhältnisse von Klerikern in aller Regel eine spezifisch kirchliche Tätigkeit zum Inhalt haben, kann bei anderen in der Kirche beschäftigten Gläubigen danach unterschieden werden, ob sie Aufgaben ausüben, die irgendeine Art von Bevollmächtigung erfordern (Amtsübertragung, *mandatum*, *missio canonica*, *nihil obstat*, Beauftragung), oder Aufgaben, die nicht spezifisch kirchlich geprägt sind. Diese Unterscheidung ist für die rechtliche Gestaltung des Beschäftigungsverhältnisses als solchen aber weithin unerheblich; und viele

97 Die geltende Fassung ist aus dem Jahre 2005; abgedruckt in: Arbeitshilfen 206.

Aufgaben, die eine kirchliche Bevollmächtigung erfordern, können auch ohne Vergütung ausgeübt werden (z. B. Akolythen, Kommunionhelfer, Lektoren, Ministranten).

In einem weiteren Sinne gehören zum kirchlichen Arbeitsrecht auch Normen, die sich auf bestimmte Aspekte jeglicher – auch unbezahlter – kirchlicher Tätigkeit beziehen. Dazu gehören etwa kirchliche Bestimmungen über den Datenschutz (vgl. § 26 D), über den Einsatz von Informationstechnik, über die Erstattung von Reisekosten, die Gleichstellung von Männern und Frauen, den Umgang mit Fällen von Mobbing und die Prävention gegen sexualisierte Gewalt.[98]

B. Kleriker

Die Beziehung zwischen der Kirche und dem einzelnen Kleriker beschreibt das Kirchenrecht nicht als Beschäftigungsverhältnis, sondern als Beziehung eigener Art, die als »Inkardinationsverhältnis« bezeichnet wird (vgl. § 16 B). Die Rechtsnormen darüber finden sich vor allem im CIC, daneben aber auch in der Diözesangesetzgebung, z. B. in diözesanen Besoldungsordnungen. Zur Rechtsstellung der Kleriker gehört ihr Anspruch auf Vergütung *(remuneratio)* und Versorgung bei Krankheit, Arbeitsunfähigkeit und im Alter (c. 281 §§ 1–2); diese Bestimmungen gelten jedoch nicht für die Ständigen Diakone mit Zivilberuf (c. 281 § 3). Die Möglichkeit, dass ein Kleriker eine Tätigkeit außerhalb des eigenen Inkardinationsverbands ausübt, erwähnt der Codex am Beispiel einer Tätigkeit in einem Gebiet mit Klerikermangel (c. 271 § 1). Für diesen Fall wird verlangt, dass die beiden beteiligten Diözesanbischöfe eine schriftliche Vereinbarung über die Rechte und Pflichten des Klerikers abschließen.

Was den staatlichen Rechtsbereich angeht, gehen die deutschen und österreichischen Bistümer mit ihren Priestern öffentlich-rechtliche Dienstverhältnisse ein, die zwar keine (Kirchen-)Beamtenverhältnisse darstellen, diesen aber ähnlich sind; in der Literatur wird von »Klerikerdienstverhältnissen« gesprochen. Sie werden durch eine einseitige Handlung des Dienstgebers begründet, nämlich durch die Feier des Weihesakraments und die damit verbundene Inkardination. Das Dienstrecht wird einseitig erlassen. In den meisten österreichischen Bistümern wurden umfassende Dienstordnungen für den Dienst der Priester erlassen. Die deutschen Bistümer beschränken sich in der Regel auf Dokumente über Einzelfragen (Besoldung, Urlaub, Versorgung usw.). Über den Dienst derjenigen, die in staatlichen Einrichtungen tätig sind (z. B. Militär, staatliche Krankenhäuser), werden Staatskirchenverträge abgeschlossen.

Mit den hauptamtlichen ständigen Diakonen werden in Deutschland und Österreich in der Regel, ähnlich wie mit Laien, Arbeitsverträge abgeschlossen. Mit ständigen Diakonen mit Zivilberuf wird kein Beschäftigungsverhältnis begründet; in der Regel wird nur eine Aufwandsentschädigung gezahlt.

---

98 Vgl. DBK, Rahmenordnung Prävention gegen sexualisierte Gewalt an Minderjährigen und erwachsenen Schutzbefohlenen im Bereich der Deutschen Bischofskonferenz, vom 26. 8. 2013: Arbeitshilfen 246, Bonn ^{2}2014.

C. Ordensleute

Was die Tätigkeit von Ordensleuten angeht, befasst sich das gesamtkirchliche Recht vor allem mit der Beziehung zwischen dem Ordensangehörigen und seiner Gemeinschaft. Diese Beziehung wird nicht als Beschäftigungsverhältnis aufgefasst, sondern als Beziehung eigener Art, die durch die Ablegung und Entgegennahme der Gelübde entsteht. Der Ordensangehörige ist verpflichtet, die ihm von seinen Oberen angewiesenen Tätigkeiten auszuüben, und die Gemeinschaft ist verpflichtet, für den Ordensangehörigen zu sorgen, unabhängig davon, ob er eine Arbeit ausüben kann oder nicht (vgl. c. 670).

Wenn Ordensleute eine Tätigkeit im Dienst eines Bistums oder einer anderen kirchlichen Institution ausüben, wird diese Beschäftigung primär als Beziehung zwischen der Ordensgemeinschaft und dem Bistum usw. betrachtet. Falls ein Bistum einer Ordensgemeinschaft eine Pfarrei oder ein apostolisches Werk anvertraut, verlangt der Codex darüber eine schriftliche Vereinbarung zwischen Bistum und Ordensgemeinschaft (cc. 520 § 2, 681 § 2). Eine solche Vereinbarung kann sich auch für den Dienst eines einzelnen Ordensangehörigen in einem Bistum oder bei einem kirchlichen Arbeitgeber nahelegen.

Für eine Tätigkeit von Ordensleuten in einem Bistum oder bei einem anderen kirchlichen Arbeitgeber wird in Deutschland und Österreich in der Regel ein Gestellungsvertrag zwischen der Ordensgemeinschaft und dem Bistum usw. abgeschlossen. Die Bischofskonferenzen haben Vorgaben für solche Gestellungsverträge beschlossen. Die Gestellungsverträge gelten gleichermaßen im kirchlichen wie im staatlichen Rechtsbereich. Im Hintergrund dieses Beschäftigungsmodells steht das Armutsgelübde des Ordensangehörigen, aufgrund dessen die Vergütung für seine Tätigkeit nicht ihm selbst, sondern seiner Gemeinschaft zufällt (c. 668 § 3). Solche Gestellungsverträge können auch mit nichtkirchlichen Institutionen, z. B. mit einem staatlichen Schulträger, abgeschlossen werden. In der Regel wird über die Beschäftigung eines Ordensangehörigen mit einem nichtkirchlichen Arbeitgeber aber ein gewöhnlicher Arbeitsvertrag abgeschlossen. Unter solchen Umständen wird das Beschäftigungsverhältnis aus Sicht des kirchlichen und staatlichen Rechts unterschiedlich bewertet: Das staatliche Recht ignoriert in diesem Fall die Sichtweise des kanonischen Rechts, wonach der Ordensangehörige seinen Lohn nicht für sich selbst, sondern für seine Gemeinschaft erwirbt.

D. Andere Beschäftigte

Für alle Arbeitsverhältnisse der bei der Kirche Beschäftigten verlangt das gesamtkirchliche Recht die Beachtung des staatlichen Arbeits- und Sozialrechts unter Berücksichtigung der katholischen Soziallehre. Denjenigen, die aufgrund eines Vertrags Arbeit leisten, muss ein gerechter und angemessener Lohn gezahlt werden, so dass sie in der Lage sind, für ihre Bedürfnisse und die ihrer Angehörigen angemessen aufzukommen (c. 1286). Ebenso haben die Beschäftigten das Recht auf soziale Vorsorge und Sicherheit sowie Gesundheitsfürsorge (c. 231 § 2). Was den Abschluss von

Verträgen angeht, übernimmt das kanonische Recht die Bestimmungen des weltlichen Rechts auch für den kirchlichen Bereich (c. 1290).

In Deutschland besteht die Besonderheit, dass kirchliche Einrichtungen, die im staatlichen Rechtsbereich den Status einer Körperschaft des öffentlichen Rechts besitzen (vor allem die Bistümer), über »Dienstherrnfähigkeit« verfügen, so dass sie nicht nur privatrechtliche, sondern auch öffentlich-rechtliche Beschäftigungsverhältnisse eingehen können. Diese werden in Anlehnung an staatliche Beamtenverhältnisse gestaltet und als »Kirchenbeamtenverhältnisse« bezeichnet. Die Bistümer haben dazu Kirchenbeamtenordnungen erlassen und für Disziplinarstreitigkeiten kirchliche Disziplinargerichte errichtet. Das Kirchenbeamtenverhältnis wird durch eine einseitige Handlung des Dienstherrn begründet, die Ernennung des Kirchenbeamten. Von der Möglichkeit, Kirchenbeamte zu ernennen, wird allerdings nur selten Gebrauch gemacht, vor allem für leitende Mitarbeiter in den Ordinariaten sowie bisweilen für Lehrkräfte an kirchlichen Schulen und Hochschulen.

Mit der ganz überwiegenden Mehrzahl der bei der Kirche in Deutschland Beschäftigten werden durch den Abschluss von Arbeitsverträgen privatrechtliche Beschäftigungsverhältnisse begründet. Das gilt insbesondere auch für die Pastoral- und Gemeindereferenten/innen. Die deutschen Bistümer haben dazu ein weitgehend einheitliches kirchliches Arbeitsrecht geschaffen, grundgelegt in der »Grundordnung des kirchlichen Dienstes im Rahmen kirchlicher Arbeitsverhältnisse«.[99] Sie beschreibt die Besonderheit kirchlicher Einrichtungen auf dem Gebiet des Arbeitsrechts mit dem Begriff »Dienstgemeinschaft«. Er beinhaltet, dass die in einer kirchlichen Einrichtung Tätigen durch ihre Arbeit ohne Rücksicht auf die arbeitsrechtliche Stellung gemeinsam dazu beitragen, dass die Einrichtung ihren Teil am Sendungsauftrag der Kirche erfüllen kann. Das »Miteinander« bei der Erfüllung der kirchlichen Sendung steht also im Vordergrund vor dem »Gegenüber«, das aus dem Verhältnis von Arbeitgeber und Arbeitnehmer hervorgeht. Zwar gilt für die Arbeitsverhältnisse der Kirche im Grundsatz das staatliche Arbeitsrecht; aufgrund ihres Selbstbestimmungsrechts (Art. 140 GG i. V. m. Art. 137 Abs. 3 WRV) kann die Kirche aber in einigen Rechtsbereichen davon abweichen, um ihre Arbeitsverhältnisse entsprechend den kirchlichen Besonderheiten zu gestalten. Denjenigen kirchlichen Rechtsträgern, die aufgrund ihrer Autonomie nicht von den Diözesanbischöfen unmittelbar zur Einhaltung der Grundordnung verpflichtet werden können, spricht diese die Befähigung ab, im Hinblick auf die arbeitsrechtlichen Beziehungen das Selbstbestimmungsrecht der Kirche in Anspruch zu nehmen. Es ist allerdings umstritten, ob diese Aussage der Grundordnung vom Umfang der bischöflichen Gesetzgebungsgewalt gedeckt ist.

---

99 Die Grundordnung wurde im Jahre 1993 gleichlautend von den deutschen Bischöfen erlassen. Sie ist abgedruckt z. B. in: Die deutschen Bischöfe 95. Änderungen der Grundordnung erfolgten im Jahre 2005 (im Hinblick auf die Kirchliche Arbeitsgerichtsbarkeit) und 2011 (im Hinblick auf den Geltungsbereich der Grundordnung). Im Jahre 2015 wurde eine neue Fassung der Grundordnung beschlossen; abgedruckt in: ABl Essen (2015), S. 131–133. Ob sie in allen deutschen Bistümern in Kraft gesetzt werden wird, ist derzeit (Stand: 2015) noch nicht absehbar.

Zu den Besonderheiten des kirchlichen Dienstes in Deutschland gehört die Beachtung von Loyalitätsobliegenheiten der Arbeitnehmer; diese werden in der Grundordnung im Einzelnen aufgezählt, und zwar gestuft danach, ob es sich um Katholiken in einer besonderen Stellung (leitende Position, kirchliche Beauftragung o. ä.) handelt, um andere Katholiken, nichtkatholische Christen oder Nichtchristen. Die Einhaltung der Loyalitätsobliegenheiten ist bereits bei der Einstellung in den kirchlichen Dienst zu überprüfen; ihre Verletzung kann ggf. zur Kündigung führen. Als Kündigungsgrund wird unter anderem der Kirchenaustritt genannt. Die Richtlinien für den Inhalt von Arbeitsverträgen werden, von einigen Grundsätzen abgesehen, nicht einseitig vom Dienstgeber erlassen (»Erster Weg«), auch nicht auf dem Wege von Tarifverträgen ausgehandelt (»Zweiter Weg«), sondern von Kommissionen entwickelt, die paritätisch aus Dienstgebern und Dienstnehmern zusammengesetzt sind (»Dritter Weg«). Für die Bistümer tragen diese Kommissionen die Bezeichnung »Kommission zur Ordnung des (diözesanen) Arbeitsrechts (KODA)«, für den Caritas-Bereich »Arbeitsrechtliche Kommission«. Die von den Kommissionen beschlossenen Arbeitsrechtsregelungen bedürfen, um wirksam zu werden, einer Inkraftsetzung durch den Diözesanbischof. Angesichts der Tatsache, dass das deutsche staatliche Recht kirchliche Einrichtungen von den Gesetzen über die Mitwirkung und Mitbestimmung der Arbeitnehmer ausnimmt, haben die Bistümer diesen Bereich durch den Erlass von »Mitarbeitervertretungsordnungen« (MAVO) selbständig geordnet. Für den Fall von Streitigkeiten aus einem Arbeitsverhältnis verpflichten die kirchlichen Arbeitsrechtsregelungen dazu, vor dem Anrufen des staatlichen Arbeitsgerichts zunächst eine kirchliche Schlichtungsstelle anzurufen. Für Streitigkeiten aus dem Bereich des kollektiven kirchlichen Arbeitsrechts, d. h. für Streitigkeiten über die Arbeitsrechtsregelungen und über die Anwendung der Mitarbeitervertretungsordnungen, hat die Kirche eine eigene kirchliche Arbeitsgerichtsbarkeit eingerichtet. Für die Erste Instanz wurden elf diözesane oder interdiözesane Arbeitsgerichte eingerichtet, als Revisionsinstanz für ganz Deutschland der Kirchliche Arbeitsgerichtshof mit Sitz in Bonn.

Zu den Bestimmungen, die für alle kirchlichen Arbeitnehmer/innen gleichermaßen gelten, kommen Ordnungen für bestimmte Berufe hinzu, z. B. Diözesangesetze über den Dienst der Pastoral- und Gemeindereferenten/innen. Für sie sowie die Ständigen Diakone wurden »Richtlinien über persönliche Anforderungen an Diakone und Laien im pastoralen Dienst im Hinblick auf Ehe und Familie« erlassen.[100]

In Österreich kann die Kirche öffentlich-rechtliche Dienstverhältnisse nur mit Klerikern eingehen; alle anderen können nur privatrechtlich beschäftigt werden. Jedes österreichische Bistum hat dazu eine allgemeine Dienst- und Besoldungsordnung erlassen; hinzu kommen Dienst- und Besoldungsordnungen für die einzelnen Berufe.

---

100 Die deutschen Bischöfe, Richtlinien über persönliche Anforderungen an Diakone und Laien im pastoralen Dienst im Hinblick auf Ehe und Familie, vom 28. 9. 1995: Die deutschen Bischöfe 63, 41 f.

§ 28 Vereinigungen in der Kirche

Literatur: Aymans, Winfried (Hrsg.), Das konsoziative Element in der Kirche, St. Ottilien 1989; Hallermann, Heribert, Die Vereinigungen im Verfassungsgefüge der lateinischen Kirche, Paderborn 1999.

A. Vereinigungsfreiheit

Die Kirche anerkennt die Freiheit ihrer Gläubigen, sich zu Vereinigungen zusammenzuschließen (c. 215). Der Ausdruck »Vereinigungen« ist dabei in einem weiten Sinn zu verstehen, der nicht nur die »(kanonischen) Vereine« (cc. 298–329) umfasst, sondern auch andere Arten von Vereinigungen. In der Ausübung der Vereinigungsfreiheit kommt in besonders deutlicher Weise die charismatische Dimension der Kirche zum Ausdruck. Häufig sind in der Geschichte wichtige Erneuerungen für das kirchliche Leben von den Vereinigungen ausgegangen. Andererseits steht die Kirche vor der Herausforderung, die Vereinigungen in das Ganze der kirchlichen Sendung einzuordnen und passende rechtliche Strukturen für die Beziehungen zwischen den Vereinigungen und den kirchlichen Autoritäten zu schaffen.

Der Codex kennt keinen umfassenden Begriff der »Vereinigung« und behandelt die verschiedenen Arten von Vereinigungen auch nicht in einem einheitlichen Teil, sondern in verschiedenen Abschnitten. Die Vereinigungsfreiheit kommt im Katalog der Pflichten und Rechte aller Gläubigen zur Sprache (c. 215). Buch II behandelt am Ende von Teil I die Vereine (cc. 298–329) und in Teil III die Lebensgemeinschaften der evangelischen Räte (cc. 573–746). Unmittelbar vor den Vereinen behandelt Teil I die Personalprälaturen (cc. 294–297), die dabei allerdings nicht als Vereinigungen gekennzeichnet werden. Doch besitzt zumindest die einzige bislang errichtete Personalprälatur, das Opus Dei, deutlich die Merkmale einer Vereinigung.

Der Beitritt zu Vereinigungen, die Machenschaften gegen die Kirche betreiben, ist verboten und strafbar (c. 1374). Wer solche Vereinigungen fördert oder leitet, soll mit dem Interdikt bestraft werden. Im Hinblick auf die Freimaurer hat die Glaubenskongregation erklärt, dass es Katholiken nicht erlaubt ist, Freimaurer zu sein.[101] Das bedeutet aber nicht ohne weiteres, dass die Mitgliedschaft bei den Freimaurern nach c. 1374 strafbar wäre.

B. Merkmale von Vereinigungen

Während sich die Einordnung der katholischen Gläubigen in die hierarchische Struktur der Kirche und ihre verschiedenen Ebenen (vor allem Bistum und Pfarrei) von Rechts wegen aufgrund ihrer Gliedschaft in der Kirche und ihres Wohnsitzes ergibt, sind Vereinigungen dadurch gekennzeichnet, dass die Mitglieder sich ihnen aufgrund einer persönlichen Entscheidung (Vereinsbeitritt, Ordenseintritt) anschlie-

---

101 SC DocFid, Erklärung vom 26. 11. 1983: AAS 76 (1984) 300; dt.: ABl ÖBK Nr. 8 (1992) 3.

ßen und andererseits ihre Mitgliedschaft auch wieder verlieren können, sei es durch einen Austritt oder eine Entlassung aus der Vereinigung. Anders als die Grundstrukturen der hierarchischen Verfassung der Kirche (Papstamt, Bischofsamt, Bischofskollegium) lassen sich die Strukturen kirchlicher Vereinigungen nicht direkt auf göttliches Recht zurückführen. Für die einzelnen Elemente der hierarchischen Verfassung der Kirche erlassen die kirchlichen Gesetzgeber detaillierte Bestimmungen; demgegenüber beschränken sich die kirchlichen Gesetzgeber im Hinblick auf die Vereinigungen eher auf das Erlassen von Rahmenvorgaben; diese bedürfen der Füllung durch die auf dem Wege der Satzungsautonomie von den Vereinigungen selbst erlassenen Statuten (Vereinsstatuten, Konstitutionen der Ordensgemeinschaften usw.). Verglichen mit den vergleichsweise einheitlichen und durch höhere Kontinuität gekennzeichneten Rechtsnormen über die hierarchische Verfassung der Kirche zeichnet sich das kirchliche Vereinigungsrecht – sowohl die Rahmenvorgaben der kirchlichen Gesetze als auch das Eigenrecht der Vereinigungen – durch eine größere Vielfalt und geschichtliche Wandelbarkeit der Strukturen aus. Diese Vielfalt kommt auch darin zum Ausdruck, dass der kirchliche Gesetzgeber des Öfteren anerkennt, dass seine Rahmenvorgaben auf eine bestimmte Vereinigung angesichts ihrer besonderen Prägung nicht gut passen, und die Vereinigung deswegen auf dem Wege der Erteilung eines Privilegs von der Einhaltung dieser Vorgaben freistellt.

C. Der Erwerb einer kanonischen Rechtsform durch eine Vereinigung

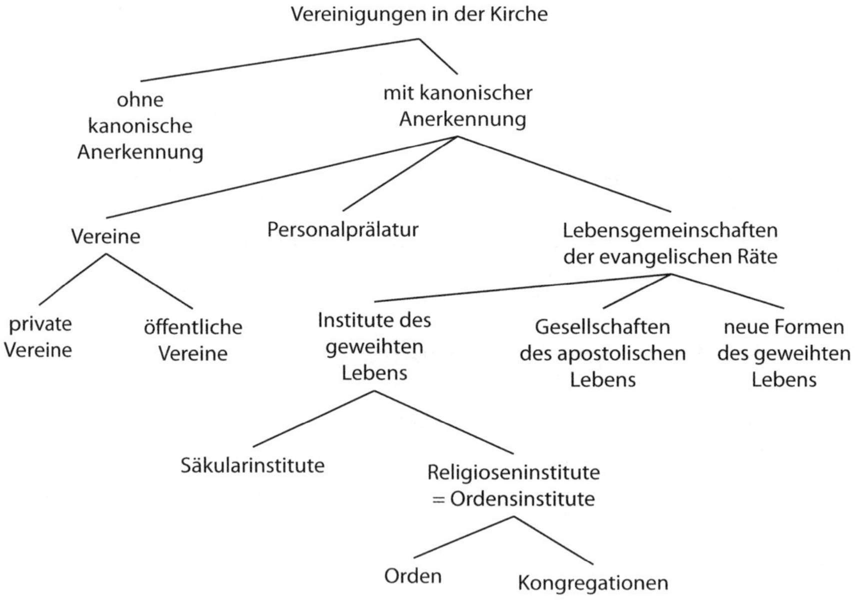

Vereinigungen von Gläubigen sind nicht verpflichtet, um eine Anerkennung seitens der kirchlichen Autorität nachzusuchen und auf diesem Wege eine bestimmte vom kanonischen Recht vorgesehen Rechtsform zu erlangen.[102] Eine Vereinigung ohne kanonische Anerkennung wird in der kanonistischen Literatur oft als »freier Zusammenschluss von Gläubigen« bezeichnet; sie gilt nach kanonischem Recht nicht als »Verein«. Die ggf. vorhandenen, aber nicht kanonisch anerkannten Statuten einer solchen Vereinigung haben im kirchlichen Rechtsbereich den Charakter einer Konventionalordnung; diese genießt nicht den Schutz der kirchlichen Rechtsordnung. Die ggf. vorhandenen Organe einer solchen Vereinigung können im kirchlichen Rechtsbereich nicht im Namen der Vereinigung handeln. Um ihre Rechte in der Kirche wahrzunehmen, besteht nur die Möglichkeit, dass die einzelnen Mitglieder sich zusammentun, um Rechte zu beanspruchen, sei es persönlich oder aufgrund von Bevollmächtigungen, die die Einzelnen einem Vertreter ausstellen. Obwohl solche Vereinigungen nicht als »Vereine« anerkannt sind, bestehen doch häufig Verbindungen zu den zuständigen kirchlichen Autoritäten, z. B. im Hinblick auf die Bestellung eines Geistlichen als Präses oder im Hinblick auf die finanzielle Unterstützung aus Mitteln der Bistümer. Um in ihrem Namen des Wort »katholisch« zu verwenden, benötigt die Vereinigung – ebenso wie anerkannte kanonische Vereine – eine Zustimmung der kirchlichen Autorität (cc. 216, 300).

Der Erwerb einer kanonischen Rechtsform bringt der Vereinigung den Vorteil, die damit verbundenen Rechte in Anspruch nehmen zu können und das Vertrauen zu gewinnen, zu dem die erworbene Rechtsform Dritten gegenüber verhilft. Je weitreichender die mit einer Rechtsform verbundenen Rechte sind, desto weitreichender sind allerdings auch die vom Gesetzgeber damit verbundenen Verpflichtungen. Abgesehen vom Sonderfall der Personalprälatur lassen sich die vom kanonischen Recht angebotenen Rechtsformen in zwei Gruppen aufteilen: einerseits die (»kanonischen«) Vereine (cc. 298–329) und andererseits die verschiedenen in cc. 573–746 vorgesehenen Rechtsformen von Lebensgemeinschaften der evangelischen Räte.

Die Rechtsform, die eine Vereinigung im kirchlichen Rechtsbereich besitzt, ist von ihrer Rechtsform nach staatlichem Recht im Prinzip unabhängig. Es kann also Vereinigungen geben, die weder kirchlich noch staatlich anerkannt sind, Vereinigungen, die nur kirchlich oder nur staatlich anerkannt sind, und Vereinigungen, die sowohl kirchlich als auch staatlich anerkannt sind. Rein kirchlich anerkannte Vereinigungen sind selten; die große Mehrzahl der Vereinigungen in der Kirche sind entweder rein staatlich oder sowohl kirchlich als auch staatlich anerkannt.

Zu den allgemeinen Voraussetzungen für den Erwerb einer kanonischen Rechtsform gehört die Übereinstimmung der Strukturen und der Tätigkeit der Vereinigung mit der Lehre und Rechtsordnung der Kirche und die Verfolgung eines Zweckes, der

---

102 Vgl. DBK, Kriterien für die kirchenamtliche Genehmigung von Satzungen und Satzungsänderungen von katholischen Vereinigungen, vom 23. 3. 1993: Die deutschen Bischöfe 59, 14–16, Einleitung: »Vereinigungen, die bei Inkrafttreten des CIC 1983 bestanden haben, behalten ihren bisherigen kirchenrechtlichen Status. Soweit sie nur nach weltlichem Recht organisiert waren, kann es dabei bleiben.«

zur Sendung der Kirche gehört. Die bloße Tatsache, dass eine Vereinigung nur katholische Mitglieder aufnimmt, beweist noch nicht, dass die Vereinigung auch einen solchen Zweck anstrebt. Voraussetzung für den Erwerb einer kanonischen Rechtsform ist außerdem stets die Vorlage von Statuten und ihre Genehmigung durch die zuständige kirchliche Autorität. Hinzu kommen die besonderen Anforderungen, die das kanonische Recht für die Verleihung einer bestimmten Rechtsform stellt.

§ 29 Vereine (cc. 298–329)

Literatur: Martínez Sistach, Lluís, Die Vereine von Gläubigen, Paderborn 2008; Vereinsleitfaden. Arbeitshilfe für die Praxis in den (Erz-)Diözesen (Arbeitshilfen 253); DBK, Geistliche Verbandsleitung in den katholischen Jugendverbänden, vom 22. 1. 2007 (Die deutschen Bischöfe 87).

A. Kanonische Vereine

Der Ausdruck »Verein« *(consociatio)* bezeichnet im CIC eine rechtlich organisierte Personenmehrheit, die sich zur Verfolgung eines konkret definierten Zweckes freiwillig und auf Dauer zusammengeschlossen und dafür von der zuständigen kirchlichen Autorität die Anerkennung als Verein erhalten hat. In der Literatur wird für solche Vereine der Klarheit halber bisweilen der Ausdruck »kanonische Vereine« verwendet. Als mögliche Ziele kanonischer Vereine nennt c. 298 § 1 die Pflege eines Lebens in höherer Vollkommenheit, die Förderung des amtlichen Gottesdienstes oder der christlichen Lehre, andere Apostolatswerke, d. h. Vorhaben zur Evangelisierung, Werke der Frömmigkeit oder der Caritas und die Belebung der weltlichen Ordnung mit christlichem Geist.

B. Private und öffentliche Vereine

Der CIC unterscheidet zwischen »privaten« und »öffentlichen Vereinen«. Öffentliche Vereine handeln im Namen der Kirche, private nicht (c. 116 § 1). Vereine, die bestimmte Tätigkeiten ausüben, sind nur als öffentliche Vereine zulässig (c. 301 § 1); zu diesen Tätigkeiten gehören die Vermittlung der christlichen Lehre im Namen der Kirche, die Förderung des amtlichen Gottesdienstes sowie andere Ziele, deren Verfolgung ihrer Natur nach der kirchlichen Autorität vorbehalten ist. Auch die »Dritten Orden« und ähnliche Vereine (siehe unten Abschnitt C) werden immer als öffentliche Vereine errichtet. Private Vereine beruhen auf einer Privatinitiative; den Status »privater Verein« erhalten sie dadurch, dass die zuständige kirchliche Autorität die Statuten einer Überprüfung *(recognitio)* unterzieht und dabei zu einem positiven Ergebnis gelangt (c. 299 § 3). Öffentliche Vereine kommen durch die Errichtung seitens der zuständigen Autorität zustande (cc. 301, 312). Die Rechtsform als öffentlicher oder privater Verein sollte in der Satzung erwähnt werden. Bei den Vereinen, die schon vor Inkrafttreten des CIC/1983 existierten, stellt sich die – nicht immer leicht zu beantwortende – Frage, wie sie in das geltende Recht einzuordnen sind. Die meisten Vereine dürften eine entsprechende Klarstellung inzwischen in ihre Satzung aufgenommen haben. Was die

Rechtsstellung der verschiedenen Arten von Vereinen angeht, haben öffentliche Vereine eine größere Nähe zur zuständigen kirchlichen Autorität (vgl. Abschnitt F).

Der CIC lässt die Möglichkeit zu, eine Vereinigung als privaten Verein anzuerkennen, ohne ihr zugleich Rechtspersönlichkeit zu verleihen. Dieser »nichtrechtsfähige private Verein« kann als solcher nicht Träger von Pflichten und Rechten sein (c. 310). Wenn ein privater Verein Rechtspersönlichkeit besitzt – sei es vom Moment seiner Anerkennung an oder aufgrund einer späteren Verleihung (c. 322) –, handelt es sich um eine private juristische Person. Öffentliche Vereine sind vom Zeitpunkt ihrer Errichtung an immer öffentliche juristische Personen. Deswegen stellt ihr Vermögen gemäß c. 1257 § 1 »Kirchenvermögen« dar, auf das – von Einschränkungen abgesehen (c. 319 § 1) – die vermögensrechtlichen Bestimmungen in Buch V des CIC Anwendung finden. Ein privater Verein von Gläubigen besitzt demgegenüber, was den Umgang mit seinem Vermögen angeht, einen deutlich größeren Gestaltungsspielraum.

C. Besondere Arten von Vereinen

Ein Verein kann als »klerikaler Verein« anerkannt werden, wenn er unter der Leitung von Klerikern steht und die Ausübung der Weihe vorsieht. Alle übrigen Vereine sind »nicht klerikal« (siehe c. 317 § 3). Die Kategorie »laikaler Verein« ist im CIC nicht vorgesehen. Der CIC enthält zwar einige besondere Vorschriften über Vereine von Laien (cc. 327–329); die betreffenden Bestimmungen gelten aber von der Sache her für alle Vereine. Vereine, deren Mitglieder an der Spiritualität einer Ordensgemeinschaft teilhaben (c. 303), heißen »Dritte Orden« oder werden mit einem anderen angemessenen Namen bezeichnet. Mehrere Vereine können sich zu einem Dachverband zusammenschließen (vgl. die in c. 313 erwähnte Möglichkeit einer *confoederatio*). Der Dachverband ist seinerseits wieder ein Verein, besteht aber nicht aus natürlichen, sondern aus juristischen Personen.

D. Vereinsmitglieder

Zwar verlangt der CIC nicht ausdrücklich eine Mindestmitgliederzahl für die Anerkennung bzw. Errichtung eines Vereins. Aus den Bestimmungen über juristische Personen ergibt sich aber, dass zumindest für einen Verein, der über Rechtspersönlichkeit verfügen soll, mindestens drei Mitglieder erforderlich sind (c. 115 § 2). Ordensleute benötigen zum Vereinsbeitritt die Zustimmung ihres Oberen (c. 307 § 3). Die Frage, ob ein kanonischer Verein auch Mitglieder haben kann, die nicht katholisch sind, lässt der CIC unbeantwortet. Im Hinblick auf öffentliche Vereine ist allerdings festgelegt, dass Katholiken, die vom Glauben abgefallen oder mit der Verhängung bzw. Feststellung der Exkommunikation bestraft sind, nicht in einen öffentlichen Verein aufgenommen werden dürfen bzw. daraus entlassen werden müssen (c. 316). Bei Vereinen, die schon vor Inkrafttreten des CIC Nichtkatholiken als Mitglieder hatten, bleibt diese Möglichkeit bestehen (vgl. c. 4). Auch juristische Personen können Mitglieder in einem Verein werden. Es würde dem Wesen eines Vereins widersprechen, wenn er nur oder vorwiegend aus Mitgliedern bestünde, die ihm von Rechts wegen angehören; dass es sich um einen Verein handelt, setzt vielmehr eine freiwillige Mitgliedschaft voraus. Im Unterschied zu vielen neueren geistlichen Gemeinschaften, die als kanonische Vereine anerkannt sind, zeichnet sich der »Neokatechumenale Weg« dadurch aus, dass er keine Mitglieder hat und daher auch nicht eine Vereinigung darstellt. Seine Statuten beschreiben stattdessen eine Art Ausbildungsprogramm; diese Konstruktion ist allerdings fragwürdig.

E. Statuten, Name, Sitz und Leitung des Vereins

Angaben, die nach den Vorgaben des CIC in den Statuten eines Vereins gemacht werden müssen, sind der Name des Vereins, sein Zweck, sein Sitz, seine Leitung, die Voraussetzungen der Mitgliedschaft und die Weise seines Vorgehens (c. 304). Je nachdem, ob es sich um einen nichtrechtsfähigen, einen privaten rechtsfähigen oder einen öffentlichen Verein handelt, verwendet der CIC für die Genehmigung der Statuten unterschiedliche Ausdrücke; sie deuten ein wachsendes Maß an Überprüfungstiefe an. Bei der für die Anerkennung als nichtrechtsfähiger privater Verein verlangten *recognitio* (c. 299 § 3) handelt es sich um eine Art Unbedenklichkeitserklärung; darauf besteht, wenn der Verein sich rechtmäßig verhält, ein Rechtsanspruch. Wenn die *recognitio* zu einem positiven Ergebnis geführt hat, ist der Verein als privater Verein anerkannt. Die Verleihung der Rechtspersönlichkeit an einen privaten Verein setzt die *probatio* der Statuten voraus, also eine gewisse positive Gutheißung (c. 322 § 2). Für die Errichtung eines öffentlichen Vereins ist eine *approbatio* der Statuten erforderlich (c. 314). Wenn die Statuten später geändert werden sollen, ist zur Wirksamkeit der Änderung wiederum dieselbe Art von Genehmigung erforderlich, vorausgesetzt, dass der Verein die betreffende Rechtsstellung behält. Zusätzlich zu den genehmigungsbedürftigen Statuten kann ein Verein sich weitere, auf einer untergeordneten Ebene angesiedelte Normen geben, die mehr in die Einzelheiten gehen. Eine solche Zweistufigkeit der rechtlichen Dokumente hat den Vorteil, dass für Änderungen von solchen Einzelheiten nicht jedes Mal eine neue Genehmigung eingeholt zu werden braucht.

Der Name eines Vereins soll eindeutig sein, um die Gefahr von Verwechslungen zu vermeiden. Er soll nach Möglichkeit im Zusammenhang mit dem angestrebten Ziel gewählt werden (c. 304 § 2). Der rechtliche Sitz des Vereins ist ausschlaggebend dafür, welche kirchliche Autorität – z. B. im Falles eines diözesanen Vereins: welcher Diözesanbischof – die Aufsicht führt. Zur Frage, welche Leitungsorgane es gibt und welche Vollmachten sie haben, macht der CIC nur wenige Vorgaben. In öffentlichen Vereinen muss es einen Vorsitzenden geben (cc. 317 und 324). Falls der Verein Rechtspersönlichkeit besitzt, muss er einen Vermögensverwaltungsrat oder wenigstens zwei Ratgeber für Vermögensfragen haben (c. 1280). Die übrigen Einzelheiten der Leitungsstruktur sind der Vereinsautonomie überlassen.

F. Die Aufsicht der zuständigen kirchlichen Autorität

Alle Vereine von Gläubigen unterliegen der Aufsicht der kirchlichen Autorität (c. 305 § 1). Die Zuständigkeit für internationale Vereine liegt beim Heiligen Stuhl, für nationale Vereine bei der Bischofskonferenz, für diözesane Vereine beim Diözesanbischof. Die Zuständigkeit für Vereine, die über mehrere Diözesen verbreitet sind, liegt beim Diözesanbischof des Hauptsitzes, der sich ggf. mit den übrigen Diözesanbischöfen, in deren Gebieten der Verein verbreitet ist, beraten muss (Analogieschluss aus c. 595 § 1). Die AK *Pastor bonus* enthält nähere Angaben darüber, welche Behörde der Römischen Kurie für welche Arten von Vereinen zuständig ist; z. B. liegt die Zuständigkeit für Vereine zur Förderung des öffentlichen Gottesdienstes (z. B. Kirchenmusik, Vereinigungen von Ministranten) bei der Gottesdienstkongregation.

Bei einem öffentlichen Verein kommen der zuständigen kirchlichen Autorität recht weitgehende Vollmachten zu, er steht unter ihrer »Oberleitung« (*directio altior*, c. 315). Die Bestellung des Vorsitzenden kann nur mit ihrem Einverständnis erfolgen, falls die Statuten nicht etwas anderes vorsehen (c. 317 § 1). Aus gerechtem Grund kann der Vorsitzende von ihr entlassen werden (c. 318 § 2). Der Verein muss jährlich über seine Vermögensverwaltung Rechenschaft ablegen (c. 319). Nach Anhörung der Vorstandsmitglieder kann die Autorität den Verein auflösen (c. 320). Verglichen damit sind die Aufsichtsrechte der kirchlichen Autorität über private Vereine weniger weitreichend. Im Vordergrund steht hier die Genehmigung der Statuten (cc. 299 § 3, 322 § 2) und eine gewisse Aufsicht über die rechtmäßige Verwendung des Vereinsvermögens (cc. 325 § 1, 1301). Nur unter besonderen Umständen kann der private Verein von der kirchlichen Autorität aufgelöst werden (c. 326 § 1).

G. Stellung des Priesters und Geistliche Leitung

Der CIC spricht zwar über den »Kaplan« oder »geistlichen Assistenten« eines Vereins (bei öffentlichen Vereinen, c. 317 § 2) bzw. den »geistlichen Berater« (bei privaten Vereinen, c. 324 § 2). Er stellt aber nicht die Verpflichtung auf, dass es einen solchen Priester geben muss. Die Deutsche Bischofskonferenz hat über die Rechtsstellung eines solchen Priesters ebenso wie über die Stellung eines »Geistlichen Verbandsleiters«, der nicht Priester ist, nähere Ausführungen gemacht.[103]

§ 30 Lebensgemeinschaften der evangelischen Räte (cc. 573–746)

Literatur: Primetshofer, Bruno, Ordensrecht, Freiburg i. Br. [4]2003; Sebott, Reinhold, Ordensrecht, Frankfurt a. M. 1995.

A. Terminologie und Typologie

Für Gemeinschaften, zu denen sich Gläubige zusammenschließen, um darin in eheloser Weise ihre Berufung als Christen in einer von den drei evangelischen Räten

103 DBK, Kriterien für die kirchenamtliche Genehmigung (siehe Anm. 102), Nr. 5.

Keuschheit, Armut und Gehorsam (cc. 599–601) geprägten Form zu leben, hält das kanonische Recht seit langem besondere Rechtsformen bereit. Dazu gehören nach geltendem Recht die Ordensinstitute, Säkularinstitute und Gesellschaften des apostolischen Lebens. Der Codex behandelt diese drei Rechtsformen in Teil III von Buch II; einen Oberbegriff dafür kennt er nicht. Da es um Gemeinschaften geht, die auf eine lebenslange Zugehörigkeit angelegt sind und deren Mitglieder ihr Leben in einer besonderen Weise nach den evangelischen Räten gestalten wollen, legt sich als Oberbegriff der Ausdruck »Lebensgemeinschaften der evangelischen Räte« nahe. In der kanonistischen Literatur ist auch der Ausdruck »kanonische Lebensverbände« verbreitet. Die Rechtsnormen für alle Arten von Lebensgemeinschaften der evangelischen Räte werden oft der Einfachheit halber mit dem Ausdruck »Ordensrecht« zusammengefasst.

Zwar steht Gemeinschaften von Gläubigen, die in dieser Weise leben möchten, auch die Rechtsform des kanonischen Vereins offen; und in der heutigen Verwaltungspraxis erwartet der Apostolische Stuhl, dass eine solche Gemeinschaft, wenn sie neu entsteht, zunächst – solange sie weniger als 40 Mitglieder hat – die Errichtung als öffentlicher Verein beantragt. In der Regel streben neue Gemeinschaften aber an, bei Erreichen der verlangten Mitgliederzahl eine der drei genannten Rechtsformen zu erhalten, wie sie auch die zahlreichen älteren Ordensgemeinschaften und ähnlichen Gemeinschaften besitzen. Durch den Erhalt einer solchen Rechtsform unterwirft sich die Gemeinschaft zusätzlichen Verpflichtungen, erwirbt aber auch zusätzliche Rechte.

	Lebensgemeinschaften der evangelischen Räte nach dem CIC/1983 (= »kanonische Lebensverbände«)		
	Gesellschaften des apostolischen Lebens *(societates vitae apostolicae)*	**Institute des geweihten Lebens *(instituta vitae consecratae)***	
		Säkularinstitute *(instituta saecularia)*	**Ordensinstitute = Religioseninstitute = Religiosenverbände *(instituta religiosa)* = Orden und Kongregationen**
ausdrückliche Bindung an die drei evangelischen Räte	• in einem Teil der Gesellschaften: ja, aber nicht durch öffentliche Gelübde, sondern durch andere heilige Bindungen • in den übrigen Gesellschaften: nein	ja, durch Gelübde oder andere heilige Bindungen	ja, durch öffentliche Gelübde
Gemeinschaftsleben (in gemeinsamen Häusern) *(vita fraterna in communi)*	ja	nicht verpflichtend	ja

Angesichts ihrer großen historisch gewachsenen Vielfalt bereitet die terminologische Erfassung der Lebensgemeinschaften der evangelischen Räte einige Schwierigkeiten. Der frühere, auf das Gleichnis vom reichen Jüngling (Mt 19,21) zurückgehende Ausdruck »Stand der Vollkommenheit« *(status perfectionis [acquirendae])* ist obsolet geworden, weil er den Eindruck erweckt, als sei eine solche Lebensweise wertvoller als die anderer Gläubiger. Der Begriff »Orden« *(ordo)* leidet – neben der Verwechslungsmöglichkeit mit dem Stand derer, die das Weihesakrament empfangen haben (vgl. die Überschrift vor c. 1008) – daran, dass er im früheren Recht für Gemeinschaften mit »feierlichen Gelübden«, also Gelübden mit weiterreichenden Rechtsfolgen, verwendet worden war und insofern dem Begriff der »Kongregationen« gegenüberstand, der diejenigen vom 13. Jahrhundert an entstandenen Gemeinschaften bezeichnete, deren Mitglieder sich nach Art der Orden zusammenschlossen, ohne sich zur (strengen) Klausur zu verpflichten, und dabei nur »einfache Gelübde« ablegten, d. h. Gelübde mit weniger weitreichenden Rechtsfolgen (can. 488, 2° CIC/1917). Der CIC verwendet diese Begriffe »Orden« und »Kongregation« nicht mehr; anstatt des früheren beide Rechtsformen zusammenfassenden Ausdrucks *religio* (can. 488, 1° CIC/1917) verwendet er den Ausdruck *institutum religiosum* (cc. 607–709), der im Deutschen unterschiedlich übersetzt wird: teils wörtlich mit »Religioseninstitut«, teils – um den missverständlichen Wortbestandteil »Institut« zu vermeiden – mit »Religiosenverband«, teils (der besseren Allgemeinverständlichkeit wegen) mit »Ordensinstitut«. Der für die Lebensweise der Mitglieder dieser Institute verwendete Ausdruck *vita religiosa* (c. 607) lässt sich im Deutschen gut mit »Ordensleben« wiedergeben, stößt aber in anderen Sprachen wegen der Mehrdeutigkeit des Adjektivs *religiosus* auf Schwierigkeiten (z. B. *religious life* usw.). Angesichts dessen findet etwa seit der Zeit um das Zweite Vatikanische Konzil herum zunehmend der Ausdruck *vita consecrata* Verwendung, im Deutschen mit »geweihtes Leben« oder »gottgeweihtes Leben« wiedergegeben. Er nimmt Bezug darauf, dass die betreffenden Gläubigen sich Gott weihen, indem sie sich durch die Ablegung von Gelübden oder das Eingehen von anderen heiligen Bindungen auf ein Leben nach den evangelischen Räten, zumindest nach dem Rat der ehelosen Keuschheit, verpflichten. Wenngleich das Zweite Vatikanische Konzil auch über die Eheleute gesagt hatte, dass sie durch das Sakrament der Ehe »gleichsam geweiht werden« *(veluti consecrantur)*, behält die Kirche den Ausdruck *vita consecrata* dem ehelosen Leben vor.[104] Das Zweite Vatikanische Konzil hatte formuliert (*Lumen Gentium* 44), dass der Stand des geweihten Lebens »zwar nicht Teil der hierarchischen Struktur der Kirche ist, aber unerschütterlich zu ihrem Leben und ihrer Heiligkeit gehört«; aus dieser Formulierung zitiert auch der Codex in c. 574 § 1. Er verwendet den Begriff »Institute des geweihten Lebens« (cc. 573–730) als Oberbegriff für die Ordensinstitute, zu deren Wesensmerkmalen gehört, dass sie sich auf ein Gemeinschaftsleben in gemeinsamen Häusern (*vita fraterna in communi*, c. 607 § 2) verpflichtet haben, und die im 20. Jahrhundert aufgekommenen »Säkularinstitute« (*instituta saecularia*, cc. 710–730), d. h. Gemeinschaften, deren Mitglieder in dem Sinne »in der Welt« *(in saeculo)* leben, dass sie sich nicht zu

---

104 Johannes Paul II., Nachsynodales Apostolisches Schreiben *Vita consecrata*, vom 25. 3. 1996, Nr. 62: AAS 88 (1996) 377–486; dt.: VApSt 125.

einem solchen Gemeinschaftsleben verpflichten. Ein »geweihtes Leben« im beschriebenen Sinne ist nicht nur in Gemeinschaft möglich, sondern auch als Einzelner, z. B. als »geweihte Jungfrau« (*virgo consecrata*, c. 604), »Eremit« (= »Anachoret«, c. 603) oder »geweihte Witwe« (c. 570 CCEO). Schließlich erwähnt der CIC auch die Möglichkeit des Apostolischen Stuhls, neue Formen des geweihten Lebens anzuerkennen (c. 605); das *Annuario Pontificio* ordnet mehrere neuere Gemeinschaften unter dieser Überschrift ein. Zu den Instituten des geweihten Lebens kommen gemäß c. 731 § 1 die »Gesellschaften des apostolischen Lebens« *(societates vitae apostolicae)* hinzu (cc. 731–746). Diese auf die Zeit seit dem 16. Jahrhundert zurückgehenden Gemeinschaften führen wie die Ordensinstitute ein Gemeinschaftsleben in gemeinsamen Häusern, unterscheiden sich von ihnen aber dadurch, dass ihre Mitglieder sich entweder nicht ausdrücklich oder nicht in Form von öffentlichen Gelübden, sondern durch andere »heilige Bindungen« (z. B. Eid, Versprechen) auf die evangelischen Räte verpflichten (c. 731 § 2). Der für diese Gemeinschaften verwendete Begriff hebt hervor, dass sie von einer auf das Apostolat ausgerichteten Lebensweise geprägt sind; damit soll nicht bestritten werden, dass dies auch auf einen Teil der Ordensinstitute und Säkularinstitute zutrifft. Der CIC zählt die Gesellschaften des apostolischen Lebens nicht unter die »Institute des geweihten Lebens«; von der Sache her ist dieser Ausdruck jedoch auch für diejenigen unter den Gesellschaften des apostolischen Lebens passend, deren Mitglieder sich ausdrücklich (wenn auch nicht durch öffentliche Gelübde) auf die evangelischen Räte verpflichten. Ob die im CIC verwendete Typologie der Lebensgemeinschaften der evangelischen Räte gelungen ist, wird oft bezweifelt. Insbesondere scheint die Nähe zwischen Ordensinstituten und Gesellschaften des apostolischen Lebens phänomenologisch und historisch gesehen größer zu sein als die zwischen Ordensinstituten und Säkularinstituten. Im gewöhnlichen kirchlichen Sprachgebrauch sind die deutschen Ausdrücke »Orden« und »Ordensgemeinschaften« in ihrer Reichweite unklar. Sie umfassen zumindest die Ordensinstitute; häufig sind auch die Gesellschaften des apostolischen Lebens mit gemeint, manchmal auch – obwohl die genannten Begriffe für sie eigentlich nicht passen – die Säkularinstitute. Entsprechendes gilt für den Ausdruck »Ordensleute«. Eindeutig auf die Mitglieder von Ordensinstituten (= Religioseninstituten) beschränkt ist der – allerdings außerhalb der Fachliteratur kaum verwendete – Ausdruck »Religiose«.

Die Vielfalt der Gemeinschaften versucht der Codex vor Augen zu führen, indem er beispielhaft einige Formen andeutet, wie ihre Mitglieder die Nachfolge Jesu zu verwirklichen suchen: im Gebet, der Verkündigung, der Nächstenliebe und im Zusammenleben mit den Menschen (c. 577). Die Lebensgemeinschaften der evangelischen Räte haben normalerweise entweder nur männliche oder nur weibliche Mitglieder. Ausnahmsweise gibt es einige Institute, zu denen sowohl männliche als auch weibliche Mitglieder gehören, die dann aber ein gewisses Maß an faktischer Trennung verlangen, vor allem getrennte Häuser. Die »Dritten Orden« gehören nicht zu den Lebensgemeinschaften der evangelischen Räte, sondern zu den Vereinen (vgl. § 29 C). Bei den katholischen »Ritterorden« ist zu unterscheiden: Teils handelt es sich um Ordensinstitute, teils um Vereine.

Die Mitglieder männlicher Ordensinstitute teilt das *Annuario Pontificio* in Orden und Kongregationen ein und unterscheidet dabei unter den Orden vier Gruppen:

Regularkanoniker, Mönche, Mendikanten und Regularkleriker. Die ersten drei dieser Gruppen gibt es auch unter Ordensfrauen. Für Gemeinschaften von Mönchen und vergleichbaren Ordensfrauen wird das Adjektiv »monastisch« verwendet; ihre Häuser heißen »Klöster« *(monasteria)*. Nach dem Eigenrecht des betreffenden Instituts kann ein Mönchs- oder Nonnenkloster zur »Abtei« erhoben werden; es wird dann von einem »Abt« bzw. einer »Äbtissin« geleitet. Monastische Gemeinschaften pflegen die örtliche Beständigkeit *(stabilitas loci)*. Wenn sie kontemplativ ausgerichtet sind, spielt die Klausur eine größere Rolle. Die Mendikanten haben eine zentralisierte Struktur (d. h. nicht selbständige Häuser, sondern Provinzen, innerhalb deren man versetzt werden kann) und besitzen das Recht auf Spendensammlung (c. 1265 § 1). Die Tätigkeit der Regularkleriker ist auf die Ausübung des Weihesakraments ausgerichtet. Innerhalb der weiblichen Religioseninstitute unterscheidet der CIC zwischen »Nonnen« *(moniales)* und anderen Ordensfrauen. Der Ausdruck »Nonne« wird dabei nicht definiert. Von seiner Verwendung im CIC her ist zu schließen, dass eine Ordensfrau gemeint ist, die sich (zumindest teilweise) dem kontemplativen Leben widmet und dafür – von Ausnahmen abgesehen – im Sinne der *stabilitas loci* an ein bestimmtes Kloster bindet; der Ausdruck »Nonne« ist damit in etwa der weibliche Parallelbegriff zum Ausdruck »Mönch«. Während der CIC im Allgemeinen Männer und Frauen gleich behandelt, enthält er für Nonnen eine Reihe von besonderen Vorschriften. Sie beinhalten vor allem besondere Aufsichtsrechte des Apostolischen Stuhls über Nonnenklöster sowie besondere Bestimmungen über ihre Klausur. In einem Nonnenkloster, das ganz auf das kontemplative Leben ausgerichtet ist, sind die Bestimmungen über die »Päpstliche Klausur« einzuhalten (siehe dazu c. 667 § 4 und die Instruktion *Verbi sponsa* aus dem Jahre 1999). Das *Annuario Pontificio* unterscheidet bei den weiblichen Ordensinstituten zwischen solchen mit selbständigen Häusern und zentralisierten Instituten. Nonnen leben meist in selbständigen Klöstern. Die karitativ ausgerichteten Gemeinschaften haben hingegen meist eine zentralisierte Struktur (mit Provinzoberin und Generaloberin).

B. Rahmenrecht und Eigenrecht

Der CIC enthält in cc. 573–746 eine Art »Rahmenrecht« für die Lebensgemeinschaften der evangelischen Räte. Die Konkretisierung erfolgt durch das »Eigenrecht« *(ius proprium)*, d. h. die Statuten (c. 94) der jeweiligen Lebensgemeinschaft. Der CIC legt nahe, das Eigenrecht zweistufig zu gestalten (c. 587). Es umfasst dann einerseits die grundlegenden Normen, die die wichtigsten Fragen ordnen; sie bedürfen der Approbation durch die zuständige kirchliche Autorität (Diözesanbischof bzw. Apostolischer Stuhl). Das Dokument mit diesen grundlegenden Normen heißt bei den älteren Gemeinschaften oft »Regel«, bei neueren Gemeinschaften heißt es – wie im CIC – meist »Konstitutionen«. Zu diesen Konstitutionen kommen andererseits Rechtsnormen untergeordneter Art hinzu, die keiner Approbation durch eine externe Autorität bedürfen und die von der betreffenden Gemeinschaft also auch ohne Approbation geändert werden können.

C. Errichtung, Leitung, Mitglieder, Ausbildung, Apostolat

Die Zuständigkeit für die Errichtung einer neuen Lebensgemeinschaft der evangelischen Räte liegt im Regelfall beim Diözesanbischof. Die betreffende Gemeinschaft untersteht dann seiner Aufsicht und heißt »diözesanen Rechts«. Wenn sie ausreichend gewachsen ist und sich über mehrere Bistümer verbreitet, kann sie als Gemeinschaft des »päpstlichen Rechts« anerkannt werden.

Die Leitung der Lebensgemeinschaften erfolgt einerseits durch die Oberen *(Superiores)* – bzw. »Leiter« *(Moderatores)*, so der Ausdruck im Falle von Säkularinstituten –, zusammen mit ihren Räten, andererseits durch die Kapitel und sonstigen Leitungsgremien. Unter den Oberen unterscheidet man zwischen dem »Hausoberen« *(Superior localis)*, der die einzelne Niederlassung leitet, dem »höheren Oberen« *(Superior maior, c. 620)* und dem obersten Leiter (z. B. »Generaloberer«). Die Stellung eines »höheren Oberen« kommt in selbständigen Häusern (z. B. Abteien) dem Hausoberen zu (z. B. der Äbtissin); in zentralisierten Gemeinschaften kommt sie demjenigen zu, der die Provinz leitet (oft »Provinzial« genannt). Die näheren Leitungsstrukturen können dabei je nach Gemeinschaft sehr unterschiedlich sein; z. B. können sie mehr »monarchischen« oder mehr »demokratischen« Charakter haben.

Zu den Voraussetzungen für den Eintritt in eine Gemeinschaft gehört unter anderem, dass der Bewerber katholisch und gefirmt ist, mindestens 17 (bei Ordensinstituten) bzw. 18 (bei Säkularinstituten) Jahre alt ist und nicht verheiratet ist. Wer geschieden ist, kann eine Dispens beantragen; sie wird aber nur unter bestimmten Voraussetzungen gewährt; insbesondere wird sie nicht gewährt, falls jemand die Verantwortung für minderjährige Kinder innehat. Von den rechtlich vorgesehenen Mindestanforderungen abgesehen, gehört es zur Autonomie der Gemeinschaft, über die Eignung der Bewerber zu entscheiden. Als ersten Ausbildungsabschnitt verlangt der CIC bei Ordensinstituten ein ein- bis zweijähriges Noviziat. Ein diesem vorausgehendes »Postulat« ist vom CIC nicht vorgeschrieben; es wird aber vom Eigenrecht einiger Gemeinschaften verlangt. Nach dem Noviziat ist eine Zeit der Zugehörigkeit mit zeitlicher Profess verlangt (mindestens drei, höchstens sechs Jahre; in Ausnahmefällen bis zu neun Jahren), bevor die endgültige Bindung an die Gemeinschaft erfolgen darf (in der Regel durch die »ewige Profess«). Bei Säkularinstituten und Gesellschaften des apostolischen Lebens sind die Vorgaben des CIC über die Struktur der Ausbildungszeit weniger detailliert.

Der evangelische Rat der Armut verlangt einerseits einen einfachen Lebensstil, andererseits hat er rechtliche Konsequenzen im Hinblick auf den Umgang mit dem Vermögen. Die Mitglieder leben in Gütergemeinschaft. Was sie zum Leben benötigen, erhalten sie von der Gemeinschaft. Entsprechend den Vorschriften des Eigenrechts haben sie für Anschaffungen Erlaubnisse einzuholen und anschließend darüber Rechenschaft abzulegen. Was die Mitglieder durch ihre Arbeit, durch Renten usw. verdienen, erwerben sie für die Gemeinschaft. Solange ein Mitglied noch nicht endgültig eingegliedert ist, soll es sein Privateigentum in der Regel behalten, aber nicht darüber verfügen. Das Eigentum soll sicher deponiert und normalerweise nicht angerührt werden. Erbschaften fallen dann diesem Eigentum zu. Von der ewigen Profess bzw. endgültigen Eingliederung an ist die Situation je nach Gemeinschaft unterschiedlich.

Bei den klassischen Orden gibt das Mitglied vor der ewigen Profess sein Privateigentum weg. Dabei ist es im Allgemeinen frei, wie es sein Vermögen verteilen will (z. B. an Arme bzw. Hilfswerke, an bedürftige Verwandte, an die Gemeinschaft). Bei den übrigen Gemeinschaften dauert dieselbe Regelung fort wie vor der endgültigen Eingliederung, d. h., das Vermögen bleibt deponiert, wird aber nicht angerührt. Vorausgesetzt, dass das Mitglied bis zu seinem Tod in der Gemeinschaft bleibt, fällt das Vermögen an die von ihm im Testament eingesetzten Erben (z. B. an die betreffende Lebensgemeinschaft). Der um des Himmelreiches willen übernommene evangelische Rat der Keuschheit verlangt »vollkommene Enthaltsamkeit im Zölibat« (c. 599). Wer heiratet, und sei es auch nur zivil, wird dadurch automatisch aus der Gemeinschaft entlassen. Bei Ordensinstituten stellt die ewige Profess ein Ehehindernis dar, d. h. eine Eheschließung wäre nicht nur unerlaubt, sondern auch ungültig. Der Gehorsam ist im Rahmen dessen, was die jeweiligen Konstitutionen vorsehen, sowohl gegenüber den Oberen als auch gegenüber den Kapiteln zu leisten.

Die Mitglieder von Ordensinstituten sollen normalerweise in einem Ordenshaus leben; allein zu leben ist nur mit besonderer Erlaubnis und innerhalb bestimmter Grenzen zulässig. In außergewöhnlichen Fällen ist vorübergehend – sei es auf Antrag des Mitglieds oder gegen seinen Willen – eine »Exklaustration« möglich. Entsprechend dem Eigenrecht haben die Ordensleute ein Ordenskleid zu tragen. Einige Gemeinschaften sehen allerdings kein eigenes Ordenskleid vor; in diesem Fall gelten für Mitglieder, die Kleriker sind, dieselben Bestimmungen wie für Diözesankleriker.

Für ihr Leben und ihre Leitung wird den Lebensgemeinschaften der apostolischen Räte eine gebührende Autonomie zuerkannt. Im Hinblick auf die Seelsorge, den öffentlichen Gottesdienst und die Apostolatswerke unterstehen alle Arten von Lebensgemeinschaften der Aufsicht der Bischöfe (c. 678 § 1). Wenn z. B. der Bischof für die Kirchen seines Bistums eine Kollekte anordnet, muss sie auch bei öffentlichen Gottesdiensten in Klosterkirchen eingesammelt werden. Die Zuständigkeit dafür, einem Mitglied ein Amt im Bistum zu verleihen (z. B. als Pfarrer), liegt beim Bischof, allerdings nur auf Vorschlag oder wenigstens mit Zustimmung des zuständigen Oberen. Im Hinblick auf die Aufsicht über das interne Leben eines Verbandes ist zu unterscheiden zwischen Verbänden diözesanen Rechts – sie unterstehen dem jeweiligen Diözesanbischof, ggf. in Absprache mit den übrigen Bischöfen, in deren Bistümern der Verband verbreitet ist – und Verbänden päpstlichen Rechts; sie unterstehen allein dem Apostolischen Stuhl. Die Stellung eines Verbandes »päpstlichen Rechts« entspricht weitgehend dem, was nach früherem Recht als »Exemtion« (= »Herausnahme« aus dem Zuständigkeitsbereich des Bischofs) bezeichnet wurde. In »klerikalen« (siehe dazu c. 588 § 2) Ordensinstituten und Gesellschaften des apostolischen Lebens päpstlichen Rechts haben die höheren Oberen die Stellung eines »Ordinarius« (c. 134 § 1) und können somit bestimmte Handlungen vornehmen, die normalerweise dem Bischof bzw. Ortsordinarius vorbehalten sind. Insbesondere können sie Mitglieder ihrer Gemeinschaft zur Diakonen- und Priesterweihe zulassen.

Das Ausscheiden eines Mitglieds aus seiner Lebensgemeinschaft auf Antrag hin bezeichnet der Codex als »Austritt« *(egressus)*, die nicht beantragte Ausgliederung wegen eines Vergehens oder wegen fehlender Eignung als »Entlassung« *(dimissio)*. Das Noviziat kann der Novize jederzeit frei verlassen. Während der Zugehörigkeit mit zeitlicher Profess kann aus einem schwerwiegenden Grund der oberste Leiter den Austritt gestatten. Nach Ablauf einer zeitlichen Profess ist das Mitglied frei, zu gehen. Nach der ewigen Profess kann (aus einem sehr schwerwiegenden Grund) der Austritt nur noch vom Apostolischen Stuhl bzw. – bei Verbänden diözesanen Rechts – vom Diözesanbischof gewährt werden. Ähnlich wird es, je länger die Zugehörigkeit dauert, nach und nach schwieriger (aber niemals unmöglich), ein Mitglied gegen seinen Willen aus der Gemeinschaft zu entlassen.

IV. Der Verkündigungsdienst der Kirche

§ 31 Merkmale der kirchlichen Verkündigung (cc. 747–748)

So wie der Empfang der Taufe den Glauben voraussetzt, setzt der Heiligungsdienst der Kirche den Verkündigungsdienst voraus. Deswegen ist es angemessen, dass sich der Codex bei der Behandlung der Grundvollzüge der Kirche zunächst (Buch III) dem Verkündigungsdienst zuwendet, bevor er sich anschließend (Buch IV) mit dem Heiligungsdienst befasst. Den Rechtsnormen über die verschiedenen Weisen der Ausübung des Verkündigungsdienstes stellt er einige grundlegende theologische Aussagen voran (cc. 748–755). Die Ausübung des *munus docendi* ist Teilhabe an der Sendung Jesu Christi zu den Menschen. Der Gegenstand der Verkündigung ist vor allem die von Jesus Christus unter dem Beistand des Heiligen Geistes geoffenbarte Wahrheit (c. 747 § 1). Hinzu kommt die Verkündigung der sittlichen Grundsätze (c. 747 § 2); der Gegenstand der Verkündigung lässt sich deswegen mit der traditionellen Paarformel »Glaube und Sitten« *(fides ac mores)* zusammenfassen.

Die Aufgabe, die frohe Botschaft zu verkündigen, kommt – wie auch der Katalog der Pflichten und Rechte aller Gläubigen hervorhebt (c. 211) – allen Gläubigen zu. Sie können sich dabei – entsprechend der diesbezüglichen Lehre des Zweiten Vatikanischen Konzils, auf die der Codex aber allenfalls andeutungsweise eingeht – auf den ihnen von Jesus Christus verliehenen Glaubenssinn *(sensus fidei fidelium)* stützen (LG 35), der die Gesamtheit der Gläubigen befähigt, im Glauben nicht zu irren (LG 12). Die Verkündigung des Glaubens geschieht nicht nur durch das Wort, sondern auch – und vermutlich wirkungsvoller – durch das Zeugnis eines christlichen Lebens. Sie richtet sich einerseits an diejenigen, die noch nicht zur Kirche gehören, in der Absicht, sie zum Glauben hinzuführen, andererseits an diejenigen, die schon zur Kirche gehören, um ihren Glauben zu stärken und zu vertiefen. Dem entspricht das Recht der Gläubigen, aus dem Wort Gottes Hilfe von den Hirten der Kirche zu empfangen (c. 213). Die Verkündigung darf niemals Zwang anwenden (c. 748 § 2). Wer aber die Wahrheit dieser Verkündigung erkannt hat, ist moralisch verpflichtet, diese Wahrheit anzunehmen und zu bewahren (c. 748 § 1).

§ 32 Die Lehrautorität der Kirche (cc. 749–755)

Literatur: Lüdecke, Norbert, Die Grundnormen des katholischen Lehrrechts in den päpstlichen Gesetzbüchern und neueren Äußerungen in päpstlicher Autorität, Würzburg 1997.

A. Amtliche und hoheitliche Verkündigung

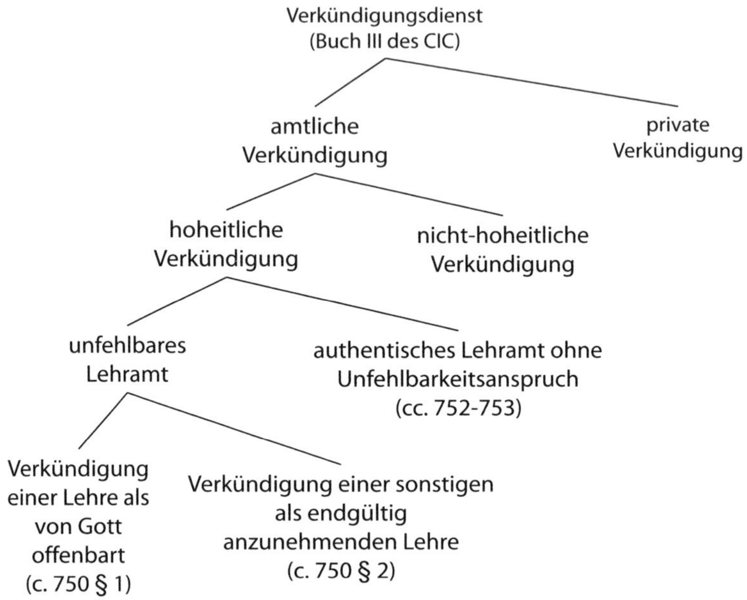

Wenngleich die Verkündigung des Wortes Gottes Aufgabe aller Gläubigen ist, kommt den kirchlichen Autoritäten dabei doch eine besondere Aufgabe zu, nämlich die amtliche Verkündigung des Glaubens, also die Verkündigung des Glaubens »im Namen der Kirche«. Sie hat ihren Grund in der Beauftragung der Apostel durch Jesus Christus. Innerhalb der amtlichen Verkündigung ist an erster Stelle die hoheitliche Verkündigung zu nennen, durch die die Kirche ihr »Lehramt« *(magisterium)* ausübt. Die hoheitliche Verkündigung ist dadurch gekennzeichnet, dass sie mit dem Anspruch auf Verbindlichkeit geschieht. Sie ist Aufgabe des Papstes und der Bischöfe, sei es als Einzelne, sei es in Gemeinschaft. Bei der Ausübung des Lehramts lässt sich unterscheiden zwischen dem unfehlbaren Lehramt und der Ausübung des Lehramts ohne Unfehlbarkeitsanspruch.

B. Unfehlbares Lehramt

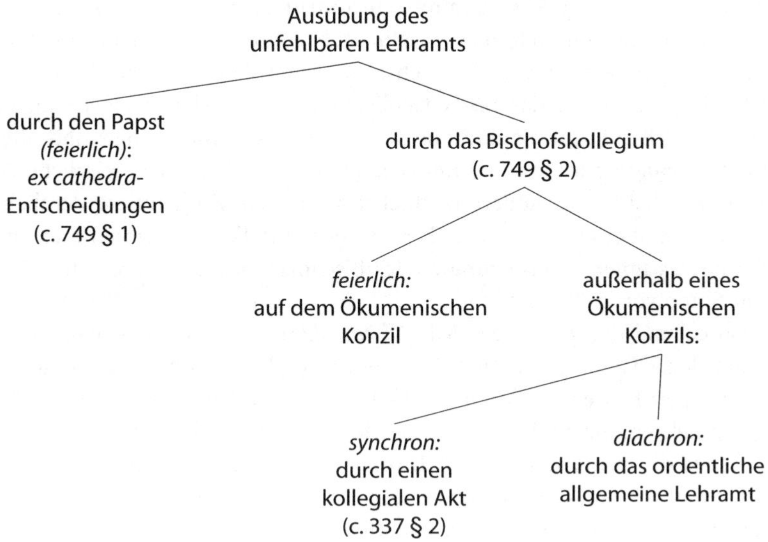

Die Befähigung zum unfehlbaren Lehren besitzen der Papst und das Bischofskollegium. Als unfehlbar definiert ist eine Lehre nur anzusehen, wenn dies offensichtlich feststeht. Der Papst übt sein unfehlbares Lehramt ausschließlich in feierlicher Form aus, durch »*ex cathedra*-Entscheidungen«. Das Bischofskollegium kann sein unfehlbares Lehramt auf verschiedene Weisen ausüben: entweder durch eine feierliche Entscheidung auf einem Ökumenischen Konzil, oder außerhalb eines Ökumenischen Konzils. Die Ausübung außerhalb eines Ökumenischen Konzils kann – wenngleich cc. 749 § 2 und 750 das nicht erkennen lassen – auf zweierlei Weise geschehen: Erstens besteht die Möglichkeit, dass das Bischofskollegium sein unfehlbares Lehramt außerhalb eines Ökumenischen Konzils durch einen »kollegialen Akt« im Sinne von c. 337 § 2 ausübt. Eine solche Handlung findet synchron in einer organisierten Art und Weise statt und setzt voraus, dass sich die einzelnen Mitglieder des Bischofskollegiums bewusst sind, an einem solchen kollegialen Akt beteiligt zu sein. In diesem Zusammenhang haben einige Theologen von einem »Fernkonzil« oder »Briefkonzil« gesprochen. Faktisch hat das Bischofskollegium von dieser Möglichkeit unfehlbaren Lehrens noch nicht Gebrauch gemacht. Zweitens kann das Bischofskollegium sein unfehlbares Lehramt auch dadurch ausüben, dass es eine Lehre kontinuierlich (diachron) als endgültig vorlegt. Bei dieser Art des Lehrens können sich leicht Zweifel einstellen, ob tatsächlich das unfehlbare Vortragen einer Lehre beabsichtigt ist. Im Zweifelsfall legt sich nahe, dass der Papst oder das Bischofskollegium, wenn sie die Lehre nicht durch eine feierliche unfehlbare Entscheidung verkündigen wollen, zumindest in Ausübung ihres authentischen Lehramts feststellen, dass die betreffende Lehre vom Bischofskollegium unfehlbar verkündigt wurde.

Für die Unterscheidung der verschiedenen Weisen hoheitlicher Verkündigung ist auch die Unterscheidung zwischen dem »ordentlichen« und dem »außerordentlichen Lehramt« geläufig. Die Ausübung des außerordentlichen Lehramts geschieht immer in unfehlbarer Weise. Der Papst nimmt sein unfehlbares Lehramt immer in der Form des außerordentlichen Lehramtes wahr, d. h. durch *ex cathedra*-Entscheidungen. Wenn der Papst sein ordentliches Lehramt ausübt, lehrt er ohne Unfehlbarkeitsanspruch. Hingegen kann das Bischofskollegium sein unfehlbares Lehramt sowohl in außerordentlicher Form als auch in der Weise des »ordentlichen und allgemeinen Lehramts« *(magisterium ordinarium et universale)* ausüben. Die feierliche Ausübung des Lehramts hat immer außerordentlichen Charakter. Zum außerordentlichen Lehramt wird man aber auch das sog. »Fern-« oder »Briefkonzil« zählen müssen, also die Ausübung des unfehlbaren Lehramts des Bischofskollegiums durch einen kollegialen Akt im Sinne von c. 337 § 2.[105]

Entsprechend den durch das MP *Ad tuendam fidem* aus dem Jahre 1998 in den CIC und den CCEO eingefügten Änderungen (vgl. § 6 F) kann das unfehlbare Verkündigen einer Lehre zwei Arten von Wahrheiten beinhalten: einerseits die Verkündigung von Lehren, die zu dem von Gott offenbarten Glaubensgut gehören (c. 750 § 1), andererseits die Verkündigung von Lehren, die endgültig vorgelegt werden, ohne zu erklären, dass sie von Gott offenbart sind (c. 750 § 2). Nach dem lehrmäßigen Kommentar der Glaubenskongregation von 1998[106] handelt es sich bei der zweiten Stufe um Lehren, »die dem dogmatischen und sittlichen Bereich angehören und notwendig sind, um das Glaubensgut treu zu bewahren und auszulegen, auch wenn sie vom Lehramt der Kirche nicht als formell geoffenbart vorgelegt worden sind« (Nr. 6). Bei den Lehren der ersten Stufe beruht die erforderliche Glaubenszustimmung auf dem Glauben an die Autorität des Wortes Gottes *(de fide credenda)*, bei der zweiten Stufe auf dem Glauben an den Beistand, den der Heilige Geist dem Lehramt schenkt (*de fide tenenda*). Als Beispiele für Lehren der ersten Stufe erwähnt der lehrmäßige Kommentar der Glaubenskongregation etwa die Artikel des Glaubensbekenntnisses und die verschiedenen christologischen und marianischen Dogmen; als Beispiele für Lehren der zweiten Stufe nennt er etwa die Lehre, dass die Priesterweihe Männern vorbehalten ist, sowie die Heiligsprechungen. Die Bestreitung von Lehren der ersten und zweiten Stufe hat unterschiedliche strafrechtliche Folgen: Wer Lehren der ersten Stufe bestreitet, wird dadurch zum Häretiker (oder sogar zum Apostaten) und zieht sich im Regelfall die Exkommunikation als Tatstrafe zu (c. 1364 § 1). Wer nur Lehren der zweiten Stufe hartnäckig ablehnt, wird dadurch nicht zum Häretiker und auch nicht exkommuniziert; es heißt nur, dass er mit einer gerechten Strafe belegt werden soll (c. 1371, 1°).

---

105 Entgegen dieser Terminologie hat die Glaubenskongregation in einem Dokument aus dem Jahre 1998 innerhalb des »ordentlichen allgemeinen Lehramts« zwischen einer synchronen und einer diachronen Weise der Ausübung unterschieden (Congr. DocFid, Lehrmäßiger Kommentar zum MP *Ad tuendam fidem*, vom 29. 6. 1998, Anm. 17; dt.: VApSt 144).

106 Siehe oben Anm. 105.

C. Authentisches Lehren ohne Unfehlbarkeitsanspruch

Das kirchliche Lehramt hat auch die Möglichkeit, Lehren verbindlich zu verkündigen, ohne sie als endgültig zu kennzeichnen (c. 752). Für diese Weise des Lehrens wird häufig der Ausdruck »authentisches Lehramt« verwendet. »Authentisch« bedeutet dabei vom Sinn her so viel wie »verbindlich«. Die Redeweise ist nicht ganz gelungen, denn auch das unfehlbare Lehren geschieht natürlich in verbindlicher Weise. Genau genommen müsste man von »authentischem Lehren ohne Unfehlbarkeitsanspruch« sprechen. Die Befähigung zur Ausübung des authentischen Lehramtes liegt beim Papst und beim Bischofskollegium (wie im Falle des unfehlbaren Lehramts) und darüber hinaus bei den Bischöfen, sei es als Einzelnen oder gemeinsam mit anderen, z. B. bei der Bischofskonferenz, auf dem Partikularkonzil o. ä. Innerhalb des Apostolischen Stuhls ist nicht nur der Papst zur Ausübung des authentischen Lehramts befähigt, sondern auch die Kongregation für die Glaubenslehre.

Die von den Gläubigen verlangte Reaktion auf das authentische Lehren ohne Unfehlbarkeitsanspruch ist – anders als bei unfehlbarem Lehren – nicht Glaubenszustimmung *(fidei assensus)*, sondern »religiöser Gehorsam des Verstandes und des Willens« (*religiosum intellectus et voluntatis obsequium*; cc. 752–753). Da solche Lehren ohne Unfehlbarkeitsanspruch vorgetragen werden, kann dabei nur eine bedingte Verpflichtung eingefordert werden. Sie lässt die Möglichkeit eines berechtigten Dissenses bestehen. Nähere Erörterungen dazu hat die Glaubenskongregation in ihrer Instruktion *Donum veritatis* aus dem Jahre 1990 vorgelegt.[107] Für den Fall der hartnäckigen Ablehnung von Lehren, die vom authentischen Lehramt des Papstes oder des Bischofskollegiums verkündet sind, wird dieselbe Bestrafung angedroht wie bei Lehren der zweiten Stufe des unfehlbaren Lehramts, d. h. eine gerechte Strafe (c. 1371, 1°).

D. Lehrüberprüfungs- und Lehrbeanstandungsverfahren

Um zu klären, ob Verstöße gegen die verbindlich vorgelegten Lehren begangen worden sind, hat die Kirche Lehrprüfungs- und Lehrbeanstandungsverfahren eingerichtet. Auf gesamtkirchlicher Ebene besteht die von der Glaubenskongregation mit päpstlicher Approbation veröffentlichte Ordnung für die Lehrüberprüfung in der geltenden Fassung aus dem Jahre 1997. Es handelt sich dabei um eine verpflichtende Ordnung, die die Glaubenskongregation bei solchen Verfahren also stets anzuwenden hat. Seit dem Zweiten Vatikanischen Konzil hat die Glaubenskongregation etwa alle zwei bis drei Jahre eine *notificatio* veröffentlicht, in der sie über die vollständige Durchführung eines Verfahrens gemäß dieser Ordnung informiert und auf dessen Grundlage meist eine Warnung vor der fraglichen Lehre ausgesprochen hat.

---

107 Congr. DocFid, Instruktion über die kirchliche Berufung des Theologen *Donum veritatis*, vom 24. 5. 1990: AAS 82 (1990) 1550–1570; dt.: VApSt 98.

Auch die Deutsche Bischofskonferenz hat ein »Lehrbeanstandungsverfahren« entwickelt, in der geltenden Fassung aus dem Jahre 1981.[108] Die Geltung dieser Verfahrensordnung hängt davon ab, ob der jeweilige Bischof sie für sein Bistum in Kraft gesetzt hat. Die meisten deutschen Bistümer haben die Ordnung zwar veröffentlicht, aber nicht explizit in Kraft gesetzt. Die Durchführung des Verfahrens kann sowohl vom Diözesanbischof als auch von dem betreffenden Autor beantragt werden. Der Ausgang des Verfahrens übt auf den Diözesanbischof nur eine moralische, aber keine rechtliche Verpflichtungskraft aus. Ein solches Verfahren bei der Deutschen Bischofskonferenz hat bislang (Stand: 2015) nur ein einziges Mal stattgefunden (nach der früheren Fassung der Ordnung aus dem Jahre 1972). Die Schweizer Bischofskonferenz hat eine Verfahrensordnung beschlossen, die sich an dem deutschen Modell orientiert. Die Österreichische Bischofskonferenz besitzt keine vergleichbare Ordnung.

E. Sonstiges amtliches Lehren

Denselben Autoritäten, die zur Ausübung von hoheitlicher Verkündigung befähigt sind, steht es auch frei, Lehren über den Glauben und die Sitten vorzutragen, ohne dabei Verpflichtungskraft ausüben zu wollen. Ebenso sind viele andere Gläubige befähigt, in der Kirche amtlich zu lehren, ohne dabei Verpflichtungskraft auszuüben, wie Pfarrer und Diakone, Theologieprofessoren, Religionslehrer, Katecheten usw.

§ 33 Die Predigt (cc. 762–772)

Literatur: Ohly, Christoph, Der Dienst am Wort Gottes: eine rechtssystematische Studie zur Gestalt von Predigt und Katechese im Kanonischen Recht, St. Ottilien 2008.

A. Berechtigung zur Predigt

Unter den verschiedenen Formen, das Evangelium zu verkünden, erwähnt der Codex als erstes – ohne eine Definition dieses Ausdrucks anzugeben – die »Predigt des Wortes Gottes« *(Verbi Dei praedicatio)*. Dabei dürfte an die Predigt innerhalb der Liturgie, also des amtlichen Gottesdienstes gedacht sein. Bei der Predigt handelt es sich zwar um amtliche Verkündigung, also Verkündigung im Namen der Kirche, aber nicht um hoheitliche Verkündigung, da die Predigt nicht mit einem Anspruch auf Verpflichtungskraft verbunden ist.

Kleriker besitzen kraft ihrer Weihe die Befugnis zum Predigen. Bischöfe dürfen immer und überall predigen, es sei denn, dass der jeweilige Ortsbischof ihnen das in Einzelfällen verwehrt. Auch Priester und Diakone dürfen überall predigen, falls nicht in einem bestimmten Gebiet ein Partikulargesetz eine ausdrückliche Erlaubnis ver-

108 DBK, Verfahrensordnung für das Lehrbeanstandungsverfahren, vom 9. 3. 1981: Die deutschen Bischöfe 29.

langt. Die Predigt von Priestern und Diakonen setzt dabei die wenigstens vermutete Zustimmung des Kirchenrektors voraus. Laien benötigen, um – außerhalb der Eucharistiefeier – in Kirchen oder Kapellen zu predigen, eine Zulassung, sei es dauerhaft oder im Einzelfall (c. 766).

Für die Beauftragung von Laien zum Predigtdienst haben die Deutsche und die Österreichische Bischofskonferenz Ordnungen beschlossen.[109] Bei der österreichischen Ordnung handelt es sich um ein verbindliches Allgemeines Dekret, bei der deutschen nur um eine Gesetzgebungsempfehlung an die einzelnen Diözesanbischöfe. Nach der deutschen Ordnung erfolgt die Beauftragung von Laien zum Predigtdienst für einzelne Anlässe durch den zuständigen Pfarrer; für eine längerfristige oder regelmäßige Beteiligung am Predigtdienst erfolgt die Beauftragung auf Vorschlag des Pfarrers durch den Ortsordinarius. Die österreichische Ordnung verlangt stets die Beauftragung durch den Diözesanbischof auf Vorschlag des Pfarrers. Nach beiden Ordnungen erfolgt die bischöfliche Beauftragung schriftlich für einen bestimmten Bereich (z. B. Pfarrei, Pfarrverband, Dekanat).

B. Die Homilie in der Eucharistiefeier

Unter den verschiedenen Formen der Predigt hebt der Codex besonders die Homilie hervor, die Teil der Liturgie ist (c. 767). Mit dem Ausdruck »Homilie« kann an dieser Stelle – anders als in den liturgischen Büchern, die den Ausdruck »Homilie« auch für Predigten außerhalb der Eucharistiefeier verwenden – nur die Homilie in der Eucharistiefeier gemeint sein. An Sonntagen und gebotenen Feiertagen besteht die Verpflichtung, in jeder Eucharistiefeier, die unter Beteiligung des Volkes gefeiert wird, eine Homilie zu halten. An anderen Tagen ist sie, wenn eine ausreichende Beteiligung des Volkes gegeben ist, empfohlen, vor allem in der Advents- und Fastenzeit sowie wegen eines Festes oder eines traurigen Anlasses.

Die Homilie in der Eucharistiefeier ist dem Priester oder Diakon vorbehalten (c. 767 § 1). In der Regel soll der Hauptzelebrant die Homilie halten.[110] Alle früheren Normen, wonach in bestimmten Fällen auch Laien eine Homilie in der Eucharistiefeier erlaubt war, sind aufgehoben[111]; das gilt auch für Seminaristen. Eine Dispens von der Bestimmung, dass die Homilie dem Priester oder Diakon vorbehalten ist, kann der Diözesanbischof nicht erteilen.[112] Sie ist also – wenn man nicht behaupten will, dass der Vorbehalt sich aus dem göttlichen Recht ergebe – dem Apostolischen Stuhl vorbehalten. Als Begründung für den Vorbehalt der Homilie für Priester und Diakone wird mitunter auf die Einheit von Wortgottesdienst und Mahlfeier in der

---

109 DBK, Ordnung des Predigtdienstes von Laien, vom 24. 2. 1988: ABl Limburg 1988, 67 f.; ÖBK, Decretum Generale über die Ordnung des Predigtdienstes von Laien, vom 27. 5. 2002: ABl ÖBK Nr. 33 (2002), 4 f.

110 Allgemeine Einführung in das Messbuch 2002, Nr. 66 und 213.

111 Congr. Cler u. a., Instruktion *Ecclesiae de Mysterio*, Art. 3 § 1.

112 PCLT, Authentische Interpretation vom 20. 6. 1987: AAS 79 (1987) 1249; dt.: AfkKR 156 (1987) 161 f.

Eucharistiefeier hingewiesen. Dieses Argument allein könnte allerdings nicht erklären, warum es zulässig ist, dass nicht nur der Hauptzelebrant und die Konzelebranten die Homilie halten dürfen, sondern auch andere, nämlich ein assistierender Diakon und sogar Priester oder Diakone, die in der betreffenden Eucharistiefeier nicht konzelebrieren bzw. als Diakone fungieren. Der Vorbehalt lässt sich also nur mit dem Zusammenhang zwischen Predigtamt und Weihesakrament begründen.

Der Vorbehalt der Homilie für Priester und Diakone stellt vor die Frage, inwieweit andere Gläubige in der Eucharistiefeier irgendeine Art von Ansprache halten dürfen. In der Instruktion über die Mitarbeit der Laien am Dienst der Priester aus dem Jahre 1997 heißt es dazu:

> Erlaubt sind [einem Laien] eine kurze Einführung, um ein besseres Verständnis der Liturgie zu fördern, und ausnahmsweise auch ein etwaiges Zeugnis, das, immer in Einklang mit den liturgischen Vorschriften, an besonderen Tagen (Tag des Seminars, Tag der Kranken usw.) in Eucharistiefeiern vorgetragen wird, wenn dies zur Veranschaulichung der vom zelebrierenden Priester regulär gehaltenen Homilie objektiv angebracht erscheint. Diese Einführungen und Zeugnisse dürfen keine Merkmale aufweisen, die zu Verwechslungen mit der Homilie führen könnten.
>
> Die Möglichkeit eines ›Dialogs‹ in der Homilie kann manchmal vom zelebrierenden Amtsträger in kluger Weise zur Erläuterung eingesetzt werden, ohne dadurch die Predigtpflicht an andere zu delegieren.

Die Deutsche Bischofskonferenz hat in ihrer »Ordnung des Predigtdienstes von Laien« bestimmt:

> In den Fällen, in denen es nach dem Urteil des Diözesanbischofs notwendig ist, können katholische Laien (Männer und Frauen) mit dem Predigtdienst bei der Feier der Eucharistie beauftragt werden, und zwar im Sinne einer Statio zu Beginn des Gottesdienstes, sofern der Zelebrant nicht in der Lage ist, die Homilie zu halten und kein anderer Priester oder Diakon dafür zur Verfügung steht.

§ 34 *Katechetische Unterweisung (cc. 773–780)*

Literatur: Ohly, Christoph, Der Dienst am Wort Gottes: eine rechtssystematische Studie zur Gestalt von Predigt und Katechese im Kanonischen Recht, St Ottilien 2008.

Der Begriff »Katechese« *(catechesis)* bezeichnet in den kirchlichen Dokumenten in allgemeiner Weise die Unterweisung im Glauben, vor allem soweit sie außerhalb des Gottesdienstes geschieht. Die Katechese in diesem umfassenden Sinn richtet sich sowohl an die noch nicht Getauften (im »Katechumenat«) als auch an diejenigen, die bereits Glieder der Kirche sind. Sie richtet sich an Menschen aller Altersstufen. Für die Katechese sind, in je eigener Weise, alle Gläubigen verantwortlich. Sie muss durch Wort und Beispiel geschehen. Von Seiten des Lehramts hatte sich Papst Johannes Paul II. in seinem Apostolischen Schreiben *Catechesi tradendae* im Jahre 1979 mit der katechetischen Unterweisung befasst.[113] Nähere Anweisungen sind neben dem

113 Johannes Paul II., Apostolisches Schreiben *Catechesi tradendae*, vom 16. 10. 1979: AAS 71 (1979), 1277–1340; dt.: VApSt 12.

Codex dem von der Kleruskongregation im Jahre 1997 veröffentlichten »Allgemeinen Direktorium für die Katechese« zu entnehmen.[114]

Als Unterstützung für die Katechese veröffentlicht die Kirche Katechismen. Bischofskonferenzen benötigen dazu die Approbation des Apostolischen Stuhls. Im Jahre 1992 veröffentlichte Papst Johannes Paul II. den »Katechismus der Katholischen Kirche« (KKK). Er wurde zunächst im Jahre 1992 in der französischen Originalfassung veröffentlicht. Später wurde er ins Lateinische übersetzt; die lateinische Ausgabe erschien 1997 und wurde als verbindliche Ausgabe *(editio typica)* gekennzeichnet. Sie enthält gegenüber der französischen Originalfassung 83 Änderungen; die Glaubenskongregation hat eine Liste dieser Änderungen bekanntgegeben.[115] Beide Ausgaben dieses »Weltkatechismus« wurden ins Deutsche übersetzt.[116] Im Jahre 2005 veröffentlichte Papst Benedikt XVI. eine in Form von Fragen und Antworten verfasste Kurzfassung des Weltkatechismus unter dem Titel »Katechismus der Katholischen Kirche: Kompendium«. Die Deutsche Bischofskonferenz hat einen zweibändigen »Katholischen Erwachsenenkatechismus« veröffentlicht (Bd. 1: Das Glaubensbekenntnis der Kirche, 1985; Bd. 2: Leben aus dem Glauben, 1995). Die Österreichische Bischofskonferenz hat im Jahre 2011 – mit Zustimmung der Deutschen und der Schweizer Bischofskonferenz – den Youcat (Jugendkatechismus der katholischen Kirche) veröffentlicht.

§ 35 Die Missionstätigkeit (cc. 781–792)

Literatur: Pulte, Matthias, Das Missionsrecht, ein Vorreiter des universalen Kirchenrechts. Nettetal 2006; Stoffel, Oskar, Beiträge zum Missionsrecht, Essen 1999.

Unter der Überschrift »Missionstätigkeit der Kirche« befasst sich der Codex mit der Verkündigung des Evangeliums an jene Völker und Gruppen, »in denen die Kirche noch nicht Wurzel gefasst hat«, in der Absicht, die Kirche auch dort »einzupflanzen« (c. 786). Dieses »Werk der Evangelisierung« (c. 781) zielt – entsprechend dem Apostolischen Schreiben Pauls VI. *Evangelii nuntiandi*[117] – auf eine ganzheitliche Befreiung und Erlösung des Menschen; deswegen besteht eine enge Verbindung zwischen der Verkündigung des Evangeliums und dem Einsatz für Gerechtigkeit und Frieden. Der Codex beschreibt die Missionstätigkeit mit den Worten des Zweiten Vatikanischen Konzils als Aufgabe der gesamten Kirche, zu der alle Gläubigen ihren Anteil beizutragen haben; besonders gilt das nach wie vor für die missionarisch tätigen Institute des geweihten Lebens (c. 783).

---

114 Congr. Cler, Allgemeines Direktorium für die Katechese, vom 15. 8. 1997; dt.: VApSt 130.

115 Origins 27 (1997) 257–262.

116 Die Übersetzung der französischen Originalausgabe erschien im Jahre 1993; im Jahre 2003 erschien die Neuübersetzung aufgrund der *Editio typica Latina.*

117 Paul VI., Apostolisches Schreiben *Evangelii nuntiandi*, vom 8. 12. 1975: AAS 68 (1976) 70–75; dt.: VApSt 2.

Die oberste Leitung und Koordinierung der Missionstätigkeit kommt der höchsten Autorität der Kirche zu. Der Papst übt diese Aufgabe vor allem mit Hilfe der »Kongregation für die Evangelisierung der Völker« aus (AK *Pastor bonus*, Art. 85–92). Dem *Annuario pontificio* ist zu entnehmen, welche Teilkirchen als »Missionsgebiete« *(territoria missionum)* gelten und deswegen dieser Kongregation unterstellt sind. Während vor allem in der Zeit vom 16. bis 19. Jahrhundert das kanonische Recht für die Missionsgebiete in erheblichem Umfang von den sonst geltenden gesamtkirchlichen Normen abgewichen war, sieht das geltende gesamtkirchliche Recht für die Missionsgebiete nur noch wenige Besonderheiten vor, zumal in einem Großteil der Missionsgebiete inzwischen reguläre Bistümer errichtet sind. Der Ausdruck »Missionsrecht« kann heute vor allem für das an die jeweilige Kultur angepasste Partikularrecht der Missionsgebiete verwendet werden.

Innerhalb der einzelnen Teilkirchen dieser Gebiete liegt die Leitung und Koordinierung der Missionstätigkeit in der Verantwortung des Diözesanbischofs bzw. des ihm gleichgestellten Amtsträgers (c. 790). Dazu soll er mit den in seinem Gebiet tätigen Missionsinstituten (Lebensgemeinschaften der evangelischen Räte oder Vereinen) entsprechende Vereinbarungen abschließen. Der Heilige Stuhl hat dafür Vorgaben gemacht und Formulierungsmuster vorgelegt; für Teilkirchen, die noch nicht als Bistümer errichtet sind, sieht er die Möglichkeit vor, auf Antrag des Leiters der Teilkirche einem Missionsinstitut einen besonderen Auftrag *(Mandatum)* zu erteilen, dort die Missionstätigkeit auszuüben.[118]

Für Teilkirchen, die noch nicht als Bistümer errichtet sind, kennt das kanonische Recht die Vorformen der *missio sui iuris*, der Apostolischen Präfektur und des Apostolischen Vikariats. Die *missio sui iuris* ist eine allererste – im CIC nicht erwähnte – Organisationsform in einem Gebiet, in dem es bislang keine kirchliche Hierarchie gab. Typischerweise wird sie nach einer Zeit der Konsolidierung – falls anschließend nicht aus besonderen Gründen die Form einer Apostolischen Administration gewählt wird – in eine Apostolische Präfektur, später in ein Apostolisches Vikariat und schließlich, wenn ein ausreichendes Maß an Selbständigkeit erreicht ist, in ein Bistum umgewandelt. Während die *missio sui iuris* und die Apostolische Präfektur normalerweise einem Priester anvertraut werden, wird für die Leitung eines Apostolischen Vikariats in der Regel ein Bischof bestellt. Im Grundsatz gelten für alle genannten Arten von Teilkirchen dieselben Bestimmungen wie für Bistümer (c. 368), allerdings mit einer Reihe von Vereinfachungen.[119] Zum Beispiel wird anstelle des Priesterrats nur ein mindestens dreiköpfiger »Missionsrat« bestellt (cc. 495 § 2, 502 § 4).

---

118 SC Prop, Instruktion *Relationes in territoriis*, vom 24. 2. 1969: AAS 61 (1969) 281–287; dt.: NKD 18, 60–77; Schema Contractuum inter Episcopos residentiales vel alios Ordinarios locorum in territoriis missionum et Instituta Missionalia: Bibliografia Missionaria 33 (1969) 186–220.

119 Vgl. cc. 400 § 3, 420, 495 § 2, 502 § 4, 1018 § 2. Papst Pius XI. entschied am 6. 11. 1929, dass die *missio sui iuris*, wenn nicht im Einzelfall etwas anderes angeordnet ist, denselben Rechtsnormen untersteht wie die Apostolische Präfektur; siehe dazu: Sylloge praecipuorum documentorum recentium Summorum Pontificum et S. Congregationis de Propaganda Fide necnon aliarum Ss. Congregationum Romanarum, Città del Vaticano 1939, 349 f., n. 146.

Für die Tätigkeit in den Missionsgebieten sind zwei spezifische Ämter vorgesehen (cc. 784–785): Als »Missionar« kann jeder geeignete Gläubige von der zuständigen kirchlichen Autorität ausgesandt werden. Das Amt des »Katechisten« ist ein Amt für Laien, die sich unter der Leitung eines Missionars der Darlegung der Lehre des Evangeliums, der Ordnung von liturgischen Feiern und von Werken der Caritas widmen. Der Codex formuliert auch einige Leitlinien für die Missionstätigkeit (c. 787): Die Missionare sollen durch das Zeugnis ihres Lebens und ihres Wortes mit den nicht an Christus Glaubenden einen ehrlichen Dialog führen, so dass diesen in einer Weise, die ihrer Eigenart und Kultur entspricht, die Wege zur Erkenntnis des Evangeliums geöffnet werden. Ohne den Fachausdruck zu verwenden, spricht der Codex auf diese Weise die Aufgabe der »Inkulturation« des Evangeliums in die verschiedenen Kulturen an.

Alle Bistümer, auch diejenigen außerhalb der Missionsgebiete, sollen zur Missionstätigkeit ihren Beitrag leisten: durch die Förderung missionarischer Berufungen, durch die Beauftragung eines Priesters, der missionarische Projekte unterstützt, durch einen jährlichen Missionstag und durch finanzielle Beiträge an den Heiligen Stuhl (c. 791).

§ 36 Erziehung, Schule und Religionsunterricht (cc. 793–806)

Literatur: Meckel, Thomas, Religionsunterricht im Recht, Paderborn 2011; Rees, Wilhelm, Der Religionsunterricht und die katechetische Unterweisung in der kirchlichen und staatlichen Rechtsordnung, Regensburg 1986; Künzel, Heike, Die »Missio canonica« für Religionslehrerinnen und Religionslehrer, Essen 2004; Die Katholische Grundschule in Nordrhein-Westfalen, hrsg. vom Erzbischöflichen Generalvikariat Köln, Köln 2012; Schmitz-Stuhlträger, Kerstin, Das Recht auf christliche Erziehung im Kontext der katholischen Schule, Berlin 2009; Kallenbach, Gerald A., Ein Kirchenamt im Dienst der Verkündigung. Die Rechtsstellung des Religionslehrers, Roma 2000.

A. Katholische Erziehung

Den Ausdruck »Erziehung« *(educatio)* bezieht der Codex nicht nur auf Kinder, sondern auch auf Erwachsene. Insbesondere behandelt er auch das gesamte kirchliche Hochschulwesen unter dieser Überschrift. Erziehung wird dabei in einem umfassenden Sinn verstanden; die Kinder, Jugendlichen und Erwachsenen sollen so gebildet werden, dass sie zur Entfaltung ihrer körperlichen, moralischen und geistigen Anlagen gelangen, tieferes Verantwortungsbewusstsein und den rechten Gebrauch ihrer Freiheit erwerben, befähigt werden, am sozialen Leben aktiv teilzunehmen, und auf diese Weise sowohl dem Gemeinwohl der Gesellschaft dienen als auch ihr letztes, übernatürliches Ziel erreichen (c. 795). Was die Erziehung der Kinder angeht, betont der Codex vor allem die Pflicht und das Recht der Eltern; sie betrifft insbesondere auch die katholische Erziehung der Kinder (vgl. auch c. 1136). Sodann hebt er die Verantwortung der Kirche hervor, für die katholische Erziehung der Gläubigen Sorge zu tragen. Auf wichtige einzelne Bereiche des katholischen Erziehungswesens wie die Kindertagesstätten und die katholische Erwachsenenbildung geht der Codex nicht näher ein und überlässt deren Normierung so dem Partikularrecht.

B. Die Schulen

Das Kapitel des Codex über die Schulen beginnt mit einigen Forderungen, die nicht primär rechtlichen Charakter haben, sondern Teil der katholischen Sozial- und Morallehre sind. Die Kirche betont die Erstverantwortung der Eltern für die Erziehung ihrer Kinder. Ein staatliches Schulmonopol lehnt sie ab. Sie verlangt, dass der Staat die Freiheit gewährt, nicht-staatliche Schulen zu gründen, und dass er solchen Schulen eine finanzielle Unterstützung zukommen lässt. Es wäre nämlich ungerecht, wenn Eltern einerseits als Steuerzahler das staatliche Schulsystem mittragen und andererseits für den Unterhalt katholischer Privatschulen, die ja das staatliche Schulsystem entlasten, ganz aus eigenen Mitteln aufkommen müssten. Katholische Eltern sind verpflichtet, ihre Kinder solchen Schulen anzuvertrauen, in denen für deren katholische Erziehung gesorgt wird. Eine Verpflichtung, katholische Schulen zu wählen, spricht das kanonische Recht nicht aus.

Allerdings verlangt der Codex, dass es in einem ausreichenden Maße katholische Schulen geben soll und dass sie von allen Gläubigen, insbesondere von den der schulischen Erziehung gewidmeten Ordensinstituten gefördert werden sollen. Als »katholisch« gelten Schulen, die von der zuständigen kirchlichen Autorität oder einer öffentlichen juristischen Person getragen werden oder die durch Dekret der kirchlichen Autorität als katholische Schulen anerkannt worden sind. Der Diözesanbischof besitzt ein Aufsichts- und Visitationsrecht über diese Schulen und kann eine allgemeine Ordnung für die katholischen Schulen erlassen. Bei Schulen, die von einem Ordensinstitut getragen werden, hat der Diözesanbischof beim Erlassen einer solchen Ordnung die Autonomie des Instituts hinsichtlich der inneren Leitung der Schulen zu beachten. Die Themen, zu denen sich solche allgemeinen diözesanen Schulordnungen deutschsprachiger Bistümer äußern, sind z. B. die katholische Prägung der Schulen, die Verträge zwischen Schule und Eltern, die Mitwirkung der Eltern, Schüler und Lehrer, die kirchlichen Anforderungen an die Lehrer, die Dienst- und Disziplinarordnung, der Datenschutz und die kirchliche Schulaufsicht. Die katholischen Schulen sind häufig auch Gegenstand von Verträgen zwischen Kirche und Staat.

Von den katholischen Privatschulen sind die katholischen »Konfessions-« oder »Bekenntnisschulen« in staatlicher Trägerschaft zu unterscheiden. Solche Schulen gibt es, zum Teil durch Staatskirchenverträge abgesichert, in Niedersachsen und Nordrhein-Westfalen.

C. Religionsunterricht nach gesamtkirchlichem Recht

Für den Religionsunterricht im Sinne einer religiösen Unterweisung in der Schule kennt das gesamtkirchliche Recht keinen Fachausdruck, sondern arbeitet mit Umschreibungen (vgl. c. 804 § 1: *institutio religiosa in scholis*). Es behandelt den Religionsunterricht nicht als eine besondere Form von katechetischer Unterweisung, sondern im Kapitel über die Schulen. Zwar stehen die betreffenden Bestimmungen (cc. 804–805) zwischen Rechtsnormen über die katholischen Schulen (cc. 800–803, 806); Religionsunterricht im beschriebenen Sinne ist aber nicht nur in kirchlichen, sondern auch in staatlichen oder sonstigen Schulen möglich (vgl. c. 804 § 1: *in quibuslibet scholis*). Die Bischofskonferenz kann über den Religionsunterricht allgemeine Normen erlassen. Für das einzelne Bistum liegt die Aufgabe der Gesetzgebung und Aufsicht beim Diözesanbischof.

Vor dem Hintergrund der unterschiedlichen rechtlichen und faktischen Situation in den verschiedenen Staaten äußert sich das gesamtkirchliche Recht nicht zu der Frage, ob es an den Schulen eines Staates Religionsunterricht geben soll. An kirchlichen Schulen wird der Religionsunterricht in aller Regel vom jeweiligen Schulträger veranstaltet. Demgegenüber kommt als Veranstalter des Religionsunterrichts an staatlichen oder sonstigen Schulen sowohl der (staatliche oder sonstige) Schulträger als auch eine kirchliche Einrichtung (z. B. das Bistum) in Frage. Soweit Religionsunterricht an staatlichen Schulen stattfindet, handelt es sich um eine gemeinsame Angelegenheit von Kirche und Staat. Dann legt es sich nahe, dass Kirche und Staat über die einschlägigen Fragen Verträge abschließen.

Die Kirche erhebt den Anspruch, dass katholischer Religionsunterricht dort, wo er stattfindet, der kirchlichen Autorität untersteht (c. 804). Damit ist nicht eine Aufsicht in jeglicher Hinsicht gemeint, sondern eine Aufsicht im Hinblick auf die kirchlichen Aspekte des Religionsunterrichts. Sie konkretisiert sich in einer Beteiligung bei der Erstellung der Lehrpläne, der Zulassung von Unterrichtsmaterialien, der Ausbildung und der Bestellung der Lehrkräfte sowie in der Möglichkeit, unter besonderen Umständen die Abberufung von Lehrkräften einzufordern. Die kirchliche Zuständigkeit für die Religionslehrer weist der Codex dem Ortsordinarius zu (c. 805). Dabei wird der Formulierung nach auf zwei Arten von Religionslehrern Bezug genommen: Einerseits wird der Fall berücksichtigt, dass sie direkt vom Ortsordinarius ernannt werden; dann kommt ihm auch das Recht der Abberufung zu. Andererseits berücksichtigt der Codex Konstellationen, in denen die Lehrkräfte von jemand anders ernannt werden; in diesem Fall besteht die Notwendigkeit einer Approbation seitens des Ortsordinarius; auch die Abberufung nimmt er dann nicht unmittelbar vor, sondern er wendet sich an die zuständige Stelle und fordert sie auf, den Religionslehrer abzuberufen. Für die in der Ernennung bzw. Approbation des Religionslehrers durch den Ortsordinarius enthaltene kirchliche Beauftragung wird in der Praxis der Ausdruck *Missio canonica* verwendet. Für die Bücher, die im Religionsunterricht verwendet werden, ist eine kirchliche Genehmigung erforderlich (c. 827 § 2).

D. Religionsunterricht in Deutschland

In den meisten deutschen Bundesländern hat der Religionsunterricht gemäß Art. 7 Abs. 3 GG an staatlichen Schulen – mit Ausnahme der bekenntnisfreien Schulen – die Stellung eines »ordentlichen Lehrfachs«; Veranstalter ist demgemäß der jeweilige staatliche Schulträger. In den drei deutschen Bundesländern Berlin, Bremen und Brandenburg veranstaltet der Staat keinen Religionsunterricht, erlaubt aber den Religionsgemeinschaften, schulischen Religionsunterricht durchzuführen. Der Religionsunterricht ist Gegenstand vieler Verträge zwischen den einzelnen deutschen Bundesländern und der Kirche. Grundlegend wird das Thema auch im Reichskonkordat angesprochen. Der wichtigste in den Verträgen behandelte Aspekt des Religionsunterrichts ist die Ausbildung der Religionslehrer.

Die Deutsche Bischofskonferenz hat im Jahre 2010 »Kirchliche Anforderungen an die Religionslehrerbildung« veröffentlicht.[120] Sie enthalten vor allem Anforderungen an das Studium der Religionslehrer. Darüber hinaus beschreiben sie in allgemeiner Weise die berufliche Handlungsfähigkeit als Ziel der Religionslehrerbildung und sprechen über die Spiritualität und berufliche Identität der Religionslehrer; dabei heißt es: »Zur beruflichen Identität der Religionslehrerinnen und Religionslehrer gehört neben den fachwissenschaftlichen und fachdidaktischen Kompetenzen besonders die Fähigkeit, ein persönliches Zeugnis zu geben ... Religionslehrerinnen und Religionslehrer stehen auch mit ihrer Person für den Glauben der Kirche ein und ›sind gesandt, Zeugen des Glaubens in der Schule zu sein.‹« Das Dokument geht auch auf die von den Bistümern eingerichteten Mentorate als integraler und verbindlicher Bestandteil der Religionslehrerbildung ein. Die deutschen Bischöfe haben gemeinsame Normen über die Erteilung und den Entzug der *Missio canonica* erlassen.[121] Für besonders gelagerte Fälle, insbesondere auch für den Fall einer späteren Abberufung eines Religionslehrers, wird im Bistum eine Missio-Kommission eingerichtet, die – in gewisser Ähnlichkeit zu einem Lehrbeanstandungsverfahren (vgl. § 32 D) – die Angelegenheit untersucht und dem Bischof eine Empfehlung vorlegt.

Für die Zulassung von Unterrichtswerken haben die deutschen Bischöfe eine Verfahrensordnung beschlossen und – jeweils für einige Bundesländer – drei regionale Schulbuchkommissionen mit jeweils 4 bis 6 Mitgliedern eingesetzt (mit Sitzen in Köln, Mainz und Regensburg).[122] Die Kommissionen geben über die Zulassung der Unterrichtswerke Empfehlungen ab; die Entscheidung trifft der zuständige Diözesanbischof. Die Verfahrensordnung geht davon aus, dass der Antrag auf Zulassung vor der Veröffentlichung gestellt wird. Die Zulassung ist, wenn das Buch erscheint, darin abzudrucken.

E. Religionsunterricht in Österreich

Nach österreichischem staatlichem Recht[123] und Staatskirchenvertragsrecht[124] ist der Religionsunterricht an allen öffentlichen Schulen Pflichtfach (mit Abmeldemöglich-

---

120 DBK, Kirchliche Anforderungen an die Religionslehrerbildung, vom 23. 9. 2010: Die deutschen Bischöfe 93.

121 Die deutschen Bischöfe, Rahmenrichtlinien für die Erteilung der Missio canonica für Lehrkräfte mit der Facultas »Katholische Religionslehre«, und Rahmengeschäftsordnung, vom 15. 3. 1973: ABl Limburg 1973, 191 f.

122 Die deutschen Bischöfe, Verfahrensordnung für die kirchliche Zulassung von Unterrichtswerken für den katholischen Religionsunterricht, sowie Anlagen, vom 8. 7. 2002: ABl Limburg 2002, 85–90.

123 Art. 17 Abs. 3 Staatsgrundgesetz; § 1 Religionsunterrichtsgesetz.

124 Art. 6 ÖK; Vertrag zwischen dem Heiligen Stuhl und der Republik Österreich zur Regelung von mit dem Schulwesen zusammenhängenden Fragen, vom 9. 7. 1962: AAS 54 (1962) 641–652; Zusatzvertrag dazu, vom 10. 7. 1972: AAS 64 (1972) 478–481.

keit), wird aber anders als in Deutschland nicht vom Staat, sondern von der betreffenden Religionsgemeinschaft veranstaltet. Sie erstellt demgemäß die Lehrpläne, entscheidet über die inhaltliche und methodische Gestaltung und wählt die Lehrbücher aus. Die Religionslehrer werden entweder vom Bund oder den Ländern angestellt oder von der Religionsgemeinschaft bestellt; im letzteren Fall leistet der Staat eine Vergütung.[125]

Die Österreichischen Bischöfe haben festgelegt, welche Erfordernisse für die Erlangung der Lehrbefähigung zur Erteilung des katholischen Religionsunterrichts nachzuweisen sind.[126] Außerdem haben sie eine Rahmenordnung für Religionslehrer[127] beschlossen, in der unter anderem das Verfahren der Erteilung und des Entzugs der *Missio canonica* geordnet wird. Die Entscheidungen über die Lehrpläne und die Lehrbücher fällt die Österreichische Bischofskonferenz.

§ 37 Die Hochschulen (cc. 807–821)

Literatur: Schmitz, Heribert/Rhode, Ulrich, Einführung, in: Katholische Theologie und Kirchliches Hochschulrecht (Arbeitshilfen, Bd. 100, ^{2}2011), 17–186; Schmitz, Heribert, Studien zum kirchlichen Hochschulrecht, Würzburg 1990; ders., Neue Studien zum kirchlichen Hochschulrecht, Würzburg 2005; Ammer, Josef, Zum Recht der »katholischen Universität«, Würzburg 1994.

A. Typologie

Die Förderung wissenschaftlicher Forschung und Lehre sieht die Kirche seit langem als Teil ihres Sendungsauftrags an. Zwar haben die im Mittelalter aus dem christlichen Bildungsideal hervorgegangenen Universitäten ihre kirchliche Prägung im Zeitalter der Säkularisation weitgehend verloren. Im Zuge der zunehmenden Trennung von Kirche und Staat hat die Kirche aber vor allem seit dem 19. Jahrhundert bis in die Gegenwart hinein zahlreiche neue Universitäten und Hochschulen gegründet.

	Katholische Universitäten und vergleichbare Hochschulen	**Kirchliche Universitäten und Fakultäten**
im CIC	cc. 807–814	cc. 815–821
Apostolische Konstitution	*Ex corde Ecclesiae* (1990)	*Sapientia christiana* (1979)

125 §§ 3 und 6 Abs. 1 Religionsunterrichtsgesetz.

126 ÖBK, Lehrbefähigung zur Erteilung des katholischen Religionsunterrichts an Schulen im Sinne des Schulorganisationsgesetzes, vom 3.–6. 11. 2008: ABl ÖBK Nr. 47 (2009) 14–16.

127 ÖBK, Rahmenordnung für Religionslehrer der österreichischen Diözesen (c. 804), i. d. F. vom 20. 5. 1998: ABl ÖBK Nr. 22 (1998), 10–13; Korrekturen: ABl ÖBK Nr. 23 (1998) 5.

	Katholische Universitäten und vergleichbare Hochschulen	**Kirchliche Universitäten und Fakultäten**
Befähigung zur Verleihung akademischer Grade	in der Regel vom Staat verliehen	vom Heiligen Stuhl verliehen; je nach Staat ggf. staatlich anerkannt
Trägerschaft	Kirche	Kirche oder Staat
Anzahl der im *Annuario Pontificio* 2014 genannten Hochschulen	50	144
Anzahl der im »*Index*« 2005 genannten Hochschulen	1210	258 + 114 *Istituti Superiori di Scienze Religiose* + 387 durch Affiliation usw. verbundene Einrichtungen
Anzahl der Hochschulen bzw. Fakultäten im deutschsprachigen Raum *(davon Fakultäten an staatlichen Universitäten)*	Deutschland: 7 Österreich: 5 Schweiz: –	Deutschland: 22 *(11 staatliche)* Österreich: 8 *(4 staatliche)* Schweiz: 4 *(2 staatliche)*

Die hochschulrechtlichen Bestimmungen des kanonischen Rechts unterscheiden zwischen zwei verschiedenen Arten von Hochschulen: An »Katholischen Universitäten« und vergleichbaren Hochschulen können – in einer vom Glauben der Kirche geprägten Weise – alle möglichen wissenschaftlichen Disziplinen betrieben werden, ebenso wie an anderen Universitäten. Demgegenüber sind die »Kirchlichen Universitäten und Fakultäten« für die Theologie und die mit ihr verwandten Wissenschaften (*disciplinae sacrae vel cum sacris conexae*, c. 815) errichtet; sie verleihen in diesen Wissenschaften akademische Grade in der Autorität des Heiligen Stuhls. Der Heilige Stuhl hat also ein eigenes kirchliches Graduierungssystem aufgebaut; das ausschlaggebende Kriterium für die Einordnung einer Einrichtung in die beiden Kategorien von Hochschulen ist letztlich die Befähigung, an diesem kirchlichen Graduierungssystem teilzuhaben. Zwischen den beiden Arten von Hochschulen ist auch die Mischform einer »Kirchlichen Fakultät innerhalb einer Katholischen Universität« möglich.

B. Katholische Universitäten und vergleichbare Hochschulen

»Katholische Universitäten« und vergleichbare Hochschulen sind praktisch nur in kirchlicher Trägerschaft vorstellbar. Da sie definitionsgemäß nicht am Graduierungssystem des Heiligen Stuhls teilhaben, es aber andererseits zum Wesen der Hochschule gehört, akademische Grade zu verleihen, ergibt sich im Umkehrschluss nahezu zwangsläufig, dass diese Einrichtungen in das Graduierungssystem ihres jeweiligen Staates eingebunden sind.

In die Gruppe der Katholischen Universitäten und vergleichbaren Hochschulen gehören weltweit über 1.200 Einrichtungen. In Deutschland zählt dazu an erster Stelle die Katholische Universität Eichstätt-Ingolstadt, die, da sie auch eine Theologische Fakultät besitzt, die oben in Abschnitt A genannte »Mischform« verwirklicht. Dasselbe gilt für die Philosophisch-Theologische Hochschule Vallendar, die eine Theologische und eine Pflegewissenschaftliche Fakultät umfasst. Des Weiteren gibt es in Deutschland fünf Hochschulen, deren Schwerpunkte auf Studiengängen in den Fächern Soziale Arbeit und Pflege liegen und die zum Teil auch der Ausbildung von Gemeindereferenten/innen dienen. In Österreich gehören zu dieser Art von Hochschulen fünf Einrichtungen, die der Lehreraus- und -fortbildung sowie der Ausbildung von Religionslehrern dienen; vier davon tragen die Bezeichnung »Kirchliche Pädagogische Hochschule«.

Für Katholische Universitäten und vergleichbare Hochschulen gilt neben cc. 807–814 die AK *Ex corde Ecclesiae* aus dem Jahre 1990. Da diese Hochschulen in das Graduierungssystem ihres jeweiligen Staates eingebunden sind, legt es sich nahe, dass sich auch ihre sonstige Rechtsstellung weithin am jeweiligen staatlichen Recht orientiert. Angesichts dessen hält sich der gesamtkirchliche Gesetzgeber mit Vorgaben zurück und überlässt das Nähere der jeweiligen Bischofskonferenz. Die Deutsche Bischofskonferenz hat dazu im Jahre 2008 Partikularnormen erlassen.[128] Besondere Aufsichtsrechte des Apostolischen Stuhls sind bei diesen Universitäten und Hochschulen nicht vorgesehen. Die Zuständigkeit für die Aufsicht liegt vielmehr bei der Bischofskonferenz oder beim jeweiligen Diözesanbischof. Das Hauptaugenmerk der kanonischen Rechtsnormen für diese Hochschulen richtet sich auf die Wahrung ihrer katholischen Identität. Die gesamte Tätigkeit an der Universität (Forschung, Lehre und weitere Aufgaben) muss von den Zielen, Grundsätzen und Haltungen durchdrungen sein, die sich aus dem katholischen Glauben ergeben. Es soll darauf geachtet werden, dass diejenigen Lehrenden, die nicht katholisch sind, nicht die Mehrheit bilden. Was die Bildung der Studierenden angeht, werden einige Anforderungen gestellt, die über die rein akademischen bzw. beruflichen Aspekte hinausgehen: die Prägung durch sittliche und religiöse Aspekte, die Vermittlung der Soziallehre der Kirche und eine auf die jeweiligen Disziplinen bezogene ethische Bildung. Außerdem muss den Studierenden, die daran Interesse haben, ermöglicht werden, die katholische Lehre kennenzulernen. Dazu soll, wenn die Universität nicht eine Theologische Fakultät umfasst, ein Institut oder wenigstens ein Lehrstuhl für Theologie vorhanden sein.

C. Kirchliche Universitäten und Fakultäten

Zur Gruppe der »Kirchlichen Universitäten und Fakultäten« gehören weltweit etwa 250 Einrichtungen. Neun davon haben – da sie vier oder mehr Fakultäten umfassen – die Stellung einer »Kirchlichen Universität«; von ihnen haben sieben ihren Sitz in Rom. Die meisten anderen dieser Einrichtungen haben weniger als vier Fakultäten,

---

128 DBK, Partikularnormen zur Apostolischen Konstitution *Ex corde Ecclesiae*, v. 22.–25. 9. 2008: VApSt 99, Bonn ^{2}2010, 48–59.

meist nur eine einzige Fakultät; dazu gehören vor allem Theologische Fakultäten, aber auch Fakultäten für Kirchenrecht, Philosophie und einige andere mit der Theologie verwandte Wissenschaften. Hinzu kommen etwa 110 Hochschulen für religiöse Wissenschaften *(Istituti Superiori di Scienze Religiose)*, vor allem in Italien und Spanien; sie sind jeweils mit einer Theologischen Fakultät verbunden und dienen vor allem der Religionslehrerausbildung. Außerdem sind etwa 400 weitere Einrichtungen (vor allem Priesterseminare) durch Inkorporation, Aggregation oder Affiliation mit einer Kirchlichen Fakultät verbunden und haben dadurch an deren akademischen Graden Anteil. Die Mehrzahl der »Kirchlichen Fakultäten« befinden sich in kirchlicher Trägerschaft. In 13 Staaten, besonders häufig im deutschsprachigen Raum, gibt es aber auch »Kirchliche Fakultäten«, die Teil einer staatlichen Universität sind.

Zur Gruppe der »Kirchlichen Fakultäten« und vergleichbaren Hochschulen gehören in den deutschsprachigen Ländern 34 Einrichtungen. 22 davon liegen in Deutschland (darunter 11 Katholisch-Theologische Fakultäten an staatlichen Universitäten und 11 Fakultäten bzw. Hochschulen für Theologie, Philosophie oder Kirchenmusik in kirchlicher Trägerschaft), 8 in Österreich (davon 4 an staatlichen Universitäten) und 4 in der Schweiz (davon 2 an staatlichen Universitäten).

Zu den Rechtsnormen für »Kirchliche Universitäten und Fakultäten« gehört neben cc. 815–821 vor allem die AK *Sapientia christiana* aus dem Jahre 1979 sowie die dazu erlassenen Ausführungsverordnungen *(Ordinationes)*.[129] Außerdem hat die Bildungskongregation seit dem Jahr 2004 einige Rundschreiben veröffentlicht, die sich mit dem Bologna-Prozess befassen.[130] Die Bischofskonferenzen haben Vorgaben für die Gestaltung der einzelnen Studiengänge dieser Fakultäten erlassen.

Die Errichtung bzw. Anerkennung einer Kirchlichen Fakultät ist dem Apostolischen Stuhl vorbehalten. Nur diese Fakultäten sind befähigt, akademische Grade mit kanonischen Wirkungen, sogenannte »kanonische Grade«, zu verleihen. Zu den kanonischen Wirkungen dieser Grade gehört z. B. die Befähigung, an einem Priesterseminar zu lehren (dazu ist das kanonische Lizentiat erforderlich), die Befähigung, an einer Kirchlichen Fakultät zu lehren (dazu ist das kanonische Doktorat erforderlich) oder die Befähigung zum kirchlichen Richteramt (dazu ist das Lizentiat im kanonischen Recht erforderlich). Ob die kanonischen Grade auch im staatlichen Rechtsbereich anerkannt sind, hängt vom jeweiligen Staat ab; dabei wirkt sich in Europa der Beitritt des Heiligen Stuhls zum Bologna-Prozess förderlich aus. Bei fast allen Kirchlichen Fakultäten im deutschsprachigen Raum sind die kirchlichen Grade auch im staatlichen Rechtsbereich anerkannt. Die Studiengänge zum Erwerb kanonischer Grade werden als »kanonische Studiengänge« bezeichnet.

Nach gesamtkirchlichem Recht – das aber, wie weiter unten ausgeführt wird, auf die Kirchlichen Fakultäten im deutschsprachigen Raum nur in modifizierter Form Anwendung findet – bedürfen die Statuten und Studienordnungen der Kirchlichen

129 Johannes Paul II., AK *Sapientia christiana*, vom 15. 4. 1979, mit Änderungen vom 2. 9. 2002 und vom 28. 1. 2011; SC InstCath, *Ordinationes* zur AK *Sapientia christiana*, vom 29. 4. 1979, mit Änderungen vom 2. 9. 2002 und vom 28. 1. 2011.

130 Die Rundschreiben sind unter www.katholische-theologie.info zugänglich.

Fakultäten einer Approbation durch den Apostolischen Stuhl. Eine Kirchliche Fakultät muss einen »Großkanzler« *(Magnus Cancellarius)* haben. Er ist die der Fakultät am nächsten stehende kirchliche Autorität. Er vertritt den Apostolischen Stuhl gegenüber der Fakultät und umgekehrt die Fakultät gegenüber dem Apostolischen Stuhl. Bei Fakultäten in der Trägerschaft eines Bistums kommt das Amt des Großkanzlers typischerweise dem Diözesanbischof zu, bei Fakultäten in der Trägerschaft eines Ordensinstituts deren oberstem Leiter. Der Großkanzler ernennt die Professoren; diese Ernennung beinhaltet ihre *missio canonica*. Voraussetzung für die Ernennung eines Professors auf Lebenszeit bzw. in die oberste Stufe der Lehrbefähigung ist eine Unbedenklichkeitserklärung des Apostolischen Stuhls, die als *Nihil obstat* bezeichnet wird.[131] Was die Studiengänge angeht, soll es in der Regel drei Zyklen geben. Der erste Zyklus umfasst die grundlegende Ausbildung, der zweite eine Spezialisierung, der dritte eine Forschungsarbeit, die zu einem wirklichen Fortschritt der Wissenschaft beiträgt. Die Bezeichnungen für die nach den drei Zyklen erworbenen akademischen Grade lauten nach der gesamtkirchlichen Terminologie »Bakkalaureat«, »Lizentiat« und »Doktorat«. Dabei setzt die Zulassung zum Doktoratsstudium ein abgeschlossenes Lizentiatsstudium voraus. Für die Qualitätssicherung der Kirchlichen Fakultäten hat der Apostolische Stuhl eine eigene Agentur gegründet; sie trägt den Namen *Agenzia per la Valutazione e la Promozione della Qualità delle Università e Facoltà Ecclesiastiche (AVEPRO)*.

In den deutschsprachigen Ländern sind die Kirchlichen Fakultäten an staatlichen Universitäten Gegenstand zahlreicher Verträge zwischen Kirche und Staat. Die Fakultäten besitzen einen Doppelcharakter: Organisatorisch, personalrechtlich und haushaltsrechtlich gehören sie zum Staat; insoweit finden die kirchlichen Rechtsnormen keine Anwendung. Das Verhältnis der Fakultäten zu den kirchlichen Autoritäten bestimmt sich hingegen nach den kirchlichen Vorschriften. Um auf die Besonderheiten, die sich daraus ergeben, Rücksicht zu nehmen, hat der Heilige Stuhl für Deutschland und Österreich im Jahre 1983 »Akkommodationsdekrete« erlassen, durch die die Bestimmungen des gesamtkirchlichen Rechts an die besondere Situation dieser Fakultäten angepasst werden.[132] Die Aufgaben, die nach kirchlichem Hochschulrecht dem Großkanzler zukommen, übernimmt danach – ohne dass er diese Amtsbezeichnung tragen würde – der jeweilige Diözesanbischof. Die Ernennung der Lehrenden erfolgt durch das zuständige Organ der Universität bzw. des Staates. Zuvor wird beim Diözesanbischof das *Nihil obstat* eingeholt; es beinhaltet die *missio canonica*. Dieses *Nihil obstat* wird in der Fachliteratur auch als »bischöfliches« *Nihil obstat* bezeichnet; es ist für alle Lehrenden erforderlich. Vor der erstmaligen Ernennung eines Professors auf Lebenszeit hat der Diözesanbischof das *Nihil obstat* des Apostolischen Stuhls einzuholen, das in Unterscheidung zum bischöflichen *Nihil obstat* auch als »römisches« *Nihil obstat* bezeichnet wird. Für das Verfahren der Einholung und Gewährung des *Nihil*

---

131 AK *Sapientia christiana*, art. 27 § 2.

132 Für Deutschland: SC InstCath, Akkommodationsdekret vom 1. 1. 1983: AAS 75 (1983) 336–341; dt.: Arbeitshilfen 100, ^{2}2011, 371–385; für Österreich: SC InstCath, Akkommodationsdekret vom 1. 11. 1983: AAS 76 (1984) 616–621; dt.: ABl ÖBK Nr. 2 (1984) 22–24.

obstat hat die Bildungskongregation im Jahre 2010 besondere Normen für Deutschland erlassen.[133] Danach wird von Laien als Voraussetzung für die Berufung zum Professor »ein mindestens einjähriger praktischer Einsatz in der Pastoral verlangt, der vom für die Fakultät zuständigen Diözesanbischof anerkannt ist«.[134] Eine vergleichbare Anforderung hat auch die Österreichische Bischofskonferenz aufgestellt.[135] Vor dem Erlassen von Studien- und Prüfungsordnungen muss die Zustimmung des Diözesanbischofs eingeholt werden. Soweit es sich um Studien- und Prüfungsordnungen für den Erwerb kanonischer Grade handelt, hat der Diözesanbischof, bevor er seine Zustimmung erteilt, das Urteil des Apostolischen Stuhls einzuholen. Für die Qualitätssicherung der kanonischen Studiengänge wurde in Deutschland eine eigene Agentur gegründet. Sie trägt den Namen: »Agentur für Qualitätssicherung und Akkreditierung kanonischer Studiengänge in Deutschland e. V. – AKAST«. Was die akademischen Grade angeht, besteht in Deutschland und Österreich die Besonderheit, dass an den Theologischen Fakultäten die Zulassung zum Doktoratsstudium für Kandidaten, die das fünfjährige philosophisch-theologische Vollstudium absolviert haben, auch ohne vorherigen Erwerb eines kanonischen Lizentiats möglich ist.

Die Rechtstellung der Kirchlichen Fakultäten in Kirchlicher Trägerschaft in Deutschland bestimmt sich, was die organisationsrechtlichen Fragen angeht, weitgehend nach dem gesamtkirchlichen Recht. Statuten und Studien- und Prüfungsordnungen werden also vom Apostolischen Stuhl approbiert, und es gibt einen Großkanzler. Was die inhaltlichen Vorgaben für die Studien- und Prüfungsordnungen und die Bestimmungen über die Qualitätssicherung angeht, finden aber dieselben Bestimmungen Anwendung wie an den Katholisch-Theologischen Fakultäten an staatlichen Universitäten. Das betrifft insbesondere auch die Möglichkeit, nach abgeschlossenem theologischem Vollstudium ein Doktoratsstudium aufzunehmen, ohne zuvor ein Lizentiat zu erwerben.

D. Theologische Lehrstühle außerhalb Kirchlicher Fakultäten

Nach gesamtkirchlichem Recht ist für jeden, der an irgendeiner Hochschule Katholische Theologie lehrt, ein Auftrag *(mandatum)* der kirchlichen Autorität erforderlich (c. 812). In Deutschland gibt es (Stand: 2014) an 35 Standorten Katholisch-Theologische Institute oder Lehrstühle außerhalb Katholisch-Theologischer Fakultäten; die Anzahl der Lehrstühle an diesen Einrichtungen bewegt sich zwischen eins und acht. Für diese Institute und Lehrstühle in Deutschland hat der Apostolische Stuhl im Jahre

133 Abgedruckt: Arbeitshilfen 100, ^{2}2011, 388–399.

134 *Nihil obstat*-Normen 2010, Nr. 9.

135 ÖBK, Dekret über die Habilitation und Berufung von Professoren an den Katholisch-Theologischen Fakultäten an den staatlichen Universitäten, vom 10. 11. 1994, Nr. 1.1 d): ABl ÖBK Nr. 15 (1995) 2 f.

1983 ein zweites Akkommodationsdekret erlassen.[136] Danach gelten die Bestimmungen des ersten Akkommodationsdekrets (für die Katholisch-Theologischen Fakultäten), was die Rechte des Diözesanbischofs und die Bestimmungen über die Dozenten angeht, ebenso für Katholisch-Theologische Lehrstühle außerhalb der Katholisch-Theologischen Fakultäten.

§ 38 Die Medien (cc. 822–832)

Literatur: Internetpräsenz, hrsg. vom Sekretariat der DBK (Arbeitshilfen 234), Bonn 2009.

A. Einführung

Die Medien kommen im Kirchenrecht vor allem als ein Mittel zur Verkündigung des christlichen Glaubens zur Sprache (vgl. c. 822). Den Rechtsnormen geht es darum, die inhaltliche und äußere Qualität der Angebote sicherzustellen, falsche oder irreführende Darstellungen zu verhindern, die dem Gottesdienst eigene Würde auch bei der Übertragung in den Medien sicherzustellen sowie die Kirche vor Schaden zu bewahren, den Einzelne – insbesondere Kleriker und Ordensleute – durch problematisches Verhalten in den Medien hervorrufen könnten.

B. Bücher und andere Schriftwerke

Für bestimmte Bücher wird, damit sie veröffentlicht werden dürfen, eine Erlaubnis oder Genehmigung der kirchlichen Autorität verlangt, nämlich für die Heilige Schrift, liturgische Bücher und Gebetbücher, Katechismen und kirchliche Dokumente (cc. 825–828). Es besteht auch die Möglichkeit, dass ein Autor ein Buch, das Fragen des Glaubens oder der Sitten betrifft, freiwillig zur Überprüfung vorlegt (c. 827 § 3). In anderen Fällen wird eine Erlaubnis oder Genehmigung erforderlich, um Bücher in einer bestimmten Weise zu verwenden; das betrifft Schulbücher für den Religionsunterricht (vgl. oben § 36 C bis E) sowie Bücher, die in Kirchen oder Kapellen ausgelegt, verkauft oder verteilt werden sollen (c. 827 § 4). Ordensleute benötigen, um Schriften zu veröffentlichen, die Fragen des Glaubens oder der Sitten betreffen, eine Erlaubnis ihres höheren Oberen (c. 832).

Damit die zuständige Autorität die verlangte Erlaubnis bzw. Genehmigung erteilen darf, hat sie das Buch zunächst einem oder mehreren Gutachtern vorzulegen (c. 830). Solange nicht mindestens ein positives Gutachten vorliegt, darf die Erlaubnis bzw. Genehmigung nicht erteilt werden. Ein Hinweis auf ihre Erteilung muss im Buch abgedruckt werden; in der Praxis spricht man dabei von der Erteilung des *Imprimatur*. Von der Abdruckpflicht ausgenommen ist die Erlaubnis des höheren Oberen für

---

136 SC InstCath, Akkommodationsdekret II, vom 1. 1. 1983: AAS 75 (1983) 341; dt.: Arbeitshilfen 100, ^{2}2011, 387.

Veröffentlichungen von Ordensleuten. Alles voranstehend über Bücher Gesagte gilt auch für andere schriftliche Veröffentlichungen. Für die Einzelfragen, die die genannten Normen über Bücher aufwerfen können, hat die Glaubenskongregation im Jahre 1992 eine Instruktion veröffentlicht.[137]

C. Hörfunk und Fernsehen

Die Zuständigkeit für das Erlassen von Rechtsnormen über die Verbreitung der christlichen Lehre in Hörfunk und Fernsehen weist der Codex der Bischofskonferenz zu (cc. 772 § 2, 831 § 2). Die Deutsche Bischofskonferenz sieht dazu die Bestellung von Senderbeauftragten vor[138], die Österreichische Bischofskonferenz hat ein gemeinsames Medienbüro eingerichtet.[139] Zum Verantwortungsbereich der Beauftragten für Hörfunk und Fernsehen gehören einerseits die besonderen von der Kirche verantworteten Sendungen, insbesondere die Übertragung von Gottesdiensten, andererseits die Beratung der jeweiligen Redakteure anderer Sendungen mit religiösen oder kirchlichen Bezügen. Für die Mitwirkung von Klerikern und Ordensleuten in Hörfunk und Fernsehen weist die Deutsche Bischofskonferenz die Aufsicht dem Diözesanbischof des Sendeorts zu, die Österreichische Bischofskonferenz dem eigenen Diözesanbischof des betreffenden Klerikers bzw. Ordensangehörigen.[140]

D. Internet

So wichtig das Internet für die Sendung der Kirche geworden ist, gibt es darüber bislang doch nur vergleichsweise wenige Rechtsnormen. Soweit es um die Veröffentlichung von Texten im Internet geht, finden grundsätzlich die oben (Abschnitt B) erwähnten Normen über Bücher Anwendung (vgl. c. 824 § 2). Themen, die in diözesanen Normen behandelt werden, sind z. B. die Einheitlichkeit bei den verwendeten Domainnamen, die Verpflichtung zur Anbringung von Verlinkungen mit der jeweiligen Bistumswebsite und die Verpflichtung zur Einhaltung von Sicherheitsstandards.

§ 39 Glaubensbekenntnis und Treueid

Literatur: Schmitz, Heribert, »Professio fidei« und »Iusiurandum fidelitatis«, in: AfkKR 157 (1988) 353–429; Aymans, Winfried, Glaubensbekenntnis und Treueid, in: Iudicare inter fideles (FS Geringer), St. Ottilien 2002, 23–37.

---

137 Congr. DocFid, Instruktion *Il Concilio Vaticano II*, vom 30. 3. 1992: Comm 42 (1992) 18–27; dt.: VApSt 106.

138 DBK, Partikularnorm Nr. 8: AfkKR 164 (1995) 45; Die deutschen Bischöfe, Ordnung für kirchliche Beauftragte bei bundesweiten Sendern: ABl Osnabrück 2002, 8 f.

139 ABl ÖBK Nr. 22 (1998) 13–15.

140 DBK, Partikularnorm Nr. 10: AfkKR 164 (1995) 459; ÖBK, ABl Nr. 12 (1994), 2 f.

A. Glaubensbekenntnis (c. 833)

Das Ablegen des Glaubensbekenntnisses beinhaltet nicht eine Selbstverpflichtung, sondern – wie der Begriff zum Ausdruck bringt – ein Bekenntnis. Bevor die Kirche bestimmte Aufgaben überträgt, will sie durch die Aufforderung, das Glaubensbekenntnis abzulegen, sicherstellen, dass die betreffende Person den Glauben der Kirche teilt. Dass bestimmte Personen zu bestimmten Gelegenheiten das Glaubensbekenntnis abzulegen haben, hat in der Kirche eine lange Tradition. 1564 verlangte Papst Pius IV. die *Professio fidei tridentina*. Eine Neufassung erfolgte nach dem Zweiten Vatikanischen Konzil durch Papst Paul VI. Der Codex verlangt die Ablegung des Glaubensbekenntnisses zum einen von Bischöfen vor der Besitzergreifung (c. 380), zum anderen von den in c. 833, 1° bis 8° genannten Personen. Die geltende Formel für die Ablegung des Glaubensbekenntnisses wurde im Jahre 1989 von der Glaubenskongregation veröffentlicht. Sie enthält vor allem das Große Glaubensbekenntnis von Nikaia-Konstantinopel, ergänzt um drei Sätze über die verschiedenen Stufen der kirchlichen Lehrautorität.[141]

B. Treueid

Zusammen mit dem Glaubensbekenntnis wird nach geltendem Recht auch ein Treueid verlangt. Dabei handelt es sich um einen Versprechenseid, d. h. ein Versprechen unter Anrufung des göttlichen Namens (vgl. c. 1199). Die für den Treueid vorgesehene Formel schließt im Deutschen mit den Worten: »So wahr mir Gott helfe und diese heiligen Evangelien, die ich mit meinen Händen berühre.« Die Ablegung eines Eides verlangt der CIC von Bischöfen vor der Besitzergreifung (c. 380), von allen, die an den kirchlichen Gerichten mitarbeiten (c. 1454) und von den Vermögensverwaltern (c. 1283, 1°). Zusammen mit der Einführung der neuen Formel des Glaubensbekenntnisses im Jahre 1989 hat die Glaubenskongregation auch von allen anderen in c. 833 genannten Amtsträgern bzw. Personen die Ablegung eines Treueides verlangt. Das Wort Treue (*fidelitas* bzw. *fideliter*) kommt in der Formel dreimal vor, im Hinblick auf die Treue in der Erfüllung der Pflichten gegenüber der Kirche, die Treue in der Weitergabe des Glaubens und die Treue bei der Unterstützung der Bischöfe. Der Papst wird in dieser Formel nicht genannt, wohl aber in der Formel des Treueides der Bischöfe.[142] Der (kirchliche) Treueid der Bischöfe ist nicht zu verwechseln mit dem Treueid, den ein Teil der Bischöfe in Deutschland entsprechend den Verträgen zwischen Kirche und Staat gegenüber Vertretern der betreffenden Landesregierungen abzulegen haben. In den betreffenden Bistümern haben die Bischöfe also zwei verschiedene Treueide abzulegen.

---

141 AAS 81 (1989) 104–106 und 1169; erneut abgedruckt: AAS 90 (1998) 542–544; dt.: VApSt 144.

142 Abgedruckt: AfkKR 157 (1988) 378 f.

V. Der Heiligungsdienst der Kirche

§ 40 *Die Liturgie (cc. 834–839)*

Literatur: Rehak, Martin, Der außerordentliche Gebrauch der alten Form des Römischen Ritus, St. Ottilien 2009.

A. Merkmale der Liturgie

Den Rechtsnormen über die einzelnen Weisen, wie die Kirche ihren Heiligungsdienst *(munus sanctificandi)* ausübt, stellt der Codex einige einführende Aussagen vor allem dogmatischer Art über diese Dimension der kirchlichen Sendung voraus (cc. 834–839). Er befasst sich dabei vor allem mit der amtlichen Ausübung des Heiligungsdienstes, d. h. der Liturgie (cc. 834–838); nur kurz (c. 839) erwähnt er die vielfältigen übrigen, d. h. nicht-amtlichen Weisen, durch die alle Gläubigen berufen sind, ein heiliges Leben zu führen und so zur Heiligung der Kirche beizutragen (vgl. c. 210).

Der Ausdruck »Liturgie« bezeichnet den amtlichen Gottesdienst, d. h. denjenigen Gottesdienst, der im Namen der Kirche von rechtmäßig dazu beauftragten Personen durch von der Kirche gebilligte Handlungen dargebracht wird (c. 834 § 2). Durch die Feier der Liturgie hat die Kirche Anteil am priesterlichen Dienst Jesu Christi. Die Liturgie dient gleichermaßen der Heiligung der Menschen, dem Aufbau der Kirche und der Verehrung Gottes. Alle Gläubigen sind berufen, sich entsprechend ihrer Stellung in der Kirche an der Feier der Liturgie zu beteiligen. Es entspricht der Natur der liturgischen Handlungen, wenn sie unter zahlreicher und tätiger Beteiligung *(actuosa participatio)* der Gläubigen vollzogen werden; aber selbst wenn sie nur durch einen einzelnen Gläubigen vollzogen wird (z. B. bei der Feier der Stundenliturgie durch einen Einzelnen), bleibt die Feier der Liturgie doch stets Handlung der Kirche.

B. Rechtsnormen über die Liturgie; die liturgischen Bücher

Die wichtigsten Rechtsnormen über die Feier der Liturgie entstammen dem *ius divinum*, da die Liturgie vor allem durch die Feier der Sakramente vollzogen wird und deren grundlegende rechtliche Vorgaben mit ihrer Einsetzung durch Jesus Christus (c. 840) mitgegeben sind. Beim Sakrament der Ehe besteht die Besonderheit, dass es sich auf die bereits in der Schöpfung angelegte »Naturehe« stützt, mit der Folge, dass dafür auch naturrechtliche Vorgaben bestehen. Die nähere rechtliche Gestaltung der

Feier der Liturgie geschieht durch die »liturgischen Gesetze« (*leges liturgicae*, c. 2); dazu gehören vor allem die Bestimmungen in Buch IV des Codex und die verbindlichen Anweisungen der liturgischen Bücher. Alle wichtigeren liturgischen Bücher der Lateinischen Kirche werden in der lateinischen Originalfassung *(editio typica)* vom Apostolischen Stuhl herausgegeben. Für die Besorgung ihrer Übersetzung in die Volkssprachen ist gemäß c. 838 § 3 die Bischofskonferenz zuständig; die Gottesdienstkongregation hat dafür in der Instruktion *Liturgiam authenticam* aus dem Jahre 2001 verbindliche Vorgaben gemacht. Wo sich – wie im deutschsprachigen Raum – ein Sprachgebiet nicht mit dem Gebiet einer Bischofskonferenz deckt, legt es sich nahe, dass die Übersetzungen von den Bischofskonferenzen bzw. Bischöfen des betreffenden Gebiets gemeinsam beschlossen werden. Die Beschlüsse der Bischofskonferenzen über die Zulassung liturgischer Bücher erfordern, um wirksam zu werden, eine Überprüfung *(recognitio)* der Übersetzung durch den Apostolischen Stuhl (c. 838 § 3). Angesichts der großen Einheitlichkeit der Feier der Liturgie innerhalb der Lateinischen Kirche ist in diesem Bereich der Spielraum für rechtsverbindliche Entscheidungen der Bischofskonferenz und der einzelnen Bischöfe vergleichsweise klein. In einigen Fällen – etwa bei der Gestaltung des Ritus der Eheschließung (c. 1120) können die Bischofskonferenzen die gesamtkirchlichen liturgischen Bücher an die Gebräuche der betreffenden Gebiete anpassen. Die einzelnen Bischöfe können zusätzliche Bücher für ihr jeweiliges Bistum herausgeben (z. B. für die Feste der Diözesanheiligen) und Normen für einzelne vom gesamtkirchlichen Recht nicht festgelegte Aspekte erlassen (z. B. für die Beauftragung und Rechtsstellung von Kommunionhelfern). Ein umfassendes Verzeichnis der geltenden lateinischen und deutschen amtlichen liturgischen Bücher ist im Münsterischen Kommentar zum CIC enthalten.[143]

C. Ordentliche und außerordentliche Form des römischen Ritus

Durch das MP *Summorum Pontificum* aus dem Jahre 2007 hat Papst Benedikt XVI. es dem Zelebranten bis zu einem gewissen Grad freigestellt, ob er den liturgischen Büchern der ordentlichen (d. h. nach dem Zweiten Vatikanischen Konzil reformierten) oder der außerordentlichen (d. h. den liturgischen Büchern nach dem Stand von 1962 folgenden) Form des römischen Ritus folgen will.[144] Die Zelebration in der außerordentlichen Form setzt voraus, dass der Zelebrant dazu geeignet ist; das heißt, dass er ausreichende Lateinkenntnisse besitzt und mit der außerordentlichen Form vertraut ist. Wenn in einer Pfarrei eine Gruppe von Gläubigen um eine Feier in der außerordentlichen Form bittet, muss der Pfarrer diese Bitte bereitwillig aufnehmen. Das bedeutet aber nicht, dass er persönlich zur Zelebration in der außerordentlichen Form verpflichtet ist. In Pfarreien ist an einem Wochenende höchstens eine Feier in der außerordentlichen Form zulässig. Damit die Kommunität eines Ordensinstituts

143 MK CIC, Anhang zu c. 846.

144 Siehe dazu auch: Päpstliche Kommission *Ecclesia Dei*, Instruktion *Universae Ecclesiae*, vom 30. 4. 2011: AAS 103 (2011) 413–420; dt.: AfkKR 180 (2011) 180–187.

oft, vorwiegend oder ständig die außerordentliche Form verwenden darf, ist eine Entscheidung des höheren Oberen erforderlich. Die Deutsche Bischofskonferenz hat zu dem genannten Motu Proprio Leitlinien für die deutschen Diözesen veröffentlicht.[145] Danach darf in Pfarreien der Sonntagsgottesdienst in der ordentlichen Form nicht durch einen solchen in der außerordentlichen Form ersetzt werden. Die Feier in der außerordentlichen Form kann also nur zusätzlich hinzukommen.

§ 41 Die Sakramente (cc. 840–848)

Literatur: Ahlers, Reinhild u. a., Ecclesia a sacramentis, Paderborn 1992; Riedel-Spangenberger, Ilona, Die Sakramente der Initiation in der kirchlichen Rechtsordnung, Paderborn 2009; Hölzl, Franz, Die Sakramente der Eingliederung in ihrer rechtlichen Gestalt und ihren rechtlichen Wirkungen, Regensburg 1988; Schmitz, Heribert, Taufe, Firmung, Eucharistie, in: AfkKR 152 (1983) 369–407.

A. Wesensmerkmale der Sakramente

Ihren amtlichen Heiligungsdienst vollzieht die Kirche vor allem durch die Feier der Sakramente. Der einleitende theologische Canon über die Sakramente fasst deren wichtigste Merkmale zusammen (c. 840): Es handelt sich um wahrnehmbare Zeichen, die von Jesus Christus eingesetzt und der Kirche anvertraut sind. Sakramente sind zugleich Handlungen Christi und Handlungen der Kirche. Zu ihren Zielen gehört es, den Glauben auszudrücken und zu bestärken, Gott zu verehren, die Menschen zu heiligen und die *Communio* der Kirche herbeizuführen, zu stärken und darzustellen.

Unterteilungen der sieben Sakramente in bestimmte Gruppen nimmt der Codex nicht vor, abgesehen von der Zusammenfassung von Taufe, Firmung und Eucharistie als den drei Sakramenten, die zur vollen christlichen Initiation erforderlich sind. Der Eucharistie kommt diese Funktion freilich nur bei ihrem erstmaligen Empfang (der »Erstkommunion«) zu.

B. Rechtliche Ordnung der Sakramente

Da die Sakramente von Jesus Christus eingesetzt sind, kann die Kirche über ihre Feier nicht nach freiem Ermessen verfügen; sie hat sich an das zu halten, was ihr unverfügbar vorgegeben ist. Ein wichtiges Ziel des Sakramentenrechts besteht daher darin, darzulegen, welches die unverfügbaren Wesenselemente der Sakramente sind. Dabei geht es um Fragen des Glaubens; es handelt sich also um eine Fragestellung, bei der sich Kirchenrecht und Dogmatik überschneiden. Darüber hinaus enthält das Sakramentenrecht Bestimmungen, die das Ziel verfolgen, die Feier und den Empfang der Sakramente zu fördern, durch Vorsichtsmaßnahmen die Gültigkeit der Feier sicherzustellen, die geistliche Fruchtbarkeit der Feier und des Empfangs der Sakramente zu

145 ABl Limburg 2007, 423 f.

fördern, insbesondere durch eine angemessene Vorbereitung auf den Empfang der Sakramente, das Bewusstsein für den Wesenszusammenhang zwischen Kirche und Sakramenten zu fördern, innerhalb der gesamten Kirche eine gewisse äußere Einheitlichkeit bei der Feier der Sakramente sicherzustellen, um die Einheit der Kirche zu schützen und zu fördern, und die Feier und Spendung der Sakramente für spätere Nachforschungen zu dokumentieren.

Wenn die einem Sakrament eigene Übereinstimmung von menschlichem und göttlichem Handeln gegeben ist, spricht man davon, dass die Feier des Sakraments »gültig« geschieht (vgl. oben § 8 C). Die Anforderungen an die Gültigkeit können dem göttlichen oder dem rein kirchlichen Recht entstammen. Das rein kirchliche Recht stellt darüber hinaus Anforderungen auf, die nicht zur Gültigkeit, sondern nur zur Erlaubtheit der Feier einzuhalten sind, sowie sonstige Anforderungen, z. B. im Hinblick auf die anschließende Dokumentation der Feier in einem Kirchenbuch. Rechtliche Anforderungen an die Feier der Sakramente können sich auf die Wesensbestandteile der Handlung, die Eigenschaften der beteiligten Personen, die äußere Form *(sollemnia)* der Feier sowie auf sonstige Aspekte (z. B. die Einholung von Erlaubnissen) beziehen. Das Vorhandensein der Wesenselemente eines Sakraments ist stets für dessen Gültigkeit erforderlich; die übrigen Anforderungen (Eigenschaften der Person, Formvorschriften, sonstige Erfordernisse) sind teils zur Gültigkeit, teils zur Erlaubtheit einzuhalten. Die herkömmliche von der aristotelischen Metaphysik geprägte Unterteilung der Wesenselemente in »Materie« und »Form« des Sakraments wird vom CIC – mit Ausnahme von c. 869 § 2 – nicht mehr verwendet.

C. Die an der Feier von Sakramenten beteiligten Personen

Denjenigen, der der Feier eines Sakraments vorsteht, bezeichnet der CIC als *minister* des Sakraments. Im Deutschen wird er in der Regel »Spender« des Sakraments genannt; denn er feiert das Sakrament genau dadurch, dass er es einem anderen Menschen spendet, der »Empfänger« genannt werden kann. Beim Sakrament der Eucharistie besteht die Besonderheit, dass Feier und Spendung zwei unterscheidbare Handlungen darstellen. Dementsprechend lassen sich bei diesem Sakrament drei Rollen unterscheiden, die des Zelebranten *(minister Eucharistiae)*, des Kommunionspenders *(minister communionis)* und des Empfängers. Dabei besteht auch die Besonderheit, dass beim Sakrament der Eucharistie ein und dieselbe Person zwei oder drei dieser Rollen zugleich wahrnehmen kann.

Der Zelebrant kann ein Sakrament nur dann gültig feiern, wenn er die betreffende Handlung mit der entsprechenden Absicht (Intention) vornimmt. Bei fünf Sakramenten (allen außer Taufe und Ehe) ist auf Seiten des Zelebranten zur Gültigkeit der Feier kraft göttlichen Rechts die nötige Weihegewalt erforderlich, zumindest der Empfang der Priesterweihe. Wer nicht über die nötige Weihegewalt verfügt und dennoch so tut, als würde er ein Sakrament feiern, macht sich strafbar (cc. 1378–1379). Außerdem zieht er sich eine Irregularität zu (vgl. § 47 C). Zur Erlaubtheit der Feier ist erforderlich, dass der Zelebrant von rechtlichen Hindernissen frei ist, insbesondere von kanonischen Strafen oder Irregularitäten.

Wer in rechter Weise disponiert ist, nicht rechtlichen Hindernissen unterliegt und in gelegener Weise darum bittet, hat einen Rechtsanspruch auf den Empfang von Sakramenten (c. 843 § 1). Die Bitte eines Kindes um Empfang des Sakraments kann ggf. durch seine Eltern (bzw. Erziehungsberechtigten) ersetzt werden. Bei denen, die über Vernunftgebrauch verfügen, ist darüber hinaus auch – in einem dem jeweiligen Sakrament entsprechenden Maß – eine positive, auf den Empfang des Sakramentes gerichtete Intention erforderlich. Die nötige Mindestintention ist jedenfalls nicht gegeben, wenn der Empfänger in seinem Inneren eine willentliche Sperre *(obex)* gegen den Empfang des Sakraments setzt.[146] Einen Anspruch auf Empfang des Ehe- oder Weihesakraments hat nur derjenige, der einen zur Eheschließung bereiten Partner bzw. einen zur Inkardination bereiten Inkardinationsverband gefunden hat.

D. *communicatio in sacris*

Im Regelfall spenden katholische Spender die Sakramente erlaubterweise nur katholischen Empfängern, und umgekehrt dürfen sich katholische Empfänger erlaubterweise nur an katholische Spender wenden (c. 844 § 1). Denn die Gemeinschaft in den Sakramenten ist gerade eines der Kriterien dafür, voll in der Gemeinschaft der katholischen Kirche zu stehen; dementsprechend ist das *vinculum liturgicum* eines der »drei Bande«, die das volle Stehen in der Gemeinschaft der katholischen Kirche begründen (c. 205). Für die unter bestimmten Bedingungen zulässige Gottesdienstgemeinschaft – insbesondere die Spendung bzw. den Empfang von Sakramenten – über Konfessionsgrenzen hinweg wird der Ausdruck *communicatio in sacris* verwendet (c. 1365). Darüber lehrte das Zweite Vatikanische Konzil (UR 8):

> Hier sind hauptsächlich zwei Prinzipien maßgebend: die Bezeugung der Einheit der Kirche und die Teilnahme an den Mitteln der Gnade. Die Bezeugung der Einheit verbietet in den meisten Fällen die Gottesdienstgemeinschaft, die Sorge um die Gnade empfiehlt sie indessen in manchen Fällen.

Weil beide Prinzipien zugleich beachtet werden müssen, ergibt sich die Notwendigkeit einer Abwägung zwischen ihnen. Das Ergebnis dieser Abwägung hängt davon ab, um welche Form von *communicatio in sacris* es geht und welche näheren Umstände jeweils vorliegen. Je nachdem kann die Gottesdienstgemeinschaft ausnahmslos verboten, nur in Notfällen erlaubt, mit besonderer Erlaubnis zulässig, generell zulässig oder sogar empfohlen sein. Nähere Bestimmungen dazu enthält vor allem c. 844 §§ 2–5 und außerdem das vom Päpstlichen Rat für die Förderung der Einheit der Christen veröffentlichte »Ökumenische Direktorium« aus dem Jahre 1993. Die Deutsche Bischofskonferenz hat zu diesem Thema einige (nicht rechtlich verbindliche) »Richtlinien für die ökumenische Praxis« veröffentlicht.[147]

---

146 Vgl. Konzil von Trient, Canones über die Sakramente, can. 6 (= DenzH 1606).

147 DBK, Richtlinien für die ökumenische Praxis, 3., überarbeitete Auflage 1989 (= Arbeitshilfen 39).

Die näheren Bestimmungen über die *communicatio in sacris* werden im Folgenden bei den einzelnen Sakramenten behandelt, vor allem im Zusammenhang mit dem Kommunionempfang. Hier nur ein kurzer Überblick: Mit Nichtchristen besteht keine Sakramentengemeinschaft. Denn die Taufe ist die Tür zu den übrigen Sakramenten (*ianua sacramentorum*; c. 849), d. h., wer nicht getauft ist, kann (bzw. darf) keines der anderen Sakramente empfangen; das gilt ausnahmslos (c. 842 § 1). Allerdings darf sich, wer durch die Taufe in die katholische Kirche aufgenommen werden will, im Notfall an irgendeinen anderen Menschen wenden, sogar an einen Ungetauften (c. 861 § 2). Die Zulässigkeit der *communicatio in sacris* mit nichtkatholischen Christen bei den Sakramenten der Eucharistie, Buße und Krankensalbung hängt davon ab, welcher Kirche bzw. kirchlichen Gemeinschaft die nichtkatholischen Christen angehören. Im Verhältnis zu den nichtkatholischen Kirchen des Ostens ist, weil sie die apostolische Sukzession und damit das Weihesakrament und die gültige Feier der übrigen Sakramente bewahrt haben, die Möglichkeit einer Sakramentengemeinschaft recht weitgehend (c. 844 §§ 2–3). Hingegen ist im Verhältnis zu den übrigen nichtkatholischen Christen (Anglikanern, Protestanten) eine Sakramentengemeinschaft nur sehr eingeschränkt möglich (c. 844 § 4). Beim Ehesakrament ist insofern eine Sakramentengemeinschaft möglich, als man mit Erlaubnis der zuständigen Autorität eine konfessionsverschiedene Ehe eingehen darf (cc. 1124–1125). Bei Firmung und Weihesakrament lässt der Codex Spendung und Empfang über Konfessionsgrenzen hinweg niemals zu. Wer sich verbotener Gottesdienstgemeinschaft schuldig macht, soll bestraft werden (c. 1365).

E. Bestimmungen über die Art und Weise, die Sakramente zu feiern

Wie auch die übrigen liturgischen Handlungen, verlangen die Sakramente ihrer Natur nach eine gemeinsame Feier; sie sollen daher nach Möglichkeit unter zahlreicher und tätiger Beteiligung der Gläubigen gefeiert werden (c. 837 § 2). Die Feier der Sakramente hat den betreffenden liturgischen Büchern zu folgen (c. 846 § 1). Für die einzelnen Teile der Liturgie sehen die liturgischen Bücher ein unterschiedliches Maß an Gestaltungsfreiheit vor:

- In bestimmten Teilen besteht relativ große Gestaltungsfreiheit (z. B. einführende Worte zu Beginn der Feier, Homilie, Gesänge).
- In anderen Teilen der Liturgie besteht immerhin eine Wahlfreiheit zwischen verschiedenen Alternativen (z. B. verschiedene Gebete zur Auswahl, insbesondere auch verschiedene Eucharistische Hochgebete zur Auswahl).
- Bei den zentralen Teilen der Liturgie, vor allem bei den Worten und Handlungen, die die Feier der Sakramente konstituieren, besteht hingegen – angesichts der Bedeutung der Sakramente für die Einheit der Kirche – nahezu keine Gestaltungsfreiheit.

Der Zelebrant hat die Sakramente nach seinem eigenen Ritus zu feiern (c. 846 § 2). Das gilt auch dann, wenn er die Sakramente mit einer Gemeinde einer anderen

Ecclesia sui iuris feiert. Wenn entsprechende Gründe vorliegen, kann der Zelebrant vom Apostolischen Stuhl die Erlaubnis erhalten, Sakramente auch in einem fremden Ritus zu feiern (»Biritualismus«, c. 674 § 2 CCEO).

Die zuständige Autorität kann die Höhe der Gaben *(oblationes)* festsetzen, zu denen die Gläubigen anlässlich der Feier von Sakramenten (z. B. Trauungen) aufgefordert werden (c. 848). Der dafür im Deutschen übliche Ausdruck »Stolgebühren« ist davon abgeleitet, dass es um Handlungen geht, bei denen die Stola getragen wird; er ist allerdings insofern nicht ganz passend, als das Wort »Gebühren« nicht die vom Gesetzgeber intendierte Freiwilligkeit der Gaben erkennen lässt. Das Einfordern solcher Gaben darf nicht dazu führen, dass Bedürftige wegen ihrer Armut der Hilfe der Sakramente beraubt werden. Wem solche Spenden zugutekommen (dem Zelebranten, der Pfarrei, dem Bistum usw.), legt das gesamtkirchliche Recht nicht fest; die Entscheidung ist daher der Partikulargesetzgebung überlassen. Die Zuständigkeit für die Festsetzung der Beträge liegt beim Konvent der Bischöfe einer Kirchenprovinz (c. 1264, 2°); wenn dort nichts festgelegt wurde, kann der einzelne Diözesanbischof entscheiden. In Deutschland werden nur in etwa der Hälfte der Bistümer Stolgebühren erhoben, vor allem für Trauungen und Begräbnisse. Über die festgelegten Beträge hinaus darf für die Feier und Spendung der Sakramente nichts verlangt werden. Gaben, die freiwillig über die festgelegten Beträge hinaus gespendet werden, dürfen jedoch angenommen werden. Von den genannten Gaben zu unterscheiden ist das Stipendium für die Feier der Eucharistie (vgl. § 44 J).

§ 42 Die Taufe (cc. 849–878)

Literatur: Laukemper, Beatrix, Die Heilsnotwendigkeit der Taufe und das kanonische Taufrecht, Essen 1992.

A. Theologische Beschreibung der Taufe

Der Codex beginnt die Behandlung jedes der sieben Sakramente mit mindestens einem einleitenden Canon, der die wichtigsten dogmatischen Aussagen über das betreffende Sakrament zusammenfasst. Der einleitende Canon über die Taufe (c. 849) erwähnt die Wesenselemente der Taufhandlung, die Funktion der Taufe als Tor zu den übrigen Sakramenten *(ianua sacramentorum)*, die Lehre von ihrer Heilsnotwendigkeit und ihrer Unwiederholbarkeit sowie die Wirkungen der Taufe: die Befreiung des Täuflings von seinen Sünden, seine Neuschöpfung als Kind Gottes, seine Gleichgestaltung mit Jesus Christus und seine Eingliederung in die Kirche. Zur Frage der Heilsnotwendigkeit wird präzisiert, dass der Empfang der Taufe oder zumindest das Verlangen danach *(votum baptismi)* zum Heil notwendig ist; zur näheren Deutung dieser Lehre wird man auf die Klarstellungen zurückgreifen, die das Zweite Vatikanische Konzil dazu formuliert hat (LG 14 und 16). Die Lehre von der Unwiederholbarkeit der Taufe wird mit dem Bild des untilgbaren Prägemals *(character indelebilis)* zum Ausdruck gebracht (vgl. dazu auch c. 845 § 1).

B. Zur Gültigkeit der Taufe erforderliche Elemente

Für die Taufe hat die Kirche keinerlei gültigkeitsrelevante Bestimmungen des *ius mere ecclesiasticum* aufgestellt; die Gültigkeit der Taufe richtet sich also allein nach dem *ius divinum*. Die Taufe kann nur von Menschen gespendet und empfangen werden, genauer gesagt, von Menschen, die noch leben (vgl. c. 871). Was die nötige Intention angeht, ist auf Seiten des Spenders die Absicht erforderlich, zu tun, was die Kirche bei der Taufe tut.[148] Auf Seiten des Empfängers ist erforderlich, dass er sich nicht innerlich gegen die Taufe sperrt; eine »Zwangstaufe« wäre also ungültig (vgl. auch c. 125 § 1). Bei einem Empfänger, der über Vernunftgebrauch verfügt, ist darüber hinaus eine positive, auf den Empfang der Taufe gerichtete Intention erforderlich. Auf Seiten des Täuflings ist außerdem zur Gültigkeit erfordert, dass er nicht bereits getauft ist (c. 864). Die zur Gültigkeit erforderliche Handlung ist die Waschung mit wirklichem Wasser unter Verwendung einer gültigen Tauformel; sie erfordert die Anrufung des dreifaltigen Gottes.

C. Erwachsenentaufe und Kindertaufe

Das für die Taufe geltende Recht hängt in erheblichem Maße vom Alter des Täuflings ab; dabei wird unterschieden zwischen der Erwachsenentaufe und der Kindertaufe. Die Vorschriften über die Erwachsenentaufe finden Anwendung, wenn der Täufling das siebte Lebensjahr vollendet hat (c. 97 § 2), den Vernunftgebrauch erlangt hat (c. 852 § 1) und »seiner mächtig ist«, d. h., in eigenem Namen handeln kann (c. 852 § 2). Es besteht in dieser Hinsicht eine Ausnahme von der in c. 97 § 1 festgelegten Altersgrenze, wonach man erst mit Vollendung des 18. Lebensjahres den Bestimmungen für »Erwachsene« unterliegt. Wenn eine der genannten drei Bedingungen nicht erfüllt ist, finden die Bestimmungen über die Kindertaufe Anwendung. Die Festlegung der Altersgrenze auf 7 Jahre lässt sich damit begründen, dass ab diesem Alter der Täufling selbst auf die Taufe vorbereitet werden kann und dass er bei der Feier der Taufe selbst für sich sprechen kann. Ein Kind, das getauft werden soll, wird, was die Vorbereitung auf die Taufe und das Bekenntnis des Glaubens bei der Feier der Taufe angeht, von seinen Eltern vertreten (bzw. von den Erziehungsberechtigten; diese bestimmen sich gemäß c. 98 § 2 in der Regel nach staatlichem Recht).

D. Vor der Taufe

Als Vorbereitung der Taufe von »Erwachsenen« (im Sinne von c. 852) ist ein Katechumenat erforderlich (cc. 788, 865 § 1). Es[149] umfasst die Unterrichtung über die Glaubenswahrheiten und die christlichen Pflichten, die Erprobung in der christlichen Lebensführung und die Aufforderung, die Sünden zu bereuen. Das Katechumenat soll

148 Vgl. KKK, Nr. 1256.

149 »*Der*« oder »*das*« Katechumenat: beides ist korrekt.

nach Möglichkeit in den dafür vorgesehenen Stufen durchgeführt werden (cc. 851, 1° und 865): Die erste Stufe ist die Feier der Aufnahme in das Katechumenat, die zweite Stufe die Feier der Zulassung zur Taufe *(electio)*, die typischerweise am 1. Sonntag der Fastenzeit erfolgt und zu der auch die Einschreibung *(nominis inscriptio)* in das Katechumenenbuch gehört, die Feier der drei »Skrutinien«, die sowohl Buß- als auch Stärkungscharakter haben und typischerweise am 3. bis 5. Sonntag der Fastenzeit stattfinden und schließlich als dritte Stufe die Feier der Sakramente (Taufe, Firmung und Eucharistie), nach Möglichkeit in der Osternacht. Die nähere Ausgestaltung des Katechumenats kann durch die Bischofskonferenz geordnet werden; für die deutschsprachigen Länder ist das durch die Veröffentlichung der deutschen Fassung des dafür vorgesehenen liturgischen Buchs geschehen (*Ordo initiationis christianae adultorum [OICA]*; dt. »Die Feier der Eingliederung Erwachsener in die Kirche«). Die Österreichische Bischofskonferenz hat außerdem ein Dekret über die Ordnung des Katechumenats erlassen.[150]

Im Falle von Kindern muss als Vorbereitung auf die Taufe eine Unterweisung der Eltern (bzw. Erziehungsberechtigten; vgl. c. 868 § 1, 1°) stattfinden (c. 851, 2°). Dazu gehört vor allem das »Taufgespräch«. Die Bischöfe der deutschsprachigen Länder haben dazu in der »Pastoralen Einführung« des liturgischen Buchs über die Kindertaufe *(Ordo baptismi parvulorum)* nähere Anweisungen erteilt; das Taufgespräch ist zumindest beim ersten Kind vorgeschrieben.

»Soweit es geschehen kann« (c. 872), sollen Paten bestellt werden. Ihre Aufgabe besteht vor und während der Taufe darin, dem Täufling bei der christlichen Initiation beizustehen, und nach der Taufe darin, ihm zu helfen, ein der Taufe entsprechendes christliches Leben zu führen. Die lateinische Fassung der Ordnung der christlichen Initiation (OICA, Nr. 42) unterscheidet zwischen dem »Bürgen« *(sponsor)* in der Zeit der entfernteren Vorbereitung und dem »Paten« *(patrinus)* in der Zeit von der Zulassung zur Taufe an. In der Regel werden beide Aufgaben von derselben Person wahrgenommen werden. Es sind ein oder zwei Paten zu bestellen; werden zwei bestellt, sollen ein Mann und eine Frau gewählt werden. Hinter dieser Bestimmung dürfte die Vorstellung einer »geistlichen Elternschaft« stehen, die die Paten für den Täufling ausüben. Zu den erforderlichen Eigenschaften[151] der Beauftragung gehört (c. 874 § 1), dass der Pate mindestens 16 Jahre alt ist, selbst die Initiationssakramente empfangen hat und ein Leben führt, das dem Glauben und dem zu übernehmenden Dienst entspricht. In Zweifelsfällen (z. B. Zusammenleben in ungültiger Ehe) wird eine Abwägung im Einzelfall erforderlich sein. Die Zuständigkeit für die Zulassung der Paten liegt beim Pfarrer (cc. 530, 1°; 874 § 1, 1°); er kann die Vollmacht zur Zulassung auch an jemand anderen delegieren.

Sowohl im kanonischen als auch im staatlichen Rechtsbereich stellt sich die Frage, bis zu welchem Alter die Entscheidung zur Taufe nicht dem Täufling selbst, sondern seinen Eltern zukommt. Für das kanonische Recht liegt die Altersgrenze bei 7 Jahren (c. 852 § 1 i. V. m. c. 97 § 2). Nach staatlichem Recht liegt das Alter für die »Religionsmündigkeit« höher: in Deutschland und Österreich bei 14 Jahren, in der Schweiz bei

---

150 ABl ÖBK Nr. 11 (1994) 3 f.

151 Zur Konfessionszugehörigkeit der Paten siehe unten Abschnitt G.

16 Jahren. Vor Erreichen dieses Alters verlangt das staatliche Recht für den Wechsel der Religionszugehörigkeit eines Kindes – einen solchen Wechsel stellt die Taufe ja dar – in der Regel eine übereinstimmende Entscheidung beider Eltern. Demgegenüber genügt nach kanonischem Recht die Zustimmung eines Elternteils (c. 868 § 1, 1°). Katholische Eltern sind dabei verpflichtet, ihre Kinder innerhalb der ersten Lebenswochen taufen zu lassen (c. 867 § 1). Durch die gleichzeitige Geltung des kanonischen und des staatlichen Rechts in ihrem jeweiligen Rechtsbereich kann es zu Situationen kommen, in denen nach kanonischem Recht ein Anspruch auf Taufe bzw. eine Pflicht zur Taufe besteht, während die Taufe nach staatlichem Recht nicht zulässig ist; eine einfache Lösung für derartige Rechtskollisionen gibt es nicht. Gemäß c. 868 § 2 ist die Taufe eines Kindes in Todesgefahr auch gegen den Willen der Eltern zulässig. Im Hintergrund dieser Vorschrift steht offensichtlich die Lehre von der Heilsnotwendigkeit der Taufe. Die Vorschrift berücksichtigt aber nicht hinreichend die vom Zweiten Vatikanischen Konzil (LG 14 und 16) verkündete Lehre, dass Gott Menschen, die ohne eigene Schuld nicht getauft werden, auch ohne Taufe zum Heil führen kann, und auch nicht die – auch von der Kirche anerkannte – Religionsfreiheit der Eltern im Hinblick auf die Erziehung ihrer Kinder. Die genannte Bestimmung dürfte daher als dem *ius divinum* widersprechend ohne Geltung sein.

Vom Notfall abgesehen, setzt die Taufe eine Zulassung des Täuflings durch die zuständige kirchliche Autorität voraus. Die Entscheidung über die Zulassung erwachsener Katechumenen kommt nach dem OICA dem Bischof (oder seinen Delegaten) zu; Kinder kann der Pfarrer zur Taufe zulassen. Bei der Entscheidung über die Zulassung hat sich die zuständige Autorität an die vorgegebenen Kriterien zu halten. Wenn die nötigen Voraussetzungen erfüllt sind, besteht ein Recht auf Empfang der Taufe, also die Verpflichtung, zur Taufe zuzulassen (c. 843 § 1). Welches die nötigen Voraussetzungen sind, hängt vom Alter und von der jeweiligen Situation ab. Bei »Erwachsenen« (im Sinne von c. 852) ist normalerweise das ordnungsgemäß durchgeführte Katechumenat verlangt. Dazu gehört auch die Erprobung in der christlichen Lebensführung (c. 865 § 1). Die für die Zulassung zuständige Autorität muss sich dazu mit den Leitern des Katechumenats beraten. Insbesondere müssen bei der Beantragung der Zulassung zur Taufe auch die ehelichen Verhältnisse überprüft und, soweit nötig, bis zur Zulassung zur Taufe rechtlich in Ordnung gebracht werden. In Ländern, in denen noch die Polygamie besteht, setzt die Zulassung zur Taufe voraus, dass ein Mann, der mehrere Frauen hat, sich für eine von ihnen entscheidet (vgl. c. 1148). Wenn ein Täufling geschieden und wiederverheiratet ist, kann eine rechtliche Ordnung einer bislang ungültigen Ehe im Allgemeinen dadurch geschehen, dass für die erste Ehe das *Privilegium Paulinum* angewendet wird oder eine Auflösung *in favorem fidei* erfolgt. Die rechtliche Ordnung der ehelichen Verhältnisse kann hingegen schwierig bzw. unmöglich sein, wenn der Täufling die Ehe mit einem Partner fortsetzen möchte, der vorher schon eine sakramentale Ehe eingegangen war, die dann staatlich geschieden wurde. Die Ankündigung eines Täuflings, weiter in ungültiger Ehe zu leben zu wollen, steht einer Zulassung zur Taufe eigentlich im Wege. In der Praxis ist aber zumindest ein Teil der deutschsprachigen Bistümer weniger streng und erlaubt trotz der ungültigen Ehe die Taufe oder sogar alle drei Initiationssakramente. Bei »Erwachsenen« (im Sinne von c. 852 § 1), die sich in Todesgefahr befinden, wird für die Zulassung zur Taufe nur das unbedingt notwendige

Minimum an Voraussetzungen verlangt (c. 865 § 2). Voraussetzung für die Zulassung eines Kindes zur Taufe ist die begründete Hoffnung, dass das Kind in der katholischen Religion erzogen wird (c. 868 § 1, 2°). Falls diese Hoffnung fehlt, muss den Eltern mitgeteilt werden, dass die Taufe so lange aufgeschoben wird, bis die genannte Bedingung erfüllt ist. Die bloße Tatsache, dass die Eltern die religiöse Praxis aufgegeben haben oder dass sie in einer für die Kirche nicht gültigen Ehe leben, reicht als Begründung für einen Taufaufschub nicht aus. In Todesgefahr ist ein Kind, dessen Eltern darum bitten, unverzüglich zu taufen. Wenn nach eingehender Nachforschung Zweifel bestehen bleiben, ob jemand gültig getauft wurde, ist die Taufe bedingungsweise zu spenden (c. 869). Die Betroffenen sind dabei in angemessener Weise über die besondere Situation zu unterrichten.

Einem Kind soll nicht ein Name gegeben werden, der christlichem Empfinden fremd ist. Diese in c. 855 formulierte Aufforderung bezieht sich auf die – in den staatlichen Registern festgehaltene – Namensgebung anlässlich der Geburt. Es besteht keine Verpflichtung, dabei den Namen eines Heiligen oder Seligen zu wählen. Bei Täuflingen, für deren bisherigen Namen es keinen Patron gibt, legt es sich nahe, einen zusätzlichen Taufnamen zu geben.[152]

E. Feier der Taufe

Im Notfall (d. h. bei der Feier einer »Nottaufe«) genügt es, nur diejenigen Elemente zu vollziehen, die zur Gültigkeit der Taufe erforderlich sind. Sofern ein Priester da ist und dieser Chrisam zur Hand hat, soll er einem Täufling, der sich in Lebensgefahr befindet, auch die Firmung spenden. Im Falle von Kindern ist dabei allerdings zu bedenken, dass der Gefirmte, falls er überlebt, dann später nicht noch einmal zusammen mit den Gleichaltrigen gefirmt werden könnte. Für den Fall, dass ein Kind, das die Nottaufe empfangen hat, überlebt, gibt es einen eigenen Ritus, in dem die übrigen Elemente der Tauffeier sozusagen »nachgeholt« werden. Es besteht aber keine Verpflichtung, diese »nachgeholte« Feier durchzuführen.

Wenn nicht ein Notfall vorliegt, sind nicht nur die gültigkeitsrelevanten, sondern auch die übrigen Vorschriften über die Feier der Taufe einzuhalten. Der Anhang des deutschsprachigen liturgischen Buches »Die Feier der Kindertaufe« in der Fassung von 2007 enthält dabei einen Teil mit der Überschrift »Die Feier der Kindertaufe in zwei Stufen«. Die erste Stufe ist überschrieben mit »Die Feier der Eröffnung des Weges zur Taufe«, die zweite Stufe mit »Die Feier der Taufe«. Auf diese Weise werden die einzelnen Elemente, die normalerweise zur Feier der Kindertaufe gehören, auf zwei Feiern aufgeteilt. Diese Aufteilung wurde vom Apostolischen Stuhl genehmigt; sie steht allerdings in Spannung zu der Verpflichtung der Eltern, ihre Kinder »innerhalb der ersten Wochen« taufen zu lassen (c. 867 § 1).

Die Feier der Taufe soll – jedenfalls bei Erwachsenen – nach Möglichkeit in der Osternacht stattfinden, im Übrigen in der Regel am Sonntag (c. 856). Die Pastorale

---

152 Vgl. Ordo initiationis christianae adultorum, Nr. 88 und 203–205.

Einführung der Bischofskonferenzen des deutschsprachigen Raums empfiehlt, in den Pfarreien in bestimmten Zeitabständen gemeinsame Tauffeiern für mehrere Kinder vorzusehen. In der Regel soll die Taufe in der »eigenen« Pfarrkirche bzw. (bei Kindern) in der Pfarrkirche der Eltern gefeiert werden; damit ist die Pfarrkirche des kanonischen Wohnsitzes (cc. 102–106) gemeint. Um außerhalb des eigenen Zuständigkeitsgebiets zu taufen, benötigt der Taufspender die Erlaubnis des für den jeweiligen Ort zuständigen Pfarrers oder Ortsordinarius (c. 862).

Bei Täuflingen, die das 14. Lebensjahr vollendet haben, ist die Taufe dem Diözesanbischof anzutragen (c. 863). Die Ausübung des *munus sanctificandi* in der Diözese kommt nämlich an erster Stelle dem Diözesanbischof persönlich zu (vgl. c. 835 § 1). Das heißt, jemand anders darf solche Täuflinge nur taufen, wenn der Diözesanbischof dies nicht persönlich tun möchte. Es wird empfohlen, auch die Taufe von 7–13jährigen dem Diözesanbischof anzutragen. »Ordentlicher Spender« der Taufe ist der Bischof, der Priester und der Diakon (c. 861 § 1); das bedeutet, nur wenn ein solcher Spender nicht zur Verfügung steht, kann die Taufe auch von jemand anders gespendet werden. Gemäß c. 530, 1° ist die Taufe in besonderer Weise dem Pfarrer aufgetragen, d. h., andere dürfen nur mit seinem Einverständnis taufen. In Deutschland gibt es bislang kein Bistum, in dem von der Möglichkeit, Nichtkleriker mit der Taufe zu beauftragen, Gebrauch gemacht wird. Im Notfall kann jeder Mensch taufen (c. 861 § 2).

Die Taufe ist – gemäß den Vorschriften der Bischofskonferenz – durch Untertauchen oder durch Übergießen zu spenden (c. 854). Ein bloßes Besprengen mit Wasser genügt also nicht. Es wäre zwar gültig, ist als Form aber nicht erlaubt. Im Hinblick auf die Kindertaufe heißt es in der Pastoralen Einführung des liturgischen Buches:

> Wo es möglich ist, kann das Kind durch Untertauchen getauft werden, denn in der Form des Untertauchens wird die Teilnahme des Kindes am Tod und an der Auferstehung Jesu Christi besonders deutlich. Wenn die Taufe durch Übergießen geschieht, kann das Kind in das Taufbecken gesetzt werden, andernfalls hält die Mutter oder der Vater das Kind über den Taufbrunnen.

Falls bei der Taufe nicht ein Pate zugegen ist, soll doch zumindest ein Zeuge anwesend sein (c. 875). Bei »Erwachsenen« soll nach der Taufe sogleich die Firmung und der Kommunionempfang stattfinden (c. 866). An sich gilt das für »Erwachsene« im Sinne des Taufrechts, d. h. für Täuflinge ab 7 Jahren. Die Aufforderung zu Firmung und Kommunionempfang wird man aber im Rahmen der Bestimmungen zu deuten haben, die auch sonst in dem betreffenden Gebiet für das Mindestalter für Erstkommunion und Firmung gelten.

F. Nach der Taufe

Die Taufe ist ins Taufbuch der Taufpfarrei einzutragen, und zwar unter Angabe der in c. 877 genannten Daten. Für die Eintragung der Daten von Adoptivkindern sind die Vorschriften der Bischofskonferenz zu beachten (c. 877 § 3), da dabei das zivilrechtliche Adoptionsgeheimnis gewahrt bleiben muss. Ggf. sind Meldungen an weitere Stellen vorgeschrieben, z. B. an das Pfarramt des Wohnsitzes und an staatliche Meldestellen. Nicht selten bitten Eltern darum, dass Paten, mit denen sie sich seit der Taufe entzweit haben, aus dem Taufbuch gestrichen werden. Eine solche Streichung lässt die Kirche aber nicht zu, da es sich bei den Angaben im Taufbuch um die Dokumentation von etwas handelt, das geschehen ist und nicht mehr rückgängig gemacht werden kann. Das schließt nicht aus, dass sich die Eltern – privat – entscheiden, jemand anderen zu bitten, die Aufgaben eines Paten zu übernehmen; ggf. kann der Betreffende später auch Firmpate werden.

G. Interkonfessionelle Fragen

Die bloße Tatsache, dass jemand in einer nichtkatholischen kirchlichen Gemeinschaft getauft wurde, ist kein Grund, an der Gültigkeit seiner Taufe zu zweifeln (c. 869 § 2). Insbesondere ist die Taufe z. B. als gültig anzusehen bei den nichtkatholischen Kirchen des Ostens, den aus der Reformation hervorgegangenen Gemeinschaften, Anglikanern, Altkatholiken, Baptisten, Presbyterianern, Methodisten, Mennoniten und Adventisten. Die meisten dieser Gemeinschaften erkennen umgekehrt auch die in der katholischen Kirche gefeierte Taufe an; Ausnahmen davon sind jene Konfessionen (z. B. Baptisten, Mennoniten, Adventisten), die die in der katholischen Kirche gefeierte Taufe nicht anerkennen, soweit sie Kindern gespendet wurde, die noch keinen persönlichen Glauben entwickeln konnten. Zu den Gemeinschaften, deren Taufe von der katholischen Kirche nicht als gültig anerkannt ist, gehören z. B. die Zeugen Jehovas, die Christengemeinschaft Rudolf Steiners und die Mormonen. Vertreter von elf in Deutschland vertretenen christlichen Konfessionen haben im Jahre 2007 die »Magdeburger Erklärung« unterzeichnet, in der sie die gegenseitige Anerkennung ihrer Taufen zum Ausdruck bringen; vergleichbare gemeinsame Erklärungen gibt es auch in anderen Ländern. Das Ökumenische Direktorium empfiehlt die gemeinsame Feier des Taufgedächtnisses von Katholiken und anderen Christen (ÖD 96).

Da die Taufe immer in eine bestimmte Kirche oder kirchliche Gemeinschaft eingliedert, ist die gemeinsame Spendung der Taufe durch einen Katholiken und einen nichtkatholischen Christen im Sinne einer »Konzelebration« niemals zulässig (ÖD 97). Ein nichtkatholischer Amtsträger kann aber mit Erlaubnis des Ortsordinarius eine Lesung, ein Gebet usw. übernehmen. Angehörige nichtkatholischer Ostkirchen können bei einer katholischen Taufe – zusammen mit einem katholischen Paten – als Paten zu gelassen werden (ÖD 98b). Hingegen dürfen Angehörige anderer christlicher Konfessionen (z. B. Protestanten) bei einer katholischen Taufe nur als »Taufzeugen« zugelassen werden, vorausgesetzt, dass zugleich ein katholischer Pate bestellt ist (c. 874 § 2). Mit der Bestellung zum »Taufzeugen« ist nicht einfach gemeint, dass der Betreffende die Taufe später bezeugen kann – das könnte jeder Mensch, auch ohne irgendeine Art von Zulassung –, sondern, dass er trotz der konfessionellen Unterschiede für den Täufling Zeuge der christlichen Botschaft ist.

§ 43 Die Firmung (cc. 879–896)

A. Theologische Beschreibung der Firmung

Die Firmung ist wie die Taufe Teil der christlichen Initiation, kann aber im Unterschied zur Taufe nicht von jedem Menschen, sondern nur von einem Bischof oder einem mit der nötigen Befugnis ausgestatteten Priester gefeiert werden. In diesem Sinne bezeichnet der für die Firmung verwendete lateinische Ausdruck *confirmatio* die Bestätigung der Taufe durch einen Inhaber der apostolischen Vollmacht. In den Ostkirchen wird das Sakrament als »Chrismation« oder »Myronsalbung« *(chrismatio sancti myri)* bezeichnet. Wie die Taufe drückt die Firmung ein Prägemal ein *(character indelebilis)*, ist also unwiederholbar. Sie wird gespendet durch Salbung auf der Stirn mit Chrisam, unter Auflegung der Hand und zusammen mit der Spendeformel. Die Firmung beschenkt die Empfänger mit der Gabe des Heiligen Geistes, stärkt sie und verpflichtet sie noch mehr dazu, sich in Wort und Tat als Zeugen Christi zu erweisen, den Glauben auszubreiten und zu verteidigen. Die in der katechetischen Praxis der Lateinischen Kirche häufig betonte eigenständige persönliche Entscheidung des Firmlings für den Glauben[153] ist an sich keine notwendige Voraussetzung für die Firmung. Das zeigt sich an der als legitim anerkannten Praxis der – katholischen und nichtkatholischen – Ostkirchen, die Firmung nicht nur bei Erwachsenen, sondern auch bei Kleinkindern gleich nach der Taufe zu feiern.

In der frühen Kirche wurde die Firmung zusammen mit der Taufe gefeiert, und zwar vom Bischof. Das Zweite Vatikanische Konzil bezeichnet ihn als den »ursprünglichen Spender« *(minister originarius)* der Firmung (LG 26). Der Zusammenhang der Firmung einerseits mit der Taufe, andererseits mit dem Bischof hat im Westen und Osten zu unterschiedlichen Entwicklungen geführt: Im Westen ist bis heute der Bischof der ordentliche Spender des Sakraments. Taufe und Firmung sind dadurch, soweit es um Kinder geht, zeitlich auseinandergetreten. Während Bischöfe überall gültig firmen können, benötigt ein Priester *(presbyter)* der Lateinischen Kirche zur Firmspendung eine besondere Befugnis *(facultas)*. Im Osten ist die zeitliche Zusammengehörigkeit von Taufe und Firmung erhalten geblieben, auch bei Kleinkindern (cc. 694–695 CCEO). Die Firmung wird von dem Priester gespendet, der auch getauft hat. Dazu ist jeder Priester befähigt, ohne dazu einer besonderen Befugnis zu bedürfen. Die Zuordnung zum Bischof bleibt im Osten dadurch gewahrt, dass die Firmung nur mit dem vom Bischof geweihten Chrisam (im Osten als »Myron« bezeichnet) gespendet werden kann (c. 693 CCEO).

B. Zur Gültigkeit der Firmung erforderliche Elemente

Ein Bischof kann, wenn er die nötige Intention hat, ohne weiteres gültig firmen. Ein Priester *(presbyter)* benötigt dazu eine besondere Befugnis *(facultas)*. Auf Seiten des

153 Vgl. KKK, Nr. 1308.

Empfängers ist erforderlich, dass er bereits getauft, aber noch nicht gefirmt ist und die nötige Intention zum Empfang des Sakraments hat. Die erforderliche Handlung besteht in einer Salbung mit Chrisam unter Auflegung der Hand zusammen mit einer gültigen Formel. Es ist üblich und angemessen, dass der Spender entweder erst die Hand auflegt und danach mit dem Daumen die Salbung vornimmt oder dass er die Hand auflegt, während er mit dem Daumen die Salbung auf der Stirn vornimmt. Weder das eine noch das andere ist aber zwingend erforderlich: Eine Salbung mit dem Daumen auf der Stirn ist auch in sich selbst schon eine ausreichende Handauflegung *(manus impositio)*.[154]

Unter den voranstehend genannten Gültigkeitsvoraussetzungen gibt es mindestens zwei, für die die Kirche differenzierte gültigkeitsrelevante Bestimmungen des rein kirchlichen Rechts erlassen hat; sie betreffen die Weihe des Chrisams und die Firmbefugnis. Das[155] verwendete Chrisam muss von einem Bischof geweiht sein, und zwar auch dann, wenn die Firmung von einem Priester gespendet wird (c. 880 § 2). Auch die dem Diözesanbischof gleichgestellten Priester kommen für die Weihe des Chrisam nicht in Frage.[156]

Die Forderung nach einer Firmbefugnis ist zu verstehen vor dem Hintergrund, dass die Firmung einerseits in besonderer Weise mit dem Bischof verbunden ist, andererseits aber unter Umständen auch Priester dieses Sakrament gültig spenden können sollen. Ähnlich ist die Zuständigkeit für die Spendung der Absolution im Bußsakrament geordnet. Diese verglichen mit den übrigen Sakramenten komplizierte Struktur von Firmung und Buße ergibt sich aus der Praxis der Kirche *(Ecclesia fecit, ergo potuit)*: Im Falle von Priestern hat sie sich, soweit es um die Befähigung zur Feier der Firmung (und des Bußsakraments) geht, nicht einfach mit dem Empfang der Priesterweihe begnügt, sondern etwas Zusätzliches verlangt. Ob ähnliche zusätzliche Anforderungen auch im Falle der Eucharistie, der Krankensalbung und des Weihesakraments gestellt werden könnten, ist theologisch nicht geklärt. Jedenfalls hat die Kirche bei anderen Sakramenten bislang keine vergleichbaren Anforderungen gestellt.

Die Frage der Zuordnung der Firmbefugnis – alles im Folgenden Gesagte gilt entsprechend auch für die Beichtbefugnis – zu den verschiedenen Arten von Gewalt *(potestas)* innerhalb der Kirche (vgl. oben § 9 A) fällt schwer. Im Unterschied zur Weihegewalt wird die *facultas* im Falle von Priestern nicht – oder jedenfalls nicht in einer ohne weiteres ausübbaren Form – durch die Weihe übertragen. Angesichts dessen sollte man annehmen, dass die *facultas* eine Erscheinungsform von Leitungsgewalt darstellt; die Feier der Firmung erfordert dann nicht nur Weihe-, sondern auch Leitungsgewalt. Gegen diese Sichtweise wird eingewandt, Weihe- und Leitungsgewalt würden dadurch zu sehr voneinander getrennt. Angesichts dessen wird auch die Position vertreten, der Priester besitze an sich bereits kraft seiner Weihe alle erforderliche

---

154 So eine authentische Interpretation vom 9. 6. 1972: AAS 64 (1972) 526.

155 »*Der*« oder »*das*« Chrisam: beides ist korrekt.

156 Allerdings hat der Apostolische Stuhl von der Bestimmung des CIC, dass das Chrisam nur von einem Bischof geweiht werden kann, in einigen Fällen Ausnahmen zugelassen, insbesondere in China; siehe: Canonical Studies (2009) 65.

Gewalt, um die Firmung zu feiern. Diese Gewalt sei aber mit einer Art innerer »Sperre« versehen, die erst aufgehoben werden müsse, damit die Gewalt gültig ausgeübt werden kann. Dieses Aufheben der »Sperre« geschehe durch den Empfang der *facultas*. Gegen diese Sichtweise lässt sich einwenden, dass sie letztlich nur eine ungewöhnliche Konstruktion (das Zusammenwirken beider Gewalten) durch eine andere (die »Sperre«) ersetzt.

Ein Priester kann die Firmbefugnis von Rechts wegen *(a iure)* oder durch menschliches Handeln *(ab homine)* erhalten. Von Rechts wegen besitzen Firmbefugnis alle Bischöfe und – allerdings beschränkt auf ihren jeweiligen Zuständigkeitsbereich – die dem Diözesanbischof gleichgestellten Leiter von Teilkirchen, außerdem ein Priester, der kraft seines Amtes oder im Auftrag des Diözesanbischofs jemanden, der wenigstens sieben Jahre alt ist, erlaubterweise tauft oder (im Zuge einer Konversion) in die katholische Kirche aufnimmt, sowie schließlich auch jeder Priester für solche, die sich in Todesgefahr befinden. Um eine Übertragung von Firmbefugnis von Rechts wegen handelt es sich schließlich auch bei der Suppletion gemäß c. 144 § 2 (vgl. oben § 9 D). Wenn nicht genügend Firmspender vorhanden sind, kann der Diözesanbischof einem Priester – vorzugsweise einem Priester, der im Bistum ein besonderes Amt innehat – durch Dekret Firmbefugnis übertragen. Außerdem kann jeder, der die Firmbefugnis besitzt, während einer Feier der Firmung aus schwerwiegendem Grund andere Priester hinzuziehen; bei dieser Bestimmung ist wohl vor allem die Situation im Blick, dass die Anzahl der Firmlinge für einen einzigen Spender unangemessen groß ist.

C. Zeitpunkt der Firmung

Wer als »Erwachsener« (im Sinne von c. 852 § 1) getauft wird, soll sofort nach der Taufe auch die Firmung empfangen (c. 866); dasselbe gilt entsprechend für Konvertiten. In Todesgefahr soll die Firmung rechtzeitig gespendet werden, auch vor Erreichen des Vernunftgebrauchs, damit den Kindern die Gnade des Sakraments nicht vorenthalten bleibt.[157]

Von diesen Fällen abgesehen, wird die Frage des Firmalters etwa seit der Mitte des 20. Jahrhunderts kontrovers diskutiert. Die ursprüngliche Reihenfolge der drei Initiationssakramente, wonach die christliche Initiation durch die Erstkommunion vollendet wurde, wurde lange Zeit hindurch auch bei denjenigen eingehalten, die als Kinder getauft worden waren; sie empfingen die Firmung also vor der Erstkommunion. Nach can. 788 CIC/1917 sollte ihnen die Firmung um das 7. Lebensjahr herum gespendet werden. Erst im Laufe des 20. Jahrhunderts ging man in vielen Teilen der Lateinischen Kirche zunehmend dazu über, die Firmung in einem höheren Alter zu spenden, häufig erst nach Empfang der Erstkommunion. Für Deutschland hatte die Würzburger Synode (1971–75) ein Firmalter von etwa 12 Jahren empfohlen.[158] Der

157 Ordo Confirmationis, Praenotanda, Nr. 11 = Die Feier der Firmung, Vorbemerkungen, Nr. 9.

158 Synodenbeschluss Sakramentenpastoral B 3.4.1: Gesamtausgabe I, 255 f.

CIC hält unter Verwendung des Ausdrucks »Unterscheidungsalter« am Grundsatz der Firmung um das 7. Lebensjahr herum fest, lässt aber Ausnahmen zu, wenn die Bischofskonferenz ein anderes Alter festgesetzt hat, Todesgefahr besteht oder ein schwerwiegender Grund nach dem Urteil des Spenders etwas anderes anrät (c. 891). Die Österreichische Bischofskonferenz[159] hat als Mindestalter beschlossen, dass der Firmling im Kalenderjahr das 12. Lebensjahr vollendet; die Schweizer Bischofskonferenz[160] verlangt ein Mindestalter von 11 Jahren. Die Deutsche Bischofskonferenz hat in dieser Frage keinen Beschluss gefasst; tatsächlich wird die Firmung aber auch in Deutschland in der Regel erst zu einem deutlich späteren Zeitpunkt gespendet, als im CIC vorgesehen. Als Begründung für das höhere Firmalter wird vorgebracht, der Firmling solle in der Lage sein, sich persönlich für den christlichen Glauben zu entscheiden. Das höhere Firmalter bringt den Nachteil mit sich, dass die ursprüngliche – und in den Kirchen des Ostens nach wie vor bewahrte (c. 710 CCEO) – Reihenfolge der Initiationssakramente dann nicht mehr eingehalten werden kann.

D. Vor der Firmung

Die Firmung setzt eine angemessene Unterweisung voraus.[161] Wenn ein Katechumenat durchgeführt wird, erfolgt die Zulassung zur Firmung im Rahmen der Zulassung zu den drei Initiationssakramenten; bei der Konversion erfolgt die Zulassung gleichzeitig mit der Zulassung zur Aufnahme in die Kirche. In den übrigen Fällen ist eine eigene Zulassung zur Firmung erforderlich. Über die Form einer solchen Zulassung und die Zuständigkeit dafür gibt es im gesamtkirchlichen Recht keine Vorschriften; in der Praxis wird normalerweise der Pfarrer über die Zulassung entscheiden. Zu den Voraussetzungen für die Zulassung zur Firmung gehört, dass der Betreffende getauft, aber noch nicht gefirmt ist, eine angemessene Unterweisung erhalten hat und in rechter Weise disponiert ist, so dass er die Taufversprechen zu erneuern vermag. Diese Voraussetzungen müssen aber nicht im vollen Umfang erfüllt sein, falls der Firmling nicht über den Vernunftgebrauch verfügt; das heißt, auch geistig Behinderte ohne Vernunftgebrauch dürfen gefirmt werden. In Todesgefahr müssen lediglich die gültigkeitsrelevanten Voraussetzungen gegeben sein. Soweit es möglich ist, soll dem Firmling ein Pate zur Seite stehen. Es wird empfohlen, dass dazu einer der Taufpaten herangezogen wird; es kann aber auch ein neuer Pate bestellt werden. Für die Zulassung zum Patendienst gilt dasselbe wie für Taufpaten.

E. Feier der Firmung

Die Firmung soll nach Möglichkeit in einer gemeinsamen Feier für alle Firmlinge gespendet werden, und zwar normalerweise innerhalb einer Eucharistiefeier. Für die

159 ABl ÖBK Nr. 6 (1991), 3 f.
160 SBK, Partikularnorm vom 3. 7. 1985: AfkKR 154 (1985) 543.
161 Vgl. cc. 889 § 2, 890, 777, 2°.

Firmung taucht der Spender den rechten Daumen in das Chrisam und zeichnet damit auf die Stirn des Firmlings ein Kreuz. Dabei spricht er: »Sei besiegelt durch die Gabe Gottes, den Heiligen Geist« *(Accipe signaculum Doni Spiritus Sancti«).* In den Ostkirchen werden nicht nur die Stirn, sondern auch andere Stellen des Körpers gesalbt (Stirn, Augen, Nase, Ohren, Lippen, Brust, Rücken, Hände und Füße).[162]

F. Nach der Firmung

Die Eintragung in ein Firmbuch erfolgt je nach Partikularrecht entweder zentral in der Diözesankurie oder – wenn das Partikularrecht es so vorsieht – lokal in der Pfarrei (c. 895). Die Firmung muss auch im Taufbuch vermerkt werden (cc. 895, 535 § 2). Damit diese Eintragungen erfolgen können, müssen die dafür zuständigen Personen ggf. benachrichtigt werden.

G. Interkonfessionelle Fragen

In den nichtkatholischen Ostkirchen wird unmittelbar nach der Taufe auch die Firmung gespendet. Wenn jemand in einer solchen Kirche ordnungsgemäß getauft ist, besteht daher kein Grund, an der Tatsache der Firmung zu zweifeln. Die in den evangelischen Kirchen gefeierte »Konfirmation« wird von diesen selbst nicht als Sakrament angesehen. Auch aus katholischer Sicht handelt es sich dabei nicht um das Sakrament der Firmung. Katholische Spender dürfen das Sakrament der Firmung nur Katholiken spenden, und Katholiken dürfen es nur von katholischen Spendern empfangen (c. 844 § 1). Was die Ausübung des Patenamtes über Konfessionsgrenzen hinweg angeht, gilt dasselbe wie für Taufpaten (siehe oben § 42 G).

§ 44 Die Eucharistie (cc. 897–958)

Literatur: Ahlers, Reinhild, Communio eucharistica, Regensburg 1990.

A. Theologische Beschreibung der Eucharistie

Dem Sakrament der Eucharistie weist der Codex unter den Sakramenten schon im theologischen Einleitungscanon (c. 897) eine hervorgehobene Position zu, sowohl durch die Bezeichnung »das erhabenste Sakrament« (*augustissimum Sacramentum)* als auch durch die Formulierung, die übrigen Sakramente und alle Werke des Apostolats hingen mit der heiligsten Eucharistie zusammen und seien auf sie hingeordnet. Mit den Worten des Zweiten Vatikanischen Konzils nennt der Codex die Feier der Eucharistie Gipfelpunkt und Quelle des gesamten Gottesdienstes und des gesamten christlichen Lebens. Er wiederholt die Lehre, dass im eucharistischen Opfer, der Ge-

162 Vgl. KKK, Nr. 1300.

dächtnisfeier des Todes und der Auferstehung Jesu, das Kreuzesopfer immerdar fortdauert; und er unterstreicht die Beziehung zwischen Eucharistie und Kirche mit den Aussagen, dass diese Feier einerseits die Einheit des Volkes Gottes bezeichnet und andererseits den Aufbau des Leibes Christi vollendet.

B. Zur Gültigkeit der Eucharistie erforderliche Elemente

Die Kirche hat für die Feier der Eucharistie keine Gültigkeitsanforderungen des rein kirchlichen Rechts erlassen; die Gültigkeit einer Eucharistiefeier richtet sich also allein nach dem *ius divinum*; dieses ist allerdings im Hinblick auf die Gültigkeit der Eucharistiefeier auf nähere Abgrenzungen angewiesen, etwa in der Frage, was unter »Brot« und »Wein« zu verstehen ist. Nach der Lehre der Kirche ist dabei ausschlaggebend, von welcher Pflanze das Brot bzw. der Wein genommen ist: Das Brot muss zur Gültigkeit (zumindest überwiegend) aus Weizenmehl gemacht sein.[163] Das setzt zur Gültigkeit voraus, dass das Brot Gluten[164] enthält.[165] Der Wein muss aus Weintrauben gemacht sein. Das Vorhandensein von Alkohol ist zur Gültigkeit nicht erforderlich; die Feier der Eucharistie mit Traubensaft ist also gültig[166], wenn auch normalerweise nicht erlaubt. Es ist – auch im äußersten Notfall – streng verboten, die eine Gestalt ohne die andere zu konsekrieren (c. 927); zur Frage, ob das Sakrament gültig zustande kommt, wenn – z. B. aus Versehen – nur eine Gestalt konsekriert wird, hat sich die Kirche jedoch nicht geäußert. Der Zelebrant der Eucharistiefeier muss Priester *(sacerdos)* sein und die nötige Intention haben. Zur Gültigkeit der Feier ist außerdem ein gültiges Eucharistisches Hochgebet erforderlich. Traditionell geht man in der Lateinischen Kirche davon aus, dass es für die Gültigkeit entscheidend auf den Einsetzungsbericht ankommt. Dem entspricht die Anweisung der Einführung in das Messbuch: »Bemerkt der Priester nach der Konsekration oder beim Kommunionempfang, dass Wasser statt Wein verwendet wurde, so gießt er das Wasser in ein Gefäß und dann den Wein mit Wasser in den Kelch; er soll ihn konsekrieren, indem er die Worte des Einsetzungsberichts spricht, die zur Konsekration des Kelches gehören, ohne gehalten zu sein, nochmals Brot zu konsekrieren.«[167] Im Jahre 2001 hat die Glaubenskongregation jedoch – mit päpstlicher Bestätigung – anerkannt, dass auch das Hochgebet des Addai und Mari, das in der Assyrischen Kirche des Ostens seit alters her verwendet wird, ein gültiges Eucharistisches Hochgebet darstellt, obwohl es keinen Einsetzungsbericht enthält, zumindest nicht in einer ausdrücklichen Weise.[168] Daraus folgt, dass

---

163 SC Sacr, Instruktion *Dominus salvator noster*, vom 26. 3. 1929, Abschnitt I: AAS 21 (1929) 631–642; erneut bekräftigt durch: Congr. Cult, Instruktion *Redemptionis Sacramentum*, Nr. 48.

164 Gluten, Aussprache: [glu'te:n], ein Eiweißbestandteil des Getreides.

165 Congr. DocFid, Schreiben vom 24. 7. 2003, A, Nr. 1: ABl Rottenburg-Stuttgart (2004) 82 f.

166 Ebd., A, Nr. 3.

167 IGMR 2002, Nr. 324.

168 Siehe: Päpstlicher Rat für die Förderung der Einheit der Christen, Guidelines for admission to the Eucharist between the Chaldean Church and the Assyrian Church of the East, vom 20. 7. 2001: Information Service Nr. 108 (2001/IV), 148–152.

die Frage nach der Gültigkeit eines Eucharistischen Hochgebets nicht einfach mit der Frage nach dem Vorhandensein eines Einsetzungsberichts identisch ist. Zweifellos ist aber zur Gültigkeit eines Eucharistischen Hochgebets zu fordern, dass es auf der Absicht beruht, das zu tun, was Christus beim Letzten Abendmahl zu tun aufgetragen hat und was die Kirche tut, wenn sie das Sakrament der Eucharistie feiert.

C. Zelebrant und Zelebration

Als Zelebrant, der *in persona Christi* der Feier der Eucharistie vorsteht, kommt nur der Priester *(sacerdos)* in Frage. Der Versuch eines Gläubigen ohne Priesterweihe, die Eucharistie zu feiern, ist strafbar (c. 1378 § 2, 1°). Wer an einem Ort zelebrieren möchte, an dem er nicht bekannt ist, kann ein Empfehlungsschreiben seines Ordinarius bzw. Ordensoberen vorlegen – oft als »Zelebret« bezeichnet –, um nachzuweisen, dass er Priester ist und bezüglich der Zelebration keinem Hindernis unterliegt; ein solches Schreiben verliert seine Geltung, wenn es älter als ein Jahr ist (c. 903). Die Zuständigkeit für die Zulassung eines fremden Zelebranten liegt beim Rektor der Kirche. Ein Zelebrationsbuch, in das fremde Priester sich einzutragen haben, ist vom CIC nicht mehr vorgeschrieben; es ist aber vielerorts noch üblich. Rechtlich an der Zelebration gehindert ist ein Priester, der aus irgendwelchen Gründen an der Ausübung seiner Weihe gehindert ist (z. B. aufgrund einer Irregularität oder einer Kirchenstrafe). Falls der Priester sich einer schweren, noch nicht im Bußsakrament vergebenen Sünde bewusst ist, gilt im Hinblick auf die Zelebration dasselbe wie für jemanden, der in einer solchen Situation die Kommunion empfangen möchte (siehe unten Abschnitt H).

Den Priestern wird empfohlen, täglich zu zelebrieren; es gibt aber keine Verpflichtung dazu. Um mehrmals am Tag zelebrieren zu dürfen, ist – von besonderen Tagen wie Weihnachten und Allerseelen abgesehen[169] – eine Erlaubnis des Ortsordinarius erforderlich: Wenn Priestermangel besteht, kann der Ortsordinarius an Werktagen die zweimalige Zelebration (»Bination«) erlauben, an Sonn- und gebotenen Feiertagen auch die dreimalige Zelebration (»Trination«). Eine noch häufigere Zelebration ist nur aufgrund einer Dispens des Apostolischen Stuhls zulässig. Die Erlaubnis zur mehrfachen Zelebration kann für den Einzelfall oder für dauernd erteilt werden. Bei der Auslegung der Bestimmungen über die maximale Häufigkeit der Zelebration stellt sich die Frage, ob eine »Vorabendmesse« als Messe des jeweiligen Kalendertags oder des folgenden Tages zählt; dazu gibt es unterschiedliche Meinungen. Für die Praxis haben einige deutsche Bistümer – in Übereinstimmung mit der Würzburger Synode[170] – festgelegt, dass der Priester am Samstagabend und Sonntag zusammengenommen maximal dreimal zelebrieren darf. Die gemeinsame Zelebration mehrerer Priester (Konzelebration) ist zulässig, »wenn nicht der Nutzen für die Gläubigen etwas anderes erfordert oder geraten sein lässt« (c. 902); d. h., eine Konzelebration soll nicht dazu führen, dass zu anderen Zeiten oder an anderen Orten Priester fehlen.

---

169 IGMR 2002, Nr. 204.

170 Beschluss Gottesdienst, 7.2.5.

Auswärtige Priester sollen gern zur Konzelebration zugelassen werden.[171] Bei Konvents- oder Kommunitätsmessen von Ordensgemeinschaften empfiehlt es sich, »dass alle Priester, die zum pastoralen Wohl der Gläubigen nicht einzeln zelebrieren müssen, so weit als möglich in diesen Messen konzelebrieren.«[172] Es gibt aber keine Verpflichtung dazu.

D. Teilnahme an der Eucharistiefeier

Damit die Zelebration zulässig ist, soll neben dem Priester wenigstens ein anderer Gläubiger anwesend sein. Aus einem »gerechten und vernünftigen Grund« darf der Priester aber auch allein zelebrieren (c. 906). »In diesem Fall entfallen die Grußworte, die Hinweise und der Segen am Ende der Messe.«[173] An Sonntagen und gebotenen Feiertagen sind die Gläubigen zur Teilnahme an der Eucharistiefeier verpflichtet (c. 1247); diese Verpflichtung kann man auch am Vorabend erfüllen (c. 1248 § 1). Ab welcher Uhrzeit Vorabendmessen zulässig sind, legt das gesamtkirchliche Recht nicht fest; einige Bistümer haben dazu Vorschriften erlassen. Seminaristen, Diakonen und Mitgliedern von Lebensgemeinschaften der evangelischen Räte wird eindringlich die tägliche Teilnahme an der Eucharistiefeier empfohlen.[174]

E. Dienste und Aufgaben bei der Eucharistiefeier

Abgesehen von den im Messbuch eingehend beschriebenen Aufgaben der Priester und Diakone bei der Eucharistiefeier sehen der Codex und das Messbuch eine Reihe weiterer Dienste und Aufgaben vor. Die meisten davon können nicht nur bei der Eucharistiefeier, sondern auch bei anderen Gottesdiensten ausgeübt werden; faktisch steht dabei aber vor allem die Eucharistiefeier im Vordergrund.

Männern können auf Dauer die Dienste *(ministeria)* des Lektors und Akolythen übertragen werden (c. 230 § 1). Die Bischofskonferenzen können darüber nähere Richtlinien erlassen. Für die Beauftragung der Lektoren und Akolythen gibt es einen liturgischen Ritus, der im *Pontificale Romanum* enthalten ist. Es ist nötig, diese Dienste eine Zeitlang ausgeübt zu haben, um zur Diakonenweihe zugelassen werden zu können (c. 1035 § 1). Neben den Kandidaten für die Weihen könnten die Dienste des Lektors und Akolythen auch anderen Männern übertragen werden; von dieser Möglichkeit wird allerdings in den deutschsprachigen Ländern kaum Gebrauch gemacht. Die dort vielerorts bestellten »Lektoren« und »Kommunionhelfer« sind nicht Lektoren und Akolythen im Sinne von c. 230 § 1; das ist bereits daran zu erkennen, dass zu diesen Aufgaben in den deutschsprachigen Ländern gleichermaßen Männer und Frauen zugelassen werden.

---

171 IGMR 2002, Nr. 200.

172 IGMR 2002, Nr. 114.

173 IGMR 2002, Nr. 254.

174 Cc. 246 § 1; 276 § 2, 2°; 663 § 2; 719 § 2; 739.

Bestimmte Aufgaben *(munera)* sind von ihrem Wesen her den Laien eigen (c. 230 § 2). Dazu zählen[175] die Aufgaben des Lektors und des Kommentators, der – von »Ministranten« oder »Messdienern« verrichtete – Altardienst *(servitium ad altare)*, die Aufgaben des Psalmsängers, des Kantors, der Schola oder des Chors einschließlich des Chorleiters, des Sakristans, derer, die die Kollekte einsammeln, sowie derjenigen, die in manchen Gegenden die Gläubigen am Kircheneingang empfangen, ihnen entsprechende Plätze zuweisen und bei ihren Prozessionen für Ordnung sorgen. Wenigstens in Kathedralkirchen soll es einen Zeremoniar geben. Die Bestellung von Gläubigen zu diesen Aufgaben kann auf Dauer, aber befristet *(ad tempus)*, oder im Einzelfall *(ad actum)* erfolgen. Die Zuständigkeit für die Bestellung liegt beim Pfarrer oder Kirchenrektor.[176] Über die Frage, ob der Altardienst nur von Männern bzw. Jungen oder auch von Frauen bzw. Mädchen ausgeübt werden darf, kann der Diözesanbischof entscheiden.[177]

Eine Aufgabe, die von ihrem Wesen her an sich den Klerikern zukommt, wegen des Fehlens von Klerikern aber auch Laien übertragen werden kann, ist die der Kommunionausteilung.[178] Für die Beauftragung von solchen Kommunionhelfern wurden im deutschsprachigen Raum partikularrechtliche Normen erlassen.[179] Ein Ritus für die Beauftragung von Kommunionhelfern ist in dem deutschsprachigen liturgischen Buch »Die Beauftragung von Lektoren, Akolythen und Kommunionhelfern« veröffentlicht. In unvorhergesehenen Fällen kann auch der zelebrierende Priester eine Beauftragung im Einzelfall vornehmen; dafür ist im Anhang des Messbuchs ein liturgischer Segen vorgesehen.

F. Ort und Form der Feier

Die Eucharistie soll normalerweise an einem heiligen Ort gefeiert werden (c. 932 § 1), d. h. in einer Kirche, Kapelle oder Privatkapelle oder auf einem Friedhof (cc. 1205–1243). Aufgrund einer Notwendigkeit kann sie in besonderen Fällen auch anderswo gefeiert werden. Eine besondere Erlaubnis ist dafür nach gesamtkirchlichem Recht nicht erforderlich; in einigen Bistümern wird sie aber verlangt. In einem nichtkatholischen Gotteshaus ist die Feier der Eucharistie nur mit Erlaubnis des Ortsordinarius zulässig (c. 933). In einem Tempel oder geheiligten Ort einer nichtchristlichen Religion darf die Eucharistie nicht gefeiert werden. Wortgottesdienst und Eucharistiefeier gehören zusammen und sollen daher an ein und demselben Ort gefeiert werden.[180]

---

175 C. 230 § 2; IGMR 2002, Nr. 100–107.

176 IGMR 2002, Nr. 107.

177 Congr. Cult, Schreiben vom 15. 3. 1994: AAS 86 (1994) 541 f.; dt.: ÖAKR 43 (1994) 266 f.

178 C. 230 § 3; IGMR 2002, Nr. 162.

179 Vgl. DBK, Kommunionspendung durch Laien, vom 16.–19. 2. 1970: ABl Limburg 1970, 145.

180 Congr. Cult, Instruktion *Redemptionis Sacramentum*, Nr. 60.

G. Gestaltung der Feier

Die Eucharistie ist entsprechend den geltenden liturgischen Büchern zu feiern (cc. 846 § 1, 928); bei kranken und behinderten Priestern sind Ausnahmen möglich (c. 930). Für die Eucharistiefeier im *usus ordinarius* des römischen Ritus in lateinischer Sprache ist das *Missale Romanum* aus dem Jahre 2002 (mit Korrekturen erneut erschienen im Jahre 2008) zu verwenden. Solange eine deutsche Übersetzung davon nicht vorliegt, kommen für die Eucharistiefeier in deutscher Sprache nur die bisherigen Ausgaben des Messbuchs in Frage. Am Anfang des Messbuchs steht die *Institutio Generalis Missalis Romani* (IGMR). Die IGMR des Messbuchs 2002 wurde bereits ins Deutsche übersetzt[181]; ihr Titel lautet im Deutschen: »Grundordnung des römischen Messbuchs«. Zum *Missale* bzw. Messbuch kommen die Lektionare hinzu und eine Reihe weiterer liturgischer Bücher und zugehöriger Dokumente, z. B. für Kindermessen, Messfeiern in kleinen Gruppen usw. Bei der Feier der Krankenkommunion und der Wegzehrung sind die liturgischen Bücher über die Feier der Krankensakramente zu beachten. Im Jahre 2004 erließ die Gottesdienstkongregation eine Instruktion, die aufgetretenen Missbräuchen bei der Feier der Eucharistie abhelfen sollte.[182]

Die Gläubigen sollen an der Feier der Eucharistie tätigen Anteil haben (c. 898), jeder auf seine Weise entsprechend der Verschiedenheit der Weihestufen und liturgischen Aufgaben (c. 899 § 2). Die Feier soll so geordnet sein, dass sie für alle Teilnehmenden fruchtbringend ist (c. 899 § 3); daraus ergibt sich die Notwendigkeit einer sorgfältigen Vorbereitung. Priester und Diakone haben bei der Feier der Eucharistie die vorgeschriebenen liturgischen Gewänder zu tragen (c. 929); die ihnen vorbehaltenen Gewänder (d. h. Stola, Messgewand und Dalmatik) dürfen nicht von anderen getragen werden; das gilt auch für Gewänder, die diesen ähnlich sind.[183] Bestimmungen über die Homilie innerhalb der Eucharistiefeier enthält Buch III des Codex; sie wurden bereits an anderer Stelle behandelt (vgl. oben § 33 B).

Das Brot muss aus reinem Weizenmehl und noch frisch sein. In der Lateinischen Kirche ist ungesäuertes Brot zu verwenden (c. 926). Der Wein muss naturrein aus Weintrauben gewonnen sein; Rot- und Weißwein sind gleichermaßen zulässig. Aus gesundheitlichen Gründen (vor allem Zöliakie bzw. Alkoholismus) kann der Ordinarius erlauben, Brot mit wenig Gluten anstelle des normalen Brotes bzw. Traubensaft anstelle des Weines zu verwenden. Eine solche Erlaubnis kann aber nur für Einzelne gegeben werden; für die übrigen Gläubigen soll in derselben Feier normales Brot bzw. Wein verwendet werden.[184] Mit diesen Bestimmungen soll offenbar erreicht werden, dass die Zelebration mit glutenarmem Brot bzw. Traubensaft nicht über das unbedingt nötige Ausmaß hinaus üblich wird.

---

181 Arbeitshilfen 215.

182 Congr. Cult, Instruktion *Redemptionis Sacramentum*, vom 25. 3. 2004: AAS 96 (2004) 549–601; dt.: VApSt 164.

183 Congr. Cult, Instruktion *Redemptionis Sacramentum*, Nr. 153.

184 Congr. DocFid, Schreiben vom 24. 7. 2003: AfkKR 172 (2003) 475–477.

H. Kommunion

Zu den verschiedenen Formen bzw. Anlässen, die Kommunion zu empfangen, gehören die Erstkommunion (c. 913), die Kommunion innerhalb der Eucharistiefeier (c. 918), die Kommunion außerhalb der Eucharistiefeier – dafür gibt es einen eigenen liturgischen Ritus[185] – (c. 918) sowie die Wegzehrung *(Viaticum)*, d. h. die Kommunion in unmittelbarer Todesgefahr (c. 911). Ordentliche Spender der Kommunion sind die Bischöfe, Priester und Diakone, außerordentliche Spender die Akolythen oder auch andere dazu beauftragte Gläubige (c. 910). Dass außerordentliche Spender tätig werden, setzt voraus, dass ordentliche Spender nicht in ausreichender Zahl zur Verfügung stehen.[186] Die Erstkommunion soll immer von einem Priester gereicht werden.[187]

Bei Personen, die erst nach Erreichen des vorgesehenen Alters für die Erstkommunion in die Kirche eingegliedert werden, soll die Erstkommunion zusammen mit der Taufe und Firmung bzw. Konversion (und ggf. Firmung) empfangen werden (vgl. c. 866). Bei Kindern liegt die Zuständigkeit für die Zulassung zur Erstkommunion beim Pfarrer (c. 914). Voraussetzung für die Zulassung sind hinreichende Kenntnis und sorgfältige Vorbereitung, so dass die Kinder »das Geheimnis Christi gemäß ihrer Fassungskraft begreifen und den Leib des Herrn gläubig und andächtig zu empfangen in der Lage sind«. Zu den Voraussetzungen gehört außerdem der vorherige Empfang des Bußsakraments. In Todesgefahr darf Kindern die Eucharistie gespendet werden, »wenn sie den Leib Christi von gewöhnlicher Speise unterscheiden und die Kommunion ehrfürchtig empfangen können« (c. 913 § 2). Auch wenn das Recht nicht darauf eingeht, legt es sich doch von der Sache her nahe, dass auch geistig Behinderten die Kommunion gespendet werden darf, wenn die in c. 913 § 2 beschriebenen minimalen Voraussetzungen gegeben sind.

Was die nötige Disposition dessen angeht, der die Kommunion empfangen möchte, ist zu unterscheiden zwischen Voraussetzungen für die Spendung (über deren Vorliegen auch der Spender zu urteilen hat) und weiteren Voraussetzungen für den Empfang (über deren Vorliegen allein der Empfänger zu urteilen hat). Wer nicht rechtlich daran gehindert ist, muss zum Empfang der Kommunion zugelassen werden (c. 912; vgl. c. 843 § 1). Es ist also nicht gestattet, einem Gläubigen die Kommunion beispielsweise nur deshalb zu verweigern, weil er sie kniend oder stehend empfangen möchte.[188] Nicht zugelassen werden dürfen Exkommunizierte und Interdizierte nach Verhängung oder Feststellung der Strafe sowie solche, die »hartnäckig in einer offenkundigen schweren Sünde verharren« (c. 915). Wenn es für die Zulassung gemäß c. 915 darauf ankäme, ob die Betreffenden tatsächlich im Zustand der

185 De sacra Communione et de Cultu Mysterii Eucharistici extra Missam, 1973; dt.: Kommunionspendung und Eucharistieverehrung außerhalb der Messe: Studienausgabe, 1976.

186 PCLT, Authentische Interpretation vom 1. 6. 1988: AAS 80 (1988) 1373; dt.: AfkKR 157 (1988) 191.

187 Congr. Cult, Instruktion *Redemptionis Sacramentum*, Nr. 87.

188 Congr. Cult, Instruktion *Redemptionis Sacramentum*, Nr. 91.

schweren Sünde leben, wäre die Norm unanwendbar; denn eine solche Beurteilung ist einem Dritten letztlich nicht möglich. Angesichts dessen hat der Apostolische Stuhl erklärt, dass es für die Anwendung dieser Norm nur auf die äußere (»objektive«) Situation ankomme.[189] Das hartnäckige Verharren in einer offenkundigen schweren Sünde kann z. B. bestehen in einer öffentlichen Distanzierung von einzelnen Glaubenslehren oder sittlichen Normen oder in einem Zusammenleben in ungültiger Ehe (z. B. ein nicht laisierter Priester, der zivil geheiratet hat). Nach der bisherigen Lehre der Kirche, wie sie auch im Katechismus der Katholischen Kirche wiederholt wird[190], werden von der genannten Formulierung auch die wiederverheirateten Geschiedenen erfasst. Ob diese Einordnung allerdings gerechtfertigt ist, wird seit langem kontrovers diskutiert (vgl. unten § 48 P). Eine Verweigerung der Kommunionspendung während einer öffentlichen Eucharistiefeier wird wegen des dadurch hervorgerufenen öffentlichen Ärgernisses in der Regel nicht in Frage kommen.[191] Faktisch geht es in c. 915 also vor allem darum, den betreffenden Personen vor oder nach der Eucharistiefeier deutlich zu machen, dass sie zum Empfang der Kommunion nicht zugelassen sind.

Neben den bislang genannten Voraussetzungen, deren Vorliegen der Spender zu beurteilen hat, gibt es weitere Voraussetzungen, deren Vorliegen der Empfänger selbst zu beurteilen hat. Er darf nicht nur bei der förmlich festgestellten oder verhängten Strafe der Exkommunikation bzw. des Interdikts nicht zur Kommunion hinzutreten, sondern – von Ausnahmen abgesehen (c. 1352) – auch dann nicht, wenn eine solche bloß als Tatstrafe eingetreten ist. Außerdem darf nicht zur Kommunion hinzutreten, wer sich einer schweren Sünde bewusst ist, die noch nicht im Bußsakrament vergeben wurde (c. 916). Falls keine Gelegenheit zur Beichte besteht, genügt zur Erlaubtheit des Kommunionempfangs ein Akt der vollkommenen Reue, der den Vorsatz einschließt, sobald wie möglich zu beichten.

Die Kommunion darf höchstens zweimal[192] am Tag empfangen werden; dabei ist das zweite Mal nur innerhalb einer Eucharistiefeier zulässig, an der man teilnimmt (c. 917). In Todesgefahr ist ein erneuter Empfang stets möglich und angebracht. Mindestens muss der Gläubige die Kommunion einmal im Jahr empfangen, und zwar wenn möglich in der »österlichen Zeit« (c. 920), d. h. in der Zeit von Ostern bis Pfingsten. Die Verpflichtung zu diesem Minimum stammt vom 4. Laterankonzil (1215), d. h. aus einer Zeit, als man aus Ehrfurcht nur selten die Kommunion empfing. Angesichts der Sonntagspflicht und der Empfehlung, häufig die Eucharistie zu

---

189 Vgl. PCLT, Erklärung vom 24. 6. 2000: Comm 32 (2000) 159–162; dt.: AfkKR 169 (2000) 135–138.

190 KKK, Nr. 1650; vgl. auch: Johannes Paul II., Apostolisches Schreiben *Familiaris consortio*, vom 22. 11. 1981, Nr. 33: AAS 74 (1982) 81–191; dt. VApSt 33; Congr. DocFid, Schreiben vom 14. 9. 1994: AAS 86 (1994) 974–979; dt.: ABl ÖBK Nr. 13 (1994) 18–21.

191 Vgl. PCLT, Erklärung vom 24. 6. 2000: Comm 32 (2000) 159–162, Nr. 3: »Natürlich rät die pastorale Klugheit mit Nachdruck, Fälle öffentlicher Verweigerung der hl. Kommunion zu vermeiden.«

192 PCLT, Authentische Interpretation vom 11. 7. 1984: AAS 76 (1984) 746 f.; dt.: AfkKR 153 (1984) 453 f.

empfangen (c. 898), ist die alte Minimalforderung inzwischen obsolet. Der Kommunionempfang setzt voraus, dass man eine Stunde vorher nichts gegessen und getrunken hat, ausgenommen Wasser und Medizin. Ausnahmen bestehen für Priester im Fall der Bination oder Trination, für Alte und Kranke sowie für deren Pflegepersonen.

Es wird nachdrücklich empfohlen, die Kommunion innerhalb der Eucharistiefeier zu empfangen. Insbesondere wird empfohlen, die Wegzehrung im Rahmen einer Eucharistiefeier zu empfangen, so dass der Kranke unter beiden Gestalten kommunizieren kann. Aus gerechtem Grund ist aber auch ein Empfang außerhalb der Eucharistiefeier möglich. Wenn ein solcher Grund vorliegt, hat man sogar ein Recht darauf. Jeder Gläubige hat das Recht, die Kommunion – wenn er möchte – mit dem Mund zu empfangen. Wenn es in dem betreffenden Gebiet erlaubt ist, kann man das Brot aber auch mit der Hand empfangen.[193] Die Kommunion kann unter der Gestalt des Brotes oder, entsprechend den liturgischen Gesetzen[194], unter beiden Gestalten empfangen werden; der Empfang nur unter der Gestalt des Weines ist nur im Notfall zulässig. Wenn Kranke nicht in der Lage sind, die Eucharistie unter der Gestalt des Brotes zu empfangen, kann sie ihnen unter der Gestalt des Weines gereicht werden; das gilt insbesondere für Zöliakie-Kranke.

In den meisten katholischen Ostkirchen erfolgt die Erstkommunion auch bei Kleinkindern gleich nach der Taufe und Firmung (cc. 697, 710 CCEO), in der Regel unter der Gestalt des Weines. Im Übrigen wird die Kommunion dort in aller Regel unter beiden Gestalten gespendet. Die näheren Einzelheiten, z. B. im Hinblick auf die eucharistische Nüchternheit, sind in den einzelnen katholischen Ostkirchen unterschiedlich.

I. Aufbewahrung und Verehrung der Eucharistie

Da die Kelche nach der Kommunion vollständig ausgetrunken werden müssen[195], geht es bei der Aufbewahrung der Eucharistie nur um die Aufbewahrung in der Gestalt des Brotes. Die Aufbewahrung erfolgt im Tabernakel. Er soll entweder im Altarraum oder in einer Anbetungskapelle seinen Platz finden.[196] Der Tabernakel darf nicht beweglich sein. Er muss undurchsichtig sein und so verschlossen, dass die Gefahr der Profanierung vermieden wird. Vor dem Tabernakel soll ein ewiges Licht brennen, das von Öl oder Wachs genährt wird.[197]

Zur Verehrung der Eucharistie gehört die Anbetung des Allerheiligsten, die Aussetzung, der eucharistische Segen und Prozessionen mit dem Allerheiligsten. Aussetzung und eucharistischer Segen sind Aufgabe des Priesters oder Diakons; die Aussetzung

193 IGMR 2002, Nr. 161.

194 Vgl. IGMR 2002, Nr. 283.

195 IGMR 2002, Nr. 163, 249, 284, b); Congr. Cult, Instruktion *Redemptionis Sacramentum*, Nr. 107.

196 IGMR 2002, Nr. 315.

197 IGMR 2002, Nr. 316.

ohne eucharistischen Segen kann auch durch einen Akolythen, einen Kommunionhelfer oder einen anderen vom Ortsordinarius Beauftragten erfolgen.

J. Applikation und Messstipendium

Der Priester kann die Messe für andere Menschen (Lebende oder Verstorbene) applizieren (c. 901), d. h., er kann ihnen die geistlichen Früchte der Eucharistiefeier zuwenden. Für bestimmte Amtsträger gibt es Vorschriften hinsichtlich der Applikation: An Sonn- und gebotenen Feiertagen müssen der Diözesanbischof (c. 388) und der Pfarrer (c. 534) eine Messe für das ihnen anvertraute Volk applizieren *(applicatio pro populo)*.

Das Messstipendium ist ein Betrag, den jemand freiwillig einem Priester gibt, damit dieser die Messe in einer bestimmten Meinung (»Intention«) appliziert (c. 945 § 1). Vor allem in früheren Zeiten war es auch üblich, größere Stiftungen zu machen, damit regelmäßig an bestimmten Orten die Messe in einer bestimmten Meinung appliziert wird (»Messstiftung«).[198] Die Applikation der Messe für eine mit einem Stipendium verbundene Intention setzt voraus, dass nicht schon eine anderweitige Verpflichtung für die Applikation der betreffenden Messe besteht, wie z. B. beim Pfarrer an Sonn- und Feiertagen. Angenommene Stipendien dürfen auch an andere Priester weitergegeben werden, die dann dementsprechend die Messe applizieren müssen. Die Festlegung der Höhe des Messstipendiums soll auf der Ebene der Kirchenprovinz erfolgen; wenn dort nichts festgelegt ist, auf Diözesanebene. Ein freiwillig gegebenes höheres Stipendium darf angenommen werden; auch ein Stipendium, das niedriger ist als der festgelegte Betrag. Detaillierte Vorschriften regeln die Frage der Verwendung eines Messstipendiums bei Konzelebration und bei Bination oder Trination. Für jedes gegebene Stipendium ist eine eigene Messe zu applizieren, d. h., man darf nicht mehrere Stipendien für ein und dieselbe Messe annehmen (c. 948). Die Kleruskongregation hat davon im Jahre 1991 – mit päpstlicher *approbatio specifica* – eine Ausnahme zugelassen.[199] Danach ist es unter bestimmten Bedingungen zulässig, für mehrere Stipendien bzw. Intentionen nur eine einzige Messe zu feiern. Die Deutsche Bischofskonferenz hat – mit römischer Zustimmung – erklärt, in ihrem Bereich sei diese Regelung nicht eingeführt worden; die österreichischen Bischöfe haben eine sehr zurückhaltende Anwendung angemahnt.[200] Wo jenseits der genannten Ausnahmebewilligung anlässlich einer Eucharistiefeier mehrere Intentionen angenommen und im Pfarrblatt bzw. beim Gottesdienst genannt werden, darf die betreffende Messe nur in einer dieser Intentionen appliziert werden; die übrigen Intentionen und Stipendien müssen weitergereicht werden. Über ein solches Vorgehen müssen die Gläubigen informiert werden.

---

198 Vgl. dazu cc. 1303 § 1, 1308, 1309.

199 Congr. Cler, Dekret *Mos iugiter* über pluriintentionale Messen, vom 22. 2. 1991: AAS 83 (1991) 443–446; dt.: ÖAKR 40 (1991) 190–193.

200 Siehe MK CIC zu c. 948, Rn. 3 (Juli 2004).

Das Stipendium dient dem Unterhalt der Priester und der kirchlichen Einrichtungen. In großen Teilen der Kirche sind die Stipendien ein wichtiger Beitrag für den Lebensunterhalt der Priester und das apostolische Wirken der Kirche. Wenn nichts Näheres festgelegt ist, kann der entgegennehmende Priester nach eigenem Ermessen über die Verwendung des Stipendiums verfügen. In vielen Bistümern gibt es aber nähere Bestimmungen über die Verwendung, die dann häufig ausschließen, dass der Priester sich das Stipendium persönlich zu Eigen macht.

K. Interkonfessionelle Fragen

Was die nichtkatholischen Ostkirchen angeht, hat das Zweite Vatikanische Konzil erneut die auch vorher immer schon vertretene Überzeugung betont, dass die Eucharistie dort gültig gefeiert wird (UR 15). Demgegenüber sagt das Konzil über die nichtkatholischen kirchlichen Gemeinschaften des Westens, dass diese »vor allem wegen des Fehlens *(defectus)* des Weihesakraments die ursprüngliche und vollständige Wirklichkeit *(substantia)* des eucharistischen Mysteriums nicht bewahrt haben«. Wie das Konzil aber zugleich anerkennt, bekennen auch diese Gemeinschaften »bei der Gedächtnisfeier des Todes und der Auferstehung des Herrn im Heiligen Abendmahl, dass hier die lebendige Gemeinschaft mit Christus bezeichnet werde, und sie erwarten seine glorreiche Wiederkunft« (UR 22).

Die Konzelebration mit nichtkatholischen Priestern oder Amtsträgern ist verboten (c. 908). Von diesem Verbot gibt es keine Ausnahme. Während andere Formen der *communicatio in sacris*, z. B. der Kommunionempfang über Konfessionsgrenzen hinweg, zum Heil der Einzelnen in bestimmten Fällen möglich und sinnvoll sind, besteht nämlich niemals eine Notwendigkeit, im Hinblick auf das Heil Einzelner eine Konzelebration über Konfessionsgrenzen hinweg vorzunehmen. Eine solche Konzelebration würde eine Einheit vortäuschen, die tatsächlich (noch) nicht gegeben ist. Der Verstoß gegen dieses Verbot stellt eine Straftat dar (c. 1365). Ebenso unzulässig ist die »Interzelebration« in dem Sinne, dass ein katholischer Priester der Eucharistiefeier (oder einer vergleichbaren Feier) einer nichtkatholischen Gemeinde oder umgekehrt ein nichtkatholischer Amtsträger der Eucharistiefeier einer katholischen Gemeinde vorsteht. Ob ein nichtkatholischer Christ bei der katholischen Eucharistiefeier Aufgaben übernehmen darf (z. B. Vortragen einer Lesung), bestimmt sich nach den Normen des Ökumenischen Direktoriums; es äußert sich auch zur Frage der Beteiligung von Katholiken an vergleichbaren nichtkatholischen Feiern.[201] Dass ein Katholik bei der Feier des Abendmahls einer nichtkatholischen Kirche oder kirchlichen Gemeinschaft das Amt des Predigers ausübt, ist zwar nicht ausdrücklich untersagt; da es aber umgekehrt nicht zulässig ist, einen nichtkatholischen Christen zum Halten der Homilie zuzulassen, wäre es problematisch.

---

201 ÖD 126, 133, 134.

Kommunionempfang über Konfessionsgrenzen hinweg:

	... nichtkatholischer Kirchen (Orthodoxe usw.)	**... nichtkatholischer kirchlicher Gemeinschaften (Protestanten usw.)**
Kommunionempfang durch Katholiken bei Spendern ...	zulässig, wenn es nicht möglich ist, einen katholischen Spender aufzusuchen (c. 844 § 2)	niemals zulässig (c. 844 § 1)
Kommunionspendung durch Katholiken an Angehörige ...	zulässig (c. 844 § 3)	nur in Todesgefahr oder im Falle einer Notwendigkeit gemäß c. 844 § 4

Die Zulässigkeit des Kommunionempfangs über Konfessionsgrenzen hinweg richtet sich nach den Bestimmungen in c. 844. In nichtkatholischen Kirchen, in denen die Eucharistie gültig gefeiert wird, dürfen Katholiken die Kommunion empfangen, falls es ihnen physisch oder moralisch unmöglich ist, einen katholischen Spender aufzusuchen. Das gilt zumindest für die nichtkatholischen Kirchen des Ostens. Es dürfte auch für die altkatholische Kirche gelten, allerdings ausgenommen jene Sakramente, die von einer »Priesterin« gefeiert werden. In jedem Fall sind auch die näheren Bestimmungen der betreffenden nichtkatholischen Kirche über den Kommunionempfang zu befolgen, etwa im Hinblick auf die Häufigkeit des Kommunionempfangs, die Beichte vor der Kommunion und die eucharistische Nüchternheit. Außerdem müssen die Katholiken es respektieren, wenn die betreffende nichtkatholische Kirche sie vom Empfang der Kommunion ganz ausschließt.[202] In kirchlichen Gemeinschaften, in denen die Eucharistie nicht gültig gefeiert wird, dürfen Katholiken die Kommunion unter keinen Umständen empfangen. Zur Begründung dafür schrieb Papst Johannes Paul II.[203]:

> Deshalb müssen die katholischen Gläubigen bei allem Respekt vor den religiösen Überzeugungen ihrer getrennten Brüder und Schwestern der Kommunion fernbleiben, die bei ihren Feiern ausgeteilt wird, damit sie nicht einer zweideutigen Auffassung über das Wesen der Eucharistie Vorschub leisten und so die Pflicht versäumen, für die Wahrheit klar Zeugnis abzulegen. Dies würde zu einer Verzögerung auf dem Weg zur vollen sichtbaren Einheit führen.

Angehörigen der nichtkatholischen Ostkirchen darf in der katholischen Kirche die Kommunion gespendet werden. Die Begründung für diese Zulassung liegt in der wenn auch nicht vollen, so doch weitgehenden Gemeinschaft zwischen der katholischen Kirche und den nichtkatholischen Ostkirchen sowie insbesondere in dem übereinstimmenden Glauben hinsichtlich der Sakramente. Diese Bestimmung gilt nicht nur für die nichtkatholischen Ostkirchen, sondern auch für andere nichtkatholische Kirchen, die sich nach dem Urteil des Apostolischen Stuhls hinsichtlich der Sakramente in

202 ÖD 124.

203 Enzyklika *Ecclesia de Eucharistia*, Nr. 30.

derselben Situation befinden. Solche Erklärungen des Apostolischen Stuhls sind erfolgt im Hinblick auf die *Polish National Catholic Church*[204], die im Jahre 1897 in den USA entstand, und der Sache nach auch im Hinblick auf die Chinesische »Katholisch-Patriotische Vereinigung«.[205] Gemäß einer inoffiziellen Stellungnahme der Glaubenskongregation gilt die Bestimmung auch für die altkatholische Kirche.[206] Den übrigen nichtkatholischen Christen darf die Kommunion in der katholischen Kirche nur in bestimmten Fällen gespendet werden, nämlich in Todesgefahr oder wenn eine andere schwere Notwendigkeit *(necessitas)* nach dem Urteil des Diözesanbischofs oder der Bischofskonferenz dazu drängt. Eine solche Zulassung durch den Diözesanbischof oder die Bischofskonferenz kann im Einzelfall oder dauerhaft (für länger andauernde oder sich wiederholende Fälle) erfolgen. In den deutschsprachigen Ländern sind solche dauerhafte Zulassungen bislang nicht erfolgt. Auch in den genannten Fällen setzt die Kommunionspendung an die betreffenden nichtkatholischen Christen voraus, dass sie einen Spender der eigenen Gemeinschaft nicht aufsuchen können, von sich aus um den Empfang bitten, bezüglich der Eucharistie den katholischen Glauben bekunden und in rechter Weise disponiert sind. Die Begründung für die im Vergleich zu orthodoxen Christen strengere Praxis gegenüber Protestanten usw. liegt offensichtlich vor allem in dem unterschiedlichen Glauben hinsichtlich der Eucharistie. Ungetauften darf die Kommunion unter keinen Umständen gespendet werden (c. 842 § 1).

§ 45 Das Bußsakrament (cc. 959–997)

Literatur: Encina Commentz, Carlos, Wann und wie man sich an die Apostolische Pönitentiarie wendet, Città del Vaticano 2012.

A. Theologische Beschreibung des Bußsakraments

Während der ungetaufte Mensch durch den Empfang der Taufe von seinen Sünden befreit wird, erlangt der Getaufte die Vergebung seiner nach der Taufe begangenen Sünden durch das Bußsakrament. Die dazu nötigen Voraussetzungen und Schritte

204 Päpstlicher Rat für die Förderung der Einheit der Christen, Schreiben vom 30. 4. 1993; siehe dazu: Oscar H. Lipscomb (Vorsitzender des Bishops' Committee for Ecumenical and Interreligious Affairs der United States Conference of Catholic Bishops), Pastoral Guidelines Concerning Admission of Polish National Catholics to Sacraments in the Roman Catholic Church, vom 13. 3. 1996, in: Journeying Together: The Journey Continues. The Report of the Polish National Catholic-Roman Catholic Dialogue 1989–2002. Hrsg. v. Robert M. Nemkovich und James C. Timlin. Huntington, Indiana 2003. Hier: Appendix I, Document 9.

205 Vgl. Benedikt XVI., Schreiben an die Bischöfe, die Priester, die Personen des gottgeweihten Lebens und an die gläubigen Laien der katholischen Kirche in der Volksrepublik China, vom 27. 5. 2007: AAS 99 (2007) 553–581, Nr. 10.

206 Congr. DocFid, Schreiben an den Bischof von Münster, vom 3. 1. 1987, Prot. N 795/68, zitiert in: Kirche und Kirchengemeinschaft: Bericht der Internationalen Römisch-Katholisch-Altkatholischen Dialogkommission, Paderborn 2009, 11 f.

sind die Reue über die begangenen Sünden, der Vorsatz zur Besserung und das Bekenntnis der Sünden (Beichte) gegenüber einem Priester *(sacerdos)*, der berechtigt ist, die Absolution zu spenden. Durch die Absolution erhält der Pönitent die Vergebung der Sünden durch Gott und wird zugleich mit der Kirche versöhnt, die er durch seine Sünden verletzt hat (c. 959).

B. Zur Gültigkeit der Absolution erforderliche Elemente

Ebenso wie beim Sakrament der Firmung ist für die Gültigkeit der Absolution im Bußsakrament erforderlich, dass der Spender entweder Bischof ist oder ein mit der nötigen Befugnis *(facultas)* ausgestatteter Priester *(presbyter)*; wie bei allen Sakramenten ist auf Seiten des Spenders außerdem die nötige Intention erforderlich. Der Empfänger muss zur Gültigkeit getauft sein, die Intention zum Empfang der Absolution haben und seine begangenen Sünden bereuen; zu der nötigen Reue ist nur derjenige in der Lage, der auch die Bereitschaft zur Wiedergutmachung und den Vorsatz zur Besserung hat. Dementsprechend schrieb Papst Johannes Paul II.: »Es ist klar, dass Pönitenten, die im Gewohnheitszustand der schweren Sünde leben und nicht beabsichtigen, ihre Situation zu ändern, die Absolution nicht gültig empfangen können.«[207] Die zur Gültigkeit erforderliche Handlung besteht im Aussprechen der Absolutionsformel. Eine weitere Anforderung an die Gültigkeit der Absolution besteht im Falle einer »Generalabsolution« (vgl. unten Abschnitt E), nämlich der Vorsatz des Pönitenten, die betreffenden schweren Sünden zu gebotener Zeit einzeln zu beichten (c. 962).

Für die Frage, wie sich die Notwendigkeit der Beichtbefugnis erklären lässt, gelten dieselben Überlegungen, die bereits beim Sakrament der Firmung dargelegt wurden (siehe oben § 43 B). Bestimmte Amtsträger verfügen kraft Amtes über eine weltweit gültige Beichtbefugnis, nämlich Papst, Kardinäle und Bischöfe, der Bußkanoniker, der Pfarrer und der Kaplan im Sinne von c. 564 (*cappellanus*, c. 566 § 1); der im Deutschen üblicherweise als »Kaplan« bezeichnete Pfarrvikar verfügt dagegen nicht kraft Amtes über Beichtbefugnis. Andere Priester können eine weltweit gültige Beichtbefugnis erhalten durch Verleihung seitens des Ortsordinarius des Ortes, an dem sie inkardiniert sind oder ihren Wohnsitz haben (c. 967 § 2). Wurde die Beichtbefugnis durch den Ortsordinarius des Wohnsitzes verliehen, ohne dass dieser zugleich Inkardinationsordinarius ist, verliert sie beim Umzug in ein anderes Bistum ihre Gültigkeit. Daneben gibt es auch die Möglichkeit einer nur eingeschränkt gültigen Beichtbefugnis (nur für ein Bistum bzw. nur für Mitglieder einer Ordensgemeinschaft, cc. 968 § 2, 969); in der Praxis spielen die Bestimmungen darüber aber kaum eine Rolle, weil die meisten Priester kraft Amtes oder durch Verleihung eine weltweit gültige Beichtbefugnis besitzen. Für Gläubige, die sich in Todesgefahr befinden, besitzt jeder Priester Beichtbefugnis, sogar ein Priester, der den Klerikerstand verloren hat. In Fällen von allgemeinem Irrtum oder positivem und begründetem Zweifel wird fehlende Beichtbefugnis von der Kirche ersetzt (Suppletion; vgl. oben § 9 D). Von Todesgefahr abgesehen, besitzt kein

---

207 Johannes Paul II., MP *Misericordia Dei*, vom 7. 4. 2002, Nr. 7, c): AAS 94 (2002) 452–459; dt.: VApSt 153.

Priester Beichtbefugnis für die Absolution eines Pönitenten, der mit dem Priester zusammen eine Sünde gegen das sechste Gebot begangen hat *(absolutio complicis, c.* 977).

C. Spender des Bußsakraments

Die Verleihung der Beichtbefugnis an einen Priester setzt voraus, dass dieser durch eine Prüfung für geeignet befunden wurde oder dass seine Eignung auf andere Weise feststeht. Wer ein Seelsorgsamt hat, muss den Gläubigen Gelegenheit zur Beichte geben, und zwar nicht nur auf Anfrage hin, sondern auch an festgesetzten Tagen und Stunden. In einer Notlage ist jeder Priester, der über Beichtbefugnis verfügt, zur Entgegennahme der Beichte verpflichtet.

D. Empfang des Bußsakraments

Der Erstkommunion von Kindern muss die Erstbeichte vorausgehen (c. 914). Nach Erreichen des Unterscheidungsalters sind alle Gläubigen verpflichtet, ihre schweren Sünden wenigstens einmal im Jahr zu beichten (c. 989). Die Unterscheidung zwischen schweren Sünden (auch »Todsünden« genannt) und anderen Sünden wird im Codex nicht erläutert; sie ist dem Katechismus der Katholischen Kirche zu entnehmen: »Eine Todsünde ist jene Sünde, die eine schwerwiegende Materie zum Gegenstand hat und die dazu mit vollem Bewusstsein und bedachter Zustimmung begangen wird.«[208] Den Gläubigen wird empfohlen, auch ihre übrigen (»lässlichen«) Sünden zu beichten (»Andachtsbeichte«, c. 988 § 2); solche Beichten machen es überhaupt erst möglich, dass man auch mit schweren Sünden einen Beichtstuhl betreten kann, ohne sich dadurch gegenüber denen, die das sehen, als schwerer Sünder zu erkennen zu geben. Brautleuten wird dringend empfohlen, vor der Eheschließung zur Beichte zu gehen (c. 1065 § 2). Die häufige Beichte ist empfohlen für Seminaristen, Kleriker und Mitglieder der Institute des geweihten Lebens.[209] Während der CIC vorschreibt, wenigstens einmal im Jahr alle schweren Sünden zu beichten, bestimmt der CCEO einfach, dass, wer sich einer schweren Sünde bewusst ist, möglichst bald das Bußsakrament empfangen soll (c. 719 CCEO).

E. Feier des Bußsakraments

Das Bußsakrament soll normalerweise in einer Kirche oder Kapelle gefeiert werden. In Kirchen muss sichergestellt sein, dass es Beichtstühle gibt; der Priester kann – von Notfällen abgesehen – verlangen, dass die Beichte im Beichtstuhl stattfindet.[210] Aus gerechtem Grund darf die Beichte aber auch außerhalb des Beichtstuhls stattfinden.

---

208 KKK, Nr. 1857.

209 Cc. 246 § 4; 276 § 2, 5°; 664; 719 § 3.

210 PCLT, Authentische Interpretation vom 7. 7. 1998: AAS 90 (1998) 711; dt.: AfkKR 167 (1998) 178.

In der Tradition der Ostkirchen gibt es keinen Beichtstuhl; der Ort der Beichte ist dort einfach die Kirche (c. 736 § 1 CCEO), häufig vor einer Ikone und zu einer Zeit, in der auch andere Gläubige in der Kirche anwesend sind.

Eine Beichte und Absolution über das Telefon wäre gültig.[211] Sie ist aber nicht erlaubt, denn die liturgischen Bücher setzen implizit eine Anwesenheit am selben Ort voraus (vgl. insbesondere den Gestus des Ausbreitens der Hände über dem Pönitenten).[212] Eine Beichte über Telefon wäre auch niemals heilsnotwendig; denn wer nicht die Möglichkeit hat, in Anwesenheit eines Priesters zu beichten, ist zum Empfang des Bußsakraments nicht verpflichtet. Wer es möchte, hat das Recht, mit Hilfe eines Dolmetschers zu beichten; auch dieser ist dann an das Beichtgeheimnis (vgl. unten Abschnitt F) gebunden.

Das liturgische Buch für das Bußsakrament *(Ordo Paenitentiae)* unterscheidet drei Formen der Feier: die Feier der Versöhnung für einen Einzelnen, die Gemeinschaftliche Feier der Versöhnung mit Bekenntnis und Lossprechung der Einzelnen und die Gemeinschaftliche Feier der Versöhnung mit allgemeinem Bekenntnis und Generalabsolution. Normalerweise erfordert die Spendung des Sakraments – und zwar nach göttlichem Recht[213] – das vorausgehende persönliche Bekenntnis aller schweren Sünden, die noch nicht durch die Taufe oder einen vorausgegangenen Empfang des Bußsakraments vergeben wurden (c. 960). Unter besonderen Umständen ist jedoch die gleichzeitige Absolution mehrerer Pönitenten ohne persönliches Sündenbekenntnis zulässig (»Generalabsolution«, c. 961), nämlich in Todesgefahr, wenn dabei die Zeit für persönliche Bekenntnisse nicht ausreicht, sowie in anderen schweren Notlagen nach dem Urteil des Diözesanbischofs, unter Berücksichtigung der von der Bischofskonferenz festgelegten Kriterien. Die Bischofskonferenzen der deutschsprachigen Länder haben festgestellt, dass in ihren Bereichen solche Notlagen nicht vorliegen[214], so dass eine Generalabsolution – vom beschriebenen Fall der Todesgefahr abgesehen – dort nicht zulässig ist. In jedem Fall setzt der gültige Empfang einer Generalabsolution den Vorsatz voraus, die betreffenden schweren Sünden zu gebotener Zeit einzeln zu beichten (c. 962).

»Der Priester soll beim Beichthören dessen eingedenk sein, dass er in gleicher Weise die Stelle eines Richters wie die eines Arztes einnimmt und von Gott zugleich zum Diener der göttlichen Gerechtigkeit wie auch Barmherzigkeit bestellt ist …« (c. 978 § 1). Er hat sich beim Gespräch mit dem Pönitenten an die Aussagen des kirchlichen Lehramtes zu halten. Sofern Fragen zu stellen sind, soll er mit Klugheit und Behutsamkeit vorgehen. Er hat eine heilsame und angemessene Buße aufzuerlegen; darüber heißt es im Katechismus der Katholischen Kirche[215]:

---

211 Siehe: Congr. DocFid, Nota zur Gültigkeit und Erlaubtheit der Spendung des Bußsakraments über Telefon, vom 25. 11. 1989: AfkKR 158 (1989) 484.

212 Vgl. dazu auch: Congr. DocFid, Dekret über das *Opus Angelorum* (Engelwerk), vom 6. 6. 1992: ABl Augsburg 102 (1992) 302–304 (303).

213 Konzil von Trient, Canones de sacramento paenitentiae, can. 7 (= DenzH 1707).

214 Die anderslautende frühere Partikularnorm der SBK gilt seit dem 1. 1. 2009 nicht mehr; siehe: SBK, Dekret zu c. 961 CIC, vom 1. 1. 2009: AfkKR 178 (2009) 203–205.

215 KKK, Nr. 1460.

Die Buße, die der Beichtvater auferlegt, soll der persönlichen Situation des Pönitenten Rechnung tragen und seinem geistlichen Wohl dienen. Sie soll soweit wie möglich der Schwere und der Natur der begangenen Sünden entsprechen. Buße kann bestehen im Gebet, in einer Gabe, in Werken der Barmherzigkeit, im Dienst am Nächsten, im freiwilligen Verzicht, im Opferbringen und vor allem in der geduldigen Annahme des Kreuzes, das wir zu tragen haben.

Wenn der Priester keinen Zweifel an der Disposition des Pönitenten hat, ist er verpflichtet, die Absolution zu erteilen. Zur Disposition des Pönitenten gehört vor allem die Reue über die begangenen Sünden einschließlich der Bereitschaft, sich zu bessern, und entstandenen Schaden – soweit möglich – wiedergutzumachen. Im Falle von Kirchenaustritt setzt die Absolution daher die Bereitschaft voraus, wieder in die Kirche einzutreten (vgl. zur Rekonziliation oben § 14 B).

Nach dem Recht der katholischen Ostkirchen ist für einige wenige Sünden festgelegt, dass die Lossprechung davon bestimmten Autoritäten vorbehalten ist. Das gilt für die direkte Verletzung des Beichtgeheimnisses und die *absolutio complicis*, bei denen die Lossprechung dem Apostolischen Stuhl vorbehalten ist, sowie für die Abtreibung, bei der die Lossprechung dem Eparchialbischof vorbehalten ist (c. 728 CCEO). Der CIC kennt solche Vorbehalte nicht; einen Vorbehalt für bestimmte Autoritäten gibt es im CIC im Hinblick auf den Erlass von Strafen, nicht im Hinblick auf die Lossprechung von Sünden als solchen.

Wenn jemand bekennt, fälschlich einen Beichtvater bei der kirchlichen Autorität angeklagt zu haben, ihn im Zusammenhang mit der Beichte zu einer Sünde gegen das sechste Gebot verführt zu haben, darf ihm nicht die Absolution erteilt werden, solange er nicht in aller Form die falsche Anzeige zurückgezogen hat und bereit ist, angerichteten Schaden wiedergutzumachen (c. 982). Diese Vorschrift dient dem Schutz des Beichtvaters, der sich gegen solche Anschuldigungen kaum wehren kann.

F. Das Beichtgeheimnis

Dem Beichtvater ist es verboten, den Pönitenten in irgendeiner Weise zu verraten. Wenn der Beichtvater das Beichtgeheimnis direkt verletzt, d. h. mitteilt, dass eine bestimmte Person eine bestimmte Tat begangen hat, zieht er sich die dem Apostolischen Stuhl vorbehaltene Exkommunikation als Tatstrafe zu. Im Falle einer bloß indirekten Verletzung des Beichtgeheimnisses, d. h. wenn der Beichtvater sich in schuldhafter Weise so verhält, dass man irgendwie Tat und Täter erschließen kann, soll er je nach Schwere seines Tuns bestraft werden (c. 1388). Das Beichtgeheimnis besteht auch dann, wenn die Beichte vorzeitig abgebrochen wurde oder wenn aus anderen Gründen keine Absolution erteilt wurde. Es besteht gegenüber jedermann, auch gegenüber dem Pönitenten, und auch über den Tod des Pönitenten hinaus. Ein Gebrauch des aus der Beichte gewonnenen Wissens, der für den Pönitenten belastend wäre, ist dem Beichtvater streng verboten (c. 984 § 1). Wer in einer Leitungsfunktion ist, darf die in der Beichte erlangte Kenntnis von Sünden nicht bei der äußeren Leitung gebrauchen (c. 984 § 2). Auch der Anschein einer Verletzung des Beichtgeheimnisses muss unbedingt vermieden werden. Es ist verboten, echte oder fingierte (aber als echt dargestellte) Beichten technisch aufzuzeichnen oder zu veröffentlichen.

Wer so etwas tut, macht sich strafbar.[216] In den meisten Staaten der Erde ist das Beichtgeheimnis auch nach staatlichem Recht geschützt, ggf. als Teil eines in umfassenderer Weise geschützten Seelsorgegeheimnisses.

G. Besondere Vollmachten des Beichtvaters

Wer mit Exkommunikation oder Interdikt bestraft ist, darf an sich keine Sakramente empfangen, auch nicht das Bußsakrament. Im Dringlichkeitsfall hat der Beichtvater jedoch die Vollmacht, von der nicht festgestellten Tatstrafe der Exkommunikation und des Interdikts zu befreien (c. 1357 § 1). »Dringlichkeitsfall« bedeutet dabei, dass es für den Pönitenten hart wäre, während der Zeit, die er bräuchte, um sich an die normalerweise für den Strafnachlass zuständige Autorität zu wenden, im Zustand schwerer Sünde zu verbleiben, so dass er während dieser Zeit nicht die Sakramente empfangen dürfte. Die Forderung nach dieser Art von »Dringlichkeit« darf weit ausgelegt werden; der Beichtvater darf versuchen, dem Pönitenten diese Art von »Dringlichkeit« überhaupt erst bewusst zu machen. Für den Straferlass ist als Voraussetzung gefordert (c. 1347 § 2), dass der Täter die Straftat wirklich bereut hat, eine angemessene Wiedergutmachung geleistet oder zumindest ernsthaft versprochen hat und entstandenes Ärgernis behoben hat oder zumindest ernsthaft versprochen hat, das zu tun. Wenn diese Voraussetzungen erfüllt sind, darf der Beichtvater den Nachlass der Strafe nicht verweigern (c. 1358 § 2). Normalerweise legt es sich nahe, dass der Strafnachlass gleichzeitig mit der Absolution geschieht. Der Pönitent muss dabei auf den Strafnachlass hingewiesen werden. Der Strafnachlass im Dringlichkeitsfall bringt eine »Rekurspflicht« mit sich (c. 1357 § 2). Der Rekurs besteht darin, dass man sich innerhalb eines Monats an die für den Strafnachlass zuständige Autorität wendet, die daraufhin den (bereits gewährten) Strafnachlass bestätigt und dem Pönitenten ggf. Auflagen macht. Bei der zuständigen Autorität handelt es sich um den Ortsordinarius bzw. – bei den dem Apostolischen Stuhl vorbehaltenen Exkommunikationen – um die Apostolische Pönitentiarie (c. 1355 § 2). Der Rekurs kann auf zwei verschiedene Weisen geschehen: Entweder wendet sich der Pönitent selbst an die zuständige Autorität. Oder der Beichtvater trägt dem Pönitenten auf, einige Zeit später wiederzukommen, wendet sich in der Zwischenzeit selbst – normalerweise auf dem Briefweg[217] –, ohne den Namen des Pönitenten zu nennen, an die zuständige Autorität und teilt dem Pönitenten bei dessen Rückkehr deren Antwort mit. Der zuständigen Autorität ist eine Zusammenfassung der Geschehnisse mitzuteilen. Dabei sind auch alle begleitenden Umstände der Straftat zu erwähnen, die sich erschwerend oder mildernd auf die Schuldhaftigkeit auswirken können (Al-

---

216 Congr. DocFid, Normae, vom 21. 5. 2010, Art. 4, Abs. 2: AAS 102 (2010) 419–430; dt.: VApSt 246, 49–69.

217 Die Apostolische Pönitentiarie lässt nur den Briefweg zu, nicht Fax, E-Mail o. ä.; vgl. Ochoa, Leges Ecclesiae X, n. 6117, Sp. 16951.

ter, Amt usw.).[218] Die Apostolische Pönitentiarie ist bemüht, die Antwort innerhalb von 24 Stunden nach dem Eingang des Rekurses abzuschicken.[219] Wenn der Rekurs einen Monat lang unterbleibt, lebt die Strafe wieder auf. Für den Fall der durch Abtreibung eingetretenen Exkommunikation (c. 1398) haben die deutschen und österreichischen Bischöfe von der Rekurspflicht befreit.[220] Das heißt, in diesen Ländern darf jeder Beichtvater von dieser Exkommunikation befreien, ohne dass ein Rekurs nötig würde.

In Todesgefahr besteht eine noch weitergehende Vollmacht zum Strafnachlass (c. 976): Es kann von allen Beugestrafen befreit werden, d. h. nicht nur von nicht festgestellten Tatstrafen, sondern auch von festgestellten oder verhängten Tatstrafen, und nicht nur von Exkommunikation und Interdikt, sondern auch von der Suspension. Diese Vollmacht hat jeder Priester, auch wenn er nicht über Beichtbefugnis verfügt, und sogar, wenn er den Klerikerstand verloren hat. Falls der Pönitent überlebt, tritt die Rekurspflicht nur ein, soweit es um eine verhängte oder festgestellte oder dem Apostolischen Stuhl vorbehaltene Strafe ging (c. 1357 § 3).

In bestimmten Situationen kann der Beichtvater von Ehehindernissen dispensieren, wenn das betreffende Hindernis geheim ist, d. h. nicht im äußeren Bereich bewiesen werden kann (c. 1074). Eine solche Dispens gilt aber nur im geheimen Bereich *(forum internum)*. Situationen, in denen eine solche Dispensvollmacht besteht, sind die Todesgefahr (c. 1079 § 3) sowie der Fall, dass ein Ehehindernis erst entdeckt wird, wenn schon alles zur Hochzeit vorbereitet ist und die Eheschließung nicht ohne schweren Nachteil aufgeschoben werden kann (*casus perplexus*, c. 1080 § 1).

H. Interkonfessionelle Fragen usw.

Für den Empfang des Bußsakramentes über Konfessionsgrenzen hinweg gilt dasselbe wie für den Empfang der Kommunion (vgl. oben § 44 K). Ein Ungetaufter kann das Bußsakrament nicht gültig empfangen; das Sakrament der Sündenvergebung für Ungetaufte ist die Taufe.

I. Ablässe

Im Zusammenhang mit dem Bußsakrament behandelt der CIC auch den Ablass. Er wird definiert als »der Nachlass zeitlicher Strafe vor Gott für Sünden, deren Schuld schon getilgt ist« (c. 992). Die Lehre vom Ablass geht also davon aus, dass sich aus der menschlichen Schuld, auch wenn sie an sich schon vergeben ist, eine Art »Strafsituation« ergibt, die der Mensch erst noch aufarbeiten muss. An die Definition des Ablasses schließt derselbe Canon eine dogmatische Erklärung an, warum die Kirche

---

218 Vgl. *Encina Commentz, Carlos*, Wann und wie man sich an die Apostolische Pönitentiarie wendet, Città del Vaticano 2012, 26.

219 Ebd., 30.

220 Vgl. AfkKR 152 (1983) 562; ABl ÖBK Nr. 1 (1984) 10.

solche Sündenstrafen nachlassen kann: Einen Ablass »erlangt der entsprechend disponierte Gläubige unter bestimmten festgelegten Voraussetzungen durch die Hilfe der Kirche, die im Dienst an der Erlösung den Schatz der Sühneleistungen Christi und der Heiligen autoritativ verwaltet und zuwendet.« Ablässe kann man für sich selbst oder für Verstorbene gewinnen (c. 994). Es gibt aber keine Verpflichtung, Ablässe zu gewinnen.[221] Man unterscheidet zwischen einem Teilablass und einem vollkommenen Ablass, je nachdem, ob der Ablass nur teilweise oder ganz von der zeitlichen Strafe, die für die Sünden zu verbüßen ist, befreit (c. 993). Die Gewinnung eines vollkommenen Ablasses verlangt neben dem eigentlichen Ablasswerk drei Handlungen[222]: den Empfang des Bußsakraments, den Empfang der Kommunion und ein Gebet nach Meinung des Heiligen Vaters – dieses kann z. B. verrichtet werden durch das Beten eines Vaterunser und eines Ave Maria nach Meinung des Heiligen Vaters oder auch durch andere Gebete nach Wahl des Gläubigen. Eine weitere Voraussetzung dafür ist das Freisein von der Anhänglichkeit *(affectus)* an irgendeine (und sei es auch nur lässliche) Sünde – eine sicherlich nicht leicht erfüllbare Anforderung. Welche Ablässe die Kirche gewährt, geht in erster Linie aus dem Handbuch der Ablässe *(Enchiridion indulgentiarum)* hervor.[223] Außerdem werden aus besonderen Anlässen (z. B. einem Heiligen Jahr) weitere Ablässe gewährt.

§ 46 Die Krankensalbung (cc. 998–1007)

A. Theologische Beschreibung der Krankensalbung

Das Sakrament der Krankensalbung richtet sich an gefährlich – aber nicht notwendigerweise lebensgefährlich – erkrankte Gläubige. Die Kirche empfiehlt die Kranken dadurch dem leidenden und verherrlichten Herrn, damit er sie aufrichte und rette; dieses Ziel umfasst die gesamte Person des Kranken als Einheit von Leib und Seele. Das Sakrament wird gespendet vom Priester *(sacerdos)* durch die Salbung mit Öl unter Verwendung der Spendeformel.

B. Zur Gültigkeit der Krankensalbung erforderliche Elemente

Die Gültigkeit der Feier der Krankensalbung setzt voraus, dass der Spender Priester *(sacerdos)* ist und die nötige Intention hat. Im Jahre 2005 hat die Glaubenskongregation erklärt, dass die Lehre, wonach nur der Priester als Spender in Frage

---

221 Vgl. Paul VI., AK *Indulgentiarum doctrina*, vom 1. 2. 1967, Nr. 11: AAS 59 (1967) 5–24; dt.: NKD 2.

222 AK *Indulgentiarum doctrina*, Normae, Nr. 7.

223 Apostolische Pönitentiarie, Enchiridion indulgentiarum, Editio quarta, vom 16. 7. 1999.

kommt, als endgültig anzusehen ist.[224] Der Empfänger muss zur Gültigkeit getauft sein und die nötige Intention haben. Das heißt nicht, dass er zum Zeitpunkt der Feier des Sakraments bei Bewusstsein sein muss. Vielmehr wird die allgemeine Absicht, nach der Lehre der katholischen Kirche zu leben, implizit auch die Absicht einschließen, die Krankensalbung zu empfangen, wenn die äußeren Umstände das nahelegen. Die erforderliche Handlung besteht in einer Salbung mit gesegnetem Öl an mindestens einem Körperteil unter Verwendung einer gültigen Spendeformel; eine Berührung des Kranken mit der Hand ist dabei zur Gültigkeit der Salbung nicht erforderlich.

C. Spender der Krankensalbung

Die Pflicht und das Recht zur Spendung der Krankensalbung liegt in erster Linie bei denjenigen Priestern, die mit der Seelsorge für den betreffenden Gläubigen betraut sind, und in besonderer Weise beim Pfarrer (c. 530, 3°). Mit der wenigstens vermuteten Zustimmung eines dieser Priester darf auch ein anderer Priester die Krankensalbung spenden. In diesem Fall soll der eigentlich zuständige Priester zumindest im Nachhinein informiert werden, dass die Krankensalbung gespendet wurde. Die deutschen Bischöfe haben die Priester eindringlich darum gebeten, die nötigen organisatorischen Maßnahmen dafür zu treffen, dass man sie für die Spendung der Krankensalbung (und der übrigen Krankensakramente) in Notfällen auch tatsächlich erreichen kann.[225]

D. Empfänger der Krankensalbung

Die Krankensalbung kann dem Gläubigen gespendet werden, der nach Erlangung des Vernunftgebrauchs aufgrund von Krankheit oder Altersschwäche in Gefahr gerät. Sie kann auch mehrmals gespendet werden. Wenn Zweifel bestehen, ob der Betreffende noch lebt oder schon gestorben ist, ist das Sakrament (bedingungsweise) zu spenden. Wer gelegen und in rechter Disposition um dieses Sakrament bittet und nicht rechtlich am Empfang gehindert ist, hat einen Rechtsanspruch, es zu empfangen (c. 843 § 1). Die Seelsorger und die Angehörigen der Kranken haben dafür zu sorgen, dass die Kranken zur rechten Zeit die Hilfe dieses Sakraments erfahren. »Man soll nicht der Unsitte nachgeben, das Sakrament hinauszuschieben.«[226] Es besteht aber keine rechtliche Verpflichtung, die Krankensalbung zu empfangen.

Die Zulässigkeit einer gemeinsamen Feier der Krankensalbung für mehrere Kranke richtet sich nach den Vorschriften des Diözesanbischofs (c. 1002). Die deutschen Bischöfe haben erklärt, dass es nicht zulässig ist, etwa im Rahmen eines Gemeindegot-

---

224 Congr. DocFid, Note über den Spender der Krankensalbung, vom 11. 2. 2005: Notitiae 41 (2005) 479–483; dt.: AfkKR 174 (2005) 164.

225 Ständiger Rat der DBK, Erklärung zur Krankenpastoral, vom 20. 11. 1978, Nr. 8.

226 Die Feier der Krankensakramente, *Praenotanda*, Nr. 13.

tesdienstes einfach alle Anwesenden oberhalb einer bestimmten Altersgrenze zum Empfang der Krankensalbung einzuladen. Vielmehr setzt eine Feier mit gemeinsamer Spendung voraus, dass alle Empfänger namentlich angemeldet und in einem eigenen Gespräch auf das Sakrament vorbereitet worden sind. Im Rahmen dieser Vorbereitung soll jeder, der die Krankensalbung empfangen will, zur sakramentalen Beichte eingeladen werden.[227] Für größere Feiern, in denen etwa Kranke aus verschiedenen Pfarreien oder Krankenhäusern zum Empfang der Krankensalbung zusammengeführt werden, verlangen die deutschen Bischöfe eine vorausgehende Anmeldung beim Ordinariat.[228] Die Krankensalbung darf jenen nicht gespendet werden, die in einer offenkundigen schweren Sünde hartnäckig verharren (c. 1007); für die Auslegung dieser Bestimmung gilt dasselbe, was zu der entsprechenden Vorschrift im Hinblick auf den Kommunionempfang (c. 915) gesagt wurde (siehe oben § 44 H).

E. Feier der Krankensalbung

In der Praxis stellt sich im Zusammenhang mit der Krankensalbung auch die Frage der Spendung anderer Sakramente (Bußsakrament, Eucharistie, Firmung). Darauf wird aber nicht hier, sondern ggf. bei den betreffenden Sakramenten näher eingegangen. Das liturgische Buch für die Krankensalbung unterscheidet drei Formen: die Grundform der Krankensalbung, die Krankensalbung innerhalb der Messfeier sowie die gemeinsame Feier der Krankensalbung im Rahmen einer größeren Zusammenkunft. Es ist wünschenswert, dass die Salbung in Anwesenheit anderer, z. B. Angehöriger oder Freunde, geschieht. Die Salbung ist mit dem Krankenöl zu vollziehen. Die Segnung dieses Öls erfolgt durch den Bischof in der Chrisammesse. Wenn im Notfall kein Krankenöl zur Verfügung steht, kann jeder Priester – allerdings nur im Rahmen der Feier des Sakraments – Öl segnen. Für das Krankenöl ist pflanzliches Öl zu verwenden. Normalerweise erfolgt die Salbung auf der Stirn und auf den Händen. Im Notfall genügt eine einzige Salbung, vorzugsweise auf der Stirn (c. 1000 § 1), allerdings unter Verwendung der vollen Formel.[229] Im Hinblick auf das überlieferte Brauchtum eines Volkes ist es zulässig, die Zahl der Salbungen zu vermehren; für das deutsche Sprachgebiet ist das nicht vorgesehen. Der Priester soll die Salbung normalerweise mit der Hand vollziehen; aus einem schwerwiegenden Grund ist jedoch auch die Verwendung eines Instruments (z. B. Pinsel) zulässig. Wenn mehrere Priester anwesend sind, können sie die verschiedenen Teile der Feier (Lesungen, Gebete usw.) unter sich aufteilen. Die eigentliche Spendung des Sakraments (und ggf. vorher die Segnung des Öls) soll aber nur einer der Priester vornehmen. Hingegen ist es in einigen Ostkirchen üblich, dass das Sakrament von mehreren Priestern gemeinsam gespendet wird (c. 737 § 2 CCEO). In den Ostkirchen erfolgt die Segnung des Öls normalerweise im Rahmen der Feier des Sakraments durch den spendenden Priester (c. 741 CCEO).

---

227 Ständiger Rat der DBK, Erklärung zur Krankenpastoral, vom 20. 11. 1978, Nr. 2.

228 Ebd. Nr. 3.

229 Die Feier der Krankensakramente, *Praenotanda*, Nr. 23.

F. Interkonfessionelle Fragen

Für eine Spendung der Krankensalbung über Konfessionsgrenzen hinweg gilt dasselbe wie für die Kommunion und das Bußsakrament (c. 844 §§ 1–5).

§ 47 Das Weihesakrament (cc. 1008–1054)

Literatur: Bitterli, Marius Johannes, Wer darf zum Priester geweiht werden? Essen 2010; Weinberger, Walter, Voraussetzungen für die Zulassung zum Priestertum, Berlin 2011.

A. Theologische Beschreibung und Weihestufen

Im Unterschied zu den übrigen Sakramenten ist das Sakrament der Weihe darauf angelegt, nicht allen Gläubigen oder einer große Mehrzahl unter ihnen gespendet zu werden, sondern nur »einigen aus dem Kreis der Gläubigen« (c. 1008). Die Beschreibung der Zielsetzung dieses Sakraments hat das MP *Omnium in mentem* aus dem Jahre 2009 durch die Revision der beiden einleitenden Canones (cc. 1008–1009) neu formuliert, um sie – vor allem was die Stellung des Diakons angeht – besser mit der im Katechismus der Katholischen Kirche wiedergegebenen Lehre in Übereinstimmung zu bringen. Allgemein formuliert, dient die Spendung des Weihesakraments dazu, dass die Geweihten »dem Volk Gottes unter einem neuen und einzigartigen Titel zu Dienste sind« (c. 1008). Das Sakrament der Weihe drückt – ebenso wie Taufe und Firmung – ein »untilgbares Prägemal« *(character indelebilis)* ein, ist also unwiederholbar. Es wird gespendet durch Handauflegung und Gebet.[230]

Während der Codex die Abschnitte über die übrigen Sakramente mit dem Namen des jeweiligen Sakraments überschreibt, verwendet er als Überschrift für den Abschnitt über das Weihesakrament den Ausdruck *ordo*, der nicht das Weihesakrament als solches, sondern den Stand der Geweihten bezeichnet. Dieser Ausdruck kann auch im Plural *ordines* für die drei Stufen des Sakraments verwendet werden, d. h. für den Episkopat, Presbyterat und Diakonat (c. 1009 § 1). Der Codex setzt die Lehre des Zweiten Vatikanischen Konzils voraus, dass die Fülle des Weihesakraments durch die Bischofsweihe übertragen wird (LG 21); die Weihe der Presbyter und Diakone ist folglich daraus abgeleitet. Die Feier des Weihesakraments wird im Lateinischen mit dem Wort *ordinatio* bezeichnet; das gilt für alle drei seiner Stufen. Ist in spezifischer Weise von der Weihe der Bischöfe die Rede, wird gemäß bisherigem Sprachgebrauch der Ausdruck *consecratio* verwendet. Auf die unterschiedliche Zielsetzung der drei Stufen des Weihesakraments geht der durch das MP *Omnium in mentem neu* hinzugefügte c. 1009 § 3 ein. Er unterscheidet zwischen Episkopat und Presbyterat einerseits und Diakonat andererseits: Bischöfe und Presbyter empfangen die Sendung und Vollmacht, in der Person Christi des Hauptes *(in persona Christi Capitis)* zu handeln. Auf

---

230 Pius XII., AK *Sacramentum Ordinis*, vom 30. 11. 1947: AAS 40 (1948) 6; Paul VI., AK *Pontificalis Romani*, vom 18. 6. 1968: AAS 60 (1968) 569–573.

die Diakone wird diese Formulierung – anders als in der ursprünglichen Fassung des CIC – nicht mehr angewendet; sie empfangen vielmehr die Kraft, dem Volk Gottes in der Diakonie der Liturgie, des Wortes und der Liebe zu dienen. Die beiden Wörter *presbyter* und *sacerdos*, die im Deutschen in der Regel beide mit »Priester« übersetzt werden, verwendet der CIC – wie im kirchlichen Sprachgebrauch üblich – in unterschiedlicher Bedeutung: Das Wort *presbyter* bezeichnet diejenigen, die die zweite Weihestufe empfangen haben, umfasst also nicht die Bischöfe; demgegenüber wird das Wort *sacerdos* als zusammenfassender Ausdruck für Bischöfe und Presbyter (= erste und zweite Weihestufe) verwendet.

Bis 1972 musste jemand, um zum Diakon geweiht werden zu dürfen, zunächst durch die Tonsur zum Kleriker werden und dann die fünf Weihestufen zum Ostiarier, Lektor, Exorzisten, Akolythen und Subdiakon durchlaufen. Die ersten vier dieser Weihestufen wurden nach can. 949 CIC/1917 als »niedere Weihen« *(ordines minores)* bezeichnet, der Subdiakonat zählte zusammen mit Diakonat und Presbyterat zu den »höheren Weihen« *(ordines maiores)*. Die Weihen vor der Diakonenweihe hat Papst Paul VI. im Jahre 1972 durch das MP *Ministeria quaedam*[231] weitgehend abgeschafft. Akolythat und Lektorat wurden beibehalten, aber nicht als Weihestufen, sondern als »Dienste« (*ministeria*; siehe c. 230 § 1). Der Ausdruck »Exorzist« wird im CIC/1983 nicht mehr verwendet; es heißt lediglich, dass der Ortsordinarius einem Priester die Erlaubnis geben kann, Exorzismen auszusprechen (c. 1172). Die Weihen vor der Diakonenweihe werden heute nur noch – und zwar in unterschiedlichem Umfang – in den katholischen Ostkirchen gespendet sowie in jenen Gemeinschaften, die die Erlaubnis besitzen, die Liturgie nach den liturgischen Büchern nach dem Stand von 1962 zu feiern. Die Weihen vor der Diakonenweihe waren und sind nicht sakramental, beruhen folglich auf dem *ius mere ecclesiasticum*.

B. Zur Gültigkeit des Weihesakraments erforderliche Elemente

Das Weihesakrament kann nur von einem Bischof gültig gespendet werden, der dazu die nötige Intention haben muss. Auf Seiten des Empfängers ist zur Gültigkeit neben der nötigen Intention erforderlich, dass er getauft und männlich ist (c. 1024) und die betreffende Weihe noch nicht empfangen hat. Der Versuch der Weihe einer Frau ist sowohl für den Spender als auch für die Empfängerin strafbar.[232] Zwar darf nach geltendem Recht die Priesterweihe nur Diakonen und die Bischofsweihe nur Priestern erteilt werden; dieses Durchlaufen der vorausgehenden Weihestufen ist aber nicht zur Gültigkeit erforderlich. Die Weihe wird gespendet durch die Handauflegung und ein gültiges Weihegebet (c. 1009 § 2).

---

231 Paul VI., MP *Ministeria quaedam*, vom 15. 8. 1972: AAS 64 (1972) 529–534; dt.: NKD 38, 24–39.

232 Congr. DocFid, Normae, vom 21. 5. 2010, Art. 5: AAS 102 (2010) 419–430; dt.: VApSt 246, 49–69.

Die meisten der genannten Gültigkeitsvoraussetzungen sind im *ius divinum* begründet. Im Hinblick auf die Beschränkung auf Männer ist zwischen der Bischofs- und Priesterweihe und der Diakonenweihe zu unterscheiden: Im Hinblick auf die *ordinatio sacerdotalis*, d. h. die Weihe der Bischöfe und Priester *(presbyter)*, hat Johannes Paul II. erklärt, »dass die Kirche keinerlei Vollmacht hat, Frauen die Priesterweihe zu spenden, und dass sich alle Gläubigen der Kirche endgültig an diese Entscheidung zu halten haben.«[233] Von der Sache her kann das nur bedeuten, dass der Vorbehalt der Priesterweihe für Männer im *ius divinum* begründet ist. Im Hinblick auf die Diakonenweihe gibt es keine vergleichbare lehramtliche Festlegung; die Frage, ob die im geltenden Recht bestehende Beschränkung der Diakonenweihe auf Männer im *ius divinum* begründet ist oder nicht, ist also noch offen.

C. Empfänger des Weihesakraments

Zu den rechtlichen Voraussetzungen für den Empfang des Weihesakraments gehören neben den bereits genannten gültigkeitsrelevanten Voraussetzungen zunächst der Empfang der Firmung und die Freiheit von den in 1041–1042 genannten Irregularitäten und Hindernissen, sofern davon nicht gemäß cc. 1047 und 1049 dispensiert wurde. Von einer »Irregularität« spricht man, wenn das Auftreten des betreffenden Umstands die Weihe dauerhaft verbietet; Beispiel: Wer irgendwann einmal einen Mord oder eine Abtreibung begangen hat, darf nicht geweiht werden (c. 1041, 4°). Von einem »einfachen Hindernis« spricht man, wenn der betreffende Umstand nur, solange er vorliegt, die Weihe verbietet. Beispiel: Wer verheiratet ist, darf – mit der Ausnahme des Ständigen Diakonats –, solange die Ehe besteht, nicht geweiht werden; wenn die Ehe zu bestehen aufgehört hat (durch Tod oder Auflösung), ist der Weiheempfang hingegen wieder möglich (c. 1042, 1°). Von den 23 katholischen Ostkirchen verlangen nur zwei, nämlich die malabarische und die malankarische Kirche, die Ehelosigkeit als Voraussetzung für die Priesterweihe (vgl. c. 758 § 3 CCEO). In allen katholischen Ostkirchen setzt der Empfang der Bischofsweihe den Zölibat voraus (c. 180, 3° CCEO). Im Hinblick auf die Zulassung Verheirateter zum Ständigen Diakonat haben die deutschen Bischöfe nähere Vorschriften erlassen.[234] Danach kann nicht zur Diakonenweihe zugelassen werden, wer in einer religionsverschiedenen oder in einer ungültigen Ehe lebt. Wer in einer konfessionsverschiedenen Ehe lebt, kann nur in begründeten Ausnahmefällen zugelassen werden. Die staatliche Scheidung einer kirchenrechtlich gültigen Ehe kann ein Grund für die Nichtzulassung sein.

---

233 Johannes Paul II., Apostolisches Schreiben *Ordinatio sacerdotalis*, vom 22. 5. 1994, Nr. 4: AAS 86 (1994) 545–548; dt.: VApSt 117, 3–7; zur Verpflichtungskraft dieser Entscheidung vgl. Congr. DocFid, Responsum vom 28. 10. 1995: AAS 87 (1995) 1114; dt.: ÖAKR 44 (1995–97) 45; zur Begründung siehe auch: SC DocFid, Erklärung *Inter insigniores*, vom 15. 10. 1976: AAS 69 (1977) 101–115; dt.: VApSt 117, 11–29.

234 Die deutschen Bischöfe, Richtlinien über persönliche Anforderungen an Diakone und Laien im pastoralen Dienst im Hinblick auf Ehe und Familie, vom 28. 9. 1995: ABl Limburg 1996, Nr. 6, 35–37, Nr. 8.

Anforderungen an die Eignung des Kandidaten sind umfassender Glaube, rechte Absicht, die erforderlichen Kenntnisse, gute Wertschätzung bei anderen, untadeliger Lebenswandel, erwiesene Charakterstärke und andere der zu empfangenden Weihe entsprechende physische und psychische Eigenschaften (c. 1029). Was die gesundheitlichen Anforderungen angeht, hat die Glaubenskongregation erklärt, dass man wegen der zentralen Bedeutung der Eucharistiefeier für das Leben des Priesters sehr behutsam sein muss, Kandidaten zum Priestertum zuzulassen, die nicht ohne schweren Schaden Gluten oder Alkohol zu sich nehmen können.[235] Die Bildungskongregation hat erklärt, dass diejenigen nicht für das Priesterseminar und zum Weihesakrament zugelassen werden können, die »Homosexualität praktizieren, tiefsitzende homosexuelle Tendenzen haben oder eine so genannte homosexuelle Kultur unterstützen«.[236] Die Ablehnung eines Kandidaten allein aufgrund der von ihm gefühlten sexuellen Orientierung widerspräche jedoch dem im Katechismus der Katholischen Kirche[237] anerkannten Verbot der Diskriminierung Homosexueller.

Das Mindestalter für den Empfang der Diakonenweihe beträgt bei denjenigen, die für den Presbyterat bestimmt sind, 23 Jahre, bei unverheirateten Kandidaten für den Ständigen Diakonat 25 Jahre und bei verheirateten Kandidaten für den Ständigen Diakonat 35 Jahre. Für die Priesterweihe wird ein Mindestalter von 25 Jahren, für die Bischofsweihe von 35 Jahren (c. 378 § 1, 3°) verlangt. Falls ein Mitglied einer Lebensgemeinschaft der evangelischen Räte durch die Diakonenweihe seiner Gemeinschaft inkardiniert werden soll, ist erforderlich, dass der Kandidat dort bereits die ewige Profess abgelegt hat bzw. endgültig eingegliedert ist (cc. 266 § 2, 1052 § 2).

Bei der Zulassung zur Weihe kommt es nicht nur auf die abstrakte persönliche Eignung des Kandidaten an, sondern auch auf den Bedarf der Kirche. Voraussetzung für die Zulassung ist daher, dass der Kandidat nach dem Urteil der zuständigen Autorität als nützlich für den Dienst der Kirche anzusehen ist (c. 1025 § 2).

Die Diakonen- und Priesterweihe setzen die vorgeschriebene Ausbildung voraus (c. 1027). Die Diakonenweihe von Kandidaten für den Presbyterat darf frühestens nach Abschluss des fünften Studienjahres des philosophisch-theologischen Studiums erfolgen (c. 1032 § 1), die Priesterweihe frühestens nach sechs Jahre Studium (zwei Jahren Philosophie und vier Jahren Theologie, c. 250); als »Studium« gilt dabei nicht nur ein akademisches Studium, sondern auch die Ausbildung im Priesterseminar. Kandidaten für den Ständigen Diakonat dürfen die Diakonenweihe erst nach Abschluss der dreijährigen Ausbildungszeit empfangen (cc. 236, 1032 § 2). Für Bischöfe wird das Doktorat oder wenigstens das Lizentiat in der Heiligen Schrift, der Theologie oder im kanonischen Recht oder wenigstens wirkliche Erfahrung in diesen Disziplinen verlangt (c. 378 § 1, 5°). Die Diakonenweihe setzt voraus, dass der Kandidat seit mindestens sechs Monaten Akolyth ist und dass er die Dienste des Lektors und Akolythen auch tatsächlich eine

235 Congr. DocFid, Schreiben an die Vorsitzenden der Bischofskonferenzen, vom 24. 7. 2003: ABl Hamburg 2003, 171, Abschnitt C 4.

236 Congr. InstCath, Instruktion vom 4. 11. 2005, Nr. 8: AAS 97 (2005) 1007–1013; dt.: VApSt 170.

237 KKK, Nr. 2358.

angemessene Zeit lang ausgeübt hat. Die Priesterweihe setzt voraus, dass der Kandidat seit mindestens sechs Monaten Diakon ist und dass er die Diakonenweihe auch tatsächlich eine angemessene Zeit lang ausgeübt hat. Die Bischofsweihe setzt voraus, dass der Kandidat seit mindestens fünf Jahren Priester ist (c. 378 § 1, 4°).

Die Aufnahme unter die Weihekandidaten für Diakonat bzw. Presbyterat erfolgt durch den liturgischen Zulassungsritus (*admissio*, c. 1034); er ist bei Angehörigen klerikaler Ordensinstitute nicht erforderlich. Die Zulassung verheirateter Kandidaten zum Ständigen Diakonat setzt die Zustimmung der Ehefrau voraus (c. 1031 § 2); diese Zustimmung kann innerhalb der Liturgie der Diakonenweihe erneut eingeholt werden.

Die Zulassung eines Kandidaten setzt eine Prüfung (»Skrutinium«) voraus. Die Zuständigkeit dafür liegt beim Bischof bzw. höheren Oberen, der zur Weihe zulässt. Von Kandidaten für die Diakonen- und Priesterweihe wird eine eigenhändig abgefasste Bitte um Weiheempfang verlangt, verbunden mit der Erklärung, dass man die Weihe von sich aus und frei empfangen wird. Sofern nicht der eigene Bischof die Weihe spendet, ist ein Weiheentlassschreiben *(litterae dimissioriae)* des zulassenden Bischofs bzw. Oberen erforderlich; dieses Schreiben richtet der zulassende Bischof bzw. Obere an den weihenden Bischof. Damit ein Bischof einen Kandidaten einer anderen *Ecclesiae sui iuris* weihen darf, benötigt er ein Indult, d. h. eine Erlaubnis des Apostolischen Stuhls.[238] Die Bischofsweihe erfordert einen päpstlichen Auftrag (*mandatum*, c. 1013); eine Bischofsweihe ohne päpstlichen Auftrag ist eine schwere Straftat (c. 1382). Zur Vorbereitung auf die Weihe sind Exerzitien von einer Dauer von wenigstens fünf Tagen vorgeschrieben, vor der Diakonenweihe auch die Ablegung von Glaubensbekenntnis und Treueid (vgl. oben § 39). Auch Bischöfe müssen Glaubensbekenntnis und Treueid ablegen, aber nicht vor ihrer Weihe, sondern vor der Besitzergreifung (cc. 380, 833, 3°).

Entgegen der sonst auf Sakramente anwendbaren allgemeinen Bestimmung in c. 843 § 1 gibt es normalerweise keinen Rechtsanspruch eines Kandidaten auf Empfang des Weihesakraments. Eine Ausnahme davon ist jemand, der für den Presbyterat vorgesehen ist und bereits die Diakonenweihe empfangen hat: Ihm darf die Priesterweihe nur verwehrt werden, wenn ein kanonischer Grund dafür vorliegt; andernfalls hat er einen Rechtsanspruch auf Empfang der Priesterweihe (c. 1030).

D. Feier des Weihesakraments

Das Weihesakrament wird innerhalb der Messfeier gespendet, normalerweise an einem Sonn- oder Feiertag (c. 1010). Die Diakonen- und Priesterweihe spendet ein einzelner Bischof, die Bischofsweihe wird von mindestens drei Bischöfen gespendet. Unverheiratete Kandidaten für die Diakonenweihe haben innerhalb der Weiheliturgie das Zölibatsversprechen abzulegen; das gilt auch für Mitglieder von Lebensgemeinschaften der evangelischen Räte (vgl. oben § 6 F). Zwischen den beiden Wesenselementen der Sakramentenspendung, d. h. zwischen Handauflegung und Weihegebet, legen bei der Pries-

238 Cc. 1015 § 2, 1021 CIC; vgl. c. 748 § 2 CCEO.

terweihe auch die anwesenden Priester dem Kandidaten die Hände auf; durch diese Handauflegung wird die Aufnahme in das Presbyterium deutlich gemacht.

E. Nach der Feier

Die gespendete Weihe wird in das Weihebuch des Bistums eingetragen, und dem Neugeweihten wird eine Weiheurkunde ausgehändigt. Die Weihe wird auch ins Taufbuch eingetragen (cc. 535 § 2, 1054); das geschieht insbesondere auch wegen des Ehehindernisses der Weihe (c. 1087).

F. Interkonfessionelle Fragen

Während die nichtkatholischen Kirchen des Ostens auch aus katholischer Sicht die Gültigkeit des Weihesakraments bewahrt haben, stellt die in den Kirchen der Reformation gefeierte Ordination weder in deren eigener Sicht noch aus katholischer Sicht eine Feier des Weihesakraments dar.[239] Eine Differenz von Innen- und Außensicht besteht bei der Anglikanischen Kirche: Während sie selbst davon ausgeht, dass in ihr das Weihesakrament gültig gefeiert wird, hat Papst Leo XIII. nach einer gründlichen Untersuchung dieser Frage festgestellt, dass die anglikanischen Weihen aus katholischer Sicht nicht gültig sind.[240]

§ 48 Die Ehe (cc. 1055–1165)

Literatur: Prader, Josef; Reinhardt, Heinrich J. F., Das kirchliche Eherecht in der seelsorgerischen Praxis, Essen ^{4}2001; Reinhardt, Heinrich J. F., Die Kirchliche Trauung, Essen, ^{3}2014; Sebott, Reinhold, Das neue kirchliche Eherecht, Frankfurt am Main ^{3}2005; Lüdicke, Klaus, Die Nichtigerklärung der Ehe: materielles Recht, Essen 2012.

A. Die Ehe als Teil der Schöpfungsordnung

Wie die anderen Sakramente hat auch das Sakrament der Ehe seinen Ursprung in Jesus Christus. Im Unterschied zu den anderen Sakramenten gibt es die Handlung, durch die das Sakrament der Ehe gefeiert wird, aber auch in einer nicht-sakramentalen Ausprägung. Wenn zwei Nicht-Christen (oder auch ein Christ und ein Nicht-Christ) heiraten, kommt zwar – da die Taufe die »Tür« zu den übrigen Sakramenten ist (c. 849) – kein Sakrament zustande, aber doch eine wirkliche Ehe. Das Wesen einer solchen nicht-sakramentalen Ehe, die in der Kanonistik auch »Naturehe« genannt wird, bleibt bei der sakramentalen Ehe, d. h. der Ehe unter Christen, erhalten. Anders gesagt: Im Unterschied zu den anderen Sakramenten, die es überhaupt nur

---

239 Zweites Vatikanisches Konzil, *Unitatis redintegratio* 15 und 22.

240 Leo XIII., Brief *Apostolicae curae*, vom 13. 9. 1896 (DenzH 3315–3319).

in der Heilsordnung gibt, hat das Sakrament der Ehe eine Grundlage in der Schöpfungsordnung. Was das Wesen der Ehe als Teil der Schöpfungsordnung ausmacht, ist nach katholischer Überzeugung mit der Vernunft erkennbar, zugleich aber auch Gegenstand der kirchlichen Lehre. Den Versuch einer Wesensbeschreibung der Ehe als Teil der Schöpfungsordnung macht der Codex in einem Relativsatz innerhalb des einleitenden Canons über die Ehe. Sie ist demnach ein Bund, »durch den Mann und Frau unter sich die Gemeinschaft des ganzen Lebens begründen, welche durch ihre natürliche Eigenart auf das Wohl der Ehegatten und auf die Zeugung und die Erziehung von Nachkommenschaft hingeordnet ist« (c. 1055 § 1).

Die Kennzeichnung der Ehe als »Bund« *(foedus)* bringt einerseits zum Ausdruck, dass die Eheschließung durch die Willenseinigung der Partner geschieht. Unter dieser rechtlichen Rücksicht kann die Ehe auch – wie aus c. 1055 § 2 hervorgeht – als »Vertrag« *(contractus)* beschrieben werden. Die Beschreibung der Ehe als »Bund« beschränkt sich aber nicht auf diese rechtliche Dimension, sondern deutet auch an, dass es bei der Ehe um ein Geschehen geht, das die gesamte Person der Ehepartner betrifft. Außerdem spielt die Kennzeichnung der Ehe als »Bund« auf die im Alten Testament geläufige Verwendung der Ehe als Bild für den Bund zwischen Gott und seinem Volk an und deutet auf diese Weise an, dass jeder Ehe – auch der »Natur-Ehe« – eine religiöse Dimension innewohnt.

Die Ehe begründet eine »Gemeinschaft des ganzen Lebens« *(consortium totius vitae)*. Es liegt also keine Ehe vor, wenn ein Paar nur bestimmte Aspekte des Lebens (z. B. nur auf dem Gebiet der Sexualität oder nur im Hinblick auf die Zeugung von Nachkommenschaft) miteinander teilen will. Der Ehewille kann nur die gesamte Person des Partners zum Gegenstand haben; eine Ehe ohne eine umfassende personale Beziehung kann es nicht geben.

Die zitierte Wesensbeschreibung führt zwei Ziele der Ehe an, ohne dass zwischen ihnen eine Rangfolge festgelegt würde. Die Ehe ist »aufgrund ihrer natürlichen Eigenart« *(indole sua naturali)* auf diese Ziele hingeordnet, also nicht nur aufgrund einer individuellen Entscheidung der Ehepartner. Zum einen ist die Ehe auf das Wohl der Ehepartner *(bonum coniugum)* hingeordnet; wem es beim Heiraten nur um das eigene Wohl und nicht auch um das Wohl des anderen geht, der schließt also keine gültige Ehe. Zum anderen ist die Ehe auf die Zeugung und Erziehung von Nachkommenschaft hingeordnet. Es kann daher keine Ehe geben, die Sexualität vollständig ausschließt. Das bedeutet nicht, dass eine Ehe nur zwischen Partnern möglich ist, die in der Lage sind, Kinder zu bekommen. Wer aus gesundheitlichen Gründen oder wegen seines Alters keine Kinder bekommen kann, kann trotzdem gültig heiraten. Die Kirche hat auch seit jeher angenommen, dass die Partner freiwillig darauf verzichten können, miteinander geschlechtlich zu verkehren (»Josefsehe«). Wenn aber jemand auf keinen Fall Kinder haben will, selbst dann, wenn der andere Kinder möchte, kommt keine gültige Ehe zustande.

Nach der zitierten Wesensbeschreibung wird die Ehe zwischen einem Mann und einer Frau geschlossen. Im Hintergrund dieser Aussage steht die Überzeugung, dass die Ehe von ihrem Wesen her – unter anderem – auf die Zeugung von Nachkommenschaft hingeordnet ist. Da eine gleichgeschlechtliche Verbindung diese Hinordnung nicht nur im Einzelfall (z. B. wegen Sterilität), sondern grundsätzlich nicht verwirklichen kann, können nach katholischer Lehre gleichgeschlechtliche Partner untereinander keine Ehe eingehen.

Neben den in der zitierten Beschreibung der Ehe genannten »Wesenselementen« *(elementa essentialia)* nennt der Codex zwei Wesenseigenschaften *(proprietates essentiales)* der Ehe, die mit deren Wesen notwendigerweise mit gegeben sind (c. 1056). Mit der Wesenseigenschaft der »Einheit« der Ehe ist gemeint, dass die Ehe nur zwischen einem Mann und einer Frau geschlossen werden kann; Polygamie ist also nach kirchlicher Lehre nicht möglich. Mit der Wesenseigenschaft der »Unauflöslichkeit« ist gemeint, dass jede Ehe – auch die Naturehe – in dem Sinne unauflöslich ist, dass die Ehepartner sie – unbeschadet der Möglichkeit, das *privilegium paulinum* anzuwenden (siehe Abschnitt N) – nicht durch einseitigen oder übereinstimmenden Willensakt auflösen können. Es geht dabei nicht allein um ein moralisches Gebot, wonach man Ehen nicht scheiden soll. Es geht vielmehr um eine rechtliche Unmöglichkeit, Ehen zu scheiden. Es geht also um die Lehre, dass eine Ehe, auch wenn die Partner sich faktisch voneinander trennen und auch wenn sie sich nach Zivilrecht scheiden lassen, bestehen bleibt und neue Eheschließungen der so Getrennten verunmöglicht.

Wenn Einheit und Unauflöslichkeit zum Wesen der Ehe gehören, stellt sich die Frage, wie die Berichte über Polygamie und Scheidungsmöglichkeit im Alten Testament zu bewerten sind. Dazu heißt es im Katechismus der Katholischen Kirche[241]:

> Das sittliche Bewusstsein für die Einheit und Unauflöslichkeit der Ehe hat sich in der Schule des alttestamentlichen Gesetzes entwickelt. Zwar wird die Polygamie der Patriarchen und Könige noch nicht ausdrücklich zurückgewiesen. Doch das dem Mose gegebene Gesetz zielt darauf ab, die Frau vor der Willkürherrschaft des Mannes zu schützen. Und doch weist das Gesetz, wie Jesus sagte, noch die Spuren der ›Herzenshärte‹ des Mannes auf, deretwegen Mose die Verstoßung der Frau zugelassen hat. – Die Propheten sahen den Bund Gottes mit Israel unter dem Bild einer ausschließlichen, treuen ehelichen Liebe und führten so das Bewusstsein des auserwählten Volkes zu einem tieferen Verständnis der Einheit und Unauflöslichkeit der Ehe.

Die Ehe kommt durch den Ehewillen (»Konsens«) der Partner zustande (c. 1057 § 1). Diese Auffassung, die man als »Konsenstheorie« bezeichnet, hat die Kirche vom alten römischen Recht übernommen. Neben dem inneren Ehewillen ist für das Zustandekommen der Ehe erforderlich, dass die Partner zur Eheschließung fähig sind (vgl. unten Abschnitte F und G) und dass sie ihren Ehewillen – mit Worten oder sonstwie – in einer vom Recht anerkannten Weise kundtun (vgl. unten Abschnitt J). Der Inhalt des Ehewillens wird in einer nicht rechtlich geprägten Sprache als das gegenseitige Sich-Schenken und Sich-Annehmen in einem unwiderruflichen Bund beschrieben (c. 1057 § 2).

B. Die Ehe als Sakrament

Das Verhältnis zwischen der Ehe als Teil der Schöpfungsordnung und der Ehe als Sakrament beschreibt der einleitende Canon des Eherechts mit der – vom hl. Robert

---

241 KKK, Nr. 1610–1611.

Bellarmin geprägten – Formulierung, Christus habe die Ehe zwischen Getauften »zur Würde eines Sakraments erhoben«. In der Ehe kommt – was der Codex nicht zur Sprache bringt – die liebende Beziehung zwischen Jesus Christus und seiner Kirche zum Ausdruck (vgl. Eph 5,32). Eine Ehe ist genau dann sakramental, wenn beide Partner getauft sind (c. 1055 § 2). Eine Ehe zwischen einem getauften und einem ungetauften Partner ist also nicht sakramental. Je nachdem, in welcher zeitlichen Reihenfolge Taufe und Eheschließung zueinander stehen, gibt es zwei Möglichkeiten, wie das Ehesakrament zustande kommen kann:

- Wenn zum Zeitpunkt der Eheschließung beide Partner bereits getauft sind, kommt das Sakrament der Ehe im Augenblick der Eheschließung zustande. Getaufte haben also keine Wahl, entweder eine sakramentale oder eine nicht-sakramentale Ehe einzugehen. Entweder heiraten sie sakramental, oder es kommt keine Ehe zustande. Damit Getaufte sakramental heiraten, ist es nicht nötig, bewusst eine sakramentale Ehe einzugehen; ein solches Bewusstsein würde eine ausgebildete Sakramentenlehre voraussetzen, die es aber bis ins Hochmittelalter hinein nicht gab. Vielmehr genügt es, dass die beiden wirklich eine Ehe eingehen wollen; dann kommt eben eine sakramentale Ehe zustande. Das voranstehend Gesagte gilt unabhängig davon, ob die Partner in der katholischen Kirche getauft sind oder nicht. Zwar sieht die evangelische Theologie die Ehe nicht als Sakrament an. Das schließt aber aus katholischer Sicht nicht aus, dass auch Ehen zwischen evangelischen Christen sakramental sind, auch wenn diese selbst das nicht wissen oder nicht glauben.
- Wenn zum Zeitpunkt der Eheschließung mindestens einer der Partner noch nicht getauft ist, kommt das Sakrament in dem Augenblick zustande, in dem der zweite Partner getauft wird. Das heißt, im Augenblick der Taufe dessen, der als zweiter getauft wird, wird aus der Naturehe eine sakramentale Ehe. Derjenige, der als zweiter getauft wird, empfängt dann also zwei Sakramente gleichzeitig: zum einen die Taufe, zum anderen das Ehesakrament. Der als erster Getaufte empfängt das Ehesakrament, auch wenn er von der Taufe des Zweiten womöglich nichts weiß.

Die Sakramentalität der Ehe hat zwei verschiedene Aspekte: Einerseits wird im Moment des Konsensaustausches das Sakrament gefeiert *(matrimonium in fieri)*. Andererseits kann auch die durch die Zeit hindurch bestehende Ehe als Sakrament bezeichnet werden *(matrimonium in facto esse)*. In der christlichen Ehe erlangen die beiden Wesenseigenschaften der Ehe (Einheit und Unauflöslichkeit) im Hinblick auf das Sakrament eine besondere Festigkeit (c. 1056). Im Hinblick auf die Unauflöslichkeit der Ehe wird diese Aussage in c. 1141 näher entfaltet: Die gültige und vollzogene Ehe von Christen kann nur durch den Tod aufgelöst werden. Dass c. 1141 nur über die Ehe von Christen spricht, geht aus dem darin verwendeten Ausdruck *matrimonium ratum* hervor, der eine Ehe zwischen Getauften bezeichnet (c. 1061 § 1). Die katholische Lehre dieser »absoluten Unauflöslichkeit« der vollzogenen Ehe zwischen Getauften beruft sich auf die deutliche Ablehnung der Ehescheidung durch Jesus Christus (vgl. Mk 10,2–12) und auf die Unauflöslichkeit des Bundes zwischen Christus und seiner Kirche, der in der sakramentalen Ehe zum Ausdruck kommt. Für alle anderen

Ehen, d. h. für nicht-sakramentale oder nicht vollzogene Ehen, beansprucht die Kirche die Vollmacht der Auflösung (siehe unten Abschnitt N).

C. Die Quellen des kirchlichen Eherechts

Das kirchliche Eherecht ist größtenteils im CIC enthalten. Dabei ist zu beachten, dass durch das MP *Omnium in mentem* vom 26. 10. 2009 die »Defektionsklauseln« in cc. 1086 § 1, 1117 und 1124 gestrichen wurden (vgl. oben § 6 F). Für deren Auslegung ist (bis zum 8. 4. 2010) der Brief des Päpstlichen Rates für Gesetzestexte über den Abfall von der katholischen Kirche durch formalen Akt vom 13. 3. 2006 zu beachten (siehe unten Abschnitt D). Einige ergänzende eherechtliche Bestimmungen sind der im Jahre 2005 erlassenen Instruktion *Dignitas connubii* zu entnehmen; sie behandelt zwar primär nicht das Eherecht, sondern das Eheprozessrecht; dabei geht sie aber auch auf die Grundsatzfrage ein, welche Rechtsordnung in Abhängigkeit von der religiösen Zugehörigkeit der Partner auf eine Ehe Anwendung findet (Art. 2–4 DC).

Für die nähere Normierung von Ehevorbereitung, Verlöbnis, Eheschließung und Registrierung von Eheschließungen besitzt die Bischofskonferenz Gesetzgebungskompetenz.[242] Zu den von der Deutschen Bischofskonferenz dazu erlassenen Partikularnormen gehört unter anderem ein verbindlich vorgeschriebenes Formular für die Ehevorbereitung, das als »Ehevorbereitungsprotokoll« bezeichnet wird.[243] Es ist mit einer »Anmerkungstafel« verbunden[244], die auch eigene Rechtsnormen begründet, insbesondere die Forderung nach einem *Nihil obstat* des Ortsordinarius für bestimmte Eheschließungen.[245] Darüber hinaus haben die deutschen Bischöfe für einige Fragen, in denen die Bischofskonferenz keine Gesetzgebungskompetenz besitzt, eine Reihe von »Einheitlichen Bestimmungen zur Ehevorbereitung, Eheschließung und Registrierung von Eheschließungen« erlassen.[246] Die Österreichische Bischofskonferenz hat für Eheschließungen zwischen Katholiken und Nichtkatholiken je nach deren religiöser Zugehörigkeit unterschiedliche Partikularnormen erlassen.[247] Die einheitlichen Bestimmungen der österreichischen Bischöfe befassen sich vor allem mit Eheseminaren und mit der Verlobungspastoral.[248] Die Schweizer Bi-

---

242 Cc. 1062 § 1, 1067, 1121 § 1, 1126, 1127 § 2.

243 DBK, Ehevorbereitungsprotokoll, i. d. F. vom 24. 9. 2002: ABl Köln (2005) 277–280.

244 Anmerkungstafel, i. d. F. vom 25. 9. 2008: ABl Limburg 2008, 124–128.

245 Anmerkungstafel, Nr. 22.

246 Die deutschen Bischöfe, Einheitliche Bestimmungen zur Ehevorbereitung, Eheschließung und Registrierung von Eheschließungen, vom 22.–25. 9. 1986: Reinhardt, Heinrich J. F., Die kirchliche Trauung, 3. Aufl. 2014, 29-35.

247 Ausführungsbestimmungen für konfessionsverschiedene Ehen, vom 8.–10. 11. 1983: ABl ÖBK Nr. 1 (1984) 2–5; Dekret über die rechtliche Ordnung konfessionsverschiedener Eheschließungen zwischen Katholiken und orientalischen Nichtkatholiken, vom 9.–12. 4. 1984: ABl ÖBK Nr. 2 (1984) 13–16; Dekret über die rechtliche Ordnung religionsverschiedener Eheschließungen, vom 9.–12. 4. 1984: ABl ÖBK Nr. 2 (1984) 16–18.

248 Standards der Eheseminare für Brautpaare, vom 9. 11. 2007: ABl ÖBK Nr. 45 (2008) 11–17; Verlobungspastoral, vom 7.–10. 11. 2011: ABl ÖBK Nr. 57 (2012) 6–11.

schofskonferenz hat zu Fragen des Eherechts nur einige wenige kurze Normen erlassen.[249]

D. Die rechtliche Zuständigkeit für die Ehe

Sobald man anerkennt, dass die Ehe auch eine rechtliche Dimension hat, stellt sich die Frage, bei wem die Zuständigkeit liegt, Rechtsnormen darüber zu erlassen. Diese Frage stellt sich der katholischen Kirche nicht nur im Hinblick auf Ehen, die von Katholiken geschlossen werden, sondern auch im Hinblick auf andere Ehen, vor allem in zwei Situationen:

- Wenn eine Ehe von Nichtkatholiken geschieden wird und einer von ihnen anschließend einen Katholiken heiraten möchte, steht die Kirche vor der Aufgabe, die Gültigkeit der nichtkatholischen Ehe zu überprüfen. Bei einer solchen Überprüfung stellt sich zunächst die Vorfrage, welches Recht überhaupt für die Beurteilung der Gültigkeit der nichtkatholischen Ehe zugrundezulegen ist.
- Wenn ein verheirateter Nichtkatholik in die katholische Kirche eintreten will, legt sich eine Überprüfung nahe, ob seine ehelichen Lebensverhältnisse aus Sicht der katholischen Kirche in rechtlich geordnetem Zustand sind oder nicht. Das Ergebnis einer solchen Prüfung hängt aber davon ab, welches Recht auf eine ggf. bereits bestehende Ehe anzuwenden ist.

Im Hinblick auf Ehen von Katholiken beantwortet der CIC die Frage nach der rechtlichen Zuständigkeit in c. 1059. Im Hinblick auf andere Ehen gehen Art. 2 und 4 der Instruktion *Dignitas connubii* diese Frage an; ergänzend lässt sich dabei auf cc. 780 und 781 CCEO zurückgreifen.

Zu den auf die Ehen von Katholiken anzuwendenden Rechtsordnungen gehört gemäß c. 1059 zunächst das göttliche Recht, dann das kanonische Recht und schließlich, was die »rein bürgerlichen Wirkungen der Ehe« angeht, das staatliche Recht. Was der Codex hier über das göttliche und das staatliche Recht aussagt, gilt nicht nur für Ehen von Katholiken, sondern für alle Ehen. Die Geltung der Normen des göttlichen Rechts ist nicht auf Katholiken beschränkt. Von diesen Normen kann nicht befreit werden, auch nicht durch die Kirche. Menschliche Normen, die dem göttlichen Recht zuwiderlaufen, haben keine Verpflichtungskraft. Daraus folgt, dass staatliche Normen, Normen anderer christlicher Kirchen oder Gemeinschaften und Normen anderer Religionen, soweit sie z. B. eine Ehe unter gleichgeschlechtlichen Partnern, Polygamie oder eine staatliche Ehescheidung zulassen, von der katholischen Kirche unter keinen Umständen anerkannt werden. Ebenso können Normen, die die Freiheit zur Eheschließung in ungerechter Weise einschränken, nicht anerkannt werden. Das galt etwa für das im Römischen Reich bestehende Verbot der Ehe von Sklaven oder für das von den Nationalsozialisten erlassene Verbot von Ehen zwischen Juden und

---

249 Zu cc. 1072, 1083 § 3 und 1108 § 2: AfkKR 154 (1985) 543; zu cc. 1126 und 1127 § 2: AfkKR 159 (1990) 198.

Nichtjuden. Die Zuständigkeit des Staates für die rein bürgerlichen Wirkungen der Ehe betrifft etwa das Namensrecht und finanzielle Fragen.

Unbeschadet der uneingeschränkten Geltung des göttlichen Rechts und der Geltung des staatlichen Rechts, was die rein bürgerlichen Wirkungen der Ehe angeht, liegt die rechtliche Zuständigkeit für die Ehe von Katholiken bei der katholischen Kirche. Dass sich die Kirche im Hinblick auf die Ehe nicht einfach vollständig den staatlichen Normen unterwirft, sondern sich berechtigt fühlt, selbständige Entscheidungen zu treffen, hat sich in ihrer Geschichte von Anfang an gezeigt. Bereits die Stellungnahme des Paulus zu einer eherechtlichen Frage aus Korinth (1 Kor 7; vgl. § 4 D) deutet darauf hin. Die Geltung des katholischen Eherechts bezieht sich sowohl auf Ehefähigkeit und Ehewillen als auch auf die Form der Eheschließung. Was die Form angeht, ist von Katholiken in der Regel die »kanonische Eheschließungsform« einzuhalten (siehe unten Abschnitt J). Das wichtigste Argument für die rechtliche Zuständigkeit der Kirche ist die Sakramentalität der Ehe. Ebenso, wie die Kirche für die rechtliche Ordnung der Taufe, Firmung usw. zuständig ist, beansprucht sie auch Zuständigkeit für die sakramentalen Ehen. Da die Kirche seit dem Zweiten Vatikanischen Konzil andererseits die Berechtigung der religiös-weltanschaulichen Neutralität des Staates anerkennt, kann sie nicht vom Staat verlangen, dass dieser die rechtliche Zuständigkeit der Kirche für die Ehen von Katholiken anerkennt. Sie muss vielmehr akzeptieren, dass der Staat ein eigenes Eherecht erlässt, das auch Geltung für die Katholiken beansprucht. Soweit die staatlichen Normen nicht im Widerspruch zum göttlichen Recht stehen, ergibt sich daraus die Verpflichtung der Katholiken, auch das staatliche Recht einzuhalten. Staatliche Normen, die zum göttlichen Recht im Widerspruch stehen, haben aus katholischer Sicht keine Wirksamkeit. Die Kirche wird versuchen, mit Argumenten, die der menschlichen Vernunft zugänglich sind, auf die staatlichen Entscheidungsträger einzuwirken, damit solche Normen geändert werden.

Auf die Ehen Ungetaufter ist gemäß Art. 4 § 2, 2° DC dasjenige Recht anzuwenden, an das die Brautleute zum Zeitpunkt der Eheschließung gebunden waren. Dass nicht ein Recht angewendet werden kann, an das die Betreffenden zum Zeitpunkt der Eheschließung nicht gebunden waren, liegt allerdings ohnehin auf der Hand. Die genannte Rechtsnorm beantwortet noch nicht die Frage, welche der verschiedenen zum Zeitpunkt der Eheschließung geltenden Rechtsordnungen Anwendung findet. Bei Ungetauften, die keiner Religion angehören, kommt überhaupt nur eine Möglichkeit in Frage, nämlich das für sie geltende weltliche Recht. Dabei sind auch etwaige Rechtskollisionen, z. B. wegen mehrfacher Staatsangehörigkeiten, Heiraten im Ausland usw. nach den Grundsätzen des weltlichen Rechts zu behandeln. Bei Angehörigen einer nichtchristlichen Religion stellt sich dagegen die Frage, ob die katholische Kirche bei der Beurteilung der Gültigkeit das staatliche oder das jeweilige religiöse Recht (z. B. das islamische Recht) anzuwenden hat. Über die Antwort auf diese Frage besteht in der katholischen Kirche weitgehende Einigkeit: Die Ungetauften sind an das staatliche Recht gebunden. Aus katholischer Sicht besteht kein Grund zu der Annahme, dass das in einer nichtchristlichen Religion geltende Recht – also das Recht einer Religion, die dem katholischen Glauben widerspricht – wirkliche Geltung hat. In der Praxis macht dabei die katholische Kirche auch bei Juden keine Ausnahme:

Auch auf sie wird das jeweils geltende staatliche Recht angewendet, nicht das jüdische Eherecht. Es gibt – vor allem im arabischen Bereich – einige Staaten, deren Recht vorsieht, dass für die Ehe das Recht der jeweiligen Religionsgemeinschaft gilt (»Personalstatuten«). Da aus katholischer Sicht für Nichtchristen das staatliche Recht gilt, ergibt sich daraus in solchen Ländern auch die Anerkennung der Geltung des jeweiligen religiösen Rechts seitens der katholischen Kirche, aber nur indirekt, das heißt, vermittelt über die Anerkennung seitens des staatlichen Rechts.

Da die Ehen von Angehörigen der nichtkatholischen Kirchen des Ostens sakramental sind, liegt die rechtliche Zuständigkeit dafür nicht beim Staat, sondern bei der Kirche. Das wird im Großen und Ganzen auch von den betreffenden Kirchen selbst so gesehen. Die katholische Kirche anerkennt, dass für diese Ehen das von den jeweiligen Bischöfen bzw. Synoden der Ostkirchen erlassene Recht gilt (Art. 4 § 1 DC; vgl. oben § 13 C). Die von den orthodoxen Kirchen geduldete Wiederheirat Geschiedener wird allerdings von der katholischen Kirche mit Berufung auf das *ius divinum* nicht anerkannt. Was die Eheschließungsform angeht, verlangen die nichtkatholischen Kirchen des Ostens zur Gültigkeit die Beteiligung eines Priesters, der dabei zur Gültigkeit den Brautleuten den Segen spenden muss. Das kanonische Recht verwendet dafür den Ausdruck »heiliger Ritus« (*ritus sacer,* c. 828 § 2 CCEO). Diese Eheschließungsform ist also auch aus katholischer Sicht für die betreffenden Ehen gültigkeitsrelevant (Art. 4 § 1, 2° DC). Bloße Zivilehen orthodoxer Christen sind folglich auch aus katholischer Sicht nicht gültig.

Auch die Ehen zwischen Angehörigen nichtkatholischer Kirchen und kirchlicher Gemeinschaften des Westens sind aus katholischer Sicht sakramental. Das gilt unabhängig davon, ob die betreffenden Kirchen und Gemeinschaften ebenfalls die Sakramentalität der Ehe annehmen (wie z. B. die Anglikaner) oder nicht (wie z. B. die Lutheraner). Aus der Sakramentalität dieser Ehen folgt nach katholischer Lehre, dass die rechtliche Zuständigkeit dafür nicht beim Staat liegt, sondern bei der zuständigen kirchlichen Autorität. Ein Problem besteht dann aber, wenn keine kirchliche Autorität für diese Ehen rechtliche Normen erlassen hat. Die betreffenden Kirchen und Gemeinschaften selbst haben weithin kein eigenes Eherecht erlassen, weil sie den Staat für zuständig halten. Andererseits will die katholische Kirche schon aus ökumenischer Rücksichtnahme nicht Rechtsnormen für die Ehen dieser Christen erlassen. Als Konsequenz sollte man annehmen, dass diese Ehen allein an das göttliche Recht gebunden sind, d. h., dass aus Sicht der katholischen Kirche keinerlei menschliches Eherecht auf sie Anwendung findet. Das geltende kanonische Recht scheint aber eine andere Antwort zu geben: Nach Art. 4 § 1 i. V. m. Art. 2 § 2, 2° DC ist dasjenige Recht anzuwenden, das die betreffende kirchliche Gemeinschaft verwendet *(ius quo utitur Communitas ecclesialis).* In etwas abweichender Formulierung verlangt c. 780, 2° CCEO die Anwendung desjenigen Rechts, an das die Nichtkatholiken gebunden sind *(ius quo tenentur).* Faktisch hat man bei diesen Formulierungen wohl an das staatliche Recht gedacht. Im Hintergrund dieser Bestimmungen steht die Sorge, dass es nicht genüge, wenn diese Ehen allein dem göttlichen Recht unterstehen. Der Geltungsgrund des staatlichen Rechts für diese Ehen bleibt allerdings unklar. In der Praxis hat die Frage, ob für die Ehen nichtkatholischer Christen des Westens nur das göttliche Recht oder auch das jeweilige staatliche Recht gilt, kaum Bedeutung. Denn es kommt nur selten vor, dass eine solche Ehe nach göttlichem Recht gültig, nach staatlichem aber ungültig ist.

Auf eine konfessionsverschiedene Ehe finden die Rechtsordnungen beider Partner Anwendung (Art. 2 § 2 DC). Anforderungen an den Ehewillen und die Ehefähigkeit jedes Partners für sich betrachtet richten sich nach dem Recht, dem der jeweilige Partner untersteht. Für die relativen Ehehindernisse (z. B. Schwägerschaft, Adoption usw.; zum Begriff siehe unten Abschnitt G) gelten die Bestimmungen beider Kirchen bzw. kirchlichen Gemeinschaften zugleich. Was die Eheschließungsform angeht, ist im Falle einer Ehe zwischen einem Katholiken und dem Angehörigen einer nichtkatholischen Ostkirche die für Katholiken vorgeschriebene kanonische Eheschließungsform nur zur Erlaubtheit einzuhalten; zur Gültigkeit ist die Mitwirkung eines geistlichen Amtsträgers erforderlich (c. 1127 § 1 CIC). Angesichts des Rechts der nichtkatholischen Ostkirchen ist dabei an den Segen eines Priesters zu denken.[250] Aufgrund der Bindung an die kanonische Eheschließungsform muss das – zur Erlaubtheit, nicht aber zur Gültigkeit – der zuständige katholische Priester sein, sofern nicht eine Dispens von der kanonischen Eheschließungsform eingeholt wird. Bei Ehen zwischen einem katholischen Partner und einem Angehörigen einer Kirche oder kirchlichen Gemeinschaft des Westens ist zur Gültigkeit die kanonische Eheschließungsform einzuhalten (cc. 1117, 1127 § 1). Von ihr kann allerdings gemäß c. 1127 § 2 relativ einfach dispensiert werden. Bei Ehen zwischen einem Mitglied einer nichtkatholischen Kirche des Ostens und einem Mitglied einer nichtkatholischen Kirche oder kirchlichen Gemeinschaft des Westens ist – da die Ostkirchen es so verlangen – zur Gültigkeit der *ritus sacer* erforderlich (Art. 4 § 1, 2° DC).

Bei Ehen zwischen einem katholischen und einem ungetauften Partner kann das Argument, dass die Zuständigkeit für Sakramente bei der Kirche liegt, nicht zum Zug kommen, da solche Ehen nicht sakramental sind. Trotzdem hat die Kirche auch für diese Ehen – einfach aufgrund der Zugehörigkeit des einen Partners zur katholischen Kirche und der religiösen Dimension auch der nichtsakramentalen Ehe – seit jeher eine rechtliche Zuständigkeit beansprucht. Dass dieser Anspruch schon in frühen Zeiten erhoben wurde, zeigt sich daran, dass die Kirche für solche Eheschließungen das Hindernis der Religionsverschiedenheit aufgestellt hat, d. h., dass sie solche Ehen als ungültig erklärt, wenn nicht von der zuständigen kirchlichen Autorität eine Dispens erteilt wurde. Für den katholischen Partner gilt bei solchen Eheschließungen in jeder Hinsicht das katholische Eherecht, wie auch aus c. 1059 CIC klar hervorgeht. Faktisch wendet man herkömmlich – obwohl das im Vergleich mit der oben erläuterten Behandlung konfessionsverschiedener Ehen nicht konsequent ist – auch auf den Ungetauften das Recht der katholischen Kirche an. Für Ehen zwischen einem Mitglied einer nichtkatholischen Ostkirche und einem Ungetauften beanspruchen die Ostkirchen rechtliche Zuständigkeit; das ist von der katholischen Kirche anzuerkennen. Für Ehen zwischen nichtkatholischen Christen des Westens und Ungetauften beansprucht keine Kirche eine rechtliche Zuständigkeit. Sie unterstehen daher dem staatlichen Recht.

---

250 Vgl. Die Feier der Trauung, 1993, Pastorale Einführung der Bischöfe des deutschen Sprachgebiets, Nr. 31.

Bei einem Wechsel der religiösen Zugehörigkeit ist als Grundregel davon auszugehen, dass sich dadurch auch die rechtliche Zuständigkeit ändert. Davon gibt es aber einige Ausnahmen. Denn wer getauft ist, wird zeitlebens als Christ angesehen. Auch wenn er ganz vom christlichen Glauben abfällt (und dadurch zum »Apostaten« wird; c. 751), bleibt doch seine Taufe bestehen *(semel baptizatus semper baptizatus)*. Ähnlich bleibt, wer einmal (durch Taufe oder Konversion) in die katholische Kirche aufgenommen wurde, ihr zeitlebens zugehörig und ist daher zeitlebens an das Recht der katholischen Kirche gebunden *(semel catholicus semper catholicus)*.

In dem Zeitraum vom 27. 11. 1983 bis zum 8. 4. 2010 waren Angehörige der Lateinische Kirche, die durch formalen Akt von der katholischen Kirche abgefallen waren, von drei eherechtlichen Vorschriften befreit; die Befreiung ergab sich aus den sogenannten »Defektionsklauseln«, die den drei betreffenden Bestimmungen hinzugefügt waren. In diesen Bestimmungen ging es um die kanonische Eheschließungsform (c. 1117), das Hindernis der Religionsverschiedenheit (c. 1086 § 1) und um das Erfordernis einer Erlaubnis für das Eingehen einer konfessionsverschiedenen Ehe (c. 1124). Nach einem Schreiben des Päpstlichen Rates für Gesetzestexte vom 13. 3. 2006[251] war ein solcher Abfall von der katholischen Kirche gegeben, wenn drei Bedingungen erfüllt waren: a) die innere Entscheidung, die katholische Kirche zu verlassen; b) die Ausführung und äußere Bekundung dieser Entscheidung; c) die Annahme dieser Entscheidung von Seiten der kirchlichen Autorität. Da der in den deutschsprachigen Ländern ermöglichte »Kirchenaustritt« auf den ersten Blick das unter c) genannte Kriterium nicht erfüllt, hat die Österreichische Bischofskonferenz erklärt, dass ein Kirchenaustritt nicht zur Anwendbarkeit der Defektionsklauseln führte, so dass auch die Zivilehen derer, die im genannten Zeitraum aus der Kirche ausgetreten sind, als ungültig anzusehen seien.[252] Demgegenüber hat sich der Ständige Rat der Deutschen Bischofskonferenz darauf berufen, dass die staatliche Stelle, vor der der Kirchenaustritt stattfindet, die zuständige kirchliche Autorität über den Austritt informiert, und sieht deswegen das unter c) genannte Kriterium als erfüllt an.[253] Es ist allerdings umstritten, ob diese Einschätzung der deutschen Bischöfe zutreffend ist; aus dieser Unklarheit ergeben sich Schwierigkeiten bei der Beurteilung der Gültigkeit von Ehen, die während der Geltungszeit der Defektionsklauseln von ausgetretenen Katholiken untereinander oder mit nichtkatholischen Partnern geschlossen worden waren. Da die in der ursprünglichen Fassung des CIC enthaltenen Defektionsklauseln Probleme mit sich brachten, hat Papst Benedikt XVI. sie durch das MP *Omnium in mentem* aus dem CIC gestrichen; es ist am 9. 4. 2010 in Kraft getreten.

Auch die orthodoxen Kirchen gehen davon aus, dass man ihnen zeitlebens zugehörig bleibt. Da das Recht der orthodoxen Kirchen von der katholischen Kirche anerkannt ist, muss die katholische Kirche diese Sichtweise übernehmen. Das gilt selbst-

251 In: Comm 38 (2006) 170–184.

252 Feststellung der ÖBK vom 21.–23. 6. 2010: ABl ÖBK Nr. 52 (2010) 10.

253 Ständiger Rat der DBK, Erklärung zum Austritt aus der katholischen Kirche, vom 24. 4. 2006: ABl Köln 2006, 109 f.

verständlich nicht, falls ein Orthodoxer katholisch wird. In diesem Fall genießt aus katholischer Sicht das Recht der katholischen Kirche Vorrang, so dass für den Betreffenden von der Konversion an nur noch dieses Recht gilt.

E. Zur Gültigkeit einer Eheschließung erforderliche Elemente

Die Voraussetzungen für eine gültige Eheschließung können in drei Kategorien eingeordnet werden (vgl. c. 1057 § 1), die der Ehefähigkeit (siehe Abschnitte F und G), des Ehewillens (siehe Abschnitte H und I) und der Eheschließungsform (siehe Abschnitt J). Auch der CIC folgt im Wesentlichen dieser Dreiteilung: Unter den eherechtlichen Normen behandeln Kapitel II und III die »Ehehindernisse« (cc. 1073–1094), Kapitel IV den Ehekonsens (cc. 1095–1107) und Kapitel V die Eheschließungsform (cc. 1108–1123). Allerdings bezieht sich unter den Vorschriften, die der CIC im Kapitel über den Ehekonsens nennt, nur ein Teil direkt auf den Ehekonsens; andere Vorschriften dieses Kapitels betreffen hingegen die Ehefähigkeit (das gilt zumindest für c. 1095) und wieder andere die Eheschließungsform (das gilt für cc. 1104–1106).

Unter den Anforderungen an die Ehefähigkeit und den Ehewillen lässt sich näherhin unterscheiden zwischen Anforderungen, die sich aus dem Naturrecht ergeben und folglich alle Ehen betreffen, und Anforderungen, die sich aus dem rein kirchlichen Recht ergeben und folglich nur die Ehen von Katholiken betreffen. Der CIC lässt leider nicht erkennen, welche der eherechtlichen Normen für alle Ehen gelten und welche nur auf Ehen von Katholiken Anwendung finden. Um diese Frage zu beantworten, ist auf Aussagen des kirchlichen Lehramts, Entscheidungen der Kurienbehörden und Gerichte und im Übrigen auf die kanonistische Literatur zurückzugreifen. Bei einigen eherechtlichen Normen ist die Frage, ob sie naturrechtlichen Charakter haben, noch nicht verbindlich geklärt; das betrifft vor allem die Ungültigkeit einer Ehe wegen Täuschung im Sinne von c. 1098. Auch bei anderen Normen lässt sich die Frage stellen, ob ihre Formulierung durch den kirchlichen Gesetzgeber exakt dem entspricht, was aufgrund des *ius divinum* erforderlich ist. Es ist nicht auszuschließen, dass es bei der genauen Bestimmung dieser Anforderungen im Laufe der Zeit zu Veränderungen oder Präzisierungen kommen kann. Es ist sogar vorstellbar, dass die Kirche im Hinblick auf die eine oder andere der genannten Bestimmungen im Laufe der Zeit zu der Überzeugung kommt, dass es sich nicht um eine naturrechtliche Norm, sondern nur um eine Norm des rein kirchlichen Rechts handelt. Einwände werden in jüngerer Zeit vor allem gegen den naturrechtlichen Charakter des Hindernisses der Impotenz (c. 1084) vorgebracht.

F. Naturrechtliche Anforderungen an die Ehefähigkeit

Zu den naturrechtlichen Anforderungen an die Ehefähigkeit gehört ein Mindestmaß an psychischen Voraussetzungen (c. 1095), die nötige körperliche Befähigung (c. 1084), der Ledigenstand (c. 1085) sowie die Freiheit vom Hindernis der nahen Blutsverwandtschaft (c. 1091).

Der erste Canon des Kapitels über den Ehekonsens (c. 1095) nennt diejenigen, denen die psychischen Mindestvoraussetzungen zum Eingehen einer Ehe fehlen. Bereits die ersten Wörter dieses Canons (»*Sunt incapaces* ...«) lassen erkennen, dass es dabei primär um eine Frage der Ehefähigkeit geht. Dabei werden drei Arten von Mängeln der psychischen Befähigung unterschieden. Zum Eingehen einer Ehe unfähig sind gemäß c. 1095, 1° diejenigen, die keinen ausreichenden Vernunftgebrauch besitzen, d. h. Kinder und Geisteskranke (cc. 97, 99). Sie gelten als ihrer nicht mächtig (»*non sui compos*«) und können daher keine rechtlichen Pflichten übernehmen, also auch keine Ehe schließen. Eheunfähig aus psychischen Gründen sind nach c. 1095, 2° auch diejenigen, die an einem schweren Mangel des Urteilsvermögens leiden hinsichtlich der wesentlichen ehelichen Rechte und Pflichten, die gegenseitig zu übertragen und zu übernehmen sind (»Eheschließungsunfähigkeit«). Ein solcher schwerer Mangel des Urteilsvermögens kann in zwei verschiedenen Schattierungen auftreten: in einer mangelnden Fähigkeit, zu erkennen, was man bei der Eheschließung tut, oder in einem mangelnden freien Willen zur Eheschließung. Die Nichtigkeit der Ehe aufgrund mangelnder Erkenntnis folgt aus dem naturrechtlichen Grundsatz *nihil volitum nisi praecognitum* (man kann nicht etwas wollen, das man nicht zuvor erkannt hat). Für ein ausreichendes Urteilsvermögen genügt dabei nicht ein theoretisches Wissen, sondern man muss auch in der Lage sein, dieses Wissen auf die tatsächlichen Gegebenheiten anzuwenden. Die Gründe für einen solchen Mangel der Erkenntnisfähigkeit können unterschiedlich sein, etwa Störungen des emotionalen Erlebens, z. B. aufgrund einer schweren Depression, Psychopathien, aufgrund deren man zu einer angemessenen Beurteilung des eigenen Verhaltens nicht in der Lage ist, affektive Unreife, d. h. Störungen in der Entwicklung der Instinkte, Affekte und Emotionen mit der Folge, dass der Betreffende nicht über die in seinem Lebensumfeld erforderlichen altersgemäßen Fähigkeiten verfügt, eine Abhängigkeit von unbewussten Motiven, denen keine ausreichende kritische Reflexion gegenübersteht, oder Störungen des Urteilsvermögens aufgrund von Suchterkrankungen. Auch das Problem einer fehlenden inneren Freiheit zur Eheschließung betrifft die Frage der Ehefähigkeit. Es geht dabei nicht einfach um jemand, der sich nicht in ausreichender Weise für die Ehe entscheidet (also um das Fehlen des Ehewillens als solches; dann würde ein Willensmangel vorliegen), sondern es geht um jemand, der aufgrund fehlender innerer Freiheit nicht imstande ist, eine verantwortete Entscheidung für die Ehe zu treffen; es geht also um die Unfähigkeit, einen ausreichenden Ehewillen auszubilden. Mögliche Gründe fehlender innerer Freiheit sind etwa Neuropathien, z. B. eine Eheschließung im Zusammenhang mit einer Zwangsneurose oder eine pathologischen Ängstlichkeit, Zwangsideen, z. B. aufgrund von Skrupulosität, Ängste aufgrund von intrapsychischen Konflikten oder eine pathologische Motivation zur Eheschließung, die ein Abwägen des Für und Wider nicht mehr zulässt. Ein durch andere Menschen von außen herbeigeführter Mangel an Freiheit wird nicht der Bestimmung in c. 1095 zugeordnet, sondern in c. 1103 eigens behandelt. Eheunfähig aus psychischen Gründen sind nach c. 1095, 3° auch diejenigen, die aus Gründen psychischer Natur nicht imstande sind, die wesentlichen Verpflichtungen der Ehe zu übernehmen (»Eheführungsunfähigkeit«). Die Nichtigkeit der Ehe folgt in solchen Fällen aus dem naturrechtlichen Grundsatz *ad impossibile nemo se obligari potest* (man kann sich nicht zu etwas verpflichten, das man nicht zu leisten imstande ist). Zu den wesentlichen Verpflichtungen der Ehe – der Codex zählt sie nirgends in verbindlicher Weise auf – zählen die Pflicht zur Treue, die Pflicht zur untrennbaren Lebensgemeinschaft, die Pflicht, eine Gemeinschaft des gesamten Lebens (*consortium totius vitae*, c. 1055 § 1) herbeizuführen, einschließlich der Pflicht zu einer partnerschaftlichen Gemeinschaft, die Pflicht, auf den Wunsch des anderen hin die Ehe zu vollziehen sowie vermutlich auch die Pflicht, eventuell geborene Kinder leiblich, geistig-seelisch und religiös zu erziehen. Gründe für eine Eheführungsunfähigkeit sind etwa psychische Schäden aufgrund von Schock oder Drogenmissbrauch, eine pathologische Bindung an die eigenen Eltern, eine mangelnde psychische Reife oder psychosexuelle Störungen. Homosexuell veranlagte Menschen werden die Pflicht zur Treue gegenüber einem Partner des anderen Geschlechts in der Regel nicht erfüllen können. Praktische Bedeutung haben die in c. 1095, 2° und 3° genannten Nichtigkeitsgründe nicht so sehr bei der Zulassung zur Eheschließung, sondern vor allem bei der späteren Überprüfung der Gültigkeit einer bereits gescheiterten Ehe. Die in c. 1095, 2° und 3° genannten Nichtigkeitsgründe hängen faktisch oft zusammen, so dass eine Ehe aus beiden Gründen zugleich für nichtig erklärt werden kann. Die Nichtigerklärung einer Ehe aufgrund eines der in c. 1095 genannten Gründe erfordert in der Regel die Beteiligung eines entsprechend ausgebildeten Gutachters (Psychiaters, Psychologen o. ä.). Unter Umständen kann es ausreichen, ein solches Gutachten anhand der während des Nichtigkeitsverfahrens gesammelten Parteien- und Zeugenaussagen anzufertigen. In aller Regel ist es aber für die Wahrheitsfindung notwendig, dass der Gutachter persönlich eine Exploration des betreffenden Ehepartners durchführt. Wenn die Nichtigkeit einer Ehe aufgrund eines der in c. 1095 genannten Gründe bewiesen wurde und Grund zu der Annahme besteht, dass die zugrunde liegende Eheunfähigkeit noch andauert, wird es sich nahelegen, dem Betreffenden ein Verbot zu erteilen, wieder zu heiraten. Das Verbot als solches betrifft dann allerdings normalerweise nicht die Gültigkeit, sondern nur die Erlaubtheit einer neuen Eheschließung (cc. 1077, 1684–1685).

Das Ehehindernis der Impotenz liegt vor, wenn jemand dauerhaft nicht zum Beischlaf mit seinem Ehepartner in der Lage ist. Auf den naturrechtlichen Charakter dieses Hindernisses macht in c. 1084 die Klausel *ex ipsa eius natura* aufmerksam. Die Überzeugung, dass dieses Hindernis naturrechtlichen Charakter hat, geht davon aus, dass der Geschlechtsverkehr nicht etwas ist, das außerhalb des Wesens der Ehe liegt und für die Ehepartner gänzlich im Bereich des Optionalen liegt, sondern dass die Ehe von ihrem Wesen her den rechtlichen Rahmen darstellt, um in einer moralisch zulässigen Weise seine Sexualität zu leben. Impotenz ist nicht zu verwechseln mit Sterilität. Die Fähigkeit, Kinder zu zeugen, ist für das Eingehen der Ehe nicht erforderlich (c. 1084 § 3). Nach einer Entscheidung der Glaubenskongregation aus dem Jahre 1977 ist es für die Fähigkeit zum ehelichen Akt seitens des Mannes nicht einmal erforderlich, überhaupt Samenflüssigkeit auszustoßen[254]; wer jedoch überhaupt nicht zu einer Ejakulation einer Flüssigkeit in der Lage ist, gilt als impotent. Das Ehehindernis der Impotenz kann absolut sein (d. h. unabhängig von der Person des anderen

254 SC DocFid, Dekret vom 13. 5. 1977: AAS 69 (1977) 426.

Partners auftreten); es kann aber auch relativ sein (d. h. im Hinblick auf den anderen Partner vorliegen). Das Hindernis kann physiologisch oder psychologisch bedingt sein. Ein Ehehindernis stellt die Impotenz nur dar, wenn sie dauernd vorliegt. Fehlte die Fähigkeit zum Geschlechtsverkehr zum Zeitpunkt der Eheschließung nur vorübergehend (z. B. wegen einer vorübergehenden Krankheit), liegt kein Hindernis vor. Die Nichtigerklärung einer Ehe wegen Impotenz setzt in aller Regel ein ärztliches Gutachten voraus (c. 1680).

Wer bereits verheiratet ist, kann nicht gültig jemand anders heiraten (»Hindernis des bestehenden Ehebandes« oder *ligamen*, c. 1085). Das gilt unabhängig davon, ob die bereits bestehende Ehe sakramental ist oder nicht. Wer schon einmal geheiratet hat, aber annimmt oder zumindest mit der Möglichkeit rechnet, dass seine Ehe aus kirchlicher Sicht nicht gültig ist, darf nicht zu einer neuen Eheschließung zugelassen werden, solange die Nichtigkeit der früheren Ehe nicht in der vom kanonischen Recht verlangten Weise bewiesen ist.

Das Hindernis der Blutsverwandtschaft (c. 1091) gilt auf jeden Fall als naturrechtlich, wenn es in der »geraden Linie« besteht, d. h. zwischen Personen, die voneinander abstammen. Daher kann z. B. eine Frau nicht ihren Vater, Großvater, Sohn oder Enkel heiraten. Naturrechtlichen Charakter hat vermutlich auch das Hindernis der Blutsverwandtschaft im zweiten Grad der Seitenlinie, d. h. zwischen Geschwistern, zumindest wenn die Geschwister beide Eltern gemeinsam haben (Vollgeschwister). Dass die Kirche die Blutsverwandtschaft in diesen Geraden als naturrechtliches Hindernis ansieht, spiegelt sich in der Aussage von c. 1078 § 3 wider, wonach vom Hindernis der Blutsverwandtschaft, wenn es in einem dieser Grade vorliegt, niemals dispensiert wird.

G. Weitere Anforderungen des CIC an die Ehefähigkeit

Von den zwölf in cc. 1083–1094 genannten Ehehindernissen gelten die Hindernisse der Impotenz, des bestehenden Ehebandes und der nahen Blutsverwandtschaft als naturrechtlich; die übrigen Hindernisse (einschließlich dem Hindernis der entfernteren Blutsverwandtschaft) beruhen auf rein kirchlichem Recht. Letztere gelten daher nur für Katholiken.[255] Hindernisse können »absolut« sein (d. h. gegenüber jedem anderen Partner bestehen; z. B. fehlendes Mindestalter, Weihe) oder »relativ« (z. B. Blutsverwandtschaft, Schwägerschaft). Die relativen Hindernisse gelten für alle Ehen, bei denen wenigstens ein Partner katholisch ist. Die absoluten Hindernisse gelten in Ehen zwischen zwei Katholiken für beide Partner; in konfessionsverschiedenen Ehen gelten sie nur für den katholischen Partner.

Das Mindestalter für die Eheschließung beträgt für den Mann 16 Jahre, für die Frau 14 Jahre (c. 1083 § 1). Insofern es sich hier um eine zahlenmäßige Festlegung handelt, beruht das Hindernis auf rein kirchlichem Recht. Es hat aber einen naturrechtlichen Kern; denn wer sehr jung ist, verfügt nicht über die psychische Mindestbefähigung (vgl. c. 1095). Umgekehrt kann es vorkommen, dass jemand die genann-

---

255 Im Hinblick auf die Angehörigen der katholischen Ostkirchen vgl. den Hinweis am Ende dieses Abschnitts.

ten Altersgrenzen zwar überschritten hat und trotzdem, was die erforderliche psychische Reife betrifft, noch nicht die naturrechtliche Ehefähigkeit erreicht hat. Das ist in den westlichen Kulturen sicherlich häufig der Fall. Die Bischofskonferenz kann zur Erlaubtheit der Eheschließung ein höheres Mindestalter festlegen (c. 1083 § 2). Die Schweizer Bischofskonferenz hat dazu das vom staatlichen Recht verlangte Mindestalter übernommen[256]; die Deutsche und die Österreichische Bischofskonferenz haben keine Festlegungen getroffen, vermutlich in der Überzeugung, dass Brautpaare ohnehin das vom staatlichen Recht vorgeschriebene Alter abwarten. Im Übrigen fordert c. 1072 die Seelsorger dazu auf, dafür zu sorgen, dass Jugendliche von der Eheschließung abgehalten werden, solange sie nicht das Alter erreicht haben, in dem man in dem betreffenden Land üblicherweise die Ehe schließt.

Das »Hindernis der Religionsverschiedenheit« (c. 1086) beinhaltet die Ungültigkeit einer Ehe zwischen einem Katholiken und einem Ungetauften. Von diesem Hindernis wird allerdings häufig dispensiert, wenn das religionsverschiedene Paar fest zur Heirat entschlossen ist. Dass ein Antrag auf eine solche Dispens abgelehnt wird, dürfte praktisch kaum vorkommen. Im Grunde hat dieses Hindernis also die Folge, dass religionsverschiedene Ehen nur dann ungültig sind, wenn die Tatsache der Religionsverschiedenheit im Zuge der Ehevorbereitung übersehen wurde. Auch wenn es leicht ist, für solche Ehen eine Dispens zu erhalten, können sie doch zu großen faktischen Problemen führen. Das gilt insbesondere für Eheschließungen mit Muslimen, vor allem wenn geplant ist, in die Heimat des muslimischen Ehemannes umzuziehen. Den betreffenden Brautpaaren sollte man außer der religiösen Vorbereitung unbedingt dazu raten, sich über mögliche Probleme intensiv zu informieren und ihnen auch mit zivilrechtlichen Mitteln vorzubeugen.[257] Bis zum 8. 4. 2010 war das Hindernis der Religionsfreiheit durch eine Defektionsklausel eingeschränkt (vgl. oben Abschnitt D).

Das Ehehindernis der Weihe (c. 1087) entsteht durch den erstmaligen Empfang des Weihesakraments, d. h. normalerweise durch die Diakonenweihe. Unverheiratete Kandidaten für die Diakonenweihe müssen vorher das Zölibatsversprechen ablegen (c. 1037). Das Hindernis besteht auch bei verheirateten ständigen Diakonen; um nach dem Tod seiner Frau erneut heiraten zu können, benötigt ein ständiger Diakon daher eine Dispens von diesem Ehehindernis. Das Ehehindernis der Weihe ist auch strafrechtlich geschützt: Ein Kleriker, der (ohne Dispens) heiratet, zieht sich die Suspension zu; weitere Strafen bis hin zur Entlassung aus dem Klerikerstand können folgen (c. 1394 § 1). Außerdem verliert ein solcher Kleriker seine Kirchenämter (c. 194 § 1, 3°) und zieht sich eine Irregularität für den Empfang und die Ausübung des Weihesakraments zu (cc. 1041, 3°; 1044 § 1, 3°).

Das Gelübde der Keuschheit stellt ein Ehehindernis dar, wenn es durch die ewige Profess in einem Ordensinstitut abgelegt wird (c. 1088). Ordensleute, die trotzdem zu heiraten versuchen – und sei es nur zivil – werden von Rechts wegen aus ihrer Ordensgemeinschaft entlassen (c. 694 § 1, 2°). Auch das aus den Ordensgelübden hervorgehende Ehehindernis ist strafrechtlich geschützt: Wer trotz ewiger Gelübde zu heiraten

---

256 SBK, Partikularnormen (I), vom 3. 7. 1985: AfkKR 154 (1985) 543.

257 Vgl. Christen und Muslime in Deutschland (Arbeitshilfen 172), Bonn 2013, Nr. 370–401.

versucht, zieht sich das Interdikt zu (c. 1394 § 2); hinzu kommt ggf. eine Irregularität für den Empfang und die Ausübung des Weihesakraments (cc. 1041, 3°; 1044 § 1, 3°).

Eine entführte oder gefangengehaltene Frau kann nicht gültig heiraten (c. 1089). Dieses Hindernis hat historische Gründe und ist in der Praxis – zumindest in den meisten Kulturen – heute ohne Bedeutung.

Das Hindernis des Gattenmords (c. 1090) kommt in zwei verschiedenen Situationen zustande, nämlich wenn jemand im Hinblick auf die Eheschließung mit einer bestimmten Person deren oder seinen eigenen Ehepartner getötet hat (§ 1) und wenn zwei Menschen gemeinsam absichtlich den Tod eines ihrer Gatten verursacht haben (§ 2). Im letzteren Fall tritt das Hindernis auch dann ein, wenn der Mord nicht durch die künftige Eheschließung motiviert war.

Das Ehehindernis der Blutsverwandtschaft (c. 1091 § 1) besteht in der geraden Linie und bis zum vierten Grad der Seitenlinie. In der »geraden Linie« sind zwei Menschen blutsverwandt, wenn sie voneinander abstammen, z. B. Vater und Tochter oder Großmutter und Enkel. Blutsverwandtschaft in der »Seitenlinie« liegt vor, wenn zwei Menschen nicht voneinander abstammen, aber einen gemeinsamen Vorfahren haben; der Grad der Verwandtschaft bestimmt sich nach der Zahl der Zeugungen (vgl. c. 108). Zum Beispiel sind Bruder und Schwester – auch, wenn sie nur Halbgeschwister sind – blutsverwandt im 2. Grad der Seitenlinie. Tante und Neffe sind blutsverwandt im 3. Grad der Seitenlinie, Cousin und Cousine im 4. Grad der Seitenlinie. In der geraden Linie sowie im 2. Grad der Seitenlinie gilt das Hindernis, zumindest wenn es sich um Vollgeschwister handelt, als naturrechtlich (siehe oben Abschnitt F). Im 3. und 4. Grad der Seitenlinie gilt das Hindernis als im rein kirchlichen Recht begründet, so dass davon dispensiert werden kann.

Schwägerschaft entsteht aus einer gültigen Ehe und besteht zwischen dem Mann und den Blutsverwandten der Frau und ebenso zwischen der Frau und den Blutsverwandten des Mannes (c. 109 § 1). Sie wird so berechnet, dass der Mann mit den Blutsverwandten seiner Frau in derselben Linie und demselben Grad verschwägert ist, wie seine Frau mit ihnen blutsverwandt ist, und umgekehrt. Ein Ehehindernis stellt die Schwägerschaft nur in der geraden Linie dar (c. 1092). Daher kann z. B ein Mann, nachdem seine Frau gestorben ist, nicht deren Mutter oder deren Tochter heiraten.

Das »Hindernis der öffentlichen Ehrbarkeit« (c. 1093) wird auch als Hindernis der »Quasi-Schwägerschaft« bezeichnet, weil es dem Hindernis der Schwägerschaft ähnlich ist. Während die Schwägerschaft aus einer gültigen Ehe hervorgeht, geht das Hindernis der Quasi-Schwägerschaft aus einer ungültigen Ehe nach Aufnahme des gemeinsamen Lebens oder aus einem Konkubinat hervor. Ein Konkubinat liegt vor, wenn ein Mann und eine Frau mit mindestens einem gewissen Maß an Dauerhaftigkeit wie Eheleute zusammenleben, ohne zuvor eine (gültige oder ungültige, kirchliche oder zivile) Eheschließung vorgenommen zu haben. Das Hindernis besteht im ersten Grad der geraden Linie. Der Ursprung dieses Hindernisses liegt in der Ablehnung einer solchen Ehe aus Gründen des öffentlichen Anstands. Wenn z. B. ein Mann mit einer Frau öffentlich im Konkubinat zusammengelebt hat, kann er nicht später deren Mutter oder deren Tochter heiraten.

Die gesetzliche Verwandtschaft aufgrund von Adoption begründet ein Hindernis in der geraden Linie und im zweiten Grad der Seitenlinie (c. 1094). Daher kann eine

Mutter nicht ihren Adoptivsohn heiraten (= 1. Grad der geraden Linie), und ein Mann kann nicht eine von seinen Eltern adoptierte Frau heiraten (= 2. Grad der Seitenlinie). Ob ein Adoptionsverhältnis vorliegt, bestimmt sich nach dem staatlichen Recht. Wenn das Adoptionsverhältnis nach staatlichem Recht erloschen ist, erlischt dadurch auch das kirchliche Ehehindernis.

Von allen Hindernissen des rein kirchlichen Rechts kann dispensiert werden. Die Dispens erfordert, wie alle Dispensen, einen gerechten und vernünftigen Grund (c. 90 § 1). In vielen Fällen dürfte als Dispensgrund bereits anerkannt werden, dass die Partner fest zur Heirat entschlossen sind und auch, wenn die Dispens nicht erteilt würde, zumindest zivil heiraten würden. Von den meisten Hindernissen kann der Ortsordinarius dispensieren; bei einigen Hindernissen ist die Dispens einer höheren Autorität vorbehalten (c. 1078). Im »Dringlichkeitsfall«, d. h., wenn ein Hindernis zu einem Zeitpunkt entdeckt wird, an dem schon alles zur Hochzeit vorbereitet ist und sie nicht ohne wahrscheinliche Gefahr eines schweren Nachteils aufgeschoben werden kann, sowie in Todesgefahr bestehen erweiterte Dispensvollmachten (cc. 1079–1080).

Die für Angehörige der katholischen Ostkirchen im CCEO aufgestellten Hindernisse enthalten im Vergleich zur Lateinischen Kirche einige Unterschiede, insbesondere das zusätzliche Ehehindernis der »geistlichen Verwandtschaft« *(cognatio spiritualis)*. Es liegt vor zwischen dem Paten und dem Täufling sowie zwischen dem Paten und den Eltern des Täuflings (c. 811 § 1 CCEO); daher kann z. B. eine Patin nicht den Vater des Täuflings heiraten.

H. Naturrechtliche Anforderungen an den Ehewillen

Die Ehe kommt durch den Ehewillen (Konsens) der Partner zustande (c. 1057 § 1); dieser Zusammenhang zwischen Ehewille und Ehe ist nach katholischer Lehre in der Natur der Ehe begründet. Einzelne naturrechtliche Anforderungen an den Ehewillen sind in cc. 1096–1103 genannt.[258] Demgemäß sind die naturrechtlichen Anforderungen an den Ehewillen nicht erfüllt, falls ein Partner nicht das nötige Wissen über die Ehe besitzt (c. 1096), sich über die Ehe oder den Partner in spezifischer Weise irrt (cc. 1097–1099), die Ehe nur zum Schein oder mit bewussten Vorbehalten schließt (c. 1101 § 2), ihre Gültigkeit an eine nicht erfüllte Bedingung knüpft (c. 1102 § 2) oder die Ehe aufgrund von schwerer, von außen eingeflößter Furcht eingeht (c. 1103). Diese Aufzählung der im CIC genannten naturrechtlichen Nichtigkeitsgründe ist allerdings nicht vollständig. So würde es etwa auch dann am nötigen Ehewillen mangeln, wenn jemand zwar seinen Ehewillen äußert, innerlich aber nicht damit rechnet, dass diese Äußerung ernst genommen werden könnte. In einem solchen Fall kann man von »*absentia consensus*« sprechen. Die Ehe wäre nichtig, ohne dass sich über c. 1057 § 1 hinaus eine spezifische Bestimmung für diese Art von Nichtigkeit angeben

258 Zu den in c. 1095 genannten Anforderungen an die Ehefähigkeit siehe oben Abschnitt F, zu den in cc. 1104–1006 genannten Anforderungen an die Eheschließungsform siehe unten Abschnitt J.

ließe. Der Ehewille muss bei beiden Partnern zum selben Zeitpunkt vorhanden sein. Wenn z. B. der eine Partner seinen Ehewillen ursprünglich nur vorgetäuscht hatte und später dann doch verheiratet sein möchte und dazu eine Gültigmachung versucht, zu diesem Zeitpunkt aber der andere Partner keinen Ehewillen mehr hat, so kommt keine gültige Ehe zustande.

Um die Ehe schließen zu können, muss man zumindest ein grundlegendes Wissen darüber besitzen, was die Ehe ist. Näherhin verlangt c. 1096 das Wissen, dass die Ehe eine zwischen Mann und Frau auf Dauer angelegte Gemeinschaft ist, die darauf hingeordnet ist, durch geschlechtliches Zusammenwirken Nachkommenschaft zu zeugen.

Wenn bei der Eheschließung nicht derjenige Partner anwesend ist, den man heiraten wollte, sondern statt dessen – ohne dass man es merkt (z. B. bei einem blinden Partner, oder bei eineiigen Zwillingen) – ein Dritter, handelt es sich um einen »Personenirrtum«, der dazu führt, dass keine gültige Ehe zustande kommt (c. 1097 § 1). Wenn jemand sich über eine Eigenschaft des anderen Partners irrt, steht das der Gültigkeit einer Ehe normalerweise nicht entgegen. Wenn jemand sich aber über eine Eigenschaft des anderen Partners irrt, die er direkt und hauptsächlich anstrebt, kommt keine gültige Ehe zustande (»Eigenschaftsirrtum«, c. 1097 § 2). In diesem Fall liegt insofern ein Willensmangel vor, als der Wille des Irrenden sozusagen ins Leere geht: die Person, die er will, existiert so nicht. Ein typisches Beispiel dafür ist ein Mann, der eine Frau direkt und hauptsächlich deswegen heiratet, weil er meint, dass sie ein Kind von ihm erwartet. Ist unter diesen Umständen die Frau nicht schwanger oder der Vater ein anderer, ist die Ehe nichtig.

Außerdem führt ein Irrtum über eine Eigenschaft des anderen zur Nichtigkeit der Ehe, falls er auf einer Täuschung beruht, vorausgesetzt, dass es um eine Eigenschaft geht, die ihrer Natur nach die Gemeinschaft des ehelichen Lebens schwer stören kann und dass die Täuschung absichtlich vorgenommen wurde, um den Getäuschten zur Eheschließung zu bewegen bzw. davon abzuhalten, seinen Willen zur Eheschließung zurückzunehmen (c. 1098). Dabei kommt es nicht auf die moralische Bewertung der Täuschungshandlung an; auch eine Täuschung aus vermeintlicher Liebe kann die Nichtigkeit der Ehe zur Folge haben. Die Täuschung kann auch dadurch geschehen, dass man etwas verschweigt, was dem anderen – moralisch gesehen – mitgeteilt werden müsste. Ein typisches Beispiel für eine verungültigende Täuschung ist ein Ehepartner, der um seine Sterilität weiß und dieses Wissen dem anderen vorenthält, um die geplante Eheschließung nicht zu gefährden (vgl. c. 1084 § 3). Ob bzw. inwieweit die Nichtigkeit wegen Täuschung tatsächlich naturrechtlichen Charakter hat, ist bislang nicht verbindlich geklärt.

Ein Irrtum über die Einheit oder Unauflöslichkeit der Ehe führt zu deren Nichtigkeit, falls er den Willen des Partners bestimmt (c. 1099). Sicherlich nehmen viele Menschen, die nicht katholisch sind, bei ihrer Heirat an, dass die Möglichkeit von Scheidung und Wiederheirat besteht; sie irren sich also über die Wesenseigenschaft der Unauflöslichkeit. Vorausgesetzt, dass es sich bei diesem Irrtum nicht nur um eine rein theoretische Überzeugung handelt, die für ihre eigene Ehe ohne Bedeutung ist, führt ein solcher Irrtum zur Nichtigkeit ihrer Ehe. Das bedeutet allerdings nicht, dass bei Nichtkatholiken eine Rechtsvermutung für die Nichtigkeit der Ehe möglich wäre. Vielmehr trägt auch hier derjenige, der die Nichtigkeit behauptet, die Beweislast (vgl. c. 1060).

Grundsätzlich ist davon auszugehen, dass jemand, der seinen Ehewillen kundtut, auch tatsächlich heiraten will (c. 1101 § 1). Dieser Grundsatz hat naturrechtlichen Charakter. Das Vornehmen von Rechtshandlungen würde unmöglich gemacht, wenn eine Rechtsordnung dem von einem Menschen geäußerten Willen grundsätzlich mit Misstrauen begegnen würde, so dass der Betreffende die Beweislast trüge, durch irgendwelche zusätzlichen Elemente sicherzustellen, dass er auch meint, was er bekundet. Andererseits ist es möglich, dass jemand, der seinen Ehewillen bekundet, innerlich entweder nicht heiraten will oder zumindest nicht mit allen Konsequenzen (c. 1101 § 2). In der Literatur spricht man in diesem Fall von »Simulation«; sie hat die Nichtigkeit der Ehe zur Folge. Das setzt nicht notwendigerweise voraus, dass der Betreffende sich bewusst ist, dass sein Wille sich nicht mit dem deckt, was eine Ehe ausmacht. Häufig wird es sich vielmehr um Menschen handeln, die meinen, sie könnten auch mit dem betreffenden Vorbehalt eine Ehe eingehen; dafür ist der Ausdruck »Simulation« nicht gut geeignet. Zur Nichtigkeit der Ehe kommt es allerdings nur dann, wenn der Vorbehalt durch einen positiven Willensakt geschieht.

Die Ehe selbst wird durch positiven Willensakt ausgeschlossen, wenn jemand zwar den Anschein einer Ehe erwecken will, in Wirklichkeit aber nicht heiraten will. Die Literatur spricht dann von einem »Totalvorbehalt« oder einer »Totalsimulation«. Beispiele dafür sind ein »Heiratsschwindler«, der es nur darauf abgesehen hat, den Partner finanziell auszunutzen, der aber nicht wirklich mit ihm eine Ehe eingehen will, oder jemand, der nur dazu heiratet, um sich oder dem Partner eine Aufenthaltsgenehmigung zu erwirken. Von einem »Teilvorbehalt« oder einer »Partialsimulation« spricht man, wenn ein Partner zwar nicht die Ehe selbst, aber doch ein Wesenselement (c. 1055 § 1) oder eine Wesenseigenschaft (c. 1056) der Ehe durch positiven Willensakt ausschließt.

- Ein Ausschluss der Ehe als »Gemeinschaft des ganzen Lebens« liegt z. B. vor, wenn jemand keine echte Partnerschaft mit dem anderen anstrebt, sondern ihn nur dazu heiratet, dass er den Haushalt führt oder die Kinder versorgt.
- Ein Ausschluss des Rechts auf ehelichen Verkehr liegt vor, wenn ein Partner sich vorbehält, dem anderen dieses Recht dauerhaft zu versagen oder über diese Frage nach eigenem Ermessen, ohne Rücksicht auf den anderen Partner zu entscheiden.
- Ein Ausschluss der Hinordnung auf Nachkommenschaft liegt vor, wenn ein Partner sich vorbehält, ohne Rücksicht auf den anderen zu entscheiden, ob aus der Ehe Kinder hervorgehen sollen.
- Ebenso liegt nach der bisherigen Rechtsprechung ein Ausschluss von Nachkommenschaft vor, wenn beide Partner übereinkommen, dass aus ihrer Ehe keine Kinder hervorgehen sollen. Hingegen liegt normalerweise kein verungültigender Ausschluss von Nachkommenschaft vor, wenn die Partner einvernehmlich vereinbaren, mit der Zeugung von Kindern zunächst noch eine Zeitlang zu warten. Die Rechtsprechung hat in diesem Zusammenhang die Unterscheidung zwischen einem »Nichtverpflichtungswillen« und einem »Nichterfüllungswillen« entwickelt, wobei nur der Nichtverpflichtungswille eine verungültigende Wirkung habe. Der zugrunde liegende Gedanke lautet: Wer überhaupt keine Kinder will, der lehnt die mit der Hinordnung der Ehe auf Nachkommenschaft verbundene Verpflichtung

ab (»Nichtverpflichtungswille«); seine Ehe wäre ungültig. Wenn die Partner den Kinderwunsch nur zeitlich aufschieben, lehnen sie die mit der Hinordnung der Ehe auf Nachkommenschaft verbundene Verpflichtung nicht grundsätzlich ab. Sie wollen sie nur vorübergehend nicht erfüllen (»Nichterfüllungswille«). Das führt nicht zur Ungültigkeit.

- Ein Ausschluss der Sakramentalität liegt vor, wenn jemand zwar eigentlich irgendwie heiraten möchte, aber auf keinen Fall sakramental verheiratet sein will. Ein solcher Ausschluss setzt nicht notwendigerweise voraus, dass der Betreffende den katholischen Begriff der Sakramentalität kennt und versteht. Ein Ausschluss der Sakramentalität würde z. B. auch dann vorliegen, wenn jemand die Ehe mit dem Willen eingeht, dass sie nichts mit Gott oder mit der Kirche zu tun haben soll.
- Ein Ausschluss der Einheit der Ehe liegt vor, wenn jemand sich die Möglichkeit vorbehalten will, auch mit einem Dritten sexuell zu verkehren. Dabei ist es unerheblich, ob man sich die Möglichkeit zu heterosexuellen oder zu homosexuellen Beziehungen vorbehalten will. Wenn ein muslimischer Mann sich bei einer Eheschließung innerlich das Recht vorbehält, später noch weitere Frauen hinzuzunehmen, ist bereits die erste Eheschließung nichtig. Ein Ausschluss der Einheit der Ehe liegt auch dann vor, wenn jemand sich zwar nicht eine feste Beziehung vorbehalten will, aber doch das Recht, gelegentlich Prostituierte aufzusuchen.
- Ein Ausschluss der Unauflöslichkeit liegt vor, wenn jemand sich die Möglichkeit einer Scheidung der Ehe vorbehalten will, in dem Sinne, dass er die Ehe nach einer solchen Scheidung als tatsächlich nicht mehr bestehend ansehen würde. Ein solcher Scheidungsvorbehalt kann in unbedingter oder bedingter Form vorliegen. Einen bedingten Scheidungsvorbehalt setzt z. B., wer sich die Möglichkeit vorbehält, sich wieder scheiden zu lassen, falls sein Partner nicht innerhalb einiger Jahre von seinem Alkoholismus loskommt. Bei Menschen, die die katholische Lehre von der Unauflöslichkeit der Ehe nicht kennen, liegt ein Scheidungsvorbehalt recht häufig vor. Die bloße Tatsache, dass jemand einer Religionsgemeinschaft angehört, die die Unauflöslichkeit der Ehe nicht anerkennt, genügt aber noch nicht, um davon auszugehen, dass er sich bei seiner konkreten Eheschließung die Scheidungsmöglichkeit vorbehalten hat. Das müsste vielmehr im Einzelfall bewiesen werden.

Eine Ehe ist auch ungültig, wenn jemand seinen Ehewillen an eine Bedingung knüpft, die sich auf die Vergangenheit oder Gegenwart bezieht, und die Bedingung nicht erfüllt ist (c. 1102 § 2). Ist eine solche Bedingung hingegen erfüllt, kommt – jedenfalls soweit es auf das Naturrecht ankommt – die Ehe zustande. Wenn z. B. ein Mann (sei es insgeheim oder nicht) unter der Bedingung heiratet, dass das Kind, das seine Braut erwartet, wirklich von ihm ist, so ist die Ehe nur gültig, falls er der Vater ist; andernfalls ist sie ungültig. Solange die Partner in solchen Fällen nicht wissen, ob die Bedingung erfüllt ist oder nicht, können sie nicht mit Sicherheit davon ausgehen, verheiratet zu sein. Es ist ihnen daher moralisch nicht erlaubt, die Rechte von Verheirateten auszuüben. Angesichts dessen ist es in aller Regel nicht sinnvoll, die Eheschließung an eine Bedingung zu knüpfen. Vielmehr sollte man den fraglichen Umstand aufzuklären versuchen und mit der Eheschließung so lange warten. Das schließt allerdings nicht aus, dass jemand nicht so lange warten will und faktisch doch seinen Ehewillen an eine Bedingung knüpft. Katholiken benötigen gemäß c. 1102 § 3 eine Erlaubnis des Ortsordinarius, um ihre Eheschließung an eine Bedingung zu knüpfen.

Wenn eine Eheschließung durch einen von außen her ausgeübten Zwang zustande kommt, dem der Betreffende in keiner Weise widerstehen kann, ist sie bereits gemäß der allgemeinen Norm in c. 125 § 1 nichtig. C. 1103 bestimmt darüber hinaus, dass eine Ehe auch in anderen Fällen aufgrund einer von außen eingeflößten Furcht *(metus)* nichtig ist, wenn es sich um schwere Furcht handelt, die Furcht dem Betreffenden, um sich davon zu befreien, die Wahl der Ehe aufzwingt und die Furcht tatsächlich der Grund für die Eheschließung ist, so dass sie ohne diese Furcht nicht stattfinden würde. Dass die Freiheit von dieser Art von Furcht vom Naturrecht gefordert ist, geht aus einer Entscheidung des Päpstlichen Rats für Gesetzestexte hervor.[259] Eine besondere Form von Furcht ist der »*metus reverentialis*«, im Deutschen (weniger glücklich) als »Ehrfurchtszwang« bezeichnet. Er entsteht durch ein Abhängigkeitsverhältnis gegenüber Autoritätspersonen, meist gegenüber den eigenen Eltern. Wenn z. B. die Eltern auf ihre Tochter, die ihren Freund nicht heiraten will, so sehr einreden, dass die Frau fürchtet, dauerhaft die Zuneigung ihrer Eltern – an der ihr viel liegt – zu verlieren, und deswegen in die Eheschließung einwilligt, ist die Ehe aufgrund von *metus reverentialis* nichtig.

I. Weitere Anforderungen des CIC an den Ehewillen

Gemäß c. 1102 § 1 kann eine Ehe unter einer Bedingung, die sich auf die Zukunft bezieht, nicht gültig geschlossen werden. Naturrechtlich gesehen wäre eine solche Eheschließung möglich, ebenso wie eine Eheschließung unter Hinzufügung einer auf die Vergangenheit oder Gegenwart bezogenen Bedingung. Die betreffende Ehe würde dann zustande kommen, sobald die auf die Zukunft bezogene Bedingung erfüllt wird. Wird die Bedingung niemals erfüllt, kommt auch die Ehe niemals zustande. Bei der in c. 1102 § 1 statuierten Nichtigkeit handelt es sich also um eine Festlegung des rein kirchlichen Rechts. Unter den verschiedenen im CIC genannten Anforderungen an den Ehewillen ist dieses die einzige, bei der feststeht[260], dass sie nicht im Naturrecht begründet ist.

J. Die Eheschließungsform

An die Form der Eheschließung stellt das göttliche Recht keine bestimmten Anforderungen. Erforderlich ist dazu nur, dass in irgendeiner Weise der Ehewille kundgetan wird. Das kann durch Worte oder Zeichen geschehen (vgl. c. 1104 § 2). Es kann

---

259 PCLT, Authentische Interpretation vom 23. 4. 1987: AAS 79 (1987) 1132; dt.: AfkKR 156 (1987) 161.

260 Bei der Nichtigkeit wegen Täuschung (c. 1098; siehe oben Abschnitt H) ist die naturrechtliche Grundlage ungeklärt.

aber – namentlich in einfachen Kulturen – auch durch konkludentes Handeln geschehen. Insbesondere verlangt das göttliche Recht auch nicht, dass die Ehe in einer öffentlichen Form geschlossen wird. Es wäre also an sich möglich, dass zwei Menschen durch eine geheime persönliche Vereinbarung eine Ehe schließen. Demgegenüber enthalten menschliche Rechtsordnungen in aller Regel auch Bestimmungen über die Form der Eheschließung, und zwar meist auch solche Vorschriften, deren Einhaltung für die Gültigkeit der Eheschließung erforderlich ist.

Das Recht der Lateinischen Kirche sieht dazu die kanonische Eheschließungsform im Sinne von c. 1108 vor. Die Verpflichtung dazu entfiel in der Zeit vom 27. 11. 1983 bis zum 8. 4. 2010 im Falle eines Katholiken, der durch formalen Akt von der katholischen Kirche abgefallen war (siehe oben Abschnitt D). Katholiken der Lateinischen Kirche sind zur Einhaltung der kanonischen Eheschließungsform auch dann verpflichtet, wenn sie eine konfessionsverschiedene Ehe eingehen (c. 1117). Im Falle einer konfessionsverschiedenen Ehe mit einem Angehörigen einer nichtkatholischen Ostkirche ist die kanonische Eheschließungsform allerdings nur zur Erlaubtheit einzuhalten (c. 1127 § 1; vgl. oben Abschnitt D).

Die kanonische Eheschließungsform geht auf das Konzil von Trient zurück; was die Einzelheiten angeht, hat es im Laufe der Zeit mehrere Veränderungen gegeben. Ursprünglich bestand der Sinn der kanonischen Eheschließungsform vor allem darin, klandestine (d. h. im Geheimen abgeschlossene) Ehen zu verhindern. Um dieses Ziel zu erreichen, wäre sie heute nicht mehr erforderlich. Inzwischen stehen andere Ziele der kanonischen Eheschließungsform im Vordergrund: Vor allem bringt die kirchliche Form zum Ausdruck, dass es sich bei der Eheschließung um eine liturgische Handlung, ein religiöses Geschehen handelt.[261]

Die Elemente der kanonischen Eheschließungsform sind die Anwesenheit eines assistenzberechtigten Klerikers oder ausnahmsweise (c. 1112) eines beauftragten Laien, die Erfragung und Entgegennahme des Ehewillens durch den Assistenzberechtigten sowie die Anwesenheit von zwei Zeugen. Damit die Eheschließung gültig ist, benötigt der assistierende Priester oder Diakon (oder ausnahmsweise der assistierende Laie) die dafür vorgeschriebene Befugnis *(facultas)*. Diese Befugnis zur Eheschließungsassistenz – kurz »Traubefugnis« genannt – kann jemand kraft Amtes oder aufgrund einer Delegation besitzen. Zu denjenigen, die kraft Amtes Traubefugnis besitzen, gehören der Ortsordinarius für sein Zuständigkeitsgebiet und der Ortspfarrer für das Territorium seiner Pfarrei, ebenso die diesen Amtsträgern im Recht Gleichgestellten, der Militärordinarius und der Militärpfarrer sowie der Leiter einer *Missio cum cura animarum*.[262] Wenn ein Priester oder Diakon nicht kraft Amtes Traubefugnis besitzt, kann er sie auf dem Wege der Delegation erhalten (c. 1111). Die Delegation kann für einzelne Trauungen erfolgen oder »allgemein«, d. h. für eine unbestimmte Mehrzahl von Trauungen. Allgemeine Delegationen müssen schriftlich erteilt werden (c. 1111). Wer allgemein delegiert ist, kann auch subdelegieren (c. 137

261 Vgl. KKK, Nr. 1631.

262 Päpstlicher Rat der Seelsorge für die Migranten, Instruktion *Erga migrantes caritas Christi*, vom 3. 5. 2004, Art. 7 § 2.

§ 3). Wo nicht genügend Priester oder Diakone verfügbar sind, können auch Laien delegiert werden. Das setzt voraus, dass die Bischofskonferenz dies befürwortet hat und der Heilige Stuhl es daraufhin erlaubt hat (c. 1112); in den deutschsprachigen Ländern ist das nicht geschehen. Eine Delegation von Rechts wegen (»Suppletion«) erfolgt gemäß c. 144 § 2 in Fällen von tatsächlich vorliegendem oder rechtlich anzunehmendem allgemeinem Irrtum sowie bei einem positiven und begründeten Rechts- oder Tatsachenzweifel (vgl. oben § 9 D).

Die Aufgabe des Assistierenden besteht darin, in persönlicher Anwesenheit die Kundgabe des Ehewillens der Brautleute zu erfragen und im Namen der Kirche entgegenzunehmen. Das kann auch durch einen Dolmetscher geschehen (c. 1106). Zusätzlich zum Assistierenden sind zwei Zeugen erforderlich. Sie müssen in der Lage sein, wahrzunehmen, was geschieht, so dass sie es später bezeugen können. Weitere Anforderungen, z. B. hinsichtlich ihrer Religionszugehörigkeit, bestehen nicht. Zeugen im Sinne von c. 1108 § 1 sind auch solche Anwesenden, die nicht formell zu »Trauzeugen« bestimmt wurden.

Da die kanonische Eheschließungsform aufgrund des rein kirchlichen Rechts gefordert ist, kann davon dispensiert werden. Im Falle einer Ehe zwischen einem Katholiken und einem nichtkatholischen Christen oder Nichtchristen kann die Dispens vom Ortsordinarius erteilt werden (cc. 1127 § 2, 1129). Es ist in solchen Fällen niemals zulässig, zwei verschiedene religiöse Trauungen vorzunehmen oder das Erfragen des Ehewillens zwischen zwei verschiedenen religiösen Amtsträgern aufzuteilen (siehe c. 1127 § 3). Für eine Eheschließung von zwei Katholiken kann die Dispens nur vom Apostolischen Stuhl gewährt werden.[263] Wenn von der kanonischen Eheschließungsform dispensiert wird, muss festgelegt werden, auf welche andere Art und Weise die Eheschließung geschehen soll. Angesichts der religiösen Dimension der Eheschließung ist dazu eine Feier in einer nichtkatholischen Kirche oder kirchlichen Gemeinschaft besser geeignet als eine zivile Eheschließung.

Die in c. 1108 beschriebene kanonische Eheschließungsform setzt voraus, dass die Brautleute beide persönlich anwesend sind (siehe c. 1104 § 1). Alternativ dazu erwähnt c. 1105 die Möglichkeit einer Eheschließung durch Stellvertreter; es erscheint allerdings fraglich, ob es angemessen war, dass der Codex diese in früheren Zeiten bisweilen (z. B. zwischen Fürstenhäusern) praktizierte Form der Eheschließung weiterhin vorgesehen hat. Eine echte Ausnahme von der kanonischen Eheschließungsform ist die in c. 1116 beschriebene »Noteheschließung«: In Todesgefahr oder bei einmonatiger Nichterreichbarkeit eines Assistenzberechtigten kann die Ehe demnach auch allein vor Zeugen gültig geschlossen werden. In einem weiteren Sinn kann man auch die Vorschriften über die Gültigmachung von Ehen als Ausnahmen von der kanonischen Eheschließungsform ansehen, insofern es sich dabei gewissermaßen um alternative Formen handelt, wie eine gültige Ehe zustande kommen kann (siehe dazu unten Abschnitt M).

---

263 PCLT, Authentische Interpretation vom 5. 7. 1985: AAS 77 (1985) 771; dt.: AfkKR 154 (1985) 534 f.

Das Recht der katholischen Ostkirchen verlangt zur Gültigkeit einer Eheschließung die Anwesenheit eines assistenzberechtigten Priesters, der die Ehe segnet *(ritus sacer)*, und zweier Zeugen (c. 828 CCEO). Entsprechend der ostkirchlichen Tradition ist also, von Notfällen abgesehen (c. 832 CCEO), eine Eheschließung unter Assistenz eines Diakons oder Laien nicht möglich.

K. Die Ehevorbereitung

Die Vorbereitung auf die Ehe darf nicht erst dann beginnen, wenn ein Brautpaar sich für die Trauung anmeldet. Vielmehr muss die allgemeine Vorbereitung auf die Ehe ein wichtiger Bestandteil der kirchlichen Verkündigung sein[264], umso mehr, je weiter sich die in einer Gesellschaft verbreitete Auffassung über die Ehe von der kirchlichen Lehre über die Ehe entfernt.

Die Einzelheiten der Ehevorbereitung zu normieren, überlässt der CIC weitgehend den Bischofskonferenzen (c. 1067). Die Zuständigkeit für den formellen Teil der Ehevorbereitung liegt bei dem Pfarrer, der für die Brautleute aufgrund ihres kanonischen Wohnsitzes oder Nebenwohnsitzes oder eines mindestens einmonatigen Aufenthalts zuständig ist (c. 1115). Wenn einer der Partner nicht katholisch ist, liegt die Zuständigkeit bei dem Pfarrer, in dessen Pfarrei der katholische Partner wohnt. Wenn die Brautleute beide katholisch sind und in verschiedenen Pfarreien wohnen, haben sie die Wahl, an welchen Pfarrer sie sich wenden wollen. Ggf. besteht eine zusätzliche Zuständigkeit des Militärseelsorgers, des Seelsorgers einer *missio cum cura animarum* für Gläubige anderer Muttersprache u. ä. In solchen Fällen haben die Brautleute die Wahl, ob sie sich an den territorial oder den personal zuständigen Seelsorger wenden wollen. Der für die Ehevorbereitung zuständige Pfarrer kann auch jemand anders damit beauftragen, z. B. einen pastoralen Mitarbeiter seiner Pfarrei. Zur rechtlichen Vorbereitung einer Eheschließung gehören die Überprüfung der rechtlichen Voraussetzungen und das Ausfüllen eines Formulars (»Ehevorbereitungsprotokoll«) mit den persönlichen Daten der Brautleute.

Voraussetzung für die Zulassung zur Eheschließung ist die Überprüfung, ob ein Ehehindernis oder Eheverbot vorliegt, die Überprüfung des Ehewillens, ggf. das Einholen von Erlaubnissen, Dispensen o. ä., und in Deutschland auch die Überprüfung, ob die Partner bereits zivil geheiratet haben. In Todesgefahr genügt, wenn keine gegenteiligen Anhaltspunkte vorliegen, die Versicherung der Partner, dass sie getauft und frei von Hindernissen sind (c. 1068).

Der Feststellung, ob Ehehindernisse vorliegen, dienen das Aufgebot (c. 1067), die Verpflichtung der Gläubigen, ihnen bekannte Hindernisse mitzuteilen (c. 1069) und der Nachweis des Ledigenstandes durch die Brautleute. Der Ausdruck »Ledigenstand« *(status liber)* ist dabei in einem weiten Sinn gemeint; als »ledig« im weiten Sinne gilt auch derjenige, der verwitwet ist oder dessen Ehe nach kirchlichem Recht aufgelöst wurde. Die Form des Aufgebots richtet sich nach den Bestimmungen der Bischofskon-

---

264 Vgl. cc. 1063, 1°; 1064; 1072.

ferenz. Der Nachweis des Ledigenstandes erfolgt bei Katholiken in der Regel durch die Vorlage eines neuen (d. h. höchstens sechs Monate alten) Taufscheins, da daraus in der katholischen Kirche der aktuelle kanonische Lebensstand des Betreffenden hervorgeht. In nichtkatholischen Kirchen und kirchlichen Gemeinschaften sind solche Eintragungen auf dem Taufschein nicht üblich. Der Nachweis des Ledigenstandes muss bei ihnen daher in anderer Weise erbracht werden, etwa durch eine Ledigenbescheinigung des Einwohnermeldeamtes oder auf dem Wege der Ablegung eines Ledigeneides durch den nichtkatholischen Partner. Im Gespräch mit den Brautleuten sind diese nach allen Vorehen zu befragen, nicht nur nach solchen, die in religiöser Form geschlossen wurden. Wenn einer der Partner schon einmal (zivil oder religiös) verheiratet war, darf das Brautpaar erst dann zur Eheschließung zugelassen werden und einen Termin dafür erhalten, wenn die Nichtigkeit oder Auflösung der Ehe (bzw. der Tod des ersten Ehepartners) amtlich nachgewiesen wurde. Wenn einem Brautpaar eine Zusage gemacht wird, bei der sich später herausstellt, dass sie aus Gründen des kanonischen Rechts nicht eingehalten werden kann, und das Paar im Vertrauen auf die voreilige Zusage bereits Auslagen gemacht hat, kann es ggf. Schadenersatz verlangen.

Während sich Ehehindernisse aus dem Gesetz ergeben und für alle Ehen bestehen, bei denen die im Gesetz beschriebenen Merkmale vorliegen, wird ein Eheverbot von der zuständigen kirchlichen Autorität für einen bestimmten einzelnen Menschen verhängt (c. 1077). Eheverbote betreffen in der Regel nicht die Gültigkeit, sondern nur die Erlaubtheit einer neuen Eheschließung. Sie müssen im Ehebuch und im Taufbuch eingetragen werden (cc. 1684–1685). Spätestens durch den für eine neue Eheschließung vorzulegenden Taufschein würden sie dann bekannt.

Die Überprüfung des Ehewillens erfolgt im Gespräch mit den Brautleuten (herkömmlich auch »Brautexamen« genannt). Dazu heißt es in den Vorbemerkungen des liturgischen Buches[265]:

> Wenn ... die Brautleute trotz aller pastoralen Bemühungen zeigen, dass sie offen und ausdrücklich ablehnen, was nach kirchlicher Auffassung Sinn der Eheschließung von Getauften ist, darf sie der Seelsorger nicht zur Trauung zulassen. Wenn auch schweren Herzens, hat er die Pflicht, die gegebene Lage zur Kenntnis zu nehmen und den Betroffenen nahezubringen, dass es unter solchen Umständen nicht die Kirche ist, sondern dass sie selber es sind, die die von ihnen erbetene Feier verhindern.

Eine Erlaubnis des Ortsordinarius ist erforderlich, wenn ein Partner seine Eheschließung an eine (auf die Vergangenheit oder Gegenwart bezogene) Bedingung knüpfen will (c. 1102 § 3). Falls tatsächlich einmal jemand eine Bedingung stellen will, sollte diese Erlaubnis aber besser nicht erteilt werden. Vielmehr sollte der Betreffende normalerweise aufgefordert werden, den fraglichen Sachverhalt zu klären und mit der Heirat so lange zu warten.

Auch für das Eingehen einer konfessionsverschiedenen Ehe ist eine Erlaubnis des Ortsordinarius erforderlich (cc. 1124–1126). Die Erteilung dieser Erlaubnis setzt voraus, dass der katholische Partner sich bereiterklärt, in seiner Ehe als katholischer

265 Johannes Paul II., Apostolisches Schreiben *Familiaris consortio*, vom 22. 11. 1981, Nr. 68 = Die Feier der Trauung, *Praenotanda*, Nr. 21.

Christ zu leben, und verspricht, nach Kräften alles zu tun, dass seine Kinder in der katholischen Kirche getauft und erzogen werden. Der nichtkatholische Partner muss über dieses Versprechen informiert werden. Die Deutsche und die Österreichische Bischofskonferenz haben den Wortlaut des abzulegenden Versprechens verbindlich vorgeschrieben. Aufgrund der Formulierung »... nach Kräften alles zu tun ...« ist ein solches Versprechen des katholischen Partners auch dann möglich, wenn der nichtkatholische Partner einer vergleichbaren Verpflichtung seiner eigenen Religionsgemeinschaft unterliegt. Das heißt, die katholische Kirche stellt mit der Forderung nach einem solchen Versprechen nicht einen Anspruch, den sie in vergleichbarer Weise anderen Religionsgemeinschaften verwehren würde.[266] Die genannten Voraussetzungen für die Erlaubnis für eine konfessionsverschiedene Ehe sind auch zu erfüllen, falls eine religionsverschiedene Ehe oder eine Ehe mit einem offenkundig vom katholischen Glauben abgefallenen Partner beabsichtigt ist.[267] In den deutschsprachigen Ländern kann die Erlaubnis zum Eingehen einer konfessionsverschiedenen Ehe aufgrund bischöflicher Bevollmächtigung in gewöhnlichen Fällen von allen Klerikern mit allgemeiner Traubefugnis erteilt werden. Bei der Erteilung dieser Erlaubnis wird in der Regel *ad cautelam* (»zur Sicherheit«) auch vom Ehehindernis der Religionsverschiedenheit dispensiert; damit ist gemeint, dass diese Dispens für den Fall gewährt wird, dass der nichtkatholische Partner nicht gültig getauft sein sollte.

Der Assistenzberechtigte benötigt nach c. 1071 in bestimmten Fällen eine Erlaubnis des Ortsordinarius, z. B. bei Wohnsitzlosen, bei Vorliegen von natürlichen Verpflichtungen gegenüber anderen Partnern oder Kindern aus früheren Verbindungen oder bei der Eheschließung eines Katholiken mit einem Partner, der offenkundig vom katholischen Glauben abgefallen ist. Zusätzlich zu den im CIC genannten Umständen nennt die von der Deutschen Bischofskonferenz beschlossene Anmerkungstafel zum Ehevorbereitungsprotokoll noch eine Reihe weiterer Umstände, in denen das Ordinariat angegangen werden muss. Dabei ist von der Einholung eines *Nihil obstat* die Rede; dieser Ausdruck wurde vermutlich verwendet, um den Unterschied zu den im CIC verlangten Erlaubnissen terminologisch zu unterstreichen. Ein solches *Nihil obstat* wird z. B. verlangt bei mehr als einjährigem Aufenthalt eines Partners im Ausland seit dem heiratsfähigen Alter, bei einer Eheschließung mit einem Angehörigen einer katholischen Ostkirche, bei vorgesehener Eheschließung im Ausland sowie bei einer »rein kirchlichen« – d. h. ohne vorausgehende zivile Eheschließung gefeierten – Trauung. Das in Deutschland bis Ende 2008 vom staatlichen Recht aufgestellte Verbot einer religiösen Trauung ohne vorausgegangene zivile Trauung besteht nicht mehr. Dennoch haben die deutschen Bischöfe daran festgehalten, dass im Regelfall die zivile Trauung der kirchlichen vorausgehen soll. Falls ein *Nihil obstat* beantragt wird, um eine rein kirchliche Trauung zu feiern, verlangen die deutschen Bischöfe die Vorlage eines Formulars, in dem die Brautleute versichern, dass sie sich bewusst sind, dass in diesem Fall die Rechtswirkungen der Ehe im staatlichen Rechtsbereich nicht eintreten. Das betrifft etwa Unterhaltsansprüche, die besonderen Bestimmungen im Erb-

266 Anmerkungstafel zum Ehevorbereitungsprotokoll, Nr. 15.
267 Cc. 1071 § 2, 1086 § 2.

recht, die Möglichkeit der Namensänderung, den Anspruch auf Witwenrente, die steuerlichen Vorteile, das Zeugnisverweigerungsrecht, Auskunftsrechte bei Ärzten, Besuchsrechte u. a.

Die Beantragung der nötigen Erlaubnisse, Dispensen usw. erfolgt beim zuständigen Ordinariat (und über das Ordinariat ggf. beim Apostolischen Stuhl). Die Zuständigkeit des Ordinariats richtet sich nach dem Wohnsitz eines bzw. des katholischen Partners. Wenn die Eheschließung im Ausland gefeiert werden soll, erfolgt der Kontakt über die beiden beteiligten Ordinariate. Dabei wird zusätzlich zu den sonst üblichen Unterlagen eine Überweisung zur Eheschließung im Ausland (*Litterae dimissoriae)* ausgestellt.

Katholiken, die noch nicht gefirmt sind, sollten dieses Sakrament nach Möglichkeit noch vor der Trauung empfangen (c. 1065 § 1). In einigen anderen Ländern haben die Bischofskonferenzen die Firmung zu einer notwendigen Voraussetzung der Zulassung zur Eheschließung erklärt; in den deutschsprachigen Ländern ist das nicht der Fall. Den Brautleuten wird empfohlen, im Zusammenhang mit der Trauung zur Beichte und zur Kommunion zu gehen (c. 1065 § 2). Über einen Ehevorbereitungskurs spricht der CIC nicht. In einigen anderen Ländern sind solche Kurse obligatorisch; in den deutschsprachigen Ländern ist das nicht der Fall.

Für bestimmte Weisen, die Trauung zu feiern, ist vorher eine Erlaubnis einzuholen. Was den Ort der Feier angeht, soll die Trauung in der Pfarrei stattfinden, in der einer der Eheschließenden seinen Wohnsitz oder Nebenwohnsitz hat oder sich zumindest seit einem Monat aufgehalten hat. Für eine Eheschließung an einem anderen Ort ist eine Erlaubnis des für den Wohnsitz zuständigen Pfarrers oder Ortsordinarius erforderlich (c. 1115). Diese Erlaubnis wird auch (z. B. im deutschen Ehevorbereitungsprotokoll) als »Traulizenz« bezeichnet. Wenn beide Partner getauft sind, das heißt, wenn es um eine sakramentale Eheschließung geht, soll die Trauung in einer Kirche oder Kapelle stattfinden (c. 1118). Bei dieser Bestimmung ist an eine katholische Kirche oder Kapelle gedacht. Für eine Trauung an einem anderen Ort ist eine Erlaubnis des Ortsordinarius erforderlich. Eine katholische Trauung in einem evangelischen Gotteshaus zu feiern, wird in den deutschen Bistümern normalerweise nur dann erlaubt, wenn in dem evangelischen Gotteshaus auch sonst regelmäßig katholische Gottesdienste stattfinden. Eine Trauung außerhalb sakraler Gebäude (z. B. im Freien, in einem Heißluftballon usw.) wird in den deutschen Bistümern in aller Regel nicht gestattet.

Falls der für die Eheschließung vorgesehene Kleriker nicht eine allgemeine Traubefugnis besitzt, hat er beim für den Eheschließungsort zuständigen Ortsordinarius oder Ortspfarrer (oder bei einem anderen Amtsträger mit entsprechender Vollmacht, z. B. dem Militärseelsorger) eine Delegation zu beantragen.

Die Trauung eines Katholiken mit einem getauften Nichtkatholiken soll in der Regel in einem Wortgottesdienst erfolgen.[268] Eine solche Trauung in der Eucharistiefeier vorzunehmen, erfordert nach der lateinischen Originalfassung des liturgischen

268 Ordo celebrandi matrimonium, 1990, Praenotanda, Nr. 36; Die Feier der Trauung, 1993, Pastorale Einführung der Bischöfe des deutschen Sprachgebiets, Nr. 32.

Buchs »Die Feier der Trauung« die Zustimmung des Ortsordinarius.[269] Die Bischofskonferenzen des deutschsprachigen Raums haben diese Erlaubnis generell erteilt, sie muss also nicht mehr im Einzelfall eingeholt werden.[270] Eine besondere Genehmigung des Ortsordinarius ist aber erforderlich, falls eine Eheschließung eines Katholiken mit einem Ungetauften ausnahmsweise innerhalb einer Eucharistiefeier stattfinden soll.[271]

Wenn eine Eheschließung zwischen einem Katholiken und einem nicht katholischen Partner nicht in der kanonischen Form erfolgen soll, ist beim Ortsordinarius eine Dispens zu beantragen. Bei der Antragstellung ist dann anzugeben, in welcher (kirchlichen oder zivilen) Form die Eheschließung erfolgen soll.

Aus einem schwerwiegenden und dringenden Grund kann mit Erlaubnis des Ortsordinarius eine geheime Eheschließung erfolgen (c. 1130). Auch dabei ist die Einhaltung der kanonischen Eheschließungsform erforderlich. Die Eheschließung wird dann jedoch von den Beteiligten geheim gehalten und auch nicht in die normalen Kirchenbücher eingetragen. Der Wunsch nach einer geheimen Eheschließung könnte z. B. entstehen im Falle eines Paares, das an seinem Wohnort seit jeher als kirchlich verheiratet gilt, obwohl es nur zivil geheiratet hatte, und das später seine ehelichen Verhältnisse in Ordnung bringen und dazu kirchlich heiraten möchte, ohne dass das öffentlich bekannt wird.

L. Die Feier der Eheschließung

Zu den Vorschriften über die Feier der Eheschließung gehört an erster Stelle all das, was zuvor über die kanonische Eheschließungsform gesagt wurde (siehe oben Abschnitt J). Sie ist, von Ausnahmen abgesehen, zur Gültigkeit der Eheschließung einzuhalten. Alle übrigen (nachstehend genannten) Bestimmungen über die Feier der Eheschließung betreffen nur die Erlaubtheit der Feier. Vom Notfall abgesehen, sind bei der Eheschließung die Riten zu beachten, die in den liturgischen Büchern vorgeschrieben sind (c. 1119). Dabei haben die Bischofskonferenzen – über die sonst bei Sakramenten üblichen Anpassungsmöglichkeiten an die örtlichen Gegebenheiten hinaus – die Möglichkeit, einen eigenen Eheschließungsritus zu erstellen (c. 1120).

Die Deutsche Bischofskonferenz hat von dieser Möglichkeit insofern Gebrauch gemacht, als sie zusammen mit dem Rat der Evangelischen Kirche in Deutschland ein eigenes liturgisches Buch für die »Gemeinsame Feier der Kirchlichen Trauung« bei konfessionsverschiedenen Paaren unter Beteiligung zweier Seelsorger veröffentlicht hat.[272] Es sieht vor, dass sich die Gestaltung der Feier in der Regel nach dem

---

269 Ordo celebrandi matrimonium, 1990, Praenotanda, Nr. 36.

270 Die Feier der Trauung, 1993, Pastorale Einführung der Bischöfe des deutschen Sprachgebiets, Nr. 32.

271 Ebd., Nr. 35; Anmerkungstafel zum Ehevorbereitungsprotokoll, Nr. 19.

272 DBK und EKD, Gemeinsame Feier der kirchlichen Trauung. Ordnung der kirchlichen Trauung für konfessionsverschiedene Paare unter Beteiligung der zur Trauung Berechtigten beider Kirchen, Leipzig u. a. 1995.

Kirchengebäude richtet, das vom Brautpaar gewählt wurde: Findet die Trauung in einer katholischen Kirche oder Kapelle statt, folgt sie dem katholischem Ritus, d. h. der kanonischen Eheschließungsform; der evangelische Geistliche hält dann die Ansprache. Bei einer Trauung in einer evangelischen Kirche ist es umgekehrt; in diesem Fall ist eine Dispens von der kanonischen Eheschließungsform erforderlich.

Für den badischen Teil des Landes Baden-Württemberg gilt nach wie vor ein im Jahre 1974 zwischen dem Erzbistum Freiburg, der Evangelischen Landeskirche in Baden, der Herrnhuter Brüdergemeine, der Evangelisch-methodistischen Kirche und der Altkatholischen Kirche unter dem Titel »Formular C« vereinbarter Ritus für die Feier der Trauung unter Beteiligung von Geistlichen beider Konfessionen. Dieses Formular sieht vor, dass eine Trauung, bei der ein katholischer Partner beteiligt ist, stets – also unabhängig vom gewählten Gebäude – der kanonischen Eheschließungsform folgt.

In Österreich ist bei einer Trauung eines katholischen und eines evangelischen Partners unter Beteiligung beider Geistlicher die »Ordnung der kirchlichen Trauung konfessionsverschiedener Paare unter Mitwirkung der Pfarrer beider Kirchen« zu befolgen.[273] Nach welchem der Riten der betreffenden Konfessionen die Trauung erfolgt, richtet sich dabei nach dem Wunsch des Paares.

Die Trauung zweier Katholiken soll normalerweise im Rahmen einer Eucharistiefeier stattfinden.[274] Die Trauung zwischen einem Katholiken und einem (getauften oder ungetauften) Nichtkatholiken soll in einem Wortgottesdienst stattfinden. Sie im Rahmen einer Eucharistiefeier vorzunehmen, bedarf nach gesamtkirchlichem Recht einer Erlaubnis des Ortsordinarius.[275] Für Eheschließungen im deutschsprachigen Raum wurde diese Erlaubnis, was Eheschließungen zwischen Getauften angeht, generell erteilt.[276]

Für den Konsensaustausch stellen die liturgischen Bücher zwei Möglichkeiten zur Wahl: einen Vermählungsspruch, den die Brautleute selbst sprechen, oder die Vermählung durch eine längere Frage des Zelebranten, auf die die Brautleute nur mit »Ja« zu antworten brauchen. Es ist nicht zulässig, die in den liturgischen Büchern für die Vermählung vorgesehenen Formeln zu verändern. Eine Veränderung der Formeln führt aber an sich nicht zur Nichtigkeit der Ehe, es sei denn, dass die Veränderung Ausdruck eines unzureichenden Ehewillens (z. B. eines Scheidungsvorbehalts) ist.

Die Eheschließung ist im Ehebuch jener Pfarrei zu registrieren, in der die Eheschließung stattgefunden hat (c. 1121). Eine mit Dispens von der kanonischen Eheschließungsform eingegangene Ehe muss sowohl im Ehebuch der Wohnsitzpfarrei des katholischen Partners als auch im Ehebuch der bischöflichen Kurie eingetragen werden (c. 1121 § 3). Bei Katholiken ist die Eheschließung außerdem im Taufbuch einzutragen (c. 1122).

---

273 ABl ÖBK Nr. 1 (1984) 4 f.

274 Die Feier der Trauung, 1993, *Praenotanda*, Nr. 29.

275 Die Feier der Trauung, 1993, *Praenotanda*, Nr. 36.

276 Die Feier der Trauung, 1993, Pastorale Einführung der Bischöfe des deutschen Sprachgebiets, Nr. 32.

M. Die Gültigmachung der Ehe

Wenn bei einer Eheschließung ein Mangel in der Ehefähigkeit, im Ehewillen oder in der Eheschließungsform dazu geführt hat, dass die Bekundung des Ehewillens keine gültige Ehe hervorgebracht hat, die Partner aber nach Bekanntwerden der Ungültigkeit dennoch als Eheleute leben wollen, entsteht für sie die moralische Notwendigkeit, die Ehe gültigzumachen. Bei der »Gültigmachung« der Ehe geht es im Grunde um das Zustandekommen der Ehe, also um eine Weise der Eheschließung. Ebenso wie eine gewöhnliche Eheschließung setzt auch die Gültigmachung einer nichtigen Ehe voraus, dass zum Zeitpunkt der Gültigmachung die entsprechenden Anforderungen an Ehefähigkeit, Ehewillen und Form der Eheschließung (d. h. der Gültigmachung) erfüllt sind. Wenn hinsichtlich der Ehefähigkeit ursprünglich ein verungültigender Mangel vorgelegen hatte, setzt die Gültigmachung also voraus, dass dieser Mangel zum Zeitpunkt der Gültigmachung nicht mehr besteht bzw. behoben wird. Weil jede Ehe durch den Ehewillen zustande kommt, setzt die Gültigmachung einer Ehe voraus, dass zum Zeitpunkt der Gültigmachung bei beiden Partnern der nötige Ehewille vorhanden ist. Wenn der Ehewille einmal gültig bekundet wurde, ist zu vermuten, dass er fortdauert, es sei denn, dass feststeht, dass er widerrufen wurde (c. 1107). Hinsichtlich der einzuhaltenden Form bestehen naturrechtlich gesehen keine näheren Anforderungen an die Gültigmachung. Daraus folgt, dass eine Ehe durch den Wegfall eines Umstandes, der ihr gültiges Zustandekommen ursprünglich verhindert hatte, an sich von selbst gültig werden kann. Eine solche von selbst eintretende »Gültigmachung« ließe sich dann aber womöglich nicht leicht nachweisen; das wäre der Rechtssicherheit abträglich. Deswegen liegt es nahe, dass eine Rechtsordnung zum Gültigwerden einer Ehe die Einhaltung einer bestimmten Form verlangt. Der CIC enthält für die ihm unterstellten katholischen Christen einschlägige Bestimmungen in cc. 1156–1165.

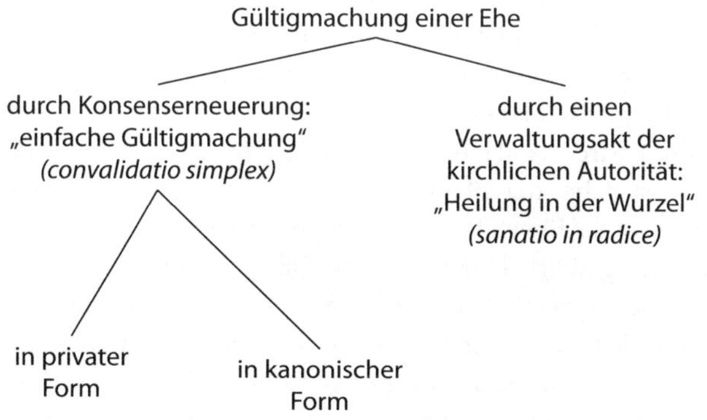

Dabei wird zwischen der Gültigmachung durch eine Konsenserneuerung seitens eines oder beider Partner und der Gültigmachung durch einen Verwaltungsakt der kirchlichen Autorität unterschieden. Die Gültigmachung durch Konsenserneuerung wird als »einfache Gültigmachung« *(convalidatio simplex)* bezeichnet. Mit dem Ausdruck »Konsenserneuerung« ist gemeint, dass der Partner, der weiß oder zumindest meint, dass seine Ehe nichtig ist, einen neuen Willensakt setzt, der auf die Ehe mit demselben Partner ausgerichtet ist. Eine solche Konsenserneuerung ist in zwei verschiedenen Formen möglich: Erstens kann sie unter bestimmten Umständen als private Konsenserneuerung vorgenommen werden, also ohne amtliche Beteiligung der kirchlichen Autorität. Faktisch wird eine solche private Konsenserneuerung im Falle von Katholiken am ehesten im Rahmen eines seelsorglichen Gesprächs oder im Rahmen eines Beichtgesprächs vorkommen. Die Gültigmachung durch private Konsenserneuerung ist möglich, falls bei der Eheschließung ein Hindernis bestand, das nicht bewiesen werden kann und das inzwischen entfallen oder durch Dispens behoben worden ist (c. 1158 § 2), oder falls ein Konsensmangel vorlag, der nicht bewiesen werden kann (c. 1159 § 2). Die Nichtbeweisbarkeit solcher Mängel hat zur Folge, dass eine Nichtigerklärung nicht möglich wäre. Wer von einem solchen nicht beweisbaren Mangel Kenntnis hat, steht also vor der Wahl, die Nichtigkeit seiner Ehe unangetastet weiterbestehen zu lassen, mit der Folge, dass die Partner nicht die Rechte von Verheirateten ausüben dürfen, oder seine Ehe nach Behebung des Mangels gültigzumachen. Dazu will die Kirche keine hohen Anforderungen stellen. Sie begnügt sich vielmehr mit der privaten und geheimen Konsenserneuerung. In der Praxis werden solche Fälle allerdings nur selten vorkommen. Ehehindernisse sind ohnehin fast immer beweisbar. Und für den Beweis eines Willensmangels besitzt auch die Aussage desjenigen, dessen Ehewille mangelhaft war, Beweiswert, wenn auch für sich allein genommen keinen vollen Beweiswert (c. 1536 § 2).

Zweitens kann eine Konsenserneuerung unter Einhaltung der kanonischen Eheschließungsform erfolgen. Diese Form der Konsenserneuerung ist ohne Einschränkungen möglich. Die Gültigmachung ist dann rechtlich gesehen kaum von einer gewöhnlichen Eheschließung zu unterscheiden. Im Unterschied dazu wird sie aber normalerweise nicht in feierlicher Form unter Beteiligung einer größeren Öffentlichkeit erfolgen. Außerdem ist vor der Gültigmachung kein neues Aufgebot erforderlich. Schließlich ist es im Prinzip auch möglich, dass nur einer der Partner unter Einhaltung der kanonischen Eheschließungsform seinen Konsens erneuert, vorausgesetzt, dass man davon ausgehen kann, dass der Konsens des anderen Partners fortdauert.

Die Gültigmachung durch einen Verwaltungsakt der kirchlichen Autorität (also ohne Konsenserneuerung) wird als »Heilung in der Wurzel« *(sanatio in radice)* bezeichnet. Mit der »Wurzel« ist dabei der Ehewille gemeint. Die zugrunde liegende Vorstellung ist: Die »Wurzel«, also der Ehewille, hat aufgrund irgendwelcher Mängel zunächst nicht zu einer gültigen Ehe geführt. Durch die Verfügung der kirchlichen Autorität werden diese Mängel nun behoben. Dadurch kann aus dem Ehewillen nun eine gültige Ehe erwachsen. Bei der Heilung in der Wurzel besteht die Besonderheit, dass die kanonischen Wirkungen der Ehe auf jenen Zeitpunkt zurückverlegt werden, an dem der Ehewille erstmals vorhanden war (cc. 1161 § 1, 1162 § 2). Dieses Zurückwirken hat allerdings kaum praktische Relevanz. Bei den »kanonischen Wirkungen« ist vor allem an die Frage der Ehelichkeit der Kinder zu denken. Wenn eine ungültige Ehe von wenigstens einem Partner in gutem Glauben geschlossen wurde, gelten die Kinder allerdings ohnehin als ehelich (c. 1137 i. V. m. c. 1061 § 3). Im Übrigen hat die Frage der Ehelichkeit der Kinder – jedenfalls nach gesamtkirchlichem Recht – keine rechtlichen Folgen. Unter den beiden Weisen der Gültigmachung (einfache Gültigmachung bzw. Heilung in der Wurzel) ist normalerweise die einfache Gültigmachung zu bevorzugen, weil sie deutlicher zum Ausdruck bringt, was geschieht. Ein Grund dafür, eine Heilung in der Wurzel zu beantragen, könnte vorliegen, wenn eine einfache Gültigmachung bei den Partnern auf Abneigung stößt oder wenn die Nichtigkeit auf einem Versäumnis des Amtsträgers beruht, die Partner von diesem Versäumnis nichts ahnen und zu befürchten ist, dass eine Information darüber bei ihnen zu Verwirrung oder Verärgerung führen würde. Naturrechtlich gesehen, setzt die Heilung in der Wurzel zur Gültigkeit voraus, dass zum Zeitpunkt der Heilung bei beiden Partnern ein ausreichender Ehewille fortbesteht. Falls die Heilung vorgenommen wird, ohne dass ein ausreichender Ehewille gegeben ist, ginge die Heilung sozusagen »ins Leere«; es käme also keine gültige Ehe zustande (c. 1162 § 1). Über diese naturrechtliche Anforderung hinaus fordert das rein kirchliche Recht für die Erlaubtheit einer Heilung, dass es für die betreffende Autorität wahrscheinlich ist, dass die Partner das eheliche Leben fortsetzen wollen (c. 1161 § 3). Wenn ursprünglich ein Willensmangel vorlag, setzt die Gültigkeit der Heilung voraus, dass dieser Mangel zum Zeitpunkt der Heilung nicht mehr besteht. Wenn ursprünglich ein Hindernis des göttlichen Rechts vorlag, setzt die Gültigkeit der Heilung voraus, dass dieses Hindernis nicht mehr besteht (c. 1163 § 2). Ein Wegfallen von Hindernissen des göttlichen Rechts ist beim Hindernis der Impotenz und dem des bestehenden Ehebandes möglich. Wenn ursprünglich ein Hindernis des rein kirchlichen Rechts oder ein Formmangel vorlag, kann die Ehe ohne weiteres geheilt werden (c. 1163 § 1). Es ist also nicht nötig, zunächst von dem Hindernis zu dispensieren und dann in einem zweiten Schritt die Heilung vorzunehmen. Vielmehr beinhaltet die Heilung in ein und demselben Akt die Dispens und die Gültigmachung (c. 1161 § 1). Es ist in aller Regel vorzuziehen, die Partner über die Heilung zu informieren. Der Codex lässt zwar auch zu, eine Heilung vorzunehmen, ohne die Partner darüber zu informieren (c. 1164); diese Vorgehensweise ist aber problematisch. Die Heilung erfolgt durch ein Reskript der zuständigen Autorität. Normalerweise kann sie vom Diözesanbischof gewährt werden; in bestimmten Fällen ist sie dem Apostolischen Stuhl vorbehalten (c. 1165).

Eine in kanonischer Form erfolgte Gültigmachung sowie eine Heilung in der Wurzel müssen – ebenso wie eine normale Eheschließung – im Ehebuch und in den Taufbüchern registriert werden (c. 1123). Im Falle einer durch private Konsenserneuerung erfolgten Gültigmachung ist eine Registrierung nicht erforderlich. Eine solche Ehe wurde ohnehin schon (bei ihrem ungültigen Abschluss) in den Kirchenbüchern registriert, und man kann in einem solchen Fall ohnehin nicht beweisen, dass die ursprüngliche Eheschließung nicht gültig war.

N. Die Trennung der Ehepartner, die Auflösung und Nichtigerklärung der Ehe

Seit jeher hat die Kirche anerkannt, dass es Gründe gibt, die dazu berechtigen, sich bei bleibendem Eheband von seinem Partner zu trennen. Früher verwendete man dafür den Ausdruck »Trennung von Tisch und Bett« (vgl. die Überschrift vor can. 1128 CIC/1917). Der CIC nennt zwei solche Gründe: Erstens hat, wenn ein Partner Ehebruch begangen hat, der andere normalerweise das Recht, sich zu trennen; es wird ihm aber empfohlen, den Ehebruch zu verzeihen und die Ehe fortzuführen (c. 1152). Zweitens darf, wenn ein Partner schwere Gefahr für Seele oder Leib des anderen oder der Kinder herbeiführt oder auf andere Weise das gemeinsame Leben unerträglich macht, der andere sich trennen. Wenn die beschriebene Gefahr vorüber ist, besteht normalerweise die Verpflichtung, das eheliche Leben wiederaufzunehmen (c. 1153). Die Berechtigung zur Trennung erfordert eine Bestätigung durch die zuständige kirchliche Autorität. Ein solches Verfahren kommt vor allem nachträglich in Betracht. Das heißt, wer sich wegen Ehebruchs oder weil Gefahr im Verzug liegt, aufgrund eigener Entscheidung vom anderen getrennt hat, muss anschließend ein kirchliches Trennungsverfahren einleiten. Das Verfahren kann auf dem Verwaltungsweg beim Diözesanbischof oder auf dem Gerichtsweg geführt werden (cc. 1692–1696). Wenn der behauptete Grund für die Trennung vorliegt, hat man einen Rechtsanspruch auf eine kirchliche Bestätigung des Rechts zur Trennung. Im deutschsprachigen Raum werden solche Verfahren kaum geführt, schon deshalb, weil es weitgehend unbekannt ist, dass das Kirchenrecht ein solches Verfahren verlangt. Ein solches Verfahren kann aber z. B. erforderlich werden, wenn ein Geschiedener eine Dispens des Apostolischen Stuhls beantragt, um in eine Ordensgemeinschaft einzutreten.

Die Frage einer kirchlichen Auflösung oder Nichtigerklärung stellt sich meist erst dann, wenn die eheliche Lebensgemeinschaft faktisch bereits zerbrochen ist. Das Motiv dafür, eine Auflösung oder Nichtigerklärung zu erhalten, ist meist der Wunsch nach einer neuen kirchlichen Eheschließung. Es kommen aber auch andere Motive vor (z. B. der Wunsch, in eine Ordensgemeinschaft einzutreten, oder einfach der Wunsch, unter moralischer Rücksicht nicht mehr an den anderen gebunden zu sein). In manchen Fällen geht es auch darum, dass kirchliche Arbeitnehmer arbeitsrechtliche Probleme vermeiden wollen. Um einen geeigneten Antrag auf Auflösung bzw. Nichtigerklärung stellen zu können, ist eine kirchenrechtliche Beratung fast immer unerlässlich. Die Diözesangerichte bieten eine solche Beratung kostenlos an. Es besteht auch die Möglichkeit, einen kirchlichen Anwalt zu Rate zu ziehen. Das empfiehlt sich vor allem dann, wenn es um einen besonders schwierigen Fall geht oder wenn während eines bereits laufenden Verfahrens ungewöhnliche Schwierigkeiten auftreten.

Eine nichtsakramentale Ehe kann zugunsten des Glaubens *(in favorem fidei)* aufgelöst werden. Falls zum Zeitpunkt der Eheschließung beide Partner ungetauft waren, einer von ihnen sich später taufen lässt und der andere es vorzieht, sich von ihm zu trennen, kann der christliche Partner dazu vom »paulinischen Privileg« Gebrauch machen. Diese Bezeichnung geht darauf zurück, dass der Apostel Paulus eine entsprechende Anfrage aus Korinth großzügig beantwortet hatte (1 Kor 7; vgl. oben § 4 D). Im Falle der Anwendbarkeit des paulinischen Privilegs ist der Getaufte berechtigt, jemand anders zu heiraten. Durch die neue Eheschließung wird die erste Ehe aufgelöst. Das dabei einzuhaltende Verfahren ist in cc. 1143–1147 beschrieben. Im Laufe des Verfahrens ist nachzuweisen, dass bei der Eheschließung beide Partner ungetauft waren, dass der nicht-antragstellende Partner nach wie vor ungetauft ist, dass dieser die Ehe nicht fortführen will, und zwar ohne dass der zum Christentum übertretende bzw. übergetretene Partner dem anderen einen berechtigten Anlass zur Trennung gegeben hat. Wenn die Erfüllung dieser Bedingungen nachgewiesen ist, erhält der antragstellende Partner vom Ortsordinarius eine Bescheinigung, wonach er zu einer neuen Eheschließung berechtigt ist. Auf diese Bescheinigung besteht ein Rechtsanspruch. Wenn dann die neue Eheschließung erfolgt, wird dadurch die frühere Ehe aufgelöst. Von diesem Zeitpunkt an kann dann auch der ungetaufte Partner wiederheiraten.

Ausgehend vom paulinischen Privileg hat die Kirche nach und nach begonnen, auch andere nichtsakramentale Ehen aufzulösen, z. B. Ehen zwischen einem Christen und einem Ungetauften, oder Ehen zwischen zwei Ungetauften, von denen keiner sich taufen lassen möchte, einer der Partner aber einen Katholiken heiraten möchte. Diese Art von Auflösung wird durch einen vom Papst gewährten Gnadenakt vollzogen. Der CIC geht darauf nicht ein; die gegenwärtig geltenden Normen hat die Glaubenskongregation im Jahre 2001 erlassen.[277] Ebenso wie beim paulinischen Privileg setzt auch die Gewährung der Auflösung durch den Papst voraus, dass sie sich zugunsten des Glaubens *(in favorem fidei)* auswirkt. Dahinter steht die Überlegung, dass das Gut des Glaubens gegenüber der Unauflöslichkeit der nicht-sakramentalen Ehen den Vorrang haben kann. Nach den geltenden Normen gewährt der Papst die Auflösung nur, wenn eine Reihe von Voraussetzungen erfüllt sind: Vor allem wird die Auflösung nicht gewährt, wenn der bittstellende Partner oder dessen ins Auge gefasster neuer Partner ausschließlich oder überwiegend die Schuld am Scheitern der aufzulösenden Ehe trägt. Falls der ins Auge gefasste neue Partner nicht katholisch ist, wird die Auflösung nur gewährt, nachdem er schriftlich versprochen hat, dem katholischen Partner die Freiheit zu lassen, den katholischen Glauben zu bekennen und die Kinder katholisch zu taufen und zu erziehen. Die Auflösung wird nicht gewährt, wenn die aufzulösende Ehe selbst erst nach Auflösung einer anderen Ehe *in favorem fidei* zustande gekommen ist; man kann also nicht mehrmals von dieser Möglichkeit Gebrauch machen. Wenn die aufzulösende Ehe mit Dispens vom Hindernis der Religionsverschiedenheit eingegangen wurde, wird die Auflösung nur gewährt, falls eine sakramentale Ehe beabsichtigt ist. Zur Beweiserhebung wird ein Verwaltungsverfahren auf Bistumsebene durchgeführt. Anschließend hat der Bischof die Dokumente zusammen mit einer eigenen Stellungnahme, ob er die Auflösung befürwortet oder nicht, an die Glaubenskongregation zu leiten. Diese legt die Frage dem Papst vor. In der Literatur wird im Hinblick auf die päpstliche Auflösung von Ehen zugunsten des Glaubens manchmal der Ausdruck *Privilegium Petrinum* verwendet. Dieser Ausdruck ist aber umstritten. Jedenfalls handelt es sich nicht um eine offizielle Bezeichnung; sie sollte besser vermieden werden.

Die päpstliche Auflösung einer nichtvollzogenen Ehe wird seit dem Mittelalter praktiziert. Die mittelalterliche Theologie hatte die Frage diskutiert, zu welchem Zeitpunkt die Ehe zu bestehen beginnt. Die Anhänger der »Konsenstheorie« vertraten die Ansicht, dass die Ehe durch die gegenseitige Erklärung des Ehewillens zustande kommt. Diese Sicht entsprach eher dem alten römischen Recht; sie konnte auch erklären, dass zwischen Maria und Josef tatsächlich eine Ehe bestand. Die Anhänger der »Kopulatheorie« meinten hingegen, dass die Ehe erst durch den geschlechtlichen Voll-

---

277 Congr. DocFid, Normen vom 30. 4. 2001: AfkKR 171 (2002) 161–168; dt.: De Processibus Matrimonialibus 9 (2002) 356–377.

zug der Ehe zustande kommt. Der Konsensaustausch sei allenfalls eine anfanghafte Ehe *(matrimonium initiatum)*; erst der Vollzug mache sie zu einer vollendeten Ehe *(matrimonium consummatum)*. Die Päpste beendeten diese Diskussion im 12. und 13. Jahrhundert durch eine Art Kompromiss: Einerseits lehrten sie, dass bereits durch den Konsensaustausch eine wirkliche, sakramentale Ehe zustande kommt. Im Grundsatz setzte sich also die Konsenstheorie durch. Andererseits beanspruchten sie aber, dass die Kirche die Vollmacht besitzt, eine noch nicht vollzogene Ehe wieder aufzulösen. Insoweit konnte sich die Kopulatheorie durchsetzen. Im geltenden Recht wird die Möglichkeit der Auflösung einer nicht vollzogenen Ehe in c. 1142 erwähnt. Als »vollzogen« gilt eine Ehe gemäß c. 1061 § 1, »wenn die Ehegatten auf menschliche Weise miteinander einen ehelichen Akt vollzogen haben, der aus sich heraus zur Zeugung von Nachkommenschaft geeignet ist, auf den die Ehe ihrer Natur nach hingeordnet ist und durch den die Ehegatten ein Fleisch werden«. Ein Vollzug der Ehe in diesem Sinne ist erst möglich, nachdem die Ehe geschlossen wurde. D. h., auch wenn die Ehepartner bereits vorehelich miteinander verkehrt haben, kann die Ehe noch aufgelöst werden, bis nach der Eheschließung der erste erneute Geschlechtsverkehr stattgefunden hat, durch den die Ehe dann eben erstmals vollzogen wird. Die in der Definition des Vollzugs verwendete Wendung »auf menschliche Weise« *(humano modo)* weist darauf hin, dass man nur bei gegenseitigem Einvernehmen der Eheleute von einem Vollzug der Ehe sprechen kann; ein erzwungener Geschlechtsverkehr stellt keinen Vollzug der Ehe dar. Das Verfahren der Auflösung nicht vollzogener Ehen wird grundlegend in cc. 1697–1706 beschrieben. Nähere Hinweise gehen aus einem Rundschreiben der Sakramentenkongregation aus dem Jahre 1986 hervor.[278] Der Antragsteller hat in einem Verwaltungsverfahren auf Bistumsebene nachzuweisen, dass seine Ehe nicht vollzogen wurde (im Sinne von c. 1061 § 1). Am einfachsten ist der Beweis im Falle einer Frau, die durch ein glaubwürdiges ärztliches Gutachten nachweisen kann, dass sie noch Jungfrau ist. Es ist aber ggf. auch möglich, den Nichtvollzug durch die Aussagen der Ehepartner und Zeugen sowie durch Indizien hinreichend glaubhaft zu machen. Der Bischof leitet die Verfahrensakten an den Apostolischen Stuhl. Die Zuständigkeit dort liegt bei einem Amt innerhalb der Römischen Rota. Die Auflösung stellt einen päpstlichen Gnadenakt dar.

Die Feststellung der Nichtigkeit einer Ehe (auch »Annullierung« genannt) kann je nach den näheren Umständen auf drei verschiedene Weisen erfolgen. (1) Wenn eine bloße Zivilehe eines Katholiken geschieden wurde und er oder der andere Ehepartner daraufhin kirchlich heiraten möchte, muss überprüft werden, ob die zivile Eheschließung womöglich zu einer auch aus kirchlicher Sicht gültigen Ehe geführt hat. Diese Überprüfung kann im Rahmen der Ehevorbereitung auf dem Verwaltungsweg erfolgen; die Zuständigkeit dafür liegt beim Ortsordinarius. Die Deutsche Bischofskonferenz hat dafür ein einheitliches Formular vorgeschrieben. (2) Um eine Ehe für nichtig zu erklären, bei der dem äußeren Anschein nach die erforderliche Form eingehalten wurde, ist ein gerichtliches Nichtigkeitsverfahren erforderlich. Das gilt gleichermaßen

278 Congr. Sacr, Litterae Circulares über das Inkonsummationsverfahren, vom 20. 12. 1986: Comm 20 (1988) 78–84.

für Ehen von Katholiken wie für Ehen von Nichtkatholiken. Eine Ehe von Nichtkatholiken darf durch ein katholisches Gericht allerdings nur dann überprüft werden, wenn das im Hinblick auf die Feststellung des Ledigenstandes in der katholischen Kirche erforderlich ist. Die prozessrechtlichen Vorschriften für ein solches Nichtigkeitsverfahren ergeben sich aus cc. 1671–1691 in Verbindung mit den Bestimmungen über das ordentliche Streitverfahren in cc. 1501–1655 sowie aus der Instruktion *Dignitas connubii* (vgl. unten § 54 B). Ehenichtigkeitssachen müssen normalerweise einem aus drei Richtern bestehenden Kollegialgericht übertragen werden (c. 1425 § 1, 1° b). Eine Wiederheirat ist erst möglich, wenn die Nichtigkeit der betreffenden Ehe in zwei Instanzen übereinstimmend festgestellt wurde. Die häufigsten Gründe, aufgrund deren Ehen für nichtig erklärt werden, sind Eheunfähigkeit aus psychischen Gründen gemäß c. 1095, der Ausschluss der Unauflöslichkeit sowie der Ausschluss von Nachkommenschaft. Der Beweis, dass ein Nichtigkeitsgrund vorliegt, erfolgt meist durch die Aussagen der Ehepartner selbst und der Zeugen. Die wichtigsten Zeugen sind in der Praxis häufig Eltern und Geschwister. (3) Wenn die Nichtigkeit einer Ehe eindeutig aus Urkunden hervorgeht, aus denen sich das Vorliegen eines Hindernisses oder ein Formmangel ergibt, kann die Nichtigerklärung auf dem Wege des in cc. 1686–1688 beschriebenen »Dokumentenverfahrens« (»Urkundenverfahrens«) erfolgen. Es kann durch einen Einzelrichter geführt werden; es ist also kein Kollegialgericht erforderlich. Eine Bestätigung des Urteils durch die 2. Instanz ist nicht erforderlich. Das heißt, wenn die Nichtigkeit der Ehe in 1. Instanz festgestellt wurde, ist eine Wiederheirat möglich, es sei denn, dass gegen das Urteil Berufung eingelegt wird. In der Praxis kommt das Dokumentenverfahren vor allem dann zum Einsatz, wenn die Nichtigkeit einer Ehe wegen des Hindernisses eines bestehenden Ehebandes festgestellt werden soll.

O. Die Rechtsstellung wiederverheirateter Geschiedener

Das geltende kanonische Recht geht an keiner Stelle ausdrücklich auf die Rechtsstellung wiederverheirateter Geschiedener ein. Inwieweit ihre Rechtsstellung eingeschränkt ist, hängt davon ab, wie man die einschlägigen allgemeinen Bestimmungen interpretiert. Solche Bestimmungen bestehen im Hinblick auf die Zulassung zu den Sakramenten, Diensten und Ämtern sowie im kirchlichen Arbeitsrecht.

Zum Empfang der Taufe darf nur zugelassen werden, wer »in der christlichen Lebensführung erprobt ist« (c. 865 § 1). Wer nicht bereit ist, irreguläre ehelichen Verhältnisse in Ordnung zu bringen, scheint diese Bedingung nicht zu erfüllen. Dennoch ist in den deutschsprachigen Ländern ein Teil der Bistümer bereit, auch Menschen in irregulären ehelichen Verhältnissen zur Taufe zuzulassen, je nach Bistum auch zu Firmung und Erstkommunion. Zum Empfang der Kommunion darf gemäß c. 915 nicht zugelassen werden, wer »hartnäckig in einer offenkundigen schweren Sünde verharrt«. Die Frage, ob wiederverheiratete Geschiedene von dieser Bestimmung erfasst sind, beantwortet der Katechismus der Katholischen Kirche mit einem uneingeschränkten Ja: »Falls Geschiedene zivil wiederverheiratet sind, befinden sie sich in einer Situation, die dem Gesetze Gottes objektiv widerspricht. Darum dürfen sie, solange diese Situation andauert, nicht die Kommunion empfangen.«[279] Der Empfang des Bußsakraments setzt – zur Gültigkeit – Reue über die begangenen Sünden und den Vorsatz zur Besserung voraus (c. 987). Dieser Vorsatz würde seinerseits voraussetzen, dass man bereit ist, das Leben in irregulären ehelichen Verhältnissen aufzugeben. Für den Empfang der Krankensalbung gilt gemäß c. 1007 dasselbe wie für den Empfang der Kommunion.

Die Übernahme des Tauf- oder Firmpatenamtes setzt voraus, dass der Betreffende »ein Leben führt, das dem Glauben und dem zu übernehmenden Dienst entspricht« (cc. 874 § 1, 3°; 893 § 1). Die Erfüllung dieser Bedingung erscheint bei wiederverheirateten Geschiedenen fraglich. Die Übertragung bestimmter Ämter oder Aufgaben setzt voraus, dass der Betreffende »gute Sitten« bzw. einen guten Ruf hat.[280] Auch das kann bei wiederverheirateten Geschiedenen fraglich erscheinen. Ggf. muss jemand im Falle einer unzulässigen Wiederheirat solcher Ämter oder Aufgaben wieder enthoben werden. Für die Zulassung zu liturgischen Diensten (z. B. Lektor, Kommunionhelfer) nennt das gesamtkirchliche Recht keine konkreten Voraussetzungen. Sie bestehen aber von der Sache her. Es scheint jedenfalls offensichtlich, dass jemand, der nicht selbst die Kommunion empfangen darf, auch nicht als Kommunionhelfer eingesetzt werden darf.

Das Wahlrecht zu den pfarrlichen Gremien richtet sich nach den Bestimmungen des jeweiligen Bistums. Das aktive Wahlrecht geht bei Wiederheirat nicht verloren. Es würde – je nach Bistum – ggf. verloren gehen, wenn jemand aufgrund eines Dekrets des Ortsordinarius von der Wahl ausgeschlossen wäre; eine Wiederheirat wird in der Praxis aber nicht zu einem solchen Dekret führen. Was das passive Wahlrecht angeht, ist die Rechtslage in den deutschen Bistümern unterschiedlich. In einem Teil der Bistümer verliert man das passive Wahlrecht nur, wenn man durch Dekret des Ordinariats von der Wahl ausgeschlossen wurde. In anderen Bistümern heißt es z. B., dass diejenigen Gläubigen, die »in der Ausübung ihrer allgemeinen kirchlichen Gliedschaftsrechte behindert sind«, von Rechts wegen vom passiven Wahlrecht ausgeschlossen sind. Bei einer solchen Formulierung ist – angesichts der Nichtzulassung zur Kommunion gemäß c. 915 – ggf. auch an die Wiederverheirateten zu denken.

Nach der im Jahre 2015 von den deutschen Bischöfen beschlossenen Fassung der »Grundordnung des kirchlichen Dienstes im Rahmen kirchlicher Arbeitsverhältnisse« stellt für eine Kündigung aus kirchenspezifischen Gründen der »kirchenrechtlich unzulässige Abschluss einer Zivilehe« durch katholische Mitarbeiterinnen und Mitarbeiter einen schwerwiegenden Verstoß gegen die Loyalitätsobliegenheiten dar, »wenn diese Handlung nach den konkreten Umständen objektiv geeignet ist, ein erhebliches Ärgernis in der Dienstgemeinschaft oder im beruflichen Wirkungskreis zu erregen und die Glaubwürdigkeit der Kirche zu beeinträchtigen; eine solche Eignung wird bei pastoral oder katechetisch tätigen Mitarbeiterinnen und Mitarbeitern sowie bei

279 KKK, Nr. 1650; vgl. auch: Johannes Paul II., Apostolisches Schreiben *Familiaris Consortio*, vom 22. 11. 1981, Nr. 33: AAS 74 (1982) 81–191; dt.: VApSt 33.

280 »Gute Sitten«: cc. 512 § 3, 805, 1428 § 2; »guter Ruf«: cc. 1421 § 3, 1435, 1483.

Mitarbeiterinnen und Mitarbeitern, die aufgrund einer Missio canonica oder einer sonstigen schriftlich erteilten bischöflichen Beauftragung beschäftigt werden, unwiderlegbar vermutet« (Art. 5 Abs. 2). Dabei hängt die Möglichkeit der Weiterbeschäftigung von der Abwägung der Einzelfallumstände ab (Art. 5 Abs. 3). In den von den deutschen Bischöfen erlassenen »Richtlinien über persönliche Anforderungen an Diakone und Laien im pastoralen Dienst im Hinblick auf Ehe und Familie« heißt es (Nr. 5): »Ein Katholik, dessen kirchenrechtlich gültige Ehe nach staatlichem Recht geschieden ist und der sich ohne kirchenrechtlich gültige Eheschließung wiederverheiratet, kann zum pastoralen Dienst nicht zugelassen werden oder ihn fortsetzen.« Diese Richtlinien betreffen Gemeinde- und Pastoralreferenten/innen sowie Ständige Diakone.

Zu einem Ausschluss vom kirchlichen Begräbnis könnte die Wiederheirat nur führen, wenn das Begräbnis »nicht ohne öffentliches Ärgernis bei den Gläubigen gewährt werden kann« (c. 1184 § 1, 3°). Ein solches Ärgernis wird in den deutschsprachigen Ländern in der Regel nicht entstehen; eher könnte eine Ablehnung des Begräbnisses zu Ärgernis führen. Eltern haben – soweit die übrigen Bedingungen erfüllt sind – einen Rechtsanspruch auf die Taufe ihres Kindes, auch wenn sie nicht gültig verheiratet sind. Eine Konversion in die Katholische Kirche erscheint zwar möglich; fraglich ist aber, ob dabei die Firmung gespendet werden darf. Einer Rekonziliation nach Kirchenaustritt stehen irreguläre eheliche Verhältnisse nicht entgegen.

P. Die Diskussion über den Umgang mit wiederverheirateten Geschiedenen

Bei der Frage, wie die Kirche mit Gläubigen in irregulären ehelichen Verhältnissen umgehen sollte, geht es im Kern um das Dilemma, einerseits den entschiedenen gegen Scheidung und Wiederheirat gerichteten Worten Jesu Christi treu zu bleiben und andererseits die von ihm vorgelebte Barmherzigkeit auch denen gegenüber zu zeigen, deren Ehe zerbrochen ist und die sich – womöglich aus gut nachvollziehbaren Gründen – entschieden haben, in einer neuen Zivilehe zu leben. Dabei ist zu beachten, dass die Situationen von Menschen, die aus Sicht der Kirche in irregulären ehelichen Verhältnissen leben, im Einzelnen sehr unterschiedlich sein können. Die Vorschläge, wie sich die Kirche angesichts des beschriebenen Dilemmas verhalten sollte, lassen sich grob in fünf Kategorien einteilen[281]:

(1) Eine erste Kategorie bilden diejenigen Vorschläge, die – auch wenn sie das womöglich ausdrücklich bestreiten – letztlich auf eine Ablehnung oder zumindest eine Einschränkung der Lehre von der Unauflöslichkeit der Ehe hinauslaufen. Da

281 Bei der Darstellung der fünf Kategorien wird hier darauf verzichtet, einzelne Vertreter der genannten Positionen zu nennen; angesichts der Kürze der Darstellung wäre es auch nicht leicht, die von einzelnen Autoren vertretenen Positionen und ihre Begründungen hier mit der nötigen Präzision wiederzugeben. Vgl. zum Folgenden insbesondere: DBK, Theologisch verantwortbare und pastoral angemessene Wege zur Begleitung wiederverheirateter Geschiedener, vom 24. 6. 2014: Arbeitshilfen 273, 42–76.

diese Lehre als unfehlbar gilt, wird sie in der katholischen Kirche nur selten unmittelbar bestritten; das schließt jedoch nicht aus, dass manche Vorschläge der Sache nach doch zu dieser Lehre im Widerspruch stehen. Zu einem solchen Widerspruch kann es etwa kommen, wenn man behauptet,

- aufgrund der »Unzuchtsklauseln« in Mt 19,9 (»Wer seine Frau entlässt, obwohl kein Fall von Unzucht vorliegt, und eine andere heiratet, der begeht Ehebruch«) und ähnlich in Mt 5,32 sei in bestimmten Fällen nicht nur eine Trennung, sondern auch eine Wiederheirat möglich,
- die Worte Jesu gegen die Scheidung beinhalteten nur ein (moralisches) Verbot der Wiederheirat, nicht aber ihre (rechtliche) Unmöglichkeit,
- die Kirche könne ihre schon bestehenden Möglichkeiten der Auflösung von Ehen auch auf sakramentale vollzogene Ehen ausweiten,
- oder die Kirche könne – etwa im Falle einer unwiederbringlich zerrütteten Ehe – von den Rechtsfolgen der Ehe befreien (oder »dispensieren«), um eine Wiederheirat möglich zu machen.

(2) Andere Lösungsansätze lassen zwar die Lehre von der Unauflöslichkeit der sakramentalen Ehe unangetastet, stellen aber in Frage, ob tatsächlich alle Ehen zwischen Getauften als sakramental anzusehen sind, wie in c. 1055 § 2 behauptet wird. Im Blick sind dabei vor allem

- die Ehen der nichtkatholischen Christen, die einer kirchlichen Gemeinschaft angehören, die die Sakramentalität der Ehe nicht anerkennt,
- und die Ehen jener, die zwar katholisch getauft sind, die aber nicht zum katholischen Glauben gefunden haben bzw. ihn wieder verloren haben.

Wenn unter diesen Getauften nicht-sakramentale Ehen möglich wären, würde man folgern, dass sie – ebenso wie andere nicht-sakramentale Ehen – von der Kirche aufgelöst werden könnten.

(3) Andere Vorschläge gehen zwar davon aus, dass während des Bestehens der ersten Ehe das Eingehen einer neuen Ehe nicht möglich ist. Sie halten es aber für möglich, aus Anlass einer Wiederheirat gottesdienstliche Handlungen vorzunehmen, die nicht den Charakter einer kirchlichen Eheschließung haben. Dabei beruft man sich zum Teil auf die Praxis der Alten Kirche, eine Wiederheirat zu gestatten[282], zum Teil auf die in den orthodoxen Kirchen praktizierte οἰκονομία *(oikonomia)*. Unter diesem (nicht eindeutig rechtlich definierten) Begriff versteht man in etwa das Abweichen von der strengen Gesetzesobservanz *(ἀκρίβεια)*, falls eher durch dieses Abweichen ein Wohlergehen zu erwarten ist als durch die strenge Gesetzesobservanz. In einer gewissen Ähnlichkeit zur Praxis der orthodoxen Kirchen wird dafür plädiert, in Situationen, in denen eine neue kirchliche Eheschließung nicht möglich ist, eine

282 Eine Auflistung der Stellungnahmen der Kirchenväter und Synoden findet sich bei: A. Belliger, Die wiederverheirateten Geschiedenen, Essen 2000, 423–430.

andere Art von Gottesdienst vorzunehmen. Liturgische Feiern aus Anlass einer Wiederheirat hat das kirchliche Lehramt allerdings ausdrücklich abgelehnt[283]; nicht-liturgische (»private«) Segensfeiern sind von dieser Ablehnung jedoch nicht erfasst.

(4) Unabhängig von der Frage der Möglichkeit einer neuen Eheschließung oder eines Gottesdienstes anlässlich der zivilen Wiederheirat wird für eine großzügigere Zulassung Wiederverheirateter zu den Sakramenten plädiert. Gegen die Anwendbarkeit der Bestimmung über den Ausschluss öffentlicher Sünder von der Eucharistie (c. 915) auf Wiederverheiratete wurde eingewandt, dass es von außen letztlich nicht zu beurteilen ist, ob und inwieweit sich die Betreffenden tatsächlich persönlich schuldig gemacht haben. Auf solche Überlegungen hat der Päpstliche Rat für Gesetzestexte geantwortet, dass es für die Frage der Zulassung gemäß c. 915 nicht auf die tatsächliche innere (»subjektive«) Situation der Betreffenden ankomme, sondern auf die von außen erkennbare (»objektive«) Situation.[284] Andererseits wird gegen den Ausschluss von den Sakramenten eingewandt, dass – zumindest nach einiger Zeit – auch eine neue, kirchlich nicht anerkannte Ehe ein moralisches Gewicht bekommen kann, so dass man sie nicht guten Gewissens wieder lösen kann.

(5) Den bislang genannten Lösungsansätzen werden andere gegenübergestellt, die sich im Wesentlichen im Rahmen des geltenden Rechts bewegen. Dazu zählen zunächst alle Vorschläge an die Betroffenen, sich im Rahmen des rechtlich Möglichen am Leben der Kirche zu beteiligen, einschließlich der Teilnahme am Gottesdienst ohne Empfang der Sakramente, außerdem die verschiedenen Möglichkeiten, eine faktisch zerbrochene frühere Ehe aufzulösen oder für nichtig zu erklären. Um eine größere Zahl von Betroffenen zu motivieren, einen der rechtlich vorgesehenen Wege zu beschreiten, wird bisweilen vorgeschlagen, das Verfahren der Auflösung bzw. Nichtigerklärung zu vereinfachen. Wenn diese Möglichkeiten ausscheiden, können diejenigen, die in einer zweiten, kirchlich nicht anerkannten Ehe leben und bereit sind, in vollständiger Enthaltsamkeit zu leben *(cohabitatio fraterna)*, nach dem Katechismus der Katholischen Kirche das Bußsakrament empfangen.[285] Das setzt voraus, dass es hinreichende moralische Gründe gibt, weiterhin mit dem neuen Partner zusammenzuleben. Vorausgesetzt, dass irreguläre eheliche Verhältnisse gemäß c. 915 die Zulassung zur Kommunion ausschließen, kann allerdings an einem Ort, an dem diese Verhältnisse öffentlich bekannt sind, die Bereitschaft eines Paares, enthaltsam zu leben, wenn sie nicht ebenfalls öffentlich bekannt ist, nicht zur Zulassung zur Kommunion führen. Möglich ist der Empfang der Kommunion dann aber immerhin dort, wo die irreguläre eheliche Situation nicht bekannt ist. Eine realistische Lösung wird die *cohabitatio fraterna* wohl nur in wenigen Fällen sein.

Die Vielzahl der aufgezeigten Lösungsvorschläge lässt einerseits erkennen, als wie dringend das Problem empfunden wird, macht aber andererseits auch deutlich, dass keiner der Ansätze so gut begründet ist, dass er schon allgemein überzeugen würde.

---

283 Johannes Paul II., *Familiaris consortio*, Nr. 84.

284 Vgl. PCLT, Erklärung vom 24. 6. 2000: Comm 32 (2000) 159–162; dt.: AfkKR 169 (2000) 135–138.

285 KKK, Nr. 1650.

Am problematischsten sind vermutlich jene Ansätze, die das Problem in erster Linie mit rechtlichen Mitteln zu lösen versuchen. Größere Chancen dürften wohl jenen Lösungsansätzen zukommen, die mit Rücksicht auf die Schwäche der Menschen und zur Vermeidung größerer Übel eine größere Toleranz gegenüber der streng genommen nicht möglichen Wiederverheiratung anstreben.

§ 49 Sonstige gottesdienstliche Handlungen

Literatur: Sieger, Marcus, Die Heiligsprechung: Geschichte und heutige Rechtslage, Würzburg 1995.

An die Behandlung der Sakramente in Teil I von Buch IV schließt der Codex einen Teil II unter der Überschrift »Sonstige gottesdienstliche Handlungen« an; dort sind Bestimmungen über die Sakramentalien, die Stundenliturgie, das Begräbnis, die Heiligen-, Bilder- und Reliquienverehrung sowie über Gelübde und Eid zusammengestellt. Im Folgenden werden unter dieser Überschrift jedoch zunächst zwei andere Themen angesprochen, die sich unter dieselbe Überschrift einordnen lassen, nämlich die Wort-Gottes-Feier am Sonntag sowie ökumenische Gottesdienste.

A. Wort-Gottes-Feier am Sonntag (c. 1248 § 2)

Auf die Wort-Gottes-Feier am Sonntag geht der Codex im Zusammenhang mit dem Sonntagsgebot ein. Für den Fall, dass wegen des Fehlens eines Priesters oder aus einem anderen schwerwiegenden Grund die Teilnahme an einer Eucharistiefeier nicht möglich ist, empfiehlt er den Gläubigen die Teilnahme an einer Wort-Gottes-Feier *(liturgia Verbi)*, wenn eine solche in der Pfarrkirche oder an einem anderen heiligen Ort gemäß den Vorschriften des Diözesanbischofs gefeiert wird (c. 1248 § 2). Nähere Bestimmungen über sonntägliche Gottesdienste ohne Priester hat die Gottesdienstkongregation in einem Direktorium aus dem Jahre 1988 erlassen.[286] Wenn an einem Ort am Sonntag keine Eucharistie gefeiert werden kann, ist demnach zunächst zu überprüfen, ob die Gläubigen in einem Nachbarort an der Eucharistiefeier teilnehmen können. Eine Wort-Gottes-Feier am Sonntag kann immer nur ein Handeln aus der Not heraus sein. Es muss verhindert werden, dass die Gläubigen sie für eine optimale Lösung der heutigen Schwierigkeiten oder für ein Zugeständnis an die Bequemlichkeit halten.[287] Solche Feiern dürfen daher am Sonntag niemals an Orten gehalten werden, an denen am selben Tag schon eine Messe gefeiert wurde oder noch gefeiert

---

286 Congr. Cult, Direktorium *Christi Ecclesia* über den sonntäglicher Gemeindegottesdienst ohne Priester, vom 10. 6. 1988, Nr. 18: Notitiae 24 (1988) 366–378; dt.: VApSt 94. Die meisten Aussagen in den beiden folgenden Abschnitten stützen sich auf dieses Direktorium. Vgl. auch DBK, Allgemeine Kriterien für die Wort-Gottes-Feiern am Sonntag, vom 8. 3. 2006: ABl Freiburg 2006, 339; ÖBK, Rahmenordnung für Sonntagsgottesdienste ohne Priester, vom 1.–4. 3. 2010: ABl ÖBK Nr. 51 (2010) 6–8.

287 Vgl. DBK, Allgemeine Kriterien für die Wort-Gottes-Feiern am Sonntag, Nr. 2.

wird oder am Vorabend gefeiert wurde, wenn auch ggf. in einer anderen Sprache. Die Entscheidung über das regelmäßige Stattfinden solcher Feiern liegt beim Diözesanbischof.[288] Die Leitung der Feier setzt einen Auftrag der zuständigen kirchlichen Autorität voraus.[289] Die Leitung kommt dabei in erster Linie den Diakonen zu; wenn keine Diakone zur Verfügung stehen, sollen zunächst Akolythen und Lektoren dafür herangezogen werden. Die Beauftragung anderer Gläubiger soll befristet erfolgen. Sie setzt eine angemessene Ausbildung voraus. Die Bistümer haben dafür zum Teil nähere Bestimmungen erlassen.

Jede Verwechslung eines solchen Gottesdienstes mit der Eucharistiefeier ist sorgfältig zu vermeiden.[290] Die für die Eucharistiefeier spezifischen Teile des Gottesdienstes, insbesondere das Eucharistische Hochgebet, dürfen nicht vorkommen, um die Verwechslungsgefahr auszuschließen. Das gilt auch für ähnliche, daran angelehnte Texte, z. B. einen Einsetzungsbericht in narrativer Form.[291] Die Bischofskonferenzen des deutschsprachigen Raums haben für den Ablauf der Feier liturgische Bücher herausgegeben.[292] Zur kontrovers diskutierten Frage, ob in einer Wort-Gottes-Feier die Kommunion ausgeteilt werden soll, heißt es in dem liturgischen Buch »Wort-Gottes-Feier«[293]:

> Die Wort-Gottes-Feier hat in sich ihren eigenen theologischen Wert und bedarf nicht der hinzugefügten Kommunionspendung … Wird aus schwerwiegenden pastoralen Gründen die Wort-Gottes-Feier mit einer Kommunionspendung verbunden, muss der Zusammenhang mit einer vorausgehenden Messfeier deutlich werden.

B. Ökumenische Gottesdienste

Während der Codex das Thema »ökumenische Gottesdienste« nicht anspricht, geht das Ökumenische Direktorium unter der Überschrift »Gemeinsames Gebet« ausführlich darauf ein und ermutigt dazu.[294] Es erkennt in solchen Gebeten ein wirksames Mittel, um die Gnade der Einheit zu erflehen, und zugleich einen Ausdruck der Bande, durch die Katholiken mit anderen Christen verbunden sind.

Probleme können jedoch entstehen, wenn ein ökumenischer Gottesdienst in Konkurrenz zur sonntäglichen Eucharistiefeier tritt. Das Ökumenische Direktorium erinnert daran, dass die Teilnahme an einem ökumenischen Gottesdienst an einem Sonn-

---

288 Vgl. ebd. Nr. 3.

289 Congr. Cler u. a., Instruktion *Ecclesiae de Mysterio*, Art. 7 § 1.

290 Vgl. Congr. Cult, Instruktion *Redemptionis Sacramentum*, Nr. 165.

291 Congr. Cler u. a., Instruktion *Ecclesiae de Mysterio*, Art. 7 § 2.

292 Wort-Gottes-Feier: Werkbuch für die Sonn- und Festtage, hrsg. von den Liturgischen Instituten Deutschlands und Österreichs im Auftrag der Deutschen Bischofskonferenz, der Österreichischen Bischofskonferenz und des Erzbischofs von Luxemburg, Trier 2004; Die Wortgottesfeier: der Wortgottesdienst der Gemeinde am Sonntag. Vorsteherbuch für Laien, hrsg. vom Liturgischen Institut Zürich im Auftrag der deutschschweizerischen Bischöfe, Freiburg i. Ue. 1997.

293 Wort-Gottes-Feier (Anm. 292), 32 f.

294 ÖD Nr. 108–115.

tag oder gebotenen Feiertag nicht von der Sonntagspflicht befreit. »Aus diesem Grund ist es nicht ratsam, am Sonntag ökumenische Gottesdienste zu halten.«[295] Die deutschen Bischöfe verlangen in solchen Fällen eine Genehmigung des Ortsordinarius.[296]

C. Sakramentalien (cc. 1166–1172)

Der Ausdruck »Sakramentalien« meint gemäß c. 1166 »heilige Zeichen, durch die in einer gewissen Nachahmung der Sakramente Wirkungen, besonders geistlicher Art, bezeichnet und kraft der Fürbitte der Kirche erlangt werden«. Dazu gehören z. B. Weihungen und Segnungen, der Gebrauch des Weihwassers und des Weihrauchs, Prozessionen, das Kreuzzeichen, die Kreuzverehrung, die Fußwaschung, Exorzismen und auch das – im Codex allerdings in einem eigenen Titel behandelte – kirchliche Begräbnis. Eine genaue Abgrenzung, ob eine Handlung zu den Sakramentalien gehört oder nicht, ist kaum möglich; sie ist aber auch nicht nötig, da sie keine Rechtsfolgen mit sich bringt. Ebenso wie bei Sakramenten sind auch bei Sakramentalien die von der kirchlichen Autorität gebilligten liturgischen Bücher und Spendeformeln einzuhalten, soweit es solche Bücher bzw. Formeln gibt. Dazu gehört vor allem das im Jahre 1984 veröffentlichte Buch *De Benedictionibus*; die aktuellste für den deutschsprachigen Bereich veröffentlichte Fassung ist das einige Jahre ältere »Benediktionale« (Studienausgabe von 1978). Die genannten Bücher legen auch fest, ob die einzelnen Sakramentalien nur von Klerikern bzw. von bestimmten Klerikern (Bischöfen bzw. Priestern) oder auch von Laien gefeiert werden dürfen. Beispielsweise ist die Weihe einer Kirche dem Bischof vorbehalten, die Weihe eines Kelches dem Priester. Der Eucharistische Segen ist den Klerikern vorbehalten. Segnungen im Leben der Familie werden im Allgemeinen von den Eltern gespendet.

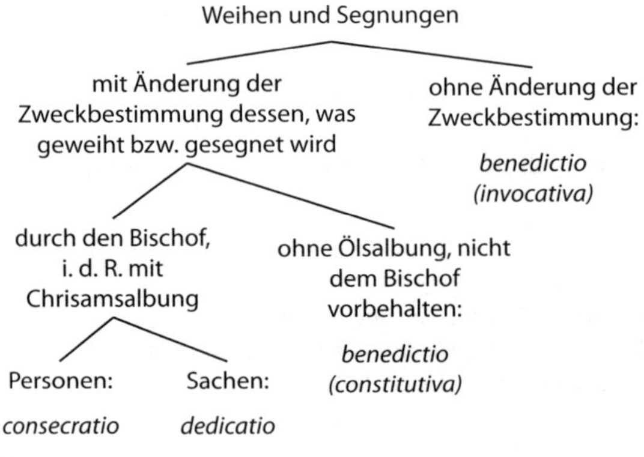

295 ÖD Nr. 115.

296 DBK, Erklärung bezüglich ökumenischer Gottesdienste, vom 24. 2. 1994: ABl Osnabrück 1994, 45. Für Österreich vgl.: ÖBK und Evangelischer Oberkirchenrat A. und H. B., Richtlinien für Ökumenische Gottesdienste, vom 25. 5. 2003: ABl ÖBK Nr. 36 (2003) 7–10.

Den Ausdruck *consecratio* verwendet der Codex für eine normalerweise vom Bischof vorgenommene Weihe von Personen, z. B. die Jungfrauenweihe. Der Ausdruck *dedicatio* bezeichnet eine normalerweise vom Bischof vorgenommene Weihe von Orten und Sachen, bei der auch eine Salbung mit Chrisam erfolgt, z. B. die Kirchweihe und die Altarweihe. Im Deutschen lässt sich die Unterscheidung zwischen *consecratio* und *dedicatio* nicht gut wiedergeben. Der Ausdruck *benedictio* umfasst einerseits die *benedictio constitutiva*, d. h. eine ohne Verwendung von Öl vorgenommene Segnung von Orten und Sachen, die dadurch eine neue Zweckbestimmung erhalten, z. B. die Segnung einer Kapelle, eines Friedhofs, eines Kelches oder eines Rosenkranzes. Zum anderen umfasst er die *benedicitio invocativa*, d. h. eine Segnung ohne Änderung der Zweckbestimmung; dazu gehört z. B. der Eucharistische Segen, der Segen am Ende der Messe, die Segnung eines Menschen, der nicht die Kommunion empfängt, anlässlich des Kommuniongangs, der Blasiussegen, die Segnung von Tieren usw. Was einmal durch Weihe oder Segnung für den Gottesdienst geweiht oder gesegnet wurde, darf nicht zweckentfremdet werden. Es kann aber seine Weihe bzw. Segnung wieder verlieren (»Profanierung«), sei es durch Zerstörung oder durch ein Dekret der zuständigen kirchlichen Autorität.

Zu den Sakramentalien gehört auch der Exorzismus. Man unterscheidet zwischen dem »kleinen Exorzismus«, wie er vor allem in der Liturgie der Taufe vorgesehen ist, und dem »großen Exorzismus«, der für Besessene vorgesehen ist. Um ihn zu sprechen, ist gemäß c. 1172 eine Erlaubnis des Ortsordinarius erforderlich; als Spender ist nur der Priester zugelassen. Die lateinische Fassung des geltenden liturgischen Buchs für den Exorzismus wurde zuletzt im Jahre 2004 veröffentlicht.[297]

D. Die Stundenliturgie (cc. 1173–1175)

Bereits der Ausdruck *liturgia horarum* lässt erkennen, dass es bei der Stundenliturgie im Unterschied zum privaten Gebet der Gläubigen um Liturgie, also um amtlichen Gottesdienst der Kirche geht; das gilt auch dann, wenn ein Gläubiger als Einzelner die Stundenliturgie feiert. Das dafür vorgesehene liturgische Buch heißt nicht mehr *Breviarium* (»Brevier«), sondern *Liturgia Horarum*. Für Kleriker besteht eine Verpflichtung, die Stundenliturgie zu feiern (c. 276 § 2, 3°). Die Priester und die Diakone, die Anwärter auf die Priesterweihe sind, sollen – entsprechend den Anweisungen in der Einführung des liturgischen Buchs – die gesamte Stundenliturgie verrichten. Den Umfang der Verpflichtung für Ständige Diakone bestimmt die Bischofskonferenz; die meisten Bischofskonferenzen verlangen dabei Laudes und Vesper. Ordensleute sind nach Maßgabe des Eigenrechts der jeweiligen Ordensgemeinschaft zur Feier der Stundenliturgie verpflichtet. Die übrigen Gläubigen sind zur Stundenliturgie nachdrücklich eingeladen.

---

297 De exorcismis et supplicationibus quibusdam, 1999, korrigierte Auflage von 2004.

E. Das kirchliche Begräbnis (cc. 1176–1185)

Durch das kirchliche Begräbnis tritt die Kirche fürbittend für die Verstorbenen ein, ehrt ihren Leib, tröstet die Hinterbliebenen und verkündet die Hoffnung auf Auferstehung. Der lateinische Ausdruck *exsequiae (ecclesiasticae)* (= »Exsequien«) umfasst sämtliche Begräbnisriten, sowohl diejenigen, die im Kirchengebäude stattfinden, als auch diejenigen, die auf dem Friedhof stattfinden. Die Eucharistiefeier aus Anlass des Begräbnisses – häufig als »Requiem« bezeichnet – nennt der Codex *Missa exsequialis.* Das liturgische Buch für die Begräbnisfeier trägt den Titel *Ordo exsequiarum.* Die Feier des Begräbnisses gehört zu den Amtspflichten des Pfarrers (c. 530, 5°). Er kann diese Aufgabe einem anderen Priester oder Diakon übertragen. Wo nicht ausreichend Priester und Diakone vorhanden sind, können auch Laien mit der Feier des Begräbnisses beauftragt werden.[298] In vielen Diözesen ist diese Möglichkeit eingeführt worden.

Katholiken und auch Katechumenen haben einen Rechtsanspruch auf eine kirchliche Begräbnisfeier.[299] Zum Recht auf ein kirchliches Begräbnis gehört näherhin der Anspruch auf eine Begräbnisfeier in der eigenen Pfarrkirche und auf Bestattung auf dem Friedhof der eigenen Pfarrei, falls sie einen eigenen Friedhof hat. Es besteht aber auch das Recht, für Begräbnisfeier und Bestattung eine andere Kirche bzw. einen anderen Friedhof zu wählen. Was die Form der Bestattung angeht, empfiehlt die Kirche die Erdbestattung; aber auch die Verbrennung ist nicht generell verboten. Zum Teil haben die Bistümer zur Form der Bestattung nähere Anweisungen erlassen, etwa das Verbot, eine Liturgie zu feiern, bei der die Totenasche verstreut wird. Eine Begräbnisfeier für ungetauft verstorbene Kinder und für nichtkatholische Christen setzt eine Erlaubnis des Ortsordinarius voraus. Für Fälle, in denen Eltern vorhatten, ihr Kind taufen zu lassen, dieses aber vor der Taufe verstorben ist, haben die Bischöfe der deutschsprachigen Länder die für eine Begräbnisfeier nötige Erlaubnis generell erteilt.[300] Einige Bistümer haben Richtlinien für eine Bestattungskultur im Umgang mit totgeborenen Kindern und Fehlgeburten erlassen.[301] Das deutschsprachige liturgische Buch für die Begräbnisfeier enthält einen eigenen Ritus für die »Feier der gemeinsamen Verabschiedung oder Bestattung von tot geborenen Kindern und Fehlgeburten«.[302]

Bestimmten Personen muss gemäß c. 1184 das Begräbnis versagt werden. Insbesondere ist es in der Regel denjenigen zu versagen, die aus der Kirche ausgetreten sind, wenn sie nicht vor dem Tod ein Zeichen der Reue gegeben haben.[303] Die deutsche Fassung des liturgischen Buches enthält für solche Fälle einen besonderen An-

---

298 Ordo exsequiarum, *Praenotanda*, Nr. 19; Die kirchliche Begräbnisfeier, Pastorale Einführung (2009), Nr. 70.

299 Vgl. cc. 213, 1176, 1183 § 1.

300 Siehe: Die kirchliche Begräbnisfeier. Pastorale Einführung (Arbeitshilfen 232), Bonn 2009, Nr. 33, Anm. 24.

301 Siehe dazu: Wenn der Tod am Anfang steht. Eltern trauern um ihr totes neugeborenes Kind – Hinweise zur Begleitung, Seelsorge und Beratung (Arbeitshilfen 174), Bonn 2005.

302 Die kirchliche Begräbnisfeier, 347–359.

303 Vgl. DBK, Allgemeines Dekret zum Kirchenaustritt, beschlossen am 15. 3. 2011, veröffentlicht am 20. 9. 2012: ABl Freiburg Nr. 24, v. 20. 9. 2012, 343–345, Nr. 3.

hang unter der Überschrift »Begleitung, wenn ein kirchliches Begräbnis nicht möglich ist«. In der Einführung dazu heißt es:

> Wenn ein Verstorbener zu Lebzeiten nicht der katholischen Kirche angehörte, aus der Kirche ausgetreten ist oder auf andere Weise deutlich gemacht hat, dass er keine kirchliche Bestattung wünscht, so ist der Wille des Verstorbenen zu respektieren und ein kirchliches Begräbnis nicht möglich. Wenn es dennoch aus pastoralen Gründen geboten erscheint, die Angehörigen bei der Bestattung des Verstorbenen zu begleiten, ist alles zu vermeiden, was nach den Ortsgewohnheiten Kennzeichen einer kirchlichen Bestattungsfeier ist. Priester und Diakon tragen keine liturgische Kleidung.

Die österreichischen Bischöfe haben Richtlinien für das Begräbnis ausgetretener Katholiken veröffentlicht.[304] Darin betonen sie vor allem die sorgfältige Unterscheidung der Situation im Einzelfall.

F. Verehrung der Heiligen, der Bilder und der Reliquien (cc. 1186–1190)

Um die Heiligung des Gottesvolkes zu fördern und die Gläubigen durch das Vorbild der Heiligen aufzuerbauen, fördert die Kirche die Verehrung der Gottesmutter und der anderen Heiligen. Öffentlich verehrt werden dürfen nur diejenigen, die von der kirchlichen Autorität als Heilige und Selige anerkannt sind. Ein Verzeichnis mit ca. 6600 namentlich genannten Heiligen und Seligen ist das zuletzt im Jahre 2004 veröffentlichte *Martyrologium Romanum*[305]; hinzu kommen die für die einzelnen Nationen, Regionen, Bistümer und Ordensgemeinschaften erlassenen »Eigenkalender«. Während Heilige überall verehrt werden dürfen, ist die Verehrung der Seligen im Gottesdienst auf bestimmte Gebiete (z. B. ein Bistum) oder Gemeinschaften (z. B. eine Ordensgemeinschaft) beschränkt. Die Heiligsprechung (Kanonisation) gilt als unfehlbar[306]; für die Seligsprechung gilt das nicht. Das Verfahren, das zu einer Selig- bzw. Heiligsprechung führt, beginnt in der Regel mit einem Untersuchungsverfahren auf diözesaner Ebene, dem sich ein Überprüfungsverfahren bei der Römischen Kurie anschließt. Die geltenden Verfahrensnormen dafür sind in mehreren Dokumenten außerhalb des Codex erlassen.[307] Die Gottesdienstkongregation hat weitere Dokumente über die Verehrung der Heiligen und Seligen erlassen, insbesondere im Zusammenhang mit der Volksfröm-

---

304 ÖBK, Richtlinien für das Begräbnis von Verstorbenen, die aus der römisch-katholischen Kirche ausgetreten sind, vom 7.–10. 11. 2011: ABl ÖBK Nr. 56 (2012) 7 f.

305 Martyrologium Romanum, Città del Vaticano ^{2}2004.

306 Congr. DocFid, Lehrmäßiger Kommentar zur Schlussformel der Professio fidei, vom 29. 6. 1998, Nr. 11.

307 Johannes Paul II., AK *Divinus perfectionis magister*, vom 25. 1. 1983: AAS 75 (1983) 349–355; dt. Übersetzung in der 2. bis 4. Aufl. der lat.-dt. Ausgabe des CIC; SC CausSS, Normae servandae in inquisitionibus ab episcopis faciendis in Causis Sanctorum, vom 7. 2. 1983: AAS 75 (1983) 396–404; Congr. CausSS, Instruktion *Sanctorum mater*, vom 17. 5. 2007.

migkeit[308], der Auswahl von Patronen[309] und der Festlegung des Titels von Kirchen[310]. An die Bestimmungen über die Heiligen und Seligen schließt der Codex einige Normen über die Verehrung von Bildern und Reliquien an (cc. 1188–1190).

G. Gelübde und Eid (cc. 1191–1204)

Der Ausdruck »Gelübde« *(votum)* bezeichnet ein überlegtes und freies, Gott dargebrachtes Versprechen, das sich auf ein mögliches und besseres Gut bezieht (c. 1191 § 1). Ein Gelübde wird als »öffentlich« bezeichnet, wenn es von dem rechtmäßigen Oberen im Namen der Kirche entgegengenommen wird. Das gilt insbesondere für die Ordensgelübde; sie werden in Buch II des CIC behandelt; von ihnen kann nicht leicht befreit werden. Die übrigen Gelübde heißen »privat« (»Privatgelübde«). Von ihnen kann – wenn ein gerechter Grund vorliegt – vergleichsweise leicht befreit werden; insbesondere besitzt dafür auch jeder Pfarrer Dispensgewalt (c. 1196). Bei der »Dispens« von einem Gelübde handelt es sich nicht um eine »Dispens« im Sinne von c. 85, d. h. eine Befreiung von einem rein kirchlichen Gesetz im Einzelfall. Vielmehr geht es hier um eine autoritative Erklärung der Kirche, dass die Verpflichtungskraft eines Gelübdes erloschen ist, weil das Einhalten der Verpflichtung in einem konkreten Fall nicht mehr der Zielsetzung entspricht, ein mögliches und besseres Gut zu erlangen.

Der Ausdruck »Eid« *(iusiurandum)* meint die Anrufung des göttlichen Namens zum Zeugen der Wahrheit. Das kann ausdrücklich geschehen (z. B. durch die Formel » ... so wahr mir Gott helfe«) oder auch durch bestimmte Symbole, die so aufgefasst werden (z. B. Berührung der Heiligen Schrift). Man kann unterscheiden zwischen einem Eid, der die Wahrheit einer Aussage bekräftigt (assertorischer Eid), und einem Eid, der die Ernsthaftigkeit eines Versprechens bekräftigt (promissorischer Eid). Jesus hat zwar das Schwören deutlich abgelehnt (vgl. Mt 5,37); die Kirche hat das Eidverbot Jesu aber seit jeher nicht als absolutes Verbot jedweden Schwörens aufgefasst, sondern als Mahnung zu Wahrhaftigkeit und als Ablehnung leichtfertigen und unnötigen Schwörens. In bestimmten Situationen verlangt die Kirche sogar das Schwören: Den assertorischen Eid verlangt sie bei Aussagen im Rahmen eines kirchlichen Gerichtsverfahrens[311]; ein solcher Eid ist möglich als Voreid (vor der Aussage) oder Nacheid (nach der Aussage). Den promissorischen Eid verlangt die Kirche bei der Übernahme bestimmter Ämter.[312] Von einem Versprechenseid kann die Kirche ebenso wie von einem Gelübde befreien. Falls eine solche Befreiung allerdings einem Dritten Schaden zufügen würde, ist sie dem Apostolischen Stuhl vorbehalten.

---

308 Congr. Cult, Direktorium über die Volksfrömmigkeit und die Liturgie, vom 17. 12. 2001: Ochoa, Leges X n. 6077, Sp. 16651–16772; dt.: VApSt 160.

309 SC Cult, Normae circa patronos constituendos et imagines B. M. Virginis coronandas, vom 19. 3. 1973: AAS 65 (1973) 276–279.

310 Pontificale Romanum, De dedicatione ecclesiae, Einführung, Nr. 4; vgl. auch Congr. Cult, Notificatio, vom 29. 11. 1998: Notitiae 34 (1998) 664.

311 Vgl. cc. 1471, 1532, 1562 § 2, 1568 u. a.

312 Vgl. cc. 380, 471, 1°, 1283, 1°; siehe auch oben § 39 B.

§ 50 Kirchen und Kapellen (cc. 1205–1229)

Unter der Überschrift »Heilige Orte« *(loca sacra)* behandelt der Codex Kirchen, Kapellen, Privatkapellen, Heiligtümer (d. h. Wallfahrtsstätten), Altäre sowie Friedhöfe. Kirchen, Kapellen und Privatkapellen unterscheiden sich vor allem nach den Personen, für die diese Gebäude bzw. Räume bestimmt sind: Die »Kirche« *(ecclesia)*[313] ist für alle Gläubigen bestimmt, ist also durch das Recht freien Zugangs gekennzeichnet (c. 1214). Eine »Kapelle« *(oratorium)* wird für eine Gemeinschaft oder einen Kreis von Gläubigen eingerichtet (c. 1223), eine »Privatkapelle« *(sacellum privatum)* für eine oder mehrere physische Personen (c. 1226). In der Definition der »Kirche« wird gesagt, es handle sich um ein »Gebäude«; bei der Kapelle und Privatkapelle ist dagegen einfach von einem »Ort« die Rede. Das deutet darauf hin, dass bei dem Ausdruck »Kirche« an ein selbständiges Gebäude gedacht ist, wohingegen es sich bei einer Kapelle oder Privatkapelle auch einfach um einen Raum innerhalb eines größeren Gebäudes handeln kann. Ausschlaggebend für den Charakter als »Kirche«, »Kapelle« oder »Privatkapelle« sind letztlich nicht die einzelnen genannten Kriterien, sondern die jeweilige Festlegung seitens der zuständigen Autorität.

Zu den verschiedenen Arten von Kirchen gehören u. a. die Kathedralkirchen, die höheren und niederen Basiliken, Pfarrkirchen, Klosterkirchen und Rektoratskirchen. Zurzeit gibt es sieben *basilicae maiores* (höhere Basiliken); sie liegen in Rom und Assisi. Der Titel einer *basilica minor* (niedere Basilika) ist ein Ehrentitel, der einer Kirche – entsprechend den dazu von der Gottesdienstkongregation erlassenen Normen[314] – vom Papst verliehen werden kann. In den drei deutschsprachigen Ländern gibt es (Stand: 2014) 118 *basilicae minores*, vor allem Wallfahrtskirchen.[315]

Der Neubau einer Kirche erfordert eine Zustimmung des Diözesanbischofs, der zuvor den Priesterrat und die Rektoren der benachbarten Kirchen anzuhören und das Vorhandensein der nötigen Mittel zu überprüfen hat. Beim Bau sind die geltenden liturgischen Normen zu beachten, insbesondere im Hinblick auf den Taufbrunnen (c. 858), die Aufbewahrung der Eucharistie (cc. 934–940), den Beichtstuhl (c. 964), den Altar (cc. 1235–1239), die Bilder (c. 1189); nähere Bestimmungen sind der Grundordnung des Römischen Messbuchs und ggf. auch dem Partikularrecht, z. B. den diözesanen Bauordnungen zu entnehmen.[316] Niederlassungen klerikaler Ordensgemeinschaften haben das Recht, eine eigene Kirche zu haben (c. 611, 3°). Alle Niederlassungen von Ordensgemeinschaften sollen – falls sie nicht eine Kirche haben – wenigstens eine Kapelle haben (c. 608). Bischöfe haben das Recht auf eine Privatkapelle.

---

313 In jüngerer Zeit unterscheiden die kirchlichen Dokumente im Lateinischen zwischen Groß- und Kleinschreibung des Wortes für »Kirche«: *Ecclesia* meint Kirche als Gemeinschaft der Gläubigen, *ecclesia* die Kirche als Gebäude.

314 Congr. Cult, Normen *Domus ecclesiae*, vom 9. 11. 1989: AAS 82 (1990) 436–440.

315 Eine Auflistung ist unter www.gcatholic.org/churches/bas.htm zugänglich.

316 Vgl. IGMR 2002, Nr. 280, 288–318; Liturgiekommission der Deutschen Bischofskonferenz, Leitlinien für den Bau und die Ausgestaltung von gottesdienstlichen Räumen, vom 25. 10. 1988: Die deutschen Bischöfe, Erklärungen der Kommissionen, Heft 9, [5]2000.

Eine Kirche soll normalerweise geweiht werden *(dedicatio)*. Geschieht das nicht, muss sie zumindest gesegnet werden (*benedictio constitutiva*). Die Zuständigkeit für Weihe bzw. Segnung liegt beim Diözesanbischof. Für Kapellen und Privatkapellen ist eine Segnung angemessen. Die Weihe oder Segnung stellt eine Widmung dar, die ggf. auch Folgen nach staatlichem Recht mit sich bringen kann. Jede Kirche muss einen Titel haben, z. B. einen Heiligen oder Seligen oder eines der liturgisch gefeierten Mysterien Jesu Christi.[317] Die Redeweise vom »Patron« einer Kirche ist ungenau, denn Patrone werden nur für Menschen bestellt; ein Patron kann also nicht für eine Kirche, wohl aber z. B. für eine Pfarrei bestellt werden (vgl. oben § 49 F). Der Titel einer Kirche und der Patron einer Pfarrei stehen nicht in einem notwendigen Zusammenhang mit Reliquien, die in der Kirche beigesetzt werden; wo es aber den Brauch gibt, in Kirchen Reliquien beizusetzen, soll er beibehalten werden.[318] Für jede Kirche ist ein Priester zu bestellen, dem die Obhut dafür übertragen wird; er wird als »Kirchenrektor« (im weiteren Sinne) bezeichnet. Er beaufsichtigt die Verwendung der Kirche, die Feier der Liturgie, die Verwaltung des Vermögens sowie die Instandhaltung und Sauberkeit. Für Pfarrkirchen kommt diese Aufgabe dem Pfarrer zu, für Ordenskirchen dem Hausoberen. Soweit für eine Kirche nicht schon ein Priester kraft Amtes zuständig ist, muss durch den Diözesanbischof ein »Kirchenrektor« (im engeren Sinne) bestellt werden (cc. 556–563); eine solche Kirche wird dann im Deutschen als »Rektoratskirche« bezeichnet.

Kirchen und andere heilige Orte dienen vor allem der Ausübung und Förderung von Gottesdienst, Frömmigkeit und Gottesverehrung. Dabei ist primär an den katholischen Gottesdienst gedacht; Gottesdienste anderer christlicher Konfessionen dürfen darin nicht ohne die Erlaubnis der zuständigen Autorität gefeiert werden.[319] Nichtchristlichen Religionen werden katholische Kirchen in der Regel nicht zur Verfügung gestellt.[320] Der Zugang zu Kirchen muss während der Gottesdienste frei und kostenlos sein (c. 1221). Wenn kein schwerwiegender Grund entgegensteht, soll eine Kirche täglich wenigstens einige Stunden geöffnet sein, um die Anbetung der Eucharistie zu ermöglichen (c. 937); daraus ergibt sich vom Sinn her, dass auch das Betreten mit dem Ziel der Anbetung der Eucharistie kostenlos sein muss. Andererseits lässt sich aus der Aussage in c. 1221, dass der Zugang während der Gottesdienste kostenlos sein muss, im Umkehrschluss folgern, dass außerhalb der Gottesdienstzeiten ein Eintrittsgeld verlangt werden darf. Um diesen verschiedenen Gesichtspunkten Rechnung zu tragen, legt es sich nahe, ein Eintrittsgeld nur für bestimmte Bereiche (z. B. Schatzkammer, Turmbesteigung) zu erheben. Die Verwendung von Kirchen und Kapellen zu anderen Zwecken als Gottesdienst und Frömmigkeit erfordert jeweils eine Erlaubnis seitens des Ordinarius (c. 1210). Über Konzerte in Kirchen hat die Gottesdienstkongregation Normen erlassen.[321] Das Auslegen, Verkaufen oder Verteilen von Bü-

---

317 Siehe: Pontificale Romanum, Die Weihe der Kirche, Einführung, Nr. 4; vgl. Congr. Cult, Notificatio vom 10. 2. 1999: Notitiae 35 (1999) 158 f.

318 Ebd. Nr. 5.

319 Vgl. Ökumenisches Direktorium, Nr. 137.

320 Ständiger Rat der DBK, Empfehlung vom 23. 8. 1993: ABl Limburg 1994, 90.

321 Congr. Cult, Schreiben über Konzerte in Kirchen, vom 5. 11. 1987: Notitiae 24 (1988) 17–25; dt.: VApSt 81; vgl. auch ÖBK, Kirchenkonzerte, vom 6. 11. 1992: ABl ÖBK Nr. 8 (1992) 2 f.

chern oder anderen Schriften ist nur zulässig, wenn die Schriften mit Erlaubnis der zuständigen kirchlichen Autorität veröffentlicht wurden oder von ihr nachträglich genehmigt wurden (c. 827 § 4). Es ist nicht zulässig, in einer Kirche Leichname zu begraben. Ausgenommen davon sind nur der Papst, Kardinäle und Diözesanbischöfe; sie dürfen in ihrer eigenen Kirche (d. h. normalerweise: in der Kathedralkirche) begraben werden. Das Begräbnisverbot gilt auch für einzelne Teile einer Leiche und auch für Asche. Um eine Kirche zur »Begräbniskirche« (bzw. zu einem »Kolumbarium«) zu machen, ist es erforderlich, sie als Kirche zu entwidmen und stattdessen als Friedhof zu segnen; es ist möglich, nur einen Teil des Gebäudes in dieser Weise umzuwidmen. Das Rechtsinstitut eines »Kirchenasyls« gibt es im geltenden Recht nicht, weder nach kirchlichem noch nach staatlichem Recht. Nach kirchlichem Recht ist für die Gewährung von »Kirchenasyl« im Kirchengebäude, da sie nicht der Zielsetzung des Gebäudes entspricht, gemäß c. 1210 die Erlaubnis des Ordinarius erforderlich. Ob man sich bei der Gewährung von »Kirchenasyl« nach staatlichem Recht rechtswidrig verhält bzw. strafbar macht, hängt von den näheren Umständen ab. Zum Thema Glocken und Glockenläuten macht das gesamtkirchliche Recht keine Vorgaben; einige Diözesen haben aber Läuteordnungen erlassen. Was die Berechtigung zum Läuten im staatlichen Rechtsbereich angeht, ist zu unterscheiden zwischen dem Läuten zum Gottesdienst, das als Religionsausübung besonderen Schutz genießt, und sonstigem Läuten (z. B. Stundenschlag oder »Mahnläuten«), dem dieser Schutz nicht zukommt. Ob eine beleidigende oder Ärgernis erregende Handlung, die an einem heiligen Ort vorgenommen wird, zu dessen »Schändung« führt, entscheidet der Ortsordinarius; wenn ja, muss die Schändung durch einen Bußritus behoben werden. Eine Festlegung dieses Bußritus ist seit der Liturgiereform nach dem Zweiten Vatikanischen Konzil noch nicht erfolgt. Die Entwidmung (= »Profanierung«) heiliger Orte, d. h. die Aufhebung der Zweckbestimmung, geschieht durch weitgehende Zerstörung oder durch Dekret des zuständigen Ordinarius. Durch die Entwidmung dürfen Kirchen einem profanen, aber nicht einem unwürdigen Gebrauch überlassen werden; das ist auch dann sicherzustellen, falls das Gebäude veräußert wird.[322]

§ 51 Sonn- und Feiertage, Bußtage und Bußzeiten (cc. 1244–1253)

Literatur: Schiepek, Hubert, Der Sonntag und kirchlich gebotene Feiertage nach kirchlichem und weltlichem Recht, Frankfurt a. M. 2003; Feller, Hans, Sonn- und Feiertage im Recht von Staat und Kirche, Frankfurt a. M. 1990.

An Sonntagen und gebotenen Feiertagen besteht für Katholiken die Verpflichtung, an der Eucharistiefeier teilzunehmen und sich jener Werke und Tätigkeiten zu enthalten, die den Gottesdienst, die dem Sonntag eigene Freude oder die Geist und Körper geschuldete Erholung hindern (»Sonntagsgebot«, c. 1247). Der Ausdruck »gebotener

322 Sekretariat der DBK (Hrsg.), Umnutzung von Kirchen (Arbeitshilfen 175).

Feiertag« *(dies festus de praecepto)* ist nicht zu verwechseln mit der liturgischen Kategorie »Hochfest« *(sollemnitas)*. Gebotene Feiertage sind nach gesamtkirchlichem Recht Neujahr, Epiphanie, hl. Josef, Christi Himmelfahrt, Fronleichnam, hll. Petrus und Paulus, Mariä Himmelfahrt, Allerheiligen, Mariä Empfängnis und Weihnachten. Die Bischofskonferenzen können diese Liste ändern, indem sie gebotene Feiertage hinzufügen oder streichen. Entsprechend der Tradition in Deutschland hat die Deutsche Bischofskonferenz auch die »zweiten Feiertage« von Weihnachten, Ostern und Pfingsten zu gebotenen Feiertagen erklärt; umgekehrt hat sie, zum Teil nach Bistümern differenzierend, auch einige vom gesamtkirchlichen Recht vorgesehene gebotene Feiertage gestrichen.[323] Die Österreichische Bischofskonferenz hat zur Frage der gebotenen Feiertage keinen Beschluss gefasst; die »zweiten Feiertage« gelten in Österreich aber gewohnheitsrechtlich als geboten. In der Schweiz gelten nach dem Beschluss der Bischofskonferenz diejenigen Feiertage als geboten, die im jeweiligen Kanton bzw. am jeweiligen Ort auch staatlich geschützt sind.[324]

Bußtage sind alle Freitage des Jahres; hinzu kommt als Bußzeit die Fastenzeit (»österliche Bußzeit«, *quadragesima*). An Freitagen ist – wenn der Freitag nicht auf ein Hochfest fällt – Abstinenz von Fleischspeisen zu halten. Am Aschermittwoch und Karfreitag ist Abstinenz von Fleischspeisen und Fasten zu halten. Das Abstinenzgebot gilt ab dem vollendeten 14. Lebensjahr, das Fastengebot ab dem vollendeten 18. bis zum Beginn des 60. Lebensjahres. Die Bischofskonferenzen können andere Bußformen festlegen. Im Hinblick auf das Freitagsopfer hat die Deutsche Bischofskonferenz bestimmt[325]:

> Das Freitagsopfer kann verschiedene Formen annehmen: Verzicht auf Fleischspeisen, der nach wie vor sinnvoll und angemessen ist, spürbare Einschränkung im Konsum, besonders bei Genussmitteln, Dienste und Hilfeleistungen für den Nächsten. Das durch das Freitagsopfer Ersparte sollte mit Menschen in Not geteilt werden. Auch eine andere spürbare Einschränkung im Konsumverhalten ist denkbar. Das Zeugnis gemeinsamen Freitagsopfers hat zudem seinen besonderen Wert. Kirchliche Häuser, Ordensgemeinschaften und geistliche Vereinigungen können hier ein Beispiel geben. Dem Sinn des Freitagsopfers entsprechen auch: Gebet und andere Frömmigkeitsübungen, eine wirkliche Einschränkung und der Dienst am Nächsten.

Über die allgemein vorgesehenen Dispensmöglichkeiten (vgl. c. 87) hinaus besitzt im Hinblick auf Festtage und Bußtage auch der Pfarrer die Vollmacht, davon zu dispensieren; diese Vollmacht kommt auch dem Oberen eines Ordenshauses zu für die Mitglieder dieses Hauses und alle, die dort Tag und Nacht leben (c. 1245). Zum Beispiel könnte – wenn dem nicht partikularrechtliche Normen entgegenstehen – ein Pfarrer die Angehörigen seiner Pfarrei an einem Pfingstmontag von der Pflicht zur Teilnahme an der Eucharistiefeier dispensieren, falls sie an diesem Tag an einem dort stattfindenden ökumenischen Gottesdienst teilnehmen. Der besondere Schutz der Sonntage, Feiertage und Bußtage ist auch Gegenstand einiger Verträge zwischen Staat und Kirche.

---

323 DBK, Partikularnorm Nr. 15: AfkKR 164 (1995) 460.
324 SBK, Partikularnorm vom 3. 7. 1985: AfkKR 154 (1985) 543.
325 DBK, Partikularnorm Nr. 16: AfkKR 164 (1995) 461.

VI. Überblick über weitere Rechtsgebiete

§ 52 *Vermögensrecht (Buch V des CIC)*

Literatur: Pree, Helmuth/Primetshofer, Bruno, Das kirchliche Vermögen, seine Verwaltung und Vertretung, Wien 2010; Heimerl, Hans/Pree, Helmuth, Handbuch des Vermögensrechts der katholischen Kirche unter besonderer Berücksichtigung der Rechtsverhältnisse in Bayern und Österreich, Regensburg 1993.

A. Das kirchliche Vermögen und seine Träger

Der Titel von Buch V des CIC spricht in wörtlicher Übersetzung von den »zeitlichen Gütern der Kirche« *(bona Ecclesiae temporalia)* und stellt diese damit unausgesprochen den in Buch III und IV des CIC behandelten »geistlichen Gütern« *(bona spiritualia)* gegenüber, d. h. vor allem dem Wort Gottes und den Sakramenten. Die deutsche Ausgabe des CIC übersetzt die Überschrift von Buch V mit dem in einem weiten Sinn zu verstehenden Ausdruck »Kirchenvermögen«. Seit jeher benötigte die Kirche eigenes Vermögen, nicht als Selbstzweck, sondern als Mittel zur Ausübung ihrer Sendung. Als Zwecke des kirchlichen Vermögens nennt der Codex – ohne Anspruch auf Vollständigkeit – die geordnete Durchführung des Gottesdienstes, den Unterhalt des Klerus und der anderen Kirchenbediensteten und die Ausübung der Werke des Apostolats und der Caritas, vor allem gegenüber den Armen (c. 1254 § 2). Die katholische Kirche als ganze besitzt zwar Rechtspersönlichkeit (c. 113 § 1), hat aber als solche kein eigenes Vermögen. Das kirchliche Vermögen gehört vielmehr den einzelnen juristischen Personen der Kirche (Bistümern, Pfarreien, Ordensgemeinschaften, Vereinen usw.). Soweit es sich dabei um öffentliche juristische Personen handelt, wird das betreffende Vermögen in einem engeren Sinne als »Kirchenvermögen« *(bona ecclesiastica)* bezeichnet.

Neben den im CIC behandelten juristischen Personen bestehen vielfach noch juristische Personen fort, die im früheren Recht vorgesehen waren. Dazu gehören auf der Ebene des Bistums vor allem der »Bischöfliche Stuhl« *(sedes episcopalis)* und/oder das »Bischöfliche Tafelgut« *(mensa episcopalis)*, das Kapitelsgut *(mensa capituli)* sowie die »Hohe Domkirche«, auf der Ebene der Pfarrei das Pfründevermögen *(beneficium*, Stellenvermögen), die Kirchenstiftung (*fabrica ecclesiae*, Gotteshausvermögen) und ggf. weitere Stiftungen. Weithin hängen diese juristischen Personen mit dem früheren Benefizialsystem zusammen, das in weiten Teilen Europas das kirchliche Vermögensrecht geprägt hat. Das Zweite Vatikanische Konzil hatte die Beendigung oder zumindest Reform dieses Systems angeordnet (PO 20), und der Codex macht sich diese

Aufforderung zu eigen (c. 1272). Anstelle der Benefizien zum Unterhalt der einzelnen Kleriker soll deren Vergütung und Versorgung durch diözesane oder überdiözesane Fonds sichergestellt werden (c. 1274). Vor allem wegen des organisatorischen und finanziellen Aufwands, den Änderungen in diesem Bereich mit sich bringen würden, bestehen die Benefizien aber in einigen Staaten als Rechtsträger fort, teilweise auch in den deutschsprachigen Ländern. In Österreich hat die Bischofskonferenz sogar – mit Billigung des Apostolischen Stuhls – beschlossen, dass für neu errichtete Pfarreien auch neue Pfarrpfründen errichtet werden.[326]

B. Die Quellen des kirchlichen Vermögensrechts

Für das »Kirchenvermögen« im engeren Sinn (c. 1257 § 1) gelten die Bestimmungen in Buch V des CIC und darüber hinaus die vermögensrechtlichen Normen für bestimmte öffentliche juristische Personen in Buch II des CIC (Bistum: cc. 393, 492–494; Pfarrei: cc. 532, 537; Lebensgemeinschaften der evangelischen Räte: cc. 634–640, 718, 741 § 1; öffentliche Vereine: c. 319). Das Vermögen privater juristischer Personen gilt nicht als »Kirchenvermögen« im engeren Sinne; es untersteht nicht der Gesamtheit der Vorschriften in Buch V des Codex, sondern nur einigen ausgewählten Bestimmungen daraus (c. 1257 § 2).[327] Zu einigen Bestimmungen in Buch V kann die Bischofskonferenz Partikularnormen erlassen, insbesondere im Hinblick auf die Wertgrenzen, die Genehmigungen erforderlich machen[328], und im Hinblick auf den Umgang mit dem Benefizialsystem (c. 1272). Nähere Vorschriften über das kirchliche Vermögen finden sich im jeweiligen Partikularrecht (z. B. in »Kirchenvermögensverwaltungsgesetzen« der Bistümer), im Eigenrecht von Ordensgemeinschaften und – vor allem bei Vereinen und Stiftungen – in den Statuten der einzelnen juristischen Personen. Für das deutsche Kirchensteuersystem haben die deutschen Bischöfe diözesane Kirchensteuerordnungen erlassen. Außerdem gehen viele Verträge zwischen Kirche und Staat auf vermögensrechtliche Fragen ein, insbesondere im Hinblick auf die Rechtsstellung kirchlicher Vermögensträger, die im staatlichen Rechtsbereich eine öffentlich-rechtliche Stellung haben. Einseitig von Staat erlassene Bestimmungen, die ausschließlich die Vermögensverwaltung der katholischen Kirche zum Gegenstand haben, widersprechen dem Grundrecht auf Religionsfreiheit. Faktisch ist aber – von der Kirche geduldet – die Vermögensverwaltung auf der Ebene der Pfarreien in Nordrhein-Westfalen nach wie vor durch die staatliche Gesetzgebung geordnet (siehe oben § 23 H).

---

326 ABl ÖBK Nr. 1 (1984) 7.

327 Diese Bestimmung betrifft – neben privaten kanonischen Stiftungen – vor allem die privaten kanonischen Vereine mit Rechtspersönlichkeit. Explizit sind sie erfasst durch cc. 264, 325 i. V. m. 1301, 1263, 1265 § 1, 1267, implizit auch durch cc. 1266, 1269, 1290 und wohl auch 1268 und teilweise 1284. Die Reichweite von c. 1280 ist umstritten.

328 Cc. 1277, 1292 § 1, 1295, 1297.

C. Das Verhältnis von kirchlichem und staatlichem Vermögensrecht

Die Bestimmungen des kirchlichen Vermögensrechts sind in der Absicht erlassen, dass sie auch gegenüber nichtkirchlichen Rechtssubjekten, insbesondere gegenüber dem jeweiligen Staat, durchgesetzt werden können. Das macht es erforderlich, dass die Kirche auch im staatlichen Rechtsbereich für entsprechende Strukturen sorgt. Dementsprechend fordert der Codex alle kirchlichen Vermögensverwalter auf, dafür zu sorgen, »dass das Eigentum an dem Kirchenvermögen auf nach weltlichem Recht gültige Weise gesichert wird« (c. 1284 § 2, 2°; vgl. auch c. 1274 § 5). Die wichtigste Voraussetzung dafür ist die Existenz passender juristischer Personen im staatlichen Rechtsbereich. In einigen Staaten besteht die Möglichkeit, dass juristische Personen des kanonischen Rechts bereits als solche auch als juristische Personen im staatlichen Rechtsbereich anerkannt werden. In der Regel setzt das voraus, dass es in dem betreffenden Staat für kirchliche Rechtssubjekte die Möglichkeit gibt, im staatlichen Rechtsbereich eine öffentlich-rechtliche Stellung zu besitzen. Was die Bistümer und Pfarreien angeht, besteht diese Möglichkeit insbesondere in Deutschland und Österreich. In Österreich besteht diese Möglichkeit weitgehend auch für Ordensgemeinschaften; in Deutschland ist die Möglichkeit eines öffentlich-rechtlichen Rechtsstatus von Ordensgemeinschaften, von Ausnahmen abgesehen, auf Bayern beschränkt. In der Schweiz besteht weitgehend das »duale System«, in dem Bistümer und Pfarreien in der Regel nur wenig oder überhaupt kein Vermögen besitzen. Das für die Sendung der Kirche erforderliche Vermögen ist dort Eigentum von Körperschaften, die allein nach staatlichem Recht verfasst sind.[329]

Wo die juristischen Personen der Kirche nicht als solche im staatlichen Rechtsbereich anerkannt sind, entsteht in der Praxis in aller Regel die Notwendigkeit, für den staatlichen Rechtsbereich »zivile Rechtsträger« zu schaffen. Welche Rechtsformen dafür gewählt werden können, hängt von den von der jeweiligen staatlichen Rechtsordnung angebotenen Möglichkeiten ab. Die innere Verfassung des zivilen Rechtsträgers und seine Vertretung nach außen bestimmen sich dann in der Regel vor allem nach der Satzung des jeweiligen zivilen Rechtsträgers. Damit die vermögensrechtlichen Bestimmungen des kanonischen Rechts auch im zivilen Rechtsbereich durchsetzbar sind, müssen sie, soweit möglich, in die Satzung des zivilen Rechtsträgers übernommen werden. Das betrifft insbesondere die Fragen der Leitung, der Entscheidungsstrukturen und der Vertretung nach außen, ggf. die Mitgliedschaft von Personen im zivilen Rechtsträger, die Aufsichtsrechte, Satzungsänderungen, die Auflösung des Rechtsträgers und die Frage, wem bei seinem Erlöschen sein Vermögen zufällt.

---

329 Vgl. SBK, Vademecum für die Zusammenarbeit von katholischer Kirche und staatskirchenrechtlichen Körperschaften in der Schweiz, vom 2.–4. 3. 2013.

D. Vermögenserwerb

Für den Erwerb von Vermögen durch die Kirche setzt das gesamtkirchliche Recht vor allem auf freiwillige Gaben der Gläubigen. Was verpflichtende Abgaben der Gläubigen angeht, werden vor allem Gebühren *(taxae)* für kirchliche Verwaltungsakte und Gerichtsgebühren genannt.[330] Eine Diözesansteuer *(tributum)* darf unter normalen Umständen nur den öffentlichen juristischen Personen auferlegt werden. Hinsichtlich einer Besteuerung privater juristischer Personen und physischer Personen erklärt der Codex zunächst, dass ihnen eine Diözesansteuer nur im Falle großen Notstands auferlegt werden darf, fügt dann aber eine Klausel hinzu, wonach dem Bischof aufgrund partikularer Gesetze und Gewohnheiten weitergehende Rechte eingeräumt sein können (c. 1263). Diese auf Wunsch der Deutschen Bischofskonferenz eingefügte »*clausula teutonica*« soll die Rechtmäßigkeit des deutschen Kirchensteuersystems absichern.

E. Vermögensverwaltung

Derjenige, dem die Vermögensverwaltung einer juristischen Person zukommt, wird als ihr »Verwalter« *(administrator)* bezeichnet; ihm kommt, wenn nicht etwas anderes festgelegt ist, auch die rechtliche Vertretung der juristischen Person nach außen zu. Die Aufgabe des Verwalters kommt, wenn nicht etwas anderes festgelegt ist, demjenigen zu, der die juristische Person leitet (c. 1279 § 1). Für die Bistümer und die Lebensgemeinschaften der evangelischen Räte sowie ihre Provinzen ist die Bestellung eines Ökonomen vorgeschrieben, dem dort die Aufgabe der ordentlichen Verwaltung zukommt.[331] Jede juristische Person muss einen Vermögensverwaltungsrat oder wenigstens zwei Berater für Vermögensangelegenheiten haben (c. 1280); im Hinblick auf das Bistum und die Pfarrei bestehen dazu nähere Vorgaben.[332] Die Vermögensverwalter unterliegen einer Reihe von Sorgfaltspflichten (cc. 1283–1284) und werden ermahnt, das staatliche Arbeits- und Sozialrecht einzuhalten und die Grundsätze der katholischen Soziallehre zu befolgen (c. 1286). Sie haben der zuständigen Autorität jährlich einen Rechenschaftsbericht abzuliefern[333]; über die Verwendung von Spenden sind sie auch den Gläubigen Rechenschaft schuldig (c. 1287 § 2).

Um die Risiken von Handlungen zu verringern, die den üblichen Umfang von Handlungen im Bereich der Vermögensverwaltung übersteigen, sieht der Codex die Unterscheidung zwischen Handlungen der »ordentlichen« und »außerordentlichen Verwaltung« vor und bindet Handlungen der außerordentlichen Verwaltung an besondere Mitwirkungsrechte von Aufsichts- oder Beratungsorganen. Die Abgrenzung zwischen ordentlicher und außerordentlicher Verwaltung muss verbindlich festgelegt werden.[334]

---

330 Cc. 1264, 1°; 1649.
331 Cc. 494, 636.
332 Cc. 492–493, 537.
333 Cc. 637, 1287.
334 Cc. 638 §§ 1–2, 1277, 1281 §§ 1–2; vgl. auch c. 1285.

F. Verträge, insbesondere die Veräußerung

Für den Abschluss von Verträgen übernimmt die Kirche – von Ausnahmen abgesehen – die Bestimmungen des jeweiligen staatlichen Rechts auch für den kirchlichen Rechtsbereich (c. 1290). Dabei legt sie besonderen Wert auf den Schutz des *patrimonium stabile* der juristischen Personen; dieser Begriff – im Deutschen üblicherweise mit »Stammvermögen« übersetzt – bezeichnet jenen Teil des Vermögens, der zu der bleibenden finanziellen Ausstattung der juristischen Person gehört. Soweit das für eine juristische Person zuständige Organ nicht ausdrücklich ausgewiesen hat, welche Vermögensstücke zum Stammvermögen gehören (*legitima assignatio*, c. 1291) – das geschieht in der Praxis bislang nur selten –, wird man dazu wohl jene Vermögenswerte rechnen müssen, ohne die die juristische Person nicht über die erforderlichen Mittel zur dauerhaften Erreichung ihrer Zwecke verfügen würde. Die Zulässigkeit einer Veräußerung *(alienatio)* von Stammvermögen oder eines das Stammvermögen betreffenden »veräußerungsähnlichen Rechtsgeschäfts«, d. h. eines Geschäfts, durch das sich die Vermögenslage einer juristischen Person verschlechtern kann (»Schlechterstellungsgeschäft«, c. 1295), ist – je nach Art und Wert des Gegenstandes, um den es geht – an eine Reihe von Voraussetzungen gebunden. Dazu gehört das Vorliegen eines gerechten Grundes, das Einholen eines Wertgutachtens, die Zustimmung von Beratungsorganen und stets die schriftliche Zustimmung der zuständigen kirchlichen Autorität (cc. 1291–1294).

§ 53 Strafrecht (Buch VI des CIC)

Literatur: Rees, Wilhelm, Die Strafgewalt der Kirche, Berlin 1993; Sebott, Reinhold, Das kirchliche Strafrecht, Frankfurt a. M. 1992; Müller, Ludger u. a. (Hrsg.), »Strafrecht« in einer Kirche der Liebe, Münster 2006.

A. Der Strafanspruch der Kirche

Wenngleich die Überschrift von Buch VI des CIC den Begriff »Strafe« vermeidet und allgemeiner von »Sanktionen« spricht *(De sanctionibus in Ecclesiae)*, verwenden die Überschriften der beiden Teile des Buches die konkreteren Ausdrücke »Straftat« *(delictum)* und »Strafe« *(poena)*: Der erste Teil behandelt die Straftaten und Strafen im Allgemeinen, der zweite Teil die Strafen für einzelne Straftaten. Die Kirche hält es also für nötig, ihre Rechtsordnung – einschließlich der von der Kirche gelehrten moralischen Normen – auch durch ein eigenes Strafrecht zu unterstützen. Die Androhung von Strafen soll dazu dienen, mögliche Täter von der Verletzung der strafbewehrten Normen abzuhalten (Prävention), und die Verhängung von Strafen soll dazu dienen, straffällig gewordene Gläubige zur Umkehr zu bewegen, entstandenes Ärgernis zu beheben und die Gerechtigkeit wiederherzustellen (vgl. c. 1341).

Ein vom Strafrecht unterschiedenes und systematisiertes Disziplinarrecht hat die Kirche zwar nicht entwickelt. Der Sache nach sieht der Codex jedoch – außerhalb von

Buch VI – auch Sanktionen für kirchliche Bedienstete vor, bei denen nicht so sehr die Behebung eines für die kirchliche Öffentlichkeit entstandenen Schadens im Vordergrund steht und die mit dem Ausdruck »Disziplinarmaßnahmen« passend zusammengefasst werden können. Dazu gehört etwa die Amtsenthebung (*amotio*, c. 192) im Unterschied zu der als Strafe verhängten Absetzung (*privatio*, c. 196) oder der Entzug der Lehrbefugnis (c. 810 § 1) im Unterschied zu den Strafen für Glaubensdelikte (c. 1364). Sanktionen, die vom Codex nicht als »Strafen« bezeichnet werden, können auch in Lebensgemeinschaften der evangelischen Räte gegen deren Mitglieder verhängt werden bis hin zur Entlassung aus der Gemeinschaft (cc. 694–704). Schließlich kann auch das Fehlverhalten jedes Gläubigen zu Rechtsbeschränkungen führen, die der Codex nicht als Strafen betrachtet, etwa aufgrund der Vorschrift, dass diejenigen nicht zur Kommunion zugelassen werden dürfen, die hartnäckig in einer offenkundigen schweren Sünde verharren (c. 915; vgl. oben § 44 H). Ähnlich hat das Dekret der Deutschen Bischofskonferenz über die innerkirchlichen Folgen eines Kirchenaustritts (siehe oben § 14 B) eher Disziplinar- als Strafcharakter.

B. Die Quellen des kirchlichen Strafrechts

Das kirchliche Strafrecht ist vor allem in Buch VI des CIC enthalten. Die Bestimmungen über den Ablauf des Strafverfahrens – sei es gerichtlich oder außergerichtlich, d. h. auf dem Verwaltungsweg – stehen in Buch VII (cc. 1717–1728). Einige Straftaten werden in der kirchlichen Rechtssprache als »schwerwiegend« bezeichnet *(delicta graviora)*; ihre Ahndung ist der Glaubenskongregation vorbehalten.[335] Welche Straftaten als schwerwiegend gelten – dazu zählt insbesondere auch die Ausübung sexualisierter Gewalt an Minderjährigen – und in welcher Weise sie verfolgt werden, ist im MP *Sacramentorum sanctitatis tutela* aus dem Jahre 2001[336] und den zugehörigen erneuerten Normen aus dem Jahre 2010 festgelegt.[337] Zu dem bislang nicht verwirklichten Plan einer vollständigen Überarbeitung von Buch VI siehe oben § 6 F.

C. Die verschiedenen Arten von Strafen

Da Strafen von ihrem Wesen her in einer Einschränkung oder einem Entzug von Rechten bestehen, die Kirche aber – angesichts der von ihr gelehrten Autonomie von Kirche und Staat in ihren jeweiligen Rechtsbereichen – nur solche Rechte einschränken oder entziehen kann, die sie zuvor selbst verliehen hatte, kommt als Inhalt kirchlicher Strafen vor allem der Entzug spezifisch geistlicher Rechte in Frage. Während denjenigen, die in der Kirche eine besondere Stellung innehaben, die Ausübung der betreffenden Vollmachten untersagt und ggf. die betreffende Stellung vollständig ent-

335 AK *Pastor bonus*, art. 52.
336 Johannes Paul II., MP *Sacramentorum sanctitatis tutela*, vom 30. 4. 2001: AAS 93 (2001) 737–739; dt.: AfkKR 170 (2001) 146 f.
337 Congr. DocFid, Normae, vom 21. 5. 2010: AAS 102 (2010) 419–430; dt.: VApSt 246, 49–69.

zogen werden kann, kommen für die Bestrafung eines gewöhnlichen Gläubigen kaum andere Strafen in Frage als das Verbot des Empfangs von Sakramenten und Sakramentalien. Wegen der Bedeutung dieser geistlichen Güter für das Heil der Menschen wäre es andererseits unverantwortbar, jemanden endgültig davon auszuschließen. Ein Ausschluss kann deswegen nur so lange gerechtfertigt sein, bis der Bestrafte sich bessert; dann muss er wieder zugelassen werden.

Dementsprechend ist das kirchliche Strafrecht in erster Linie von einer Art von »Strafen« geprägt, die den Täter zur Umkehr bewegen sollen und die ihm nachgelassen werden müssen, falls er sein Tun bereut, einschließlich der Bereitschaft zur Wiedergutmachung des verursachten Schadens und der Behebung des Ärgernisses (c. 1347 § 2). Diese Strafen werden im Lateinischen als *poenae medicinales* oder *censurae*, im Deutschen als »Medizinal-«, »Besserungs-« oder »Beugestrafen« bezeichnet (c. 1312 § 1, 1°). Der CIC sieht drei solche Beugestrafen vor: Exkommunikation, Interdikt und Suspension (cc. 1331–1334). Exkommunikation und Interdikt kommen darin überein, dass sie – von Todesgefahr abgesehen (c. 1352 § 1) – den Empfang und die Spendung von Sakramenten verbieten (cc. 1331 § 1, 2°; 1332); die Exkommunikation beinhaltet – im Unterschied zum Interdikt – über diese Verbote hinaus unter Umständen noch einige weitere Straffolgen wie den Verlust des Wahlrechts (c. 171 § 1, 3°) und das Verbot der Mitgliedschaft in öffentlichen Vereinen (c. 316). Entgegen dem Anschein, den der Ausdruck »Exkommunikation« erwecken könnte, beinhaltet diese Strafe nicht einen Ausschluss aus der Gemeinschaft *(communio)* der Kirche, sondern nur einen – von der Absicht der Kirche her nur vorübergehenden – weitgehenden Entzug von Rechten. Die Beugestrafe der Suspension kann nur gegen Kleriker verhängt werden und betrifft vor allem die Ausübung ihrer Weihe bzw. ihres Amtes; der genaue Umfang einer Suspension kann unterschiedlich sein.

Den Beugestrafen stehen als zweite Art die *poenae expiatoriae* (»Sühnestrafen«) gegenüber. Ihre Zielsetzung besteht nicht primär darin, den Bestraften zur Umkehr zu bewegen, sondern darin, die Gerechtigkeit wiederherzustellen, entstandenes Ärgernis zu beheben und mögliche künftige Täter abzuschrecken. In der Praxis kommen Sühnestrafen fast ausschließlich für Kleriker und kirchliche Amtsträger in Frage. Inhalt einer Sühnestrafe kann z. B. eine Gehaltskürzung, die Absetzung eines Amtsträgers oder die Entlassung aus dem Klerikerstand sein (c. 1336). Im Unterschied zu den Beugestrafen können Sühnestrafen auch für immer verhängt werden.

D. Die Androhung und Verhängung von Strafen; der Strafnachlass

Die Androhung von Strafen (cc. 1313–1320) geschieht meist durch die kirchliche Gesetzgebung, kann aber auch durch ein im Einzelfall an einen potentiellen Straftäter gerichtetes Dekret (»Strafgebot«) erfolgen. Der in den meisten staatlichen Rechtssystemen ausnahmslos gültige Grundsatz, wonach jede Bestrafung eine gesetzliche Grundlage erfordert *(nulla poena sine lege)*, gilt in der Kirche nur eingeschränkt; denn in besonders schweren Ausnahmefällen kann die Verletzung eines göttlichen oder kanonischen Gesetzes auch ohne eine spezifische Strafnorm erfolgen (c. 1399). Für die

Frage, ob bzw. in welchem Umfang eine Strafe verhängt werden kann, spielen die verschiedenen Aspekte der konkreten Situation des Täters eine Rolle (cc. 1321–1330), insbesondere etwaige Schuldausschließungs- oder Schuldminderungsgründe. Natürlich kann auch ein Verhalten, das aufgrund solcher Bestimmungen straffrei bleibt, trotzdem – ggf. auch schwer – sündhaft sein.

Eine auffällige Besonderheit des Strafrechts der Lateinischen Kirche sind Strafen, die bereits durch die Begehung der Tat von Rechts wegen eintreten; sie werden *poenae latae sententiae* bzw. »Tatstrafen« genannt. Der CCEO sieht keine Tatstrafen vor. Als Tatstrafen sind, von Ausnahmen abgesehen (vgl. c. 1383), nur Beugestrafen vorgesehen. Wenn durch die Begehung einer Tat eine solche Tatstrafe eingetreten ist, binden die Straffolgen (z. B. das Verbot des Sakramentenempfangs) zunächst nur den Täter selbst in seinem Gewissen; gegen einen »Überzeugungstäter« kann diese Art von Strafen also kaum etwas ausrichten. In einem zweiten Schritt kann der Eintritt einer Tatstrafe aber von der zuständigen Autorität nachträglich festgestellt werden; von da an sind die Straffolgen auch von Dritten zu beachten (z. B. vom Sakramentenspender). Den Tatstrafen stehen die »Spruchstrafen« *(poenae ferendae sententiae)* gegenüber; sie treten nicht schon durch die Begehung der Tat ein, sondern werden erst durch eine Entscheidung der zuständigen Autorität verhängt.

Eine Feststellung oder Verhängung von Strafen soll nur dann erfolgen, wenn dem aufgetretenen Problem nicht durch andere, mildere Maßnahmen (z. B. eine brüderliche Ermahnung o. ä.) begegnet werden kann; das kirchliche Strafrecht hat so gesehen nur subsidiären Charakter (c. 1341). Für das Verfahren der Verhängung von Strafen geht der Codex im Regelfall von einem Gerichtsprozess aus. Er lässt aber auch ein außergerichtliches Verfahren, d. h. ein Verfahren auf dem Verwaltungsweg zu (c. 1342). In der Praxis wird wegen der Umständlichkeit und Langwierigkeit des Gerichtswegs häufig der Verwaltungsweg bevorzugt; diese Vorgehensweise kann allerdings leicht zu Lasten des Rechtsschutzes des Angeklagten gehen. Beugestrafen sind darauf angelegt, nachgelassen zu werden, wenn sie ihr Ziel erreicht haben, d. h., wenn der Täter bereut hat; der Nachlass von Beugestrafen kann durch die zuständige kirchliche Autorität (cc. 1354–1363) und im »Dringlichkeitsfall« in der Regel auch durch den Beichtvater erfolgen (siehe oben § 45 G).

E. Die Strafen für die einzelnen Straftaten

In sechs Titeln listet der zweite Teil von Buch VI (cc. 1364–1398) die einzelnen gesamtkirchlich unter Strafe gestellten Handlungen auf, unter den Überschriften »Straftaten gegen die Religion und die Einheit der Kirche«, »Straftaten gegen die kirchlichen Autoritäten und die Freiheit der Kirche«, »Amtsanmaßung und Amtspflichtverletzung«, »Fälschungsdelikt«, »Straftaten gegen besondere Verpflichtungen« und »Straftaten gegen Leben und Freiheit des Menschen«. Hinzu kommen einige in c. 1457 genannte Straftaten im Zusammenhang mit Gerichtsverfahren sowie die in den Normen zum MP *Sacramentorum sanctitatis tutela* genannten Straftaten (vgl. oben Abschnitt B). Auch teilkirchliche Autoritäten können Strafgesetze erlassen; von dieser Möglichkeit wird aber kaum Gebrauch gemacht. Für 14 Straftaten droht der

Codex Tatstrafen an.[338] Demgegenüber sieht die Mehrzahl der Strafgesetze des Codex nur Spruchstrafen vor. Das vorgesehene Strafmaß ist dabei häufig eine »gerechte Strafe« *(iusta poena)*; das bedeutet, dass normalerweise keine schwereren Strafen, zumal keine Beugestrafen, verhängt werden dürfen (c. 1349).

Handlungen, die auch nach weltlichem Recht strafbar sind, stellt der Codex im kirchlichen Rechtsbereich in der Regel nicht zusätzlich unter Strafe. Ausnahmen davon sind die in cc. 1397–1398 genannten Straftaten gegen Leben, Leib oder Freiheit sowie die in c. 1395 § 2 genannten Sexualstraftaten von Klerikern, insbesondere die Ausübung sexualisierter Gewalt an Minderjährigen. Das im Codex dafür ursprünglich vorgesehene Schutzalter von 16 Jahren wurde im Jahre 2001 auf 18 Jahre angehoben (vgl. oben § 6 F). Die Verjährungsfrist beträgt bei dieser Straftat 20 Jahre und läuft erst nach Erreichen der Volljährigkeit des Opfers; in einzelnen Fällen kann die Glaubenskongregation die Verjährung ganz aufheben.[339] Die Strafe kann bis zur Entlassung aus dem Klerikerstand reichen. Im Jahre 2011 hat die Glaubenskongregation die Bischofskonferenzen dazu aufgefordert, Leitlinien für den Umgang mit Fällen von sexualisierter Gewalt zu schaffen[340]; ein Teil der Bischofskonferenzen hatte solche Leitlinien auch schon vorher veröffentlicht.[341] Strafbar ist sexualisierte Gewalt nur, wenn sie von Klerikern begangen wird; die Leitlinien sprechen darüber hinaus ggf. auch die Frage an, wie auf solche Taten zu reagieren ist, wenn sie von anderen kirchlichen Mitarbeiterinnen oder Mitarbeitern begangen werden. Die genannten Dokumente unterstreichen die Pflicht, die einschlägigen staatlichen Bestimmungen einzuhalten, und fordern ggf. zu einer Zusammenarbeit mit den staatlichen Strafverfolgungsbehörden auf.

Die letzte im Buch VI unter Strafe gestellte Handlung ist die Abtreibung; für sie sieht der Codex die Tatstrafe der Exkommunikation vor. Der Straftatbestand umfasst dabei jede gezielte Tötung eines Fötus nach der Empfängnis[342], also auch die Vernichtung von Embryonen außerhalb des Mutterleibs. Das Motiv des kirchlichen Gesetzgebers, die Abtreibung so entschieden strafrechtlich zu verfolgen, liegt offensichtlich darin, dass sie von der Gesetzgebung der meisten Staaten nicht mit der nötigen Entschiedenheit bekämpft wird. Die für die Abtreibung vorgesehene Strafe zieht sich primär der Arzt (o. ä.) zu, der die Handlung vornimmt. Bei einer schwangeren Frau, die sich in einer Notsituation fühlt und deswegen die Abtreibung ihres Kindes veran-

---

338 Cc. 1364 § 1; 1367; 1370 §§ 1 und 2; 1378 § 1 und § 2, 1° und 2°; 1382; 1383; 1388 § 1; 1390 § 1; 1394 § 1; 1394 § 2; 1398.

339 Congr. DocFid, Normae, vom 21. 5. 2010, Art. 7: AAS 102 (2010) 419–430; dt.: VApSt 246, 49–69.

340 Congr. DocFid, Rundschreiben vom 3. 5. 2011: AAS 103 (2011) 406–412; dt.: AfkKR 180 (2011) 159–165.

341 DBK, Leitlinien für den Umgang mit sexuellem Missbrauch Minderjähriger und erwachsener Schutzbefohlener, i. d. F. vom 26. 8. 2013: ABl Hildesheim (2013) 122–129; ÖBK, Die Wahrheit wird euch frei machen. Rahmenordnung für die katholische Kirche in Österreich, vom 1.–4. 3. 2010; SBK und Vereinigung der Höhern Ordensobern der Schweiz, Sexuelle Übergriffe im kirchlichen Umfeld, Freiburg [3]2014.

342 PCLT, Authentische Interpretation vom 23. 5. 1988: AAS 80 (1988) 1818 f.; dt.: AfkKR 157 (1988) 190 f.

lasst, werden häufig Strafminderungs- oder Strafausschließungsgründe vorliegen, die den Eintritt der Strafe verhindern. Wer eine Frau zur Abtreibung drängt, macht sich als Mittäter (c. 1329 § 2) strafbar.

§ 54 Verfahrensrecht (Buch VII des CIC)

Literatur: Lüdicke, Klaus, »Dignitas connubii«: die Eheprozeßordnung der Katholischen Kirche, Essen 2005; Althaus, Rüdiger; Lüdicke, Klaus, Der kirchliche Strafprozess nach dem Codex Iuris Canonici und Nebengesetzen, Essen 2011; Meier, Dominicus Michael, Verwaltungsgerichte für die Kirche in Deutschland?, Essen 2001; Müller, Ludger (Hrsg.), Rechtsschutz in der Kirche, Wien 2011.

A. Gerichts- und Verwaltungsverfahren

Buch VII des CIC behandelt unter der Überschrift »Prozesse« sowohl Gerichts- als auch Verwaltungsverfahren. Bei beiden Arten von Verfahren handelt es sich um »formelles Recht«, d. h. um Bestimmungen darüber, in welchen geordneten Schrittfolgen Rechtsverhältnisse des »materiellen Rechts« (das vor allem in Buch I bis VI des Codex niedergelegt ist) festgestellt und ggf. durchgesetzt werden können. Für die Erlangung von Gnadenakten kommen von der Sache her nur Verwaltungsverfahren in Frage; Beispiele dafür sind die Verfahren zur Auflösung einer Ehe wegen Nichtvollzugs (cc. 1697–1706) oder zugunsten des Glaubens.[343] Wenn es hingegen um die Feststellung oder Durchsetzung von Rechtsansprüchen geht, kommen an sich sowohl der Verwaltungs- als auch der Gerichtsweg in Frage. Welchen dieser Wege die Kirche für eine bestimmte Angelegenheit anbietet, ist in solchen Fällen eine Ermessensentscheidung des kirchlichen Gesetzgebers. Der Gerichtsweg bringt tendenziell eine größere Sorgfalt bei der Behandlung einer Angelegenheit mit sich, erkauft diesen Vorteil aber mit dem Nachteil einer längeren Dauer und eines höheren Aufwandes.

- Die wichtigste Angelegenheit, für die nur der Gerichtsweg zugelassen ist, ist die Nichtigerklärung einer Ehe, die – zumindest dem Anschein nach – unter Einhaltung der vorgeschriebenen Eheschließungsform eingegangen wurde (vgl. cc. 1085 § 2, 1684 § 1). Der Codex verlangt den Gerichtsweg außerdem für die Verhängung von Strafen für immer (c. 1342 § 2); durch neue Bestimmungen außerhalb des Codex wurden von diesem Grundsatz jedoch Ausnahmen zugelassen (vgl. oben § 6 F).
- Um gegen das Verwaltungshandeln kirchlicher Autoritäten unterhalb der Ebene des Apostolischen Stuhls rechtlich vorzugehen, kann – da es bislang unterhalb der Ebene des Apostolischen Stuhls keine Verwaltungsgerichte gibt (vgl. oben

343 Congr. DocFid, Normae, vom 30. 4. 2001: De Processibus Matrimonialibus 9 (2002) 356–377.

§ 10 D) – nur der Weg der Beschwerde auf dem Verwaltungsweg beschritten werden (vgl. c. 1400 § 2 i. V. m. cc. 1732–1739).

- Angelegenheiten, für die der Codex als Möglichkeiten sowohl den Gerichts- als auch den Verwaltungsweg erwähnt, sind z. B. die Trennung von Ehepartnern bei bleibendem Eheband (cc. 1692–1696), die Nichtigerklärung einer Weihe (cc. 1708–1712) sowie die Feststellung bzw. Verhängung von Strafen, soweit nicht die Möglichkeit der Verhängung einer Strafe für immer eröffnet werden soll (cc. 1717–1728). Aber auch die grundlegende Norm über die Zuständigkeit kirchlicher Gerichte für die Verfolgung oder den Schutz von Rechten oder die Feststellung rechtserheblicher Tatbestände (c. 1400 § 1, 1°) schließt nicht aus, dass sich jemand mit einem derartigen Anliegen nicht an ein Gericht, sondern an eine Autorität mit ausführender Gewalt wendet.

B. Rechtsquellen des Verfahrensrechts

Buch VII des CIC beschreibt zunächst (Teil I) die Gerichtsverfassung und anschließend (Teil II) die Grundform eines Gerichtsverfahrens – das »ordentliche Streitverfahren« *(iudicium contentiosum ordinarium)* – sowie, unter der Überschrift »mündliches Streitverfahren«, eine verkürzte Form davon. In den Teilen III bis V schließen sich Verfahrensnormen für bestimmte Angelegenheiten an, teils für Gerichtsverfahren, teils für Verwaltungsverfahren. Die Anordnung dieser Normen erfolgt nicht nach diesen Verfahrensarten, sondern nach Sachgebieten. Soweit sich diese Normen auf Gerichtsverfahren beziehen, handelt es sich dabei um Modifikationen des ordentlichen Streitverfahrens; das betrifft vor allem das Ehenichtigkeitsverfahren, das Weihenichtigkeitsverfahren sowie den Strafprozess. Der Ablauf des Ehenichtigkeitsverfahrens wurde im Jahre 2005 durch die vom Päpstlichen Rat für Gesetzestexte erlassene Instruktion *Dignitas connubii* näher normiert. Für die Gerichte des Apostolischen Stuhls gelten besondere Verfahrensnormen.[344] Auch das Verfahren der Selig- und Heiligsprechung (siehe oben § 49 F) gilt nach herrschender Lehre als gerichtliches Verfahren. Möglich sind schließlich auch Verfahrensnormen für besondere partikularrechtlich geschaffene Gerichte; Beispiele dafür sind die von der Deutschen Bischofskonferenz erlassene Kirchliche Arbeitsgerichtsordnung[345] und die von deutschen Bistümern erlassenen Ordnungen für die Disziplinargerichte für Kirchenbeamte.

Allgemeine Bestimmungen für Verwaltungsverfahren sind in Buch I enthalten (cc. 35–75). Buch VII enthält Verfahrensnormen für einige besondere Angelegenheiten, nämlich für die Auflösung einer nicht vollzogenen Ehe (cc. 1697–1706), die Todeserklärung (c. 1707), das Verhängen von Strafen auf dem Verwaltungsweg

---

344 Rota Romana und SecrStat, Normae *Quammaxime decet* über die Römische Rota, vom 18. 4. 1994: AAS 86 (1994) 508–540 und AAS 87 (1995) 366; Änderung: AAS 95 (2003) 348; Benedikt XVI., MP *Antiqua ordinatione*, vom 21. 6. 2008: AAS 100 (2008) 513–538.

345 DBK, Kirchliche Arbeitsgerichtsordnung – KAGO, i. d. F. vom 25. 2. 2010: ABl Rottenburg-Stuttgart 2010, 202–213.

(cc. 1717–1720), die Beschwerde gegen Verwaltungsakte (cc. 1732–1739) sowie die Amtsenthebung oder Versetzung von Pfarrern (cc. 1740–1752). Einige andere, weniger eingehend normierte Verwaltungsverfahren, sind in anderen Büchern des CIC beschrieben, z. B. das Verfahren der Entlassung aus einem Ordensinstitut (cc. 694–704) oder das Verfahren zur Inanspruchnahme des *privilegium paulinum* (cc. 1143–1147). Verfahrensnormen für einige andere Verwaltungsverfahren wurden außerhalb des CIC erlassen, z. B. für die Auflösung einer nichtsakramentalen Ehe zugunsten des Glaubens, die Laisierung, die Nichtigerklärung einer Weihe auf dem Verwaltungsweg, die Beurteilung mutmaßlicher Erscheinungen und Offenbarungen u. a. Einen Sonderfall stellen Lehrüberprüfungsverfahren dar (vgl. § 32 D), insofern dabei nicht nur das *munus regendi,* sondern auch das *munus docendi* ausgeübt wird. Besondere Normen für bestimmte Verwaltungsverfahren können auch partikularrechtlich erlassen werden, z. B. die Ordnung eines Bistums für die Besetzung von Pfarrstellen.

C. Die kirchlichen Gerichte

Der Codex sieht als Regel die Existenz eines Gerichts erster Instanz in jedem Bistum vor. Es ist Teil der Diözesankurie und wird im Deutschen meist als »Offizialat«, in einigen Bistümern als »Konsistorium« bezeichnet. In einigen Gebieten besitzen stattdessen mehrere Bistümer zusammen ein interdiözesanes Gericht. Die zweite Instanz ist normalerweise im jeweiligen Metropolitanbistum angesiedelt; für Verfahren, die in erster Instanz vor dem Gericht des Metropolitanbistums verhandelt wurden, liegt die zweite Instanz bei einem anderen Gericht, das der Metropolit mit Genehmigung des Apostolischen Stuhls für dauernd bestimmt hat. Die dritte und weitere Instanzen liegen im Regelfall bei der Römischen Rota; allerdings wird für die drittinstanzliche Behandlung von Verfahren aus dem deutschsprachigen Raum auf Antrag häufig ein Gericht im eigenen Land festgelegt. Die Rechtsprechung der Römischen Rota übt eine Vorbildfunktion für die unteren Gerichte aus; ihre Entscheidungen werden größtenteils – in anonymisierter Form – veröffentlicht.[346] Die Apostolische Signatur, die in ihrem Titel als »höchstes Gericht« *(Supremum Tribunal)* bezeichnet wird, umfasst mehrere Sektionen. Die erste Sektion fungiert als höchstes Gericht der ordentlichen Gerichtsbarkeit, hauptsächlich als eine Art Überwachungsgericht (Kassationsgericht) der Römischen Rota. Die zweite Sektion ist ein Verwaltungsgericht, das Klagen gegen Verwaltungsakte behandelt, die von den Behörden der Römischen Kurie ausgegangen bzw. bestätigt worden sind (siehe oben § 10 D). Außerdem führt die Apostolische Signatur Aufsicht über das gesamte Gerichtswesen der katholischen Kirche. Diese Funktion der Apostolischen Signatur wird manchmal als »Dritte Sektion« bezeichnet; es handelt sich dabei nicht um eine gerichtliche Funktion, sondern um eine Verwaltungstätigkeit. Neben der Römischen Rota und der Apostolischen Signatur hat auch die Glaubenskongregation bestimmte gerichtliche Kompetenzen, nämlich für die Behandlung von Glaubensdelikten und schwerwiegenden

346 Rotae Romanae Tribunal, *Decisiones seu sententiae,* seit 1909.

Straftaten; in dieser Funktion wird auch die Glaubenskongregation als »oberstes Gericht« *(Supremum Tribunal)* bezeichnet. Die Apostolische Pönitentiarie ist zuständig für Verfahren, die das *forum internum* betreffen, vor allem im Zusammenhang mit der Beichte. Streng genommen handelt es sich bei der Pönitentiarie nicht um ein Gericht; sie wird aber herkömmlich den Gerichten zugezählt (so auch in der AK *Pastor bonus*, Art. 117–120). Bestimmte Lebensgemeinschaften der evangelischen Räte können für interne Streitigkeiten eigene Gerichte errichten; auch das Opus Dei hat ein eigenes Gericht.[347] Weitere Gerichte für besondere Angelegenheiten können partikularrechtlich eingerichtet werden; Beispiele dafür sind die in Deutschland eingerichteten Kirchlichen Arbeitsgerichte und Disziplinargerichte für Kirchenbeamte. Eine gewisse Verwandtschaft mit dem Gerichtswesen haben die in der Kirche eingerichteten Schlichtungsstellen. In Deutschland gibt es Schlichtungsstellen vor allem auf dem Gebiet des Arbeitsrechts, aber auch für Auseinandersetzungen auf dem Gebiet der Pastoral.

Der Leiter des Diözesangerichts heißt »Gerichtsvikar« oder »Offizial«. Daneben können ein oder mehrere »stellvertretende Gerichtsvikare« (»Vizeoffiziale«) bestellt werden. Offizial und Vizeoffiziale müssen Priester sein. Zu einem Diözesangericht gehören außerdem in der Regel einige Diözesanrichter. Die Voraussetzung, um Diözesanrichter zu werden, ist das Lizentiat im kanonischen Recht. Ggf. werden auch eigene Vernehmungsrichter bestellt. Für Eheverfahren und auch für Weihenichtigkeitsverfahren wird der »Bandverteidiger« *(defensor vinculi)* bestellt; im Ehenichtigkeitsverfahren ist es seine Aufgabe, all das vorzubringen, was vernünftigerweise gegen die Nichtigkeit ins Feld geführt werden kann. Für Angelegenheiten, die das öffentliche Wohl der Kirche betreffen, und für Strafsachen wird ein »Kirchenanwalt« *(promotor iustitiae)* bestellt, den man in gewisser Weise mit dem Staatsanwalt vergleichen kann. Die Notare des Gerichts sind für die Ausfertigung und Beglaubigung der Schriftstücke zuständig.

D. Gerichtsverfahren

Ein Gerichtsverfahren gliedert sich innerhalb einer Instanz in vier Phasen: 1) die Einleitungsphase; sie umfasst nach dem Eingang der Klageschrift die Bestellung des Gerichtshofs, die Entscheidung über Annahme oder Ablehnung der Klageschrift und die Festlegung der zu behandelnden Frage; 2) die Beweisaufnahme; 3) die Diskussionsphase; 4) die Entscheidungsphase, die zu einem Urteil oder Dekret führt. Wer sich durch eine Entscheidung beschwert fühlt, die er für ungerecht oder ungültig hält, kann dagegen mit verschiedenen Rechtsmitteln vorgehen (Berufung, Nichtigkeitsbeschwerde u. a.). Bei Ehenichtigkeitsverfahren besteht die Besonderheit, dass eine erneute Eheschließung erst möglich ist, wenn die Nichtigkeit der Ehe übereinstimmend in zwei Instanzen festgestellt wurde (c. 1684 § 1). Ein erstinstanzliches Verfahren soll nicht länger als ein Jahr, ein zweitinstanzliches nicht länger als sechs Monate dauern

347 Vgl. H. Schwendenwein, Die Katholische Kirche, 339, Anm. 128.

(c. 1453). Für Gerichtsverfahren werden Gebühren erhoben. Zurzeit (Stand: 2015) fallen für ein in Deutschland in zwei Instanzen geführtes Ehenichtigkeitsverfahren 300 Euro an; hinzu kommen ggf. Kosten für psychologische Gutachten. In Österreich und in der Schweiz sind die Gerichtskosten je nach Bistum unterschiedlich hoch.

§ 55 *Kirche und Staat*

Literatur: Weitz, Thomas A., Religionsfreiheit auf dem Zweiten Vatikanischen Konzil, St. Ottilien 1997; Göbel, Gerald, Das Verhältnis von Kirche und Staat nach dem Codex Iuris Canonici des Jahres 1983, Berlin u. a. 1993; Haering, Stephan, Rezeption weltlichen Rechts im kanonischen Recht, St. Ottilien 1998; Listl, Joseph, Die Aussagen des Codex Iuris Canonici vom 25. Januar 1983 zum Verhältnis von Kirche und Staat: Essener Gespräche zum Thema Staat und Kirche 19 (1984) 9–37; Schulz, Winfried, Der Staat der Vatikanstadt, der Heilige Stuhl und die Römische Kurie, Frankfurt a. M. 1999.

A. Die Lehre der Kirche über das Verhältnis von Kirche und Staat

Der Codex behandelt das Verhältnis von Kirche und Staat nicht in einem eigenen Abschnitt, sondern in einer Vielzahl von Canones in allen sieben Büchern. Einige von ihnen geben wieder, wie das Verhältnis von Kirche und Staat nach der geltenden Lehre der Kirche – wie sie vor allem von Zweiten Vatikanischen Konzil formuliert worden war – gestaltet sein sollte. Grundlegend sind dabei – entsprechend der Erklärung *Dignitatis humanae* – die an den Staat gerichtete Erwartung, Religionsfreiheit zu gewährleisten, und die Konzilslehre, dass »die politische Gemeinschaft und die Kirche … je auf ihrem Gebiet voneinander unabhängig und autonom« sind (GS 76). Die Forderung nach Religionsfreiheit wird im Codex zwar nicht in allgemeiner Weise, wohl aber in ihren einzelnen Konsequenzen zur Sprache gebracht: Erwähnt werden sowohl Teilaspekte der individuellen[348] als auch der korporativen Religionsfreiheit[349], insbesondere der Anspruch der Kirche auf Autonomie bei der Behandlung ihrer inneren Angelegenheiten[350]; wiederholt wird diese Autonomie als ein der Kirche »angeborenes Recht« *(ius nativum)* bezeichnet.

Im Hinblick auf eine aktive Mitgestaltung der staatlichen Ordnung hat sich die Kirche insoweit Zurückhaltung auferlegt, als Klerikern verboten wird, Ämter anzunehmen, die eine Teilhabe an der Ausübung weltlicher Gewalt mit sich bringen (c. 285 § 3), oder aktiv in politischen Parteien mitzuwirken (c. 287 § 2).[351] Den übrigen Gläubigen wird demgegenüber im politischen Bereich eine weitgehende Freiheit zuerkannt (c. 227). Andererseits erklärt der Codex mit den Worten des Zweiten Vatikanischen

---

348 Cc. 748 § 2, 797.
349 Cc. 747, 800 § 1, 807.
350 Cc. 232, 362, 1254 § 1, 1260, 1311, 1401.
351 Vgl. auch c. 317 § 4.

Konzils, dass weltlichen Autoritäten keine Rechte und Privilegien in Bezug auf die Auswahl von Bischöfen eingeräumt werden (c. 377 § 5).

B. Beziehungen zwischen dem Heiligen Stuhl und den Staaten

Nach internationalem Recht ist das Papsttum – unter der Bezeichnung »Heiliger Stuhl« – als Völkerrechtssubjekt anerkannt. In dieser Funktion schließt der Papst Konkordate und andere ähnliche Verträge ab und übt das Gesandtschaftsrecht aus (cc. 362–367). In der Zeit der Entstehung des neuzeitlichen Völkerrechts ergab sich die Völkerrechtssubjektivität des Papsttums bereits aus dessen Rolle im Kirchenstaat. Aber auch nach dessen Ende (1870) handelte der Heilige Stuhl weiterhin wie ein Völkerrechtssubjekt (auch in der Zeit vor 1929, d. h. vor Schaffung des Vatikanstaats), etwa was die Aufnahme diplomatischer Beziehungen und den Abschluss internationaler Verträge angeht, und wurde von den Staaten ganz überwiegend auch weiterhin als solches anerkannt. Von dem Besitz eines eigenen Staatsgebiets ist die Völkerrechtssubjektivität des Heiligen Stuhls also unabhängig. Es gibt außer der katholischen Kirche keine andere Religionsgemeinschaft, die diese Stellung besitzt. Die Stellung als Völkerrechtssubjekt ist die Grundlage für die Mitarbeit des Heiligen Stuhls in internationalen Gremien, insbesondere für seinen Beobachterstatus bei den Vereinten Nationen. Für die konkrete Gestaltung des Gesandtschaftsrechts hält sich der Heilige Stuhl an das »Wiener Übereinkommen über diplomatische Beziehungen« aus dem Jahre 1961.

C. Weitere kirchliche Beziehungen zu den staatlichen Autoritäten

Die Gestaltung der Beziehungen zwischen staatlichen Stellen und kirchlichen Autoritäten unterhalb der Ebene der Gesamtkirche wird im Codex nicht näher angesprochen. Zum Teil hat die Kirche dafür Verbindungsstellen eingerichtet, so das »Kommissariat der deutschen Bischöfe – Katholisches Büro« in Berlin als Verbindungsstelle zur deutschen Bundesregierung und vergleichbare Katholische Büros in den Hauptstädten der einzelnen deutschen Bundesländer.

D. Kirchenrecht und staatliches Recht

In verschiedenen Zusammenhängen erinnert der Codex an die Verpflichtung, das jeweils geltende staatliche Recht einzuhalten.[352] Verschiedentlich fordert er auch dazu auf, sich die vom staatlichen Recht angebotenen Mittel zunutze zu machen, um die

352 Cc. 231 § 2, 1286, 1°.

Wahrung der Interessen der Kirche und ihrer Gläubigen zu schützen.[353] Für bestimmte Angelegenheiten verzichtet der kirchliche Gesetzgeber auf das Erlassen eigener Normen und übernimmt stattdessen – auf dem Wege einer »dynamischen Verweisung« – das dafür geltende staatliche Recht, soweit es nicht göttlichem Recht zuwiderläuft oder für bestimmte Aspekte im kanonischen Recht etwas anderes vorgesehen ist (c. 22). Die Kanonistik bezeichnet dieses Vorgehen als »Kanonisierung« des staatlichen Rechts. Einige Beispiele dafür sind die Bestellung von Erziehungsberechtigten bzw. Vormündern (c. 98 § 2) und allgemein das Vertragsrecht (c. 1290).[354]

E. Verträge zwischen Kirche und Staat

Für die Ausgestaltung eines freundschaftlichen und kooperativen Verhältnisses zwischen Kirche und Staat, wie es auch vom Zweiten Vatikanischen Konzil gewünscht wurde, eignet sich besonders der Abschluss von Verträgen. Der Heilige Stuhl steht gegenwärtig mit etwa 50 Staaten in vertraglichen Beziehungen[355]; dazu gehören sowohl Staaten mit einer katholischen Bevölkerungsmehrheit als auch Staaten, in denen die katholischen Christen nur eine kleine Minderheit bilden. Mit den meisten Vertragspartnern sind Verträge abgeschlossen, die das Verhältnis von Kirche und Staat in umfassender Weise behandeln; mit einigen Staaten gibt es nur Verträge zu Einzelfragen, z. B. über die Militärseelsorge. Ob ein Vertrag die Bezeichnung »Konkordat« trägt – das ist gegenwärtig nur noch selten der Fall –, ist rechtlich unerheblich. Für die Verträge des Heiligen Stuhls mit den Staaten gelten die Grundsätze des internationalen Rechts, insbesondere die Bestimmungen des auch vom Heiligen Stuhl ratifizierten »Wiener Übereinkommens über das Recht der Verträge« aus dem Jahre 1969. Da die von der Regierung eines Staates ausgehandelten Verträge nach ihrer Unterzeichnung in demokratischen Staaten einer Zustimmung des jeweiligen Parlaments bedürfen, können sie erst in Kraft treten, nachdem diese Zustimmung erfolgt ist und anschließend die Ratifikationsurkunden ausgetauscht wurden. Verträge mit staatlichen Organen können – im Rahmen ihrer jeweiligen Vollmacht – auch von untergeordneten kirchlichen Autoritäten abgeschlossen werden. Zum Beispiel haben die deutschen Bundesländer Berlin und Hessen keine Verträge mit dem Heiligen Stuhl, sondern nur Verträge mit den jeweiligen katholischen Bistümern abgeschlossen. Gemäß c. 3 lassen die Bestimmungen des Codex die Verträge mit den Staaten – entsprechend dem Grundsatz *pacta sunt servanda* – unangetastet.

F. Der Vatikanstaat

Der im Jahre 1929 durch den Abschluss des »Lateranvertrags« zwischen dem Heiligen Stuhl und Italien geschaffene Staat der Vatikanstadt *(Stato della Città del Vaticano)* ist

353 Cc. 668 §§ 1 und 4; 1062 § 1; 1274 § 5; 1284 § 2, 2°; 1299 § 2.

354 Weitere Beispiele: cc. 110, 197, 1268, 1500, 1714.

355 Eine Datenbank der Verträge ist unter www.kirchenrecht-online.de/vertraege zugänglich.

nach internationalem Recht als selbständiger Staat anerkannt und besitzt demgemäß – ebenso wie der Heilige Stuhl – die Eigenschaft eines Völkerrechtssubjekts. Souverän des Vatikanstaats ist der jeweilige Papst. Auch in dieser Funktion schließt der Papst internationale Verträge ab (z. B. im Hinblick auf Währung, Post usw.). Das für den Vatikanstaat erlassene Recht gilt nicht als kanonisches, sondern als staatliches Recht. Gesetzgeber sind der Papst und eine von ihm eingesetzte Kommission von Kardinälen. Die einschlägigen Gesetze werden in einem Supplement zu den *Acta Apostolicae Sedis* veröffentlicht. Im Jahre 2008 wurde eine neue Fassung des »Gesetzes über die Rechtsquellen« veröffentlicht[356], das die wesentlichen zu diesem Zeitpunkt geltenden Bestimmungen verbindlich auflistete. Als erste Rechtsquelle und erstes Auslegungskriterium des vatikanischen Rechts wird das kanonische Recht anerkannt.[357] Unter den besonderen für den Vatikanstaat erlassenen Quellen nimmt dessen Grundgesetz *(Legge fondamentale)* den obersten Rang ein.[358] Zu den übrigen Gesetzen gehören sowohl solche, die eigens für den Vatikanstaat erlassen wurden[359], als auch jene italienischen Gesetze, die aufgrund einer Entscheidung des vatikanischen Gesetzgebers für den Vatikanstaat übernommen wurden.

356 Benedikt XVI., Legge sulle fonti del diritto, vom 1. 10. 2008: AAS Suppl. 79 (2008) 65–70.

357 Ebd. Art. 1, 1.

358 Johannes Paul II., Legge fondamentale dello Stato della Città del Vaticano, vom 26. 11. 2000: AAS Suppl. 71 (2000) 73–83.

359 Siehe dazu die folgende Sammlung: Arrieta, Juan Ignacio (Hrsg.), Codice di norme vaticane, Venezia 2006.

Abkürzungen

AAS	Acta Apostolicae Sedis
AAS Suppl.	Acta Apostolicae Sedis. Supplemento per le leggi e disposizioni dello Stato della Città del Vaticano
ABl	Amtsblatt (Die Abkürzung wird für alle diözesanen Amtsblätter verwendet, auch in den Fällen, in denen der tatsächliche Titel nicht mit dem Wort „Amtsblatt“ beginnt.)
AfkKR	Archiv für katholisches Kirchenrecht
AK	Apostolische Konstitution
Anm.	Anmerkung
Bd.	Band
Bde.	Bände
c./cc.	canon/canones (geltendes Recht)
can./cann.	canones (früheres Recht)
CCEO	Codex Canonum Ecclesiarum Orientalium
CIC oder CIC/1983	Codex Iuris Canonici von 1983
CIC/1917	Codex Iuris Canonici von 1917
Congr. CausSS	Congregatio de causis Sanctorum
Congr. Cler	Congregatio pro clericis
Congr. Cult	Congregatio de cultu divino et disciplina sacramentorum
Congr. DocFid	Congregatio de doctrina Fidei
Congr. EcclOr	Congregatio pro Ecclesiis orientalibus
Congr. Ep	Congregatio pro Episcopis
Congr. EvGent	Congregatio pro gentium evangelizatione
Congr. InstCath	Congregatio de institutione catholica
Comm	Communicationes
DBK	Deutsche Bischofskonferenz
DC	PCLT, Instruktion *Dignitas connubii*
DenzH	Denzinger/Hünermann (Hrsg.), Enchiridion symbolorum definitionum et declarationum de rebus fidei et morum, Freiburg ^{44}2014
ders.	derselbe
dies.	dieselbe
dt.	deutsch
GG	Grundgesetz für die Bundesrepublik Deutschland
GS	Zweites Vatikanisches Konzil, Konstitution *Gaudium et spes*
hrsg.	herausgegeben

Hrsg.	Herausgeber
IGMR	Institutio Generalis Missalis Romani
i. d. F.	in der Fassung
i. V. m.	in Verbindung mit
KKK	Katechismus der Katholischen Kirche
LEF	Lex Ecclesiae Fundamentalis
LG	Zweites Vatikanisches Konzil, Konstitution *Lumen Gentium*
MK CIC	Münsterischer Kommentar zum Codex Iuris Canonici
MP	Motu Proprio
NKD	Nachkonziliare Dokumentation
Nr.	Nummer
ÖAKR	Österreichisches Archiv für Kirchenrecht (ab 1999 umbenannt in „Österreichisches Archiv für Recht und Religion")
ÖBK	Österreichische Bischofskonferenz
Ochoa, Leges	Ochoa, Javier (bis Bd. VI)/Domingo Andrés Gutiérrez (ab Bd. VII) (Hrsg.), Leges Ecclesiae post Codicem iuris canonici 1917 editae, Bd. I–X, Rom 1966–2010
ÖD	Päpstlicher Rat zur Förderung der Einheit der Christen, Direktorium zur Ausführung der Prinzipien und Normen über den Ökumenismus, vom 25.3.1993 (Ökumenisches Direktorium)
OICA	Ordo initiationis christianae adultorum
ÖK	Konkordat zwischen dem Heiligen Stuhle und der Republik Österreich (Österreichisches Konkordat)
PCLT	Pontificum Consilium de Legum Textibus (Die Abkürzung wird auch für die früheren Bezeichnungen des Rates verwendet.)
Rn.	Randnummer
SBK	Schweizer Bischofskonferenz
SC …	Sacra Congregatio … (vgl. die entsprechenden Abkürzungen mit Congr …)
SC Prop	Sacra Congregatio pro Gentium Evangelizatione seu de Propaganda Fide
SC Sacr	Sacra Congregatio de disciplina Sacramentorum (1908–1975) oder Sacra Congregatio pro Sacramentis (1984–1988)
SecrStat	Secretaria Status
u. a.	und andere
UR	Zweites Vatikanisches Konzil, Dekret *Unitatis redintegratio*
v.	von
vgl.	vergleiche
VApSt	Verlautbarungen des Apostolischen Stuhls
WRV	Weimarer Reichsverfassung
z. B.	zum Beispiel

Die Abkürzungen der biblischen Bücher sind diejenigen der Einheitsübersetzung der Heiligen Schrift.